GIN TAMA

Hideaki Sorachi

Band 46
Das Wort »Beam« klingt cool und trifft direkt ins Heart

TOKYOPOP

TOKYOPOP GmbH
Hamburg

TOKYOPOP
1. Auflage, 2024
Deutsche Ausgabe/German Edition

Aus dem Japanischen von Lasse Christian Christiansen

GINTAMA

First published in Japan in 2003 by SHUEISHA Inc., Tokyo.
German translation rights in Germany, Austria and German-speaking Switzerland arranged by SHUEISHA Inc. through VME PLB SAS, France.

Redaktion: Aranka Schindler
Lettering: Vibrant Publishing Studio
Herstellung: Mathias Neumeyer, Ute Kleim
Druck und buchbinderische Verarbeitung:
CPI – Clausen & Bosse GmbH, Leck
Printed in Germany

MIX Papier FSC® C083411

Wir achten auf die Umwelt.
Dieses Produkt besteht aus FSC®-zertifizierten und anderen kontrollierten Materialien.

ISBN 978-3-8420-9600-4

www.tokyopop.de

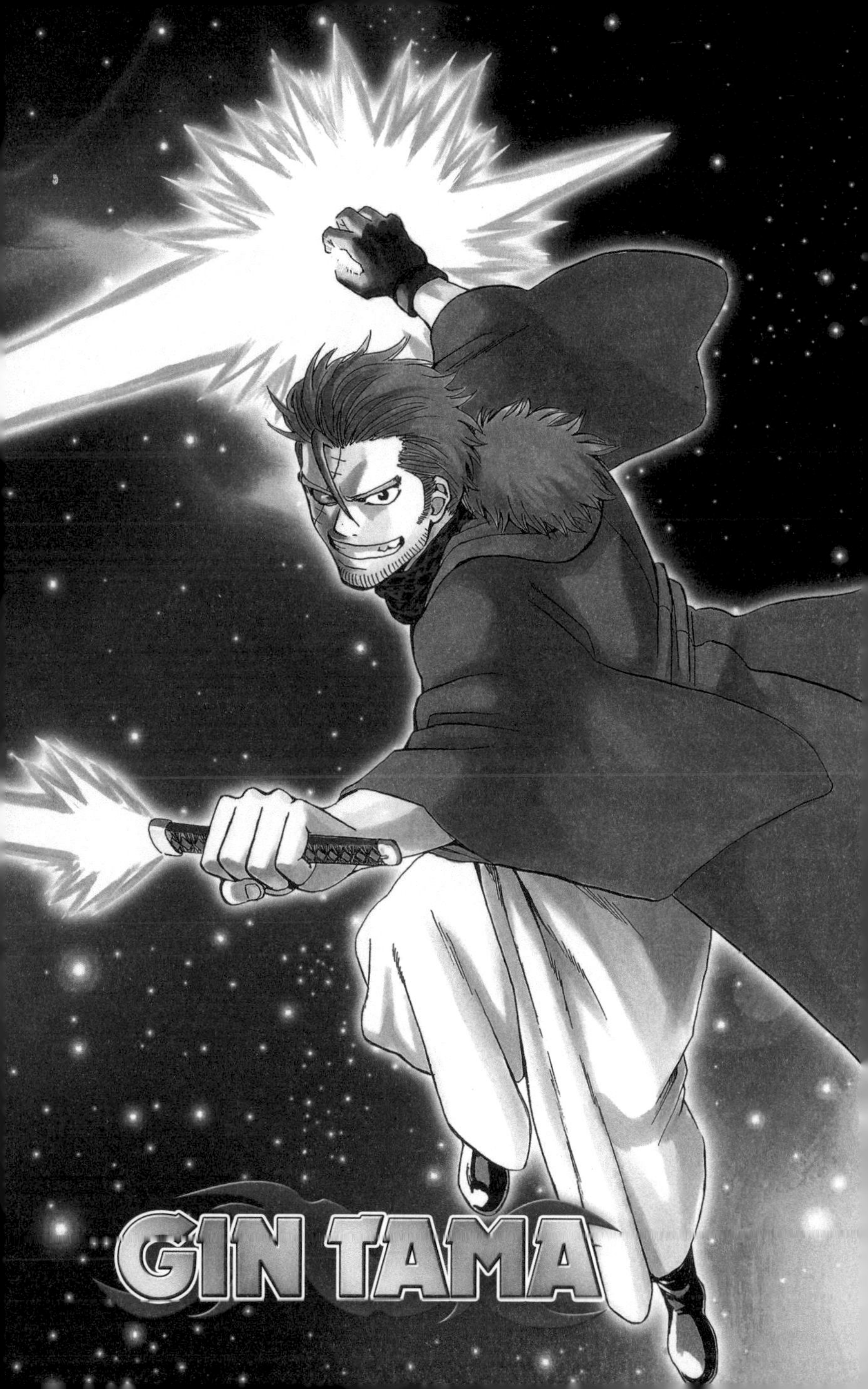
GIN TAMA

DIE HAUPTPERSONEN

DIE ALLES-AGENTUR

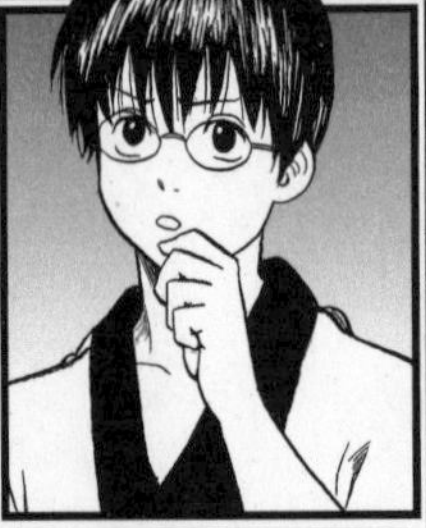

Shinpachi Shimura

Er befasst sich unter Gintokis Anleitung mit der »Seele des Samurai«, was er in letzter Zeit allerdings zu bereuen scheint. Ist gleichzeitig Kapitän des Tsu-Terakado-Fantrupps.

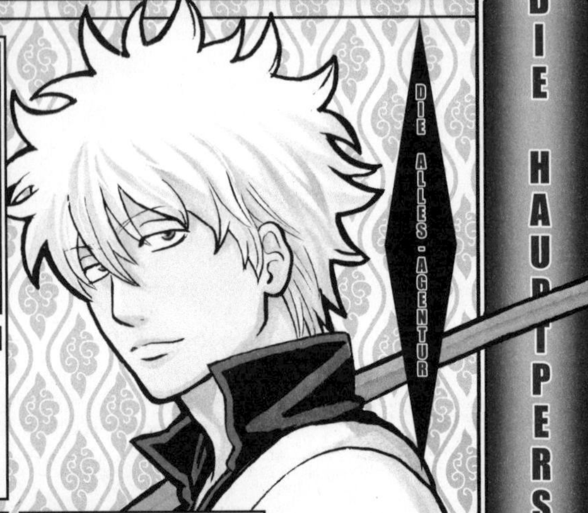

Gintoki Sakata

Der Protagonist dieser Geschichte. Rastet schnell aus, wenn er nicht regelmäßig etwas Süßes zu essen bekommt. Er scheint ziemlich gut mit dem Schwert umgehen zu können ... leidet allerdings an einem zu hohen Blutzuckerspiegel. Gehörte einst den Joi-Patrioten an, einer auf den Erhalt Japans ausgerichteten Bewegung, deren Ziel es ist, die Amanto zu vertreiben.

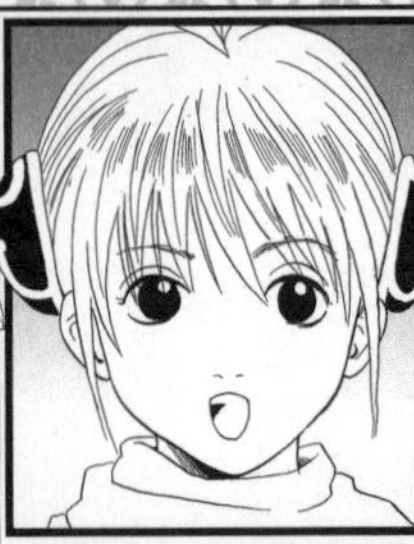

Kagura

Sie gehört zu den Yato, der stärksten Rasse des Universums. Die Größe ihres Hungers und die Heftigkeit ihrer Angriffe sind unübertroffen.

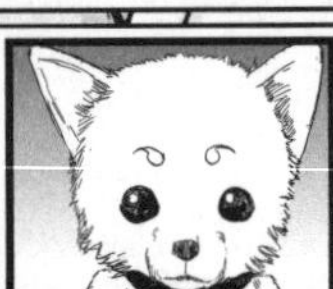

Sadaharu

Eine riesige außerirdische Lebensform, die von der Alles-Agentur als Haustier gehalten wird. Beißt gerne in Personen (besonders in Gintoki).

DIE SHINSENGUMI

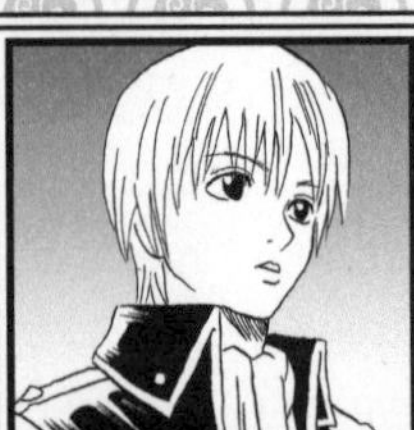

Sogo Okita

Der beste Schwertkämpfer der Shinsengumi. Hinter seinem erfrischenden Äußeren verbergen sich Bosheit und Tücke. Er hat es auf den Platz des Vizekommandanten abgesehen.

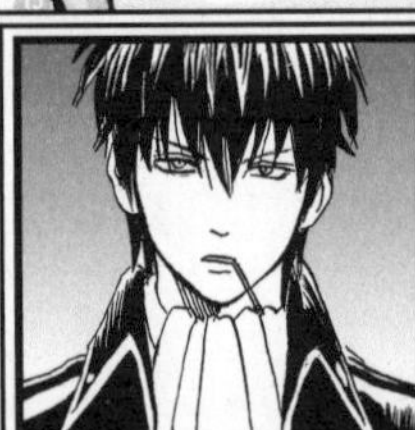

Toshiro Hijikata

Der Vizekommandant der Shinsengumi. Eigentlich kühl und beherrscht, doch sobald er sein Schwert zieht, geht er auf alles los, was ihm in die Quere kommt. Isst leidenschaftlich gern Mayonnaise.

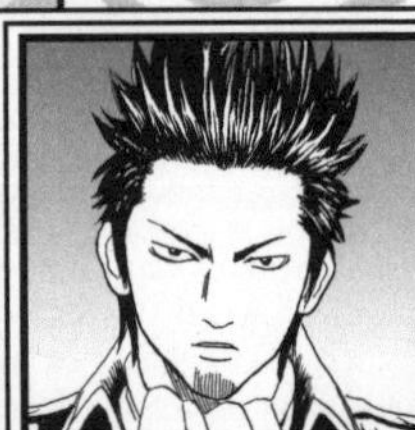

Isao Kondo

Kommandant der Shinsengumi. Er stellt Shinpachis Schwester Tae nach (soll heißen, er ist ihr Stalker). Genießt das volle Vertrauen seiner Gefolgsleute.

Weitere Personen

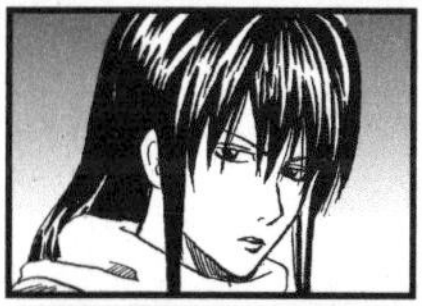

Kotaro Katsura

Einer der letzten Überlebenden der Joi-Patrioten. Einstiger Verbündeter von Gintoki, der ihn oft nur »Zura« nennt.

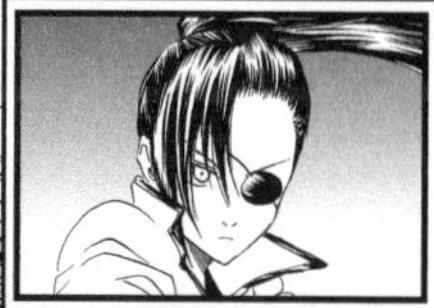

Kyubee Yagyu

Meisterin des Schwertkampfes und Stammhalterin des Yagyu-Klans. Tauchte als Taes Verlobter auf, ist aber eine Frau.

Alles-Agentur Gin-chan

Bar Otose

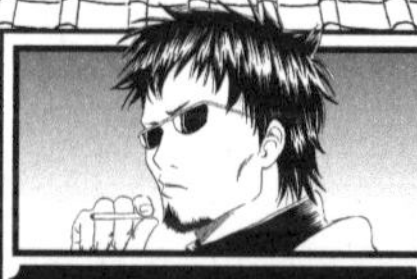

Taizo Hasegawa

Seitdem er aufgrund »gewisser Umstände« vom Shogunat gefeuert wurde, befindet sich sein Leben im freien Fall ...

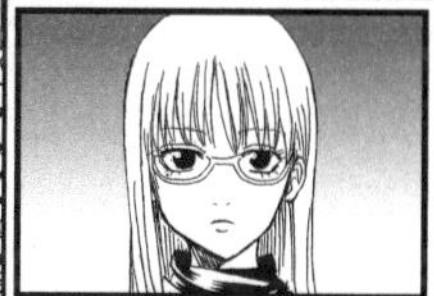

Ayame Sarutobi

Weibliche Ninja, die als Auftragskillerin arbeitet und Gintoki mit großem Eifer nachstellt.

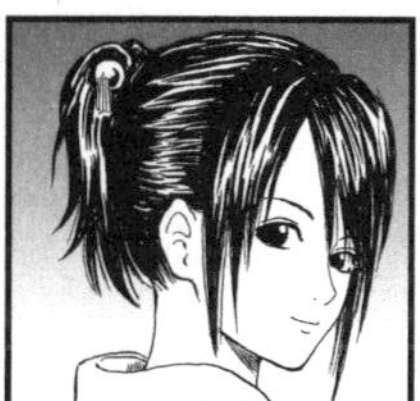

Tae Shimura

Ihr hübsches Aussehen steht im krassen Gegensatz zu ihrer Brutalität. Kondos Avancen bringen sie zur Weißglut.

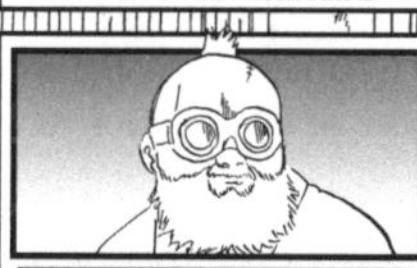

Gengai Hiraga

Edos bester Mechanicon-Ingenieur. Wird vom Shogunat aufgrund »gewisser« Umstände steckbrieflich gesucht.

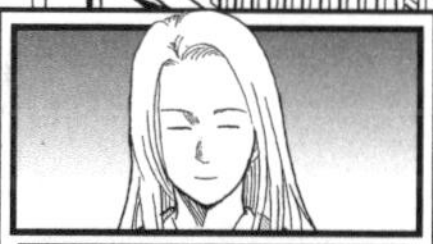

Ayumu Tojo

Kopf der Yagyu-Vier. Fungiert als Kyubees Leibwächter und kümmert sich um ihr tägliches Wohl.

WAS BISHER GESCHAH

Schauplatz ist Edo. Durch das Erscheinen der »Amanto« vor 20 Jahren und das von ihnen durchgesetzte Schwertverbot kommt es zum fortschreitenden Niedergang der einst mächtigen Samurai. In diesem Zeitalter lebt ein sonderbarer Mann, der in sich die Seele des Samurai bewahrt hat: Gintoki Sakata. Der naschsüchtige Held dieser Geschichte ist Betreiber der sogenannten »Alles-Agentur« und würde für Geld fast jeden Job übernehmen. Shinpachi Shimura, der für die Rettung seiner Schwester bei Gintoki in der Schuld steht, schließt sich ihm an und wird, neben Kagura, ständiger Mitarbeiter der Agentur.

Für die Liebe zwischen dem Shogunatsminister Maizo und der legendären Oiran Suzuran fordern Gintoki und seine Freunde den ehemaligen Shogun zum Kampf auf. Bis auf den Tod kämpfen sie gegen die Shogunatsarmee und die Attentäterorganisation »Naraku«, bis der aktuelle Shogun Shigeshige endlich die Polizei in Bewegung setzt und den ehemaligen Shogun festnehmen lässt. Schließlich kommt es zu einem letzten Wiedersehen zwischen Maizo und Suzuran.

INHALT

Das Wort »Beam« klingt cool und trifft direkt ins Heart

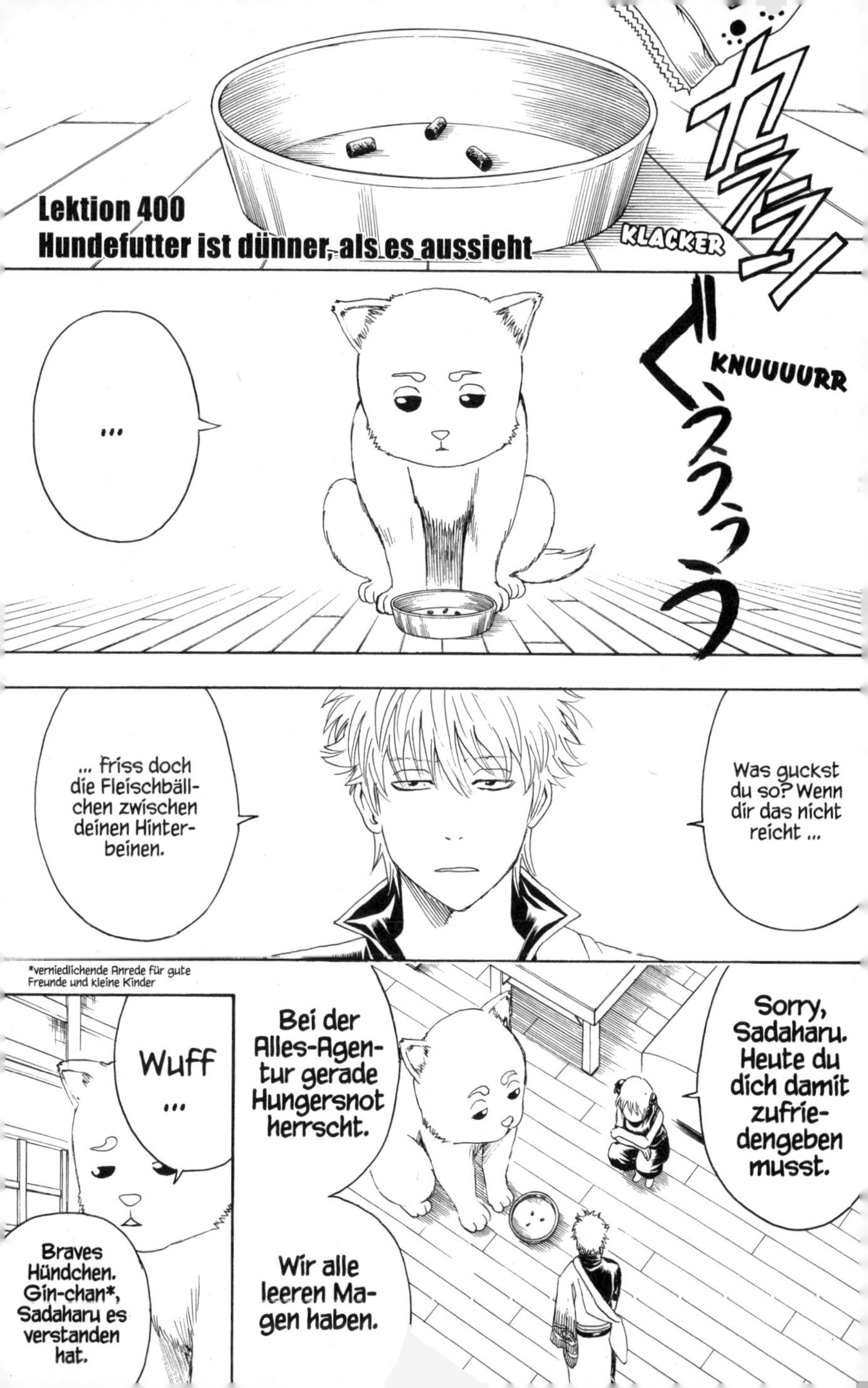
Lektion 400
Hundefutter ist dünner, als es aussieht
KLACKER
KNUUUURR
...
Was guckst du so? Wenn dir das nicht reicht ...
... friss doch die Fleischbällchen zwischen deinen Hinterbeinen.
*verniedlichende Anrede für gute Freunde und kleine Kinder
Sorry, Sadaharu. Heute du dich damit zufriedengeben musst.
Bei der Alles-Agentur gerade Hungersnot herrscht.
Wir alle leeren Magen haben.
Wuff ...
Braves Hündchen. Gin-chan*, Sadaharu es verstanden hat.

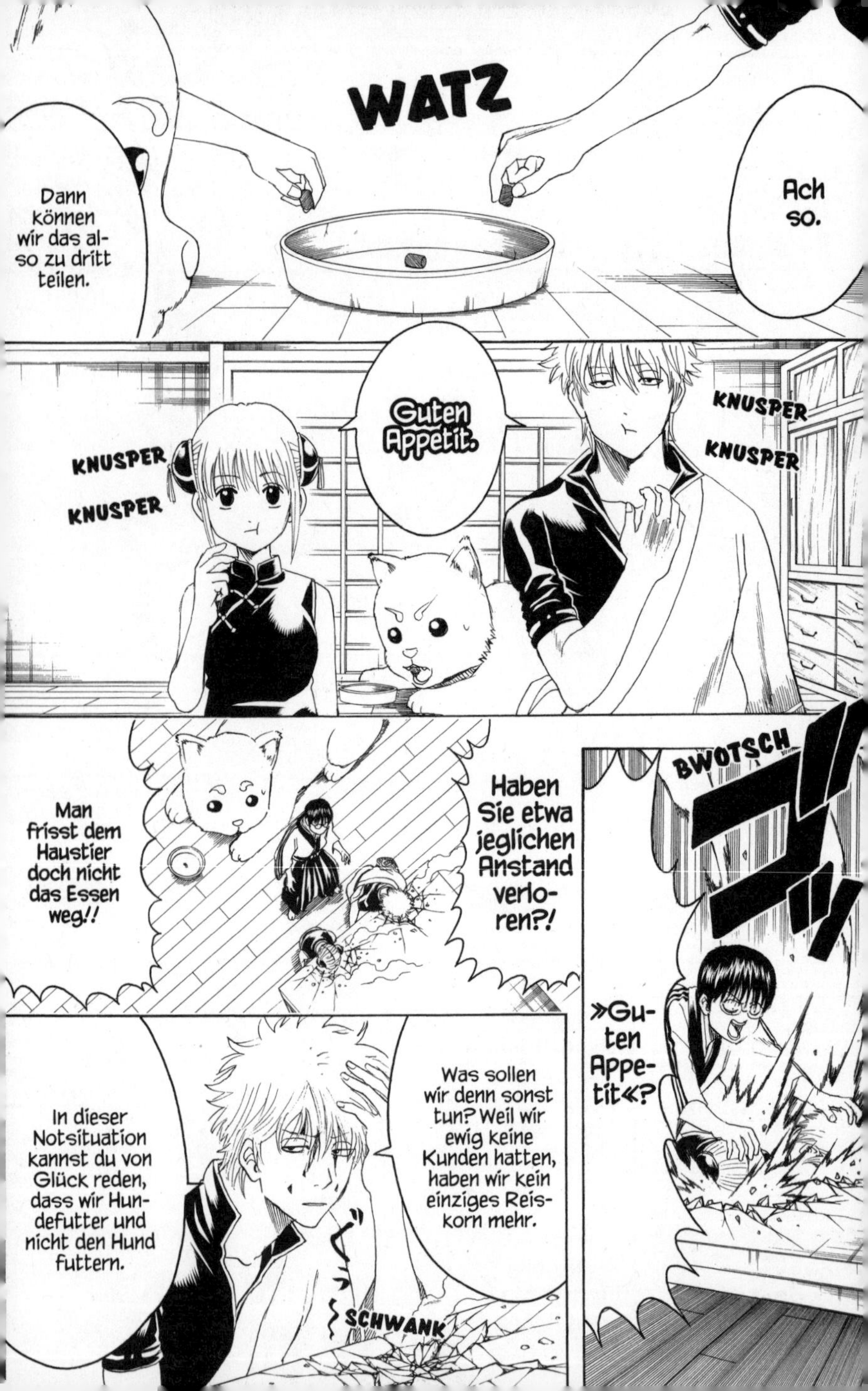
WATZ
Ach so.
Dann können wir das also zu dritt teilen.
Guten Appetit.
KNUSPER
KNUSPER
KNUSPER
KNUSPER
BWOTSCH
Haben Sie etwa jeglichen Anstand verloren?!
Man frisst dem Haustier doch nicht das Essen weg!!
»Guten Appetit«?
Was sollen wir denn sonst tun? Weil wir ewig keine Kunden hatten, haben wir kein einziges Reiskorn mehr.
In dieser Notsituation kannst du von Glück reden, dass wir Hundefutter und nicht den Hund futtern.
SCHWANK

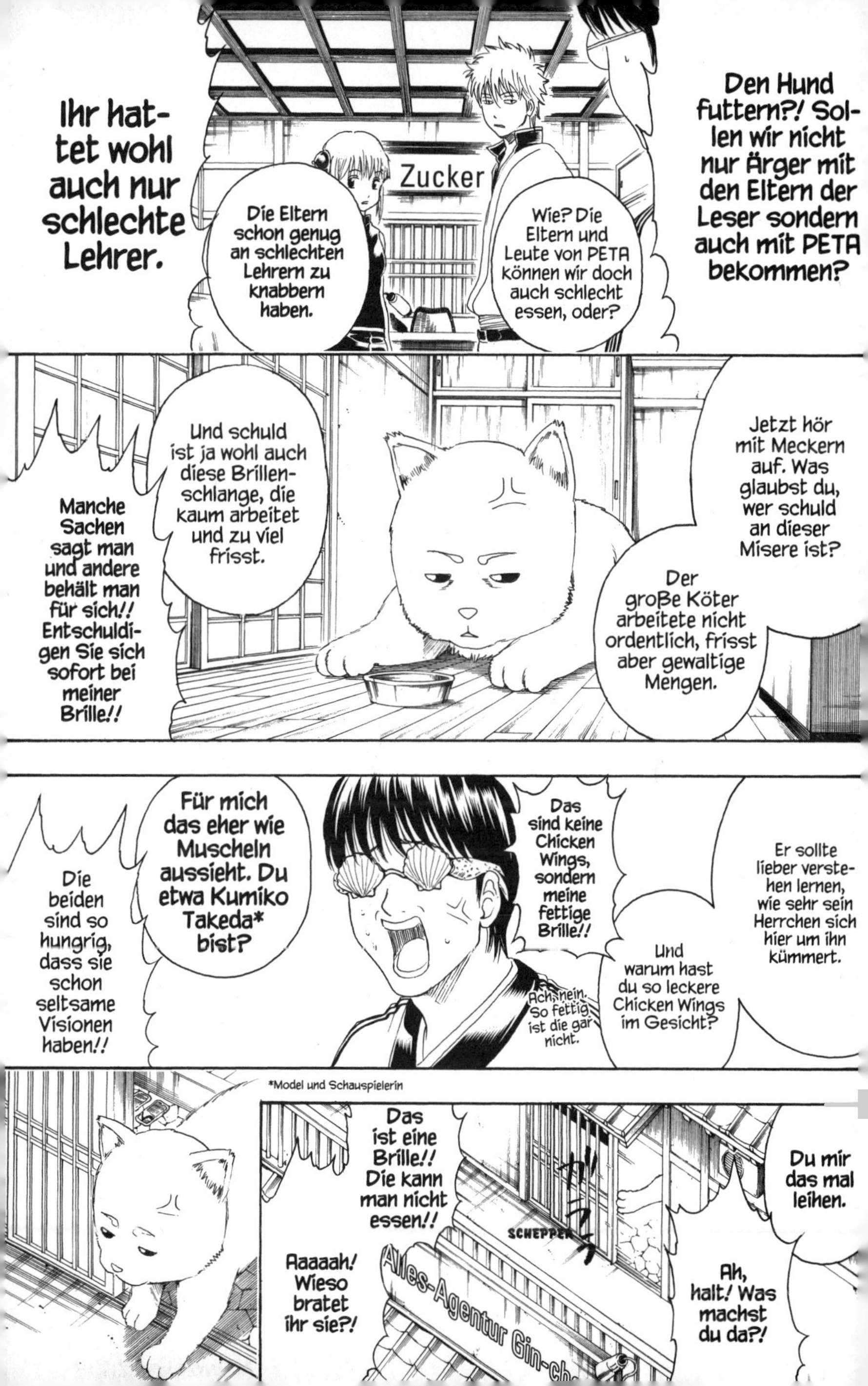

*Model und Schauspielerin

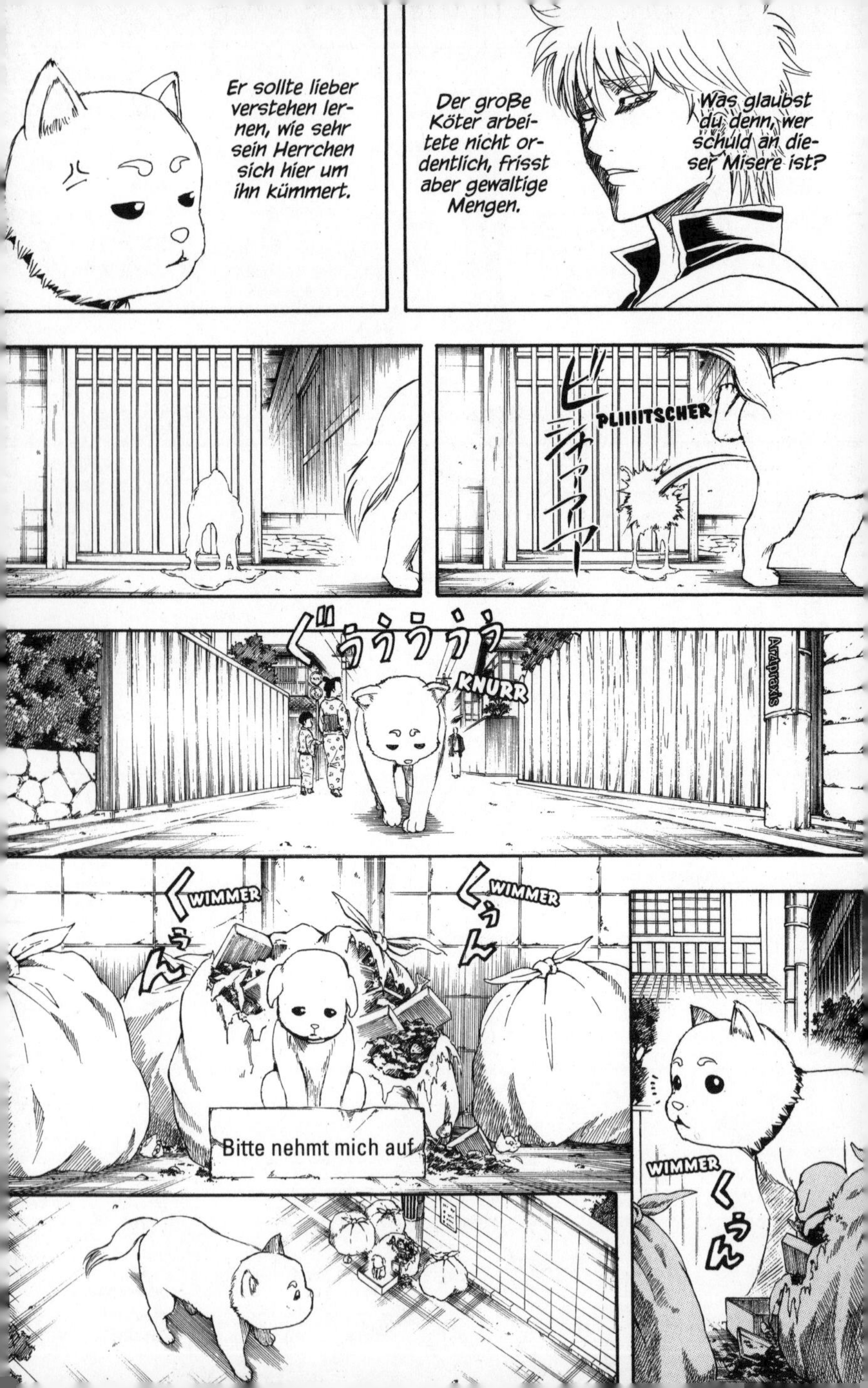
Was glaubst du denn, wer schuld an dieser Misere ist?
Der große Köter arbeitete nicht ordentlich, frisst aber gewaltige Mengen.
Er sollte lieber verstehen lernen, wie sehr sein Herrchen sich hier um ihn kümmert.
ビシャアアー
PLIIIITSCHER
ぐうううう
KNURR
Arztpraxis
くうん
WIMMER
くうん
WIMMER
Bitte nehmt mich auf
くうん
WIMMER

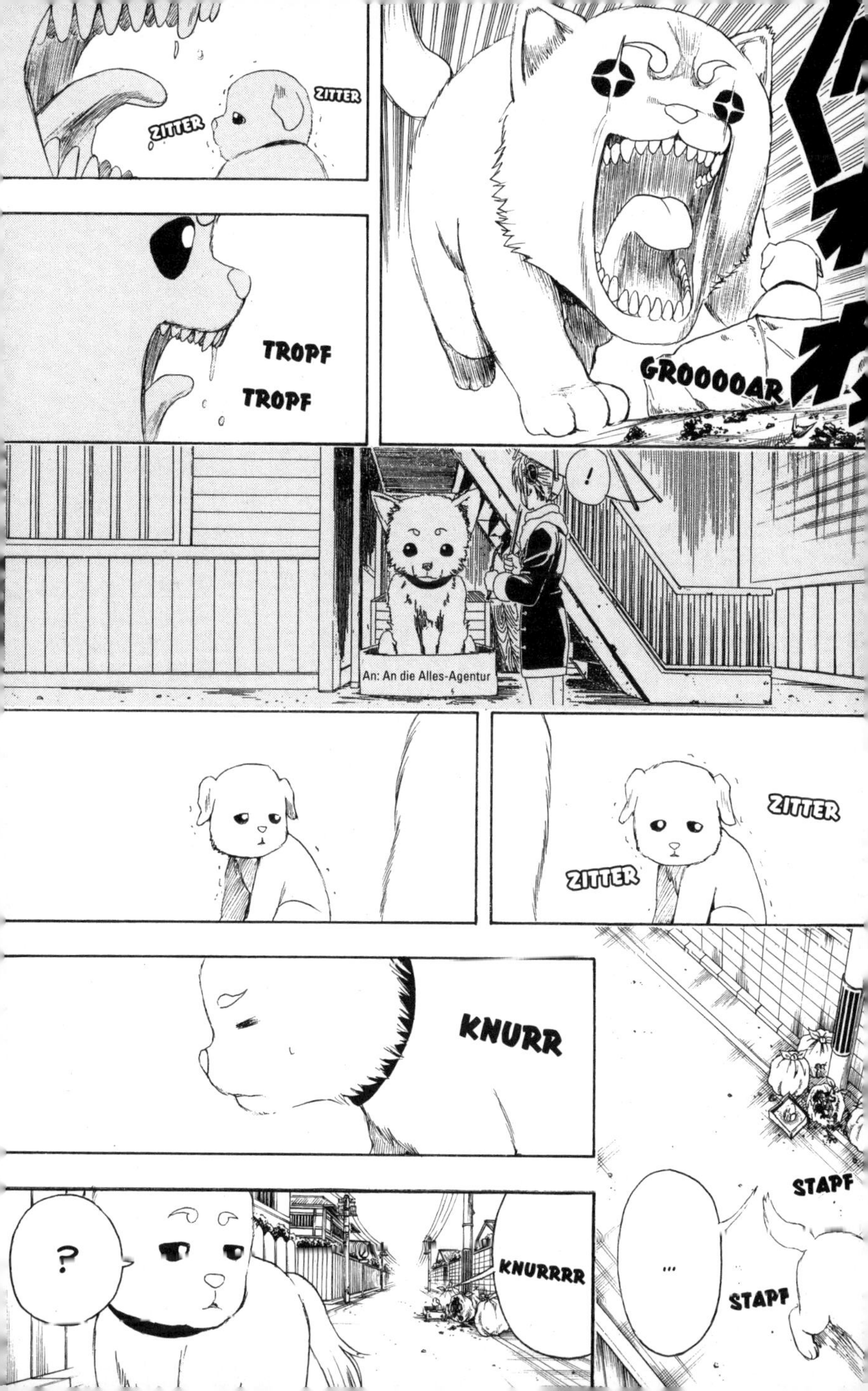
ZITTER
ZITTER
GROOOOAR
TROPF
TROPF
!
An: An die Alles-Agentur
ZITTER
ZITTER
KNURR
STAPF
STAPF
...
KNURRRR
?

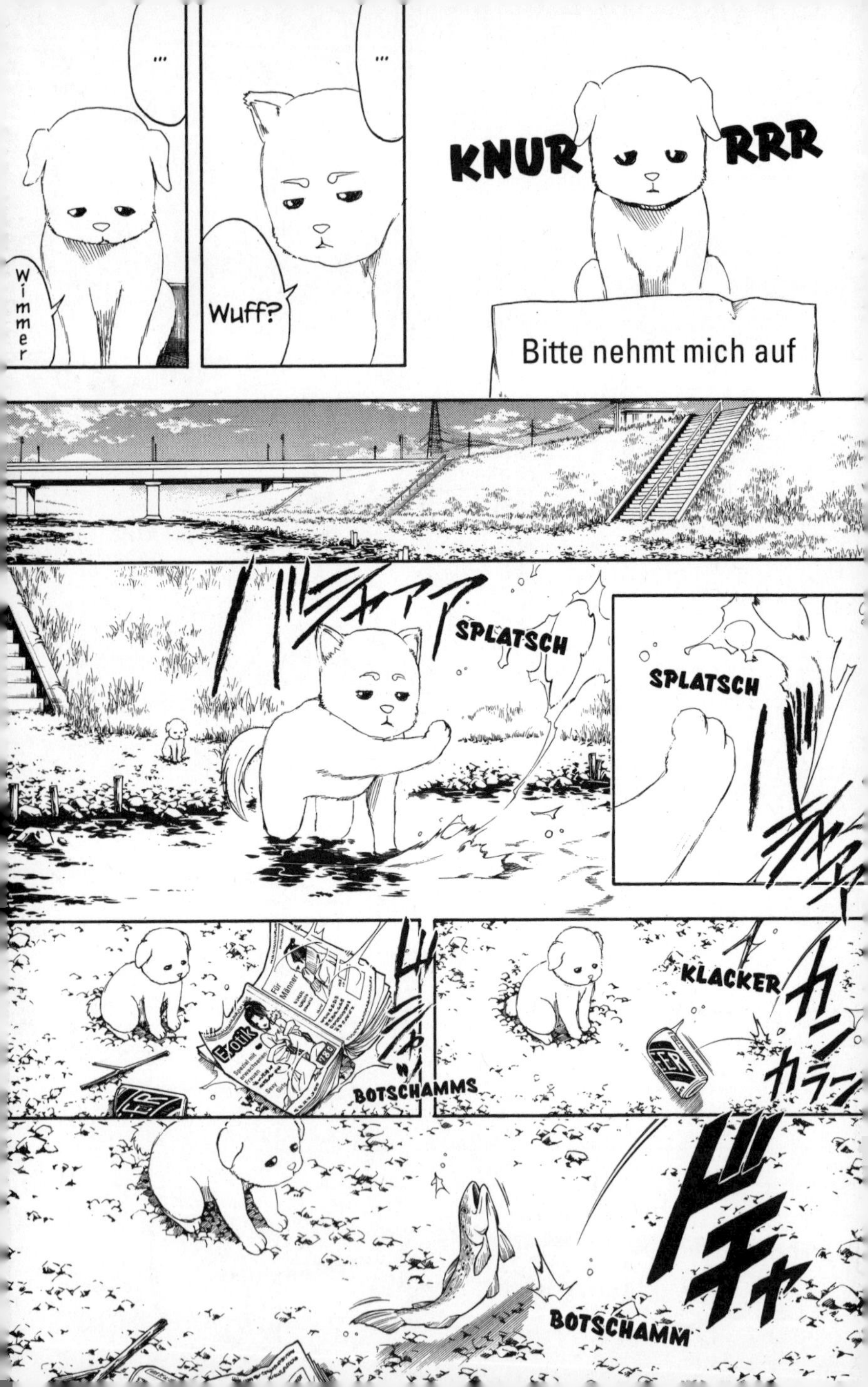
...
...
Wimmer
Wuff?
KNURRRR
Bitte nehmt mich auf
SPLATSCH
SPLATSCH
KLACKER
BOTSCHAMMS
BOTSCHAMM

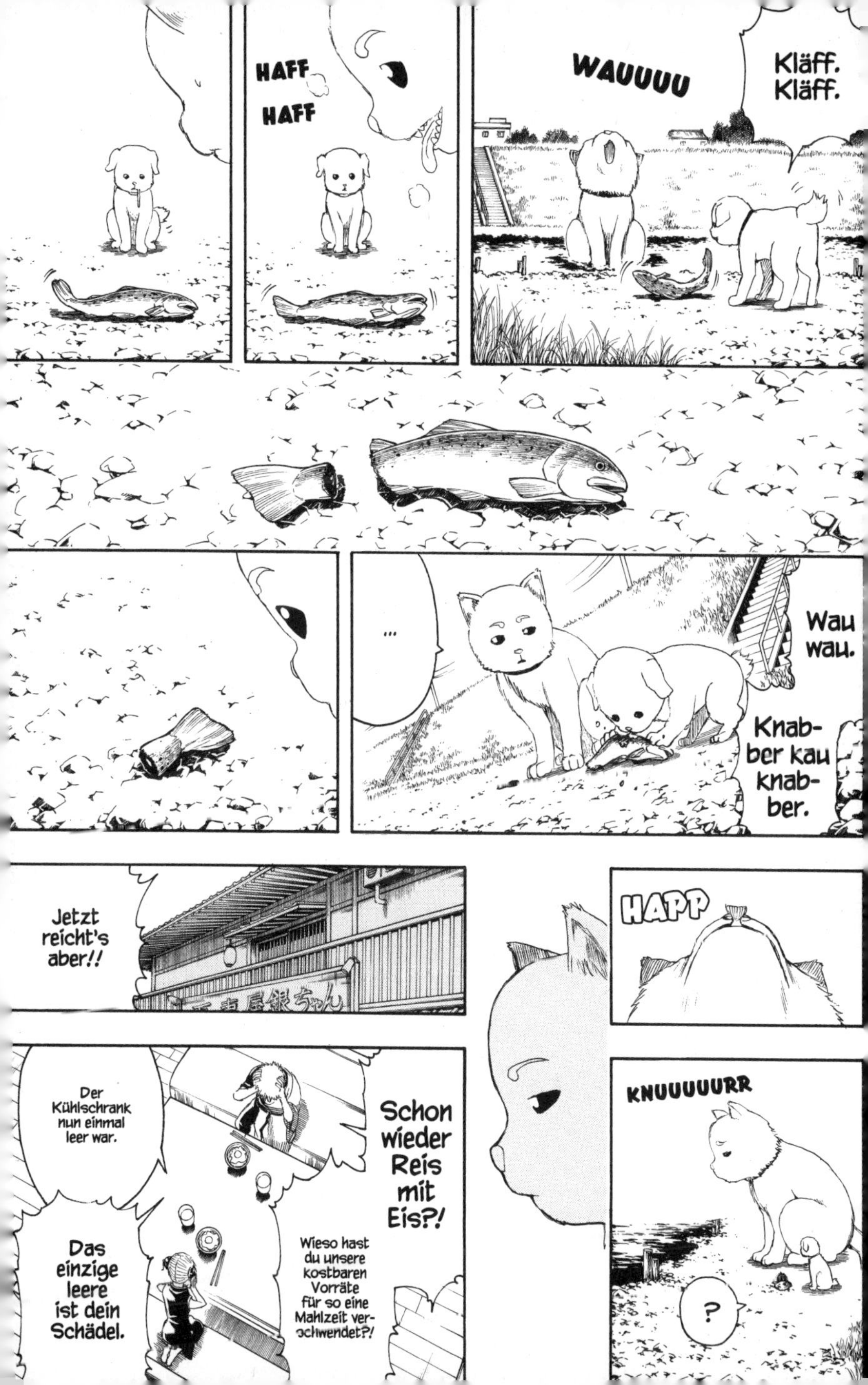
Kläff. Kläff.
WAUUUU
HAFF
HAFF
Wau wau.
Knabber kau knabber.
...
HAPP
KNUUUUURR
?
Jetzt reicht's aber!!
Schon wieder Reis mit Eis?!
Wieso hast du unsere kostbaren Vorräte für so eine Mahlzeit verschwendet?!
Der Kühlschrank nun einmal leer war.
Das einzige leere ist dein Schädel.

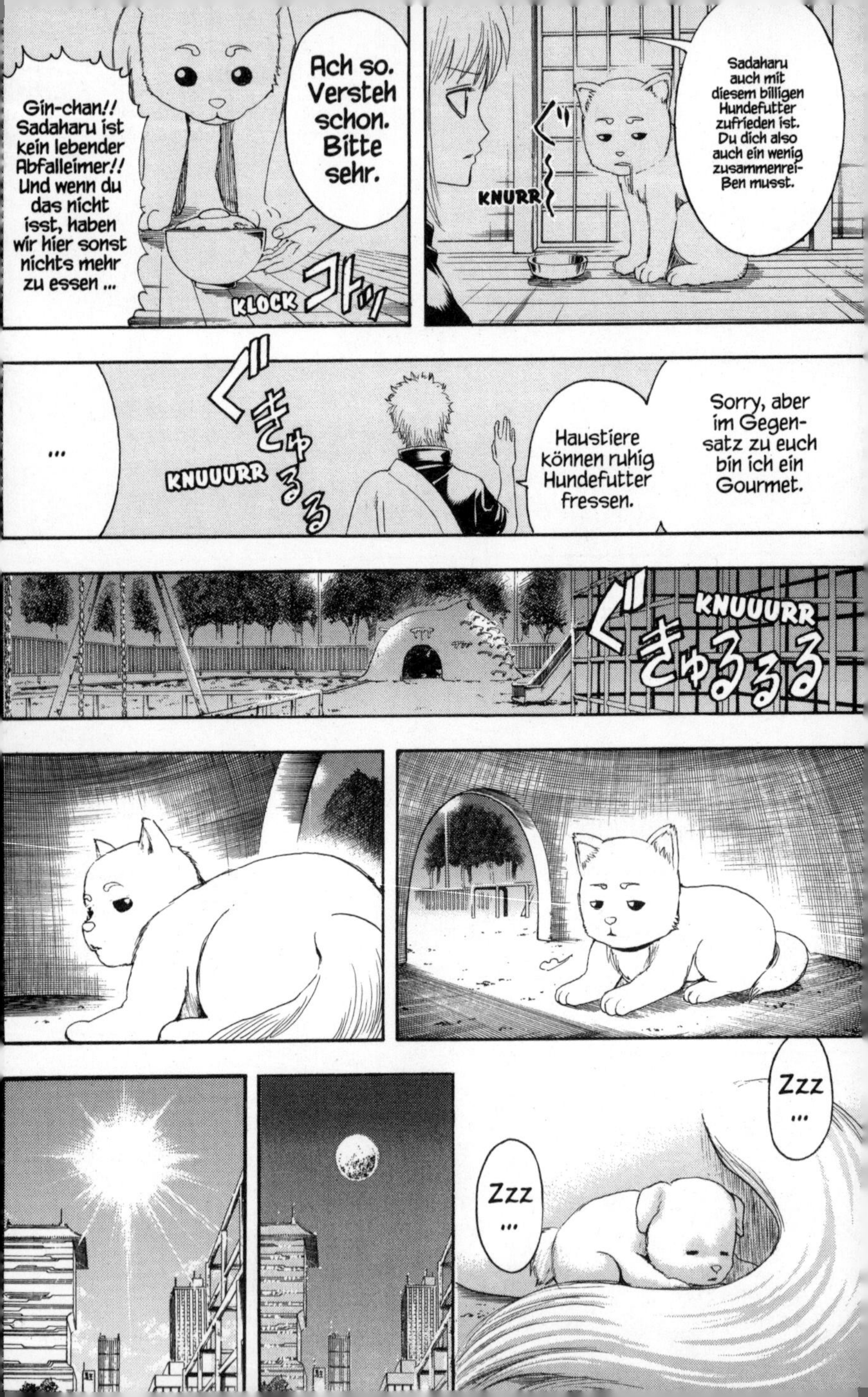
Sadaharu auch mit diesem billigen Hundefutter zufrieden ist. Du dich also auch ein wenig zusammenrei-ßen musst.
ぐ〜
KNURR
Ach so. Versteh schon. Bitte sehr.
Gin-chan!! Sadaharu ist kein lebender Abfalleimer!! Und wenn du das nicht isst, haben wir hier sonst nichts mehr zu essen ...
コトッ
KLOCK
Sorry, aber im Gegen-satz zu euch bin ich ein Gourmet.
Haustiere können ruhig Hundefutter fressen.
ぐきゅるる
KNUUURR
...
ぐきゅるるる
KNUUURR
Zzz ...
Zzz ...

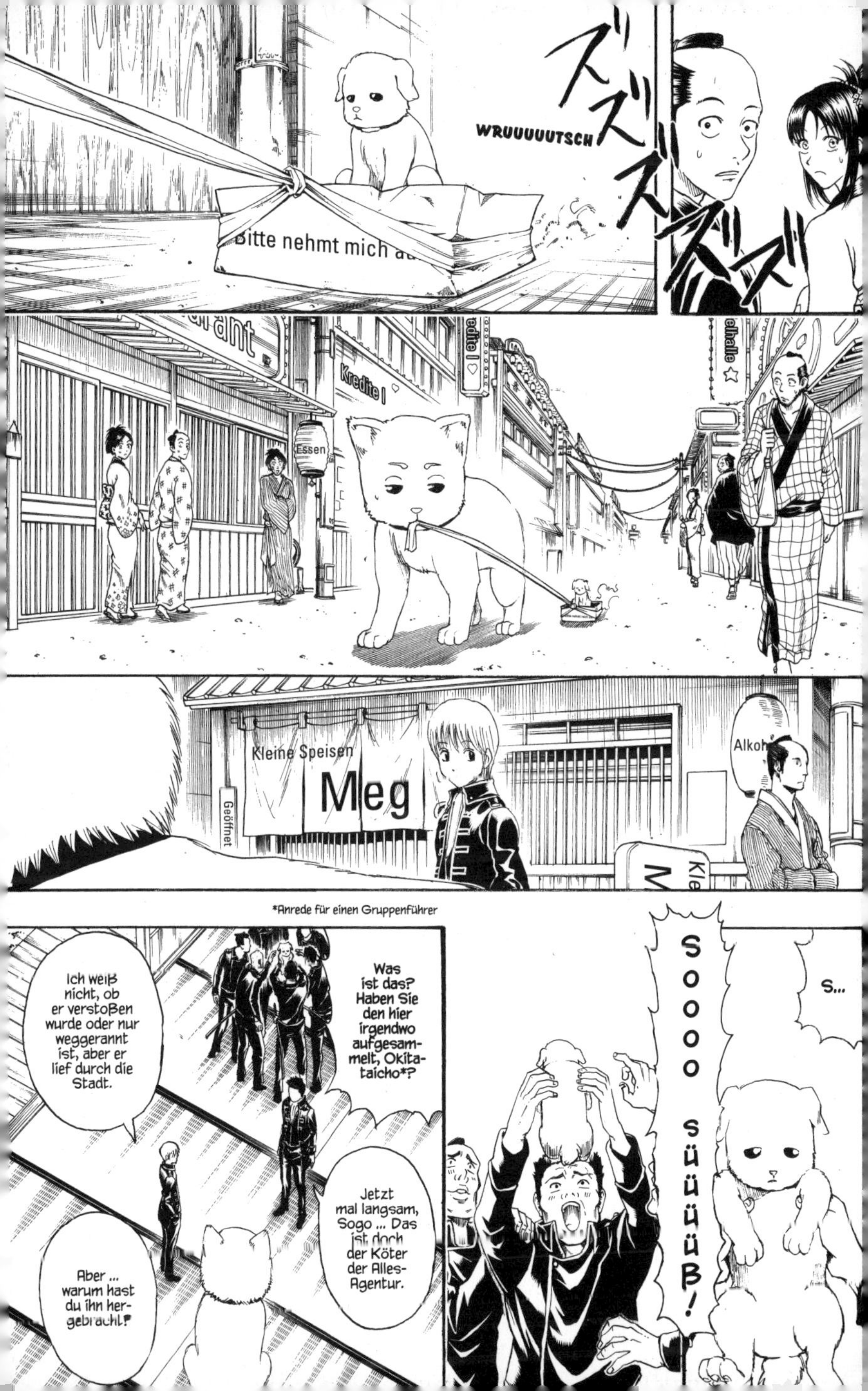

*Anrede für einen Gruppenführer

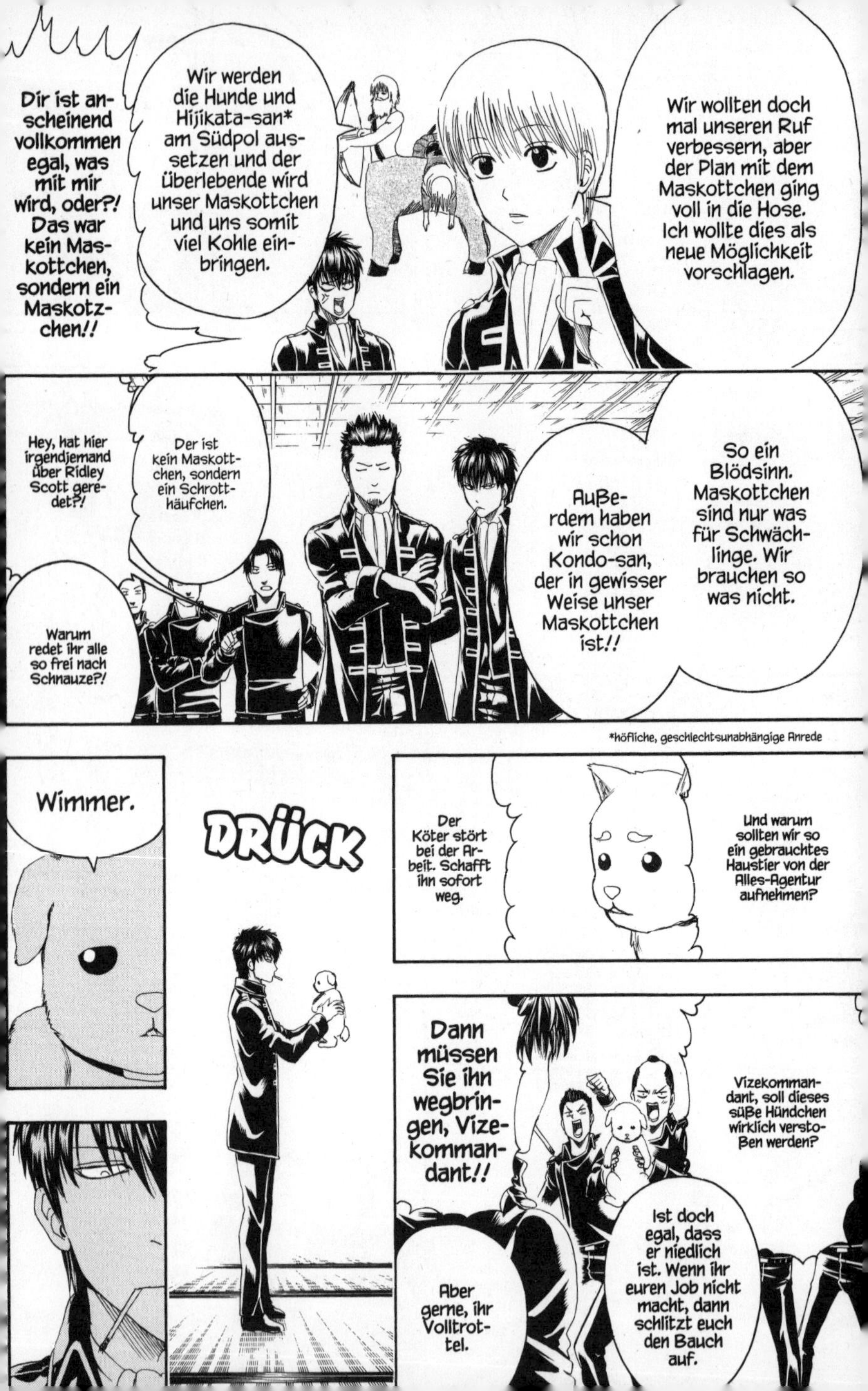

*höfliche, geschlechtsunabhängige Anrede

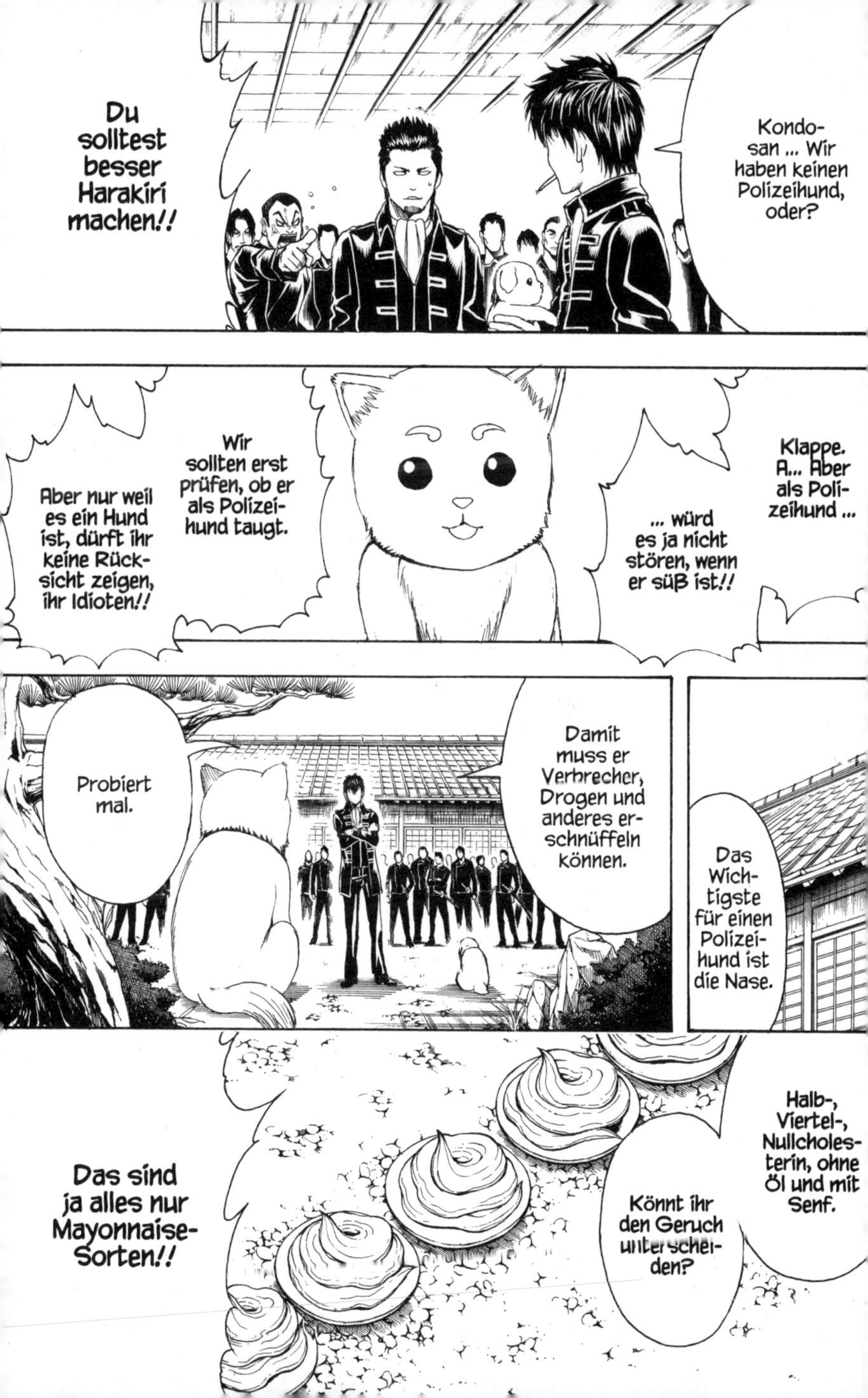
Kondo-san ... Wir haben keinen Polizeihund, oder?
Du solltest besser Harakiri machen!!
Klappe. A... Aber als Polizeihund ...
... würd es ja nicht stören, wenn er süß ist!!
Wir sollten erst prüfen, ob er als Polizeihund taugt.
Aber nur weil es ein Hund ist, dürft ihr keine Rücksicht zeigen, ihr Idioten!!
Das Wichtigste für einen Polizeihund ist die Nase.
Damit muss er Verbrecher, Drogen und anderes erschnüffeln können.
Probiert mal.
Halb-, Viertel-, Nullcholesterin, ohne Öl und mit Senf.
Könnt ihr den Geruch unterscheiden?
Das sind ja alles nur Mayonnaise-Sorten!!

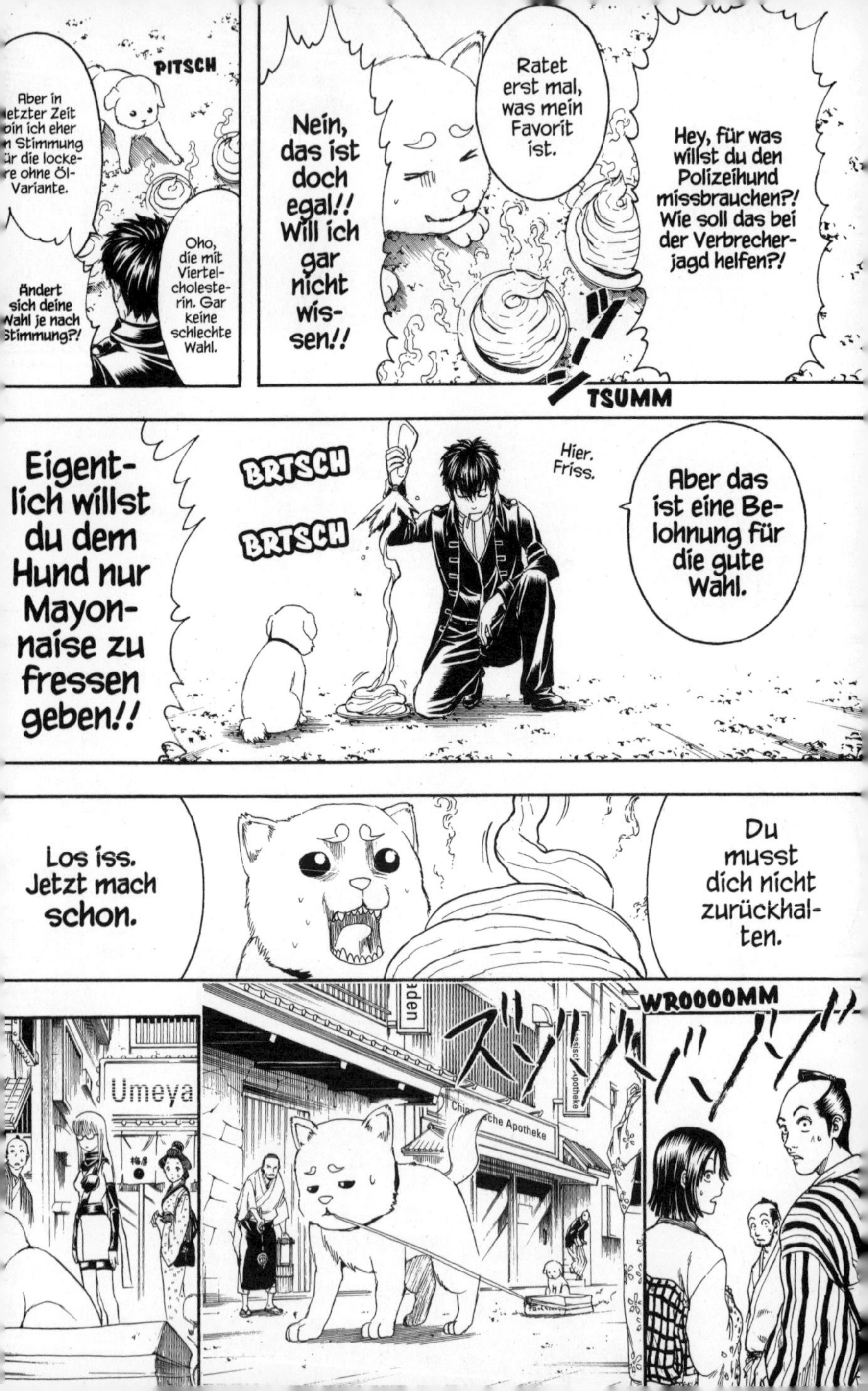
Hey, für was willst du den Polizeihund missbrauchen?! Wie soll das bei der Verbrecherjagd helfen?!
Ratet erst mal, was mein Favorit ist.
Nein, das ist doch egal!! Will ich gar nicht wissen!!
TSUMM
PITSCH
Aber in letzter Zeit bin ich eher in Stimmung für die lockere ohne Öl-Variante.
Oho, die mit Viertelcholesterin. Gar keine schlechte Wahl.
Ändert sich deine Wahl je nach Stimmung?!
Aber das ist eine Belohnung für die gute Wahl.
Hier. Friss.
BRTSCH
BRTSCH
Eigentlich willst du dem Hund nur Mayonnaise zu fressen geben!!
Du musst dich nicht zurückhalten.
Los iss. Jetzt mach schon.
WROOOOMM
Umeya
Chinesische Apotheke

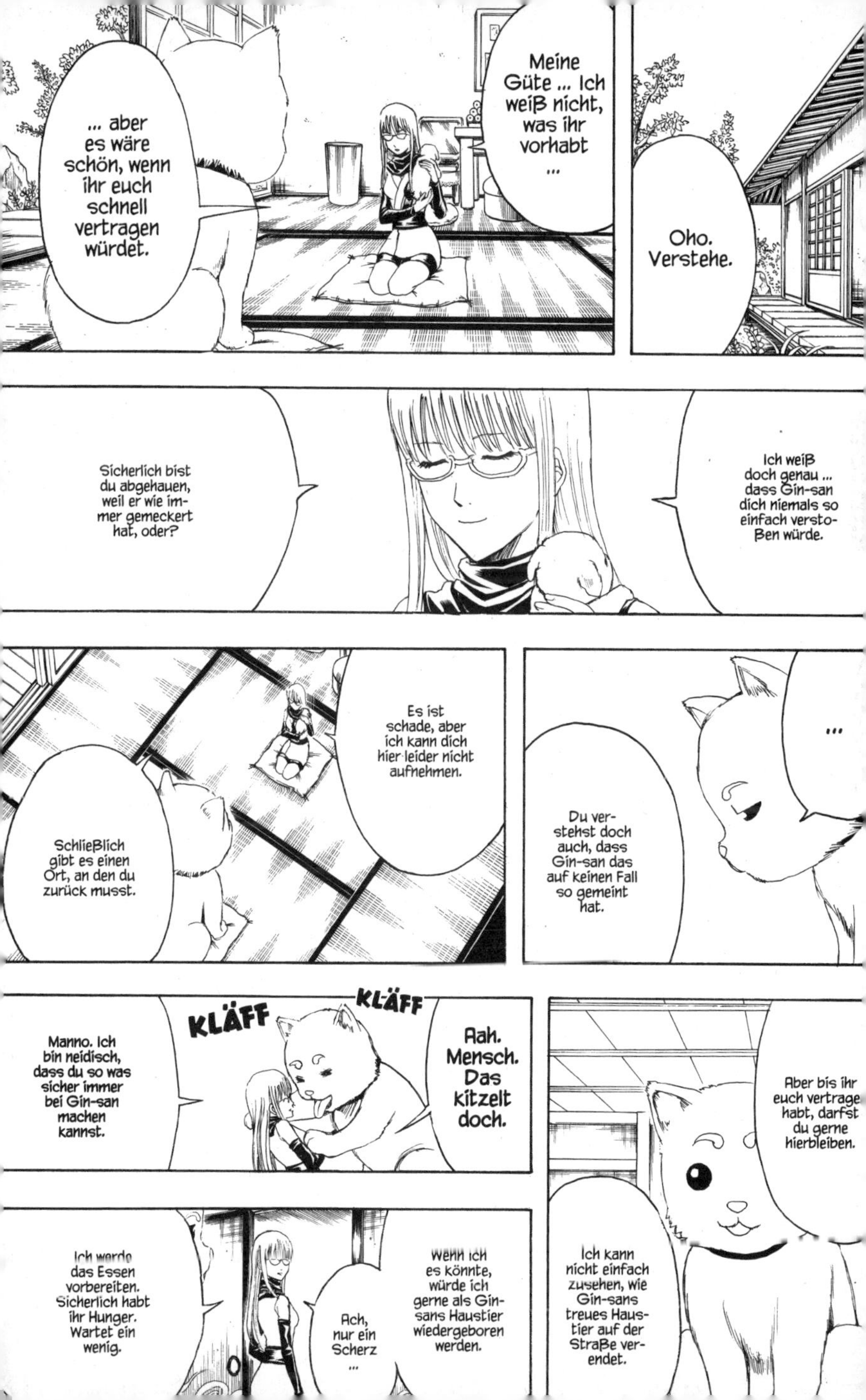
Oho. Verstehe.
Meine Güte ... Ich weiß nicht, was ihr vorhabt ...
... aber es wäre schön, wenn ihr euch schnell vertragen würdet.
Ich weiß doch genau ... dass Gin-san dich niemals so einfach verstoßen würde.
Sicherlich bist du abgehauen, weil er wie immer gemeckert hat, oder?
...
Du verstehst doch auch, dass Gin-san das auf keinen Fall so gemeint hat.
Es ist schade, aber ich kann dich hier leider nicht aufnehmen.
Schließlich gibt es einen Ort, an den du zurück musst.
Aber bis ihr euch vertrage habt, darfst du gerne hierbleiben.
Ich kann nicht einfach zusehen, wie Gin-sans treues Haustier auf der Straße verendet.
KLÄFF
KLÄFF
Aah. Mensch. Das kitzelt doch.
Manno. Ich bin neidisch, dass du so was sicher immer bei Gin-san machen kannst.
Wenn ich es könnte, würde ich gerne als Gin-sans Haustier wiedergeboren werden.
Ach, nur ein Scherz ...
Ich werde das Essen vorbereiten. Sicherlich habt ihr Hunger. Wartet ein wenig.

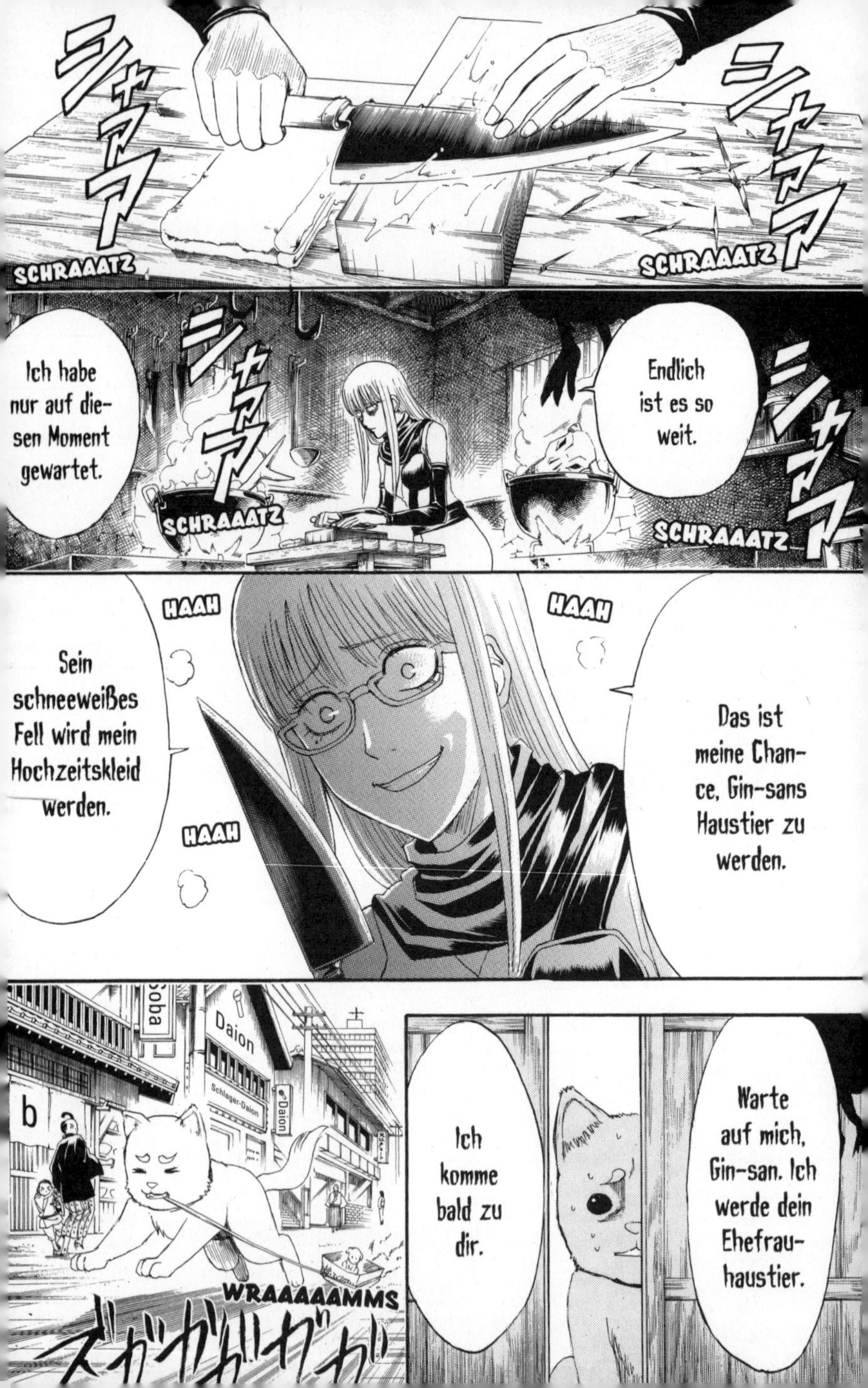

SCHRAAATZ
SCHRAAATZ
Endlich ist es so weit.
Ich habe nur auf diesen Moment gewartet.
SCHRAAATZ
SCHRAAATZ
HAAH
Das ist meine Chance, Gin-sans Haustier zu werden.
HAAH
Sein schneeweißes Fell wird mein Hochzeitskleid werden.
HAAH
Warte auf mich, Gin-san. Ich werde dein Ehefrauhaustier.
Ich komme bald zu dir.
Soba
Daion
Schlager-Daion
Daion
b
WRAAAAAMMS

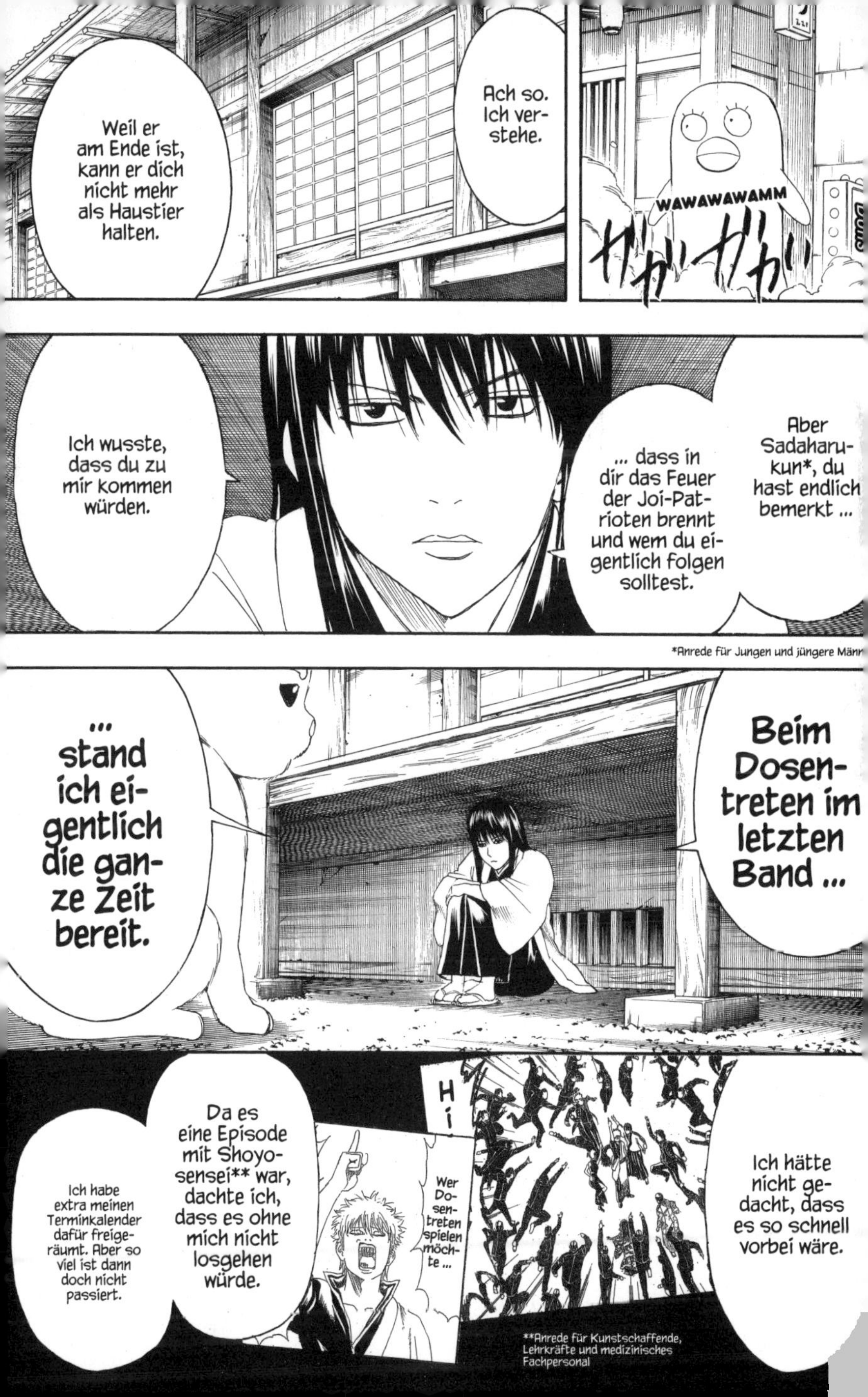

WAWAWAWAMM
Ach so. Ich verstehe.
Weil er am Ende ist, kann er dich nicht mehr als Haustier halten.
Aber Sadaharu-kun*, du hast endlich bemerkt ...
... dass in dir das Feuer der Joi-Patrioten brennt und wem du eigentlich folgen solltest.
Ich wusste, dass du zu mir kommen würden.
*Anrede für Jungen und jüngere Männ
Beim Dosentreten im letzten Band ...
... stand ich eigentlich die ganze Zeit bereit.
Ich hätte nicht gedacht, dass es so schnell vorbei wäre.
Hi
Wer Dosentreten spielen möchte ...
Da es eine Episode mit Shoyo-sensei** war, dachte ich, dass es ohne mich nicht losgehen würde.
Ich habe extra meinen Terminkalender dafür freigeräumt. Aber so viel ist dann doch nicht passiert.
**Anrede für Kunstschaffende, Lehrkräfte und medizinisches Fachpersonal

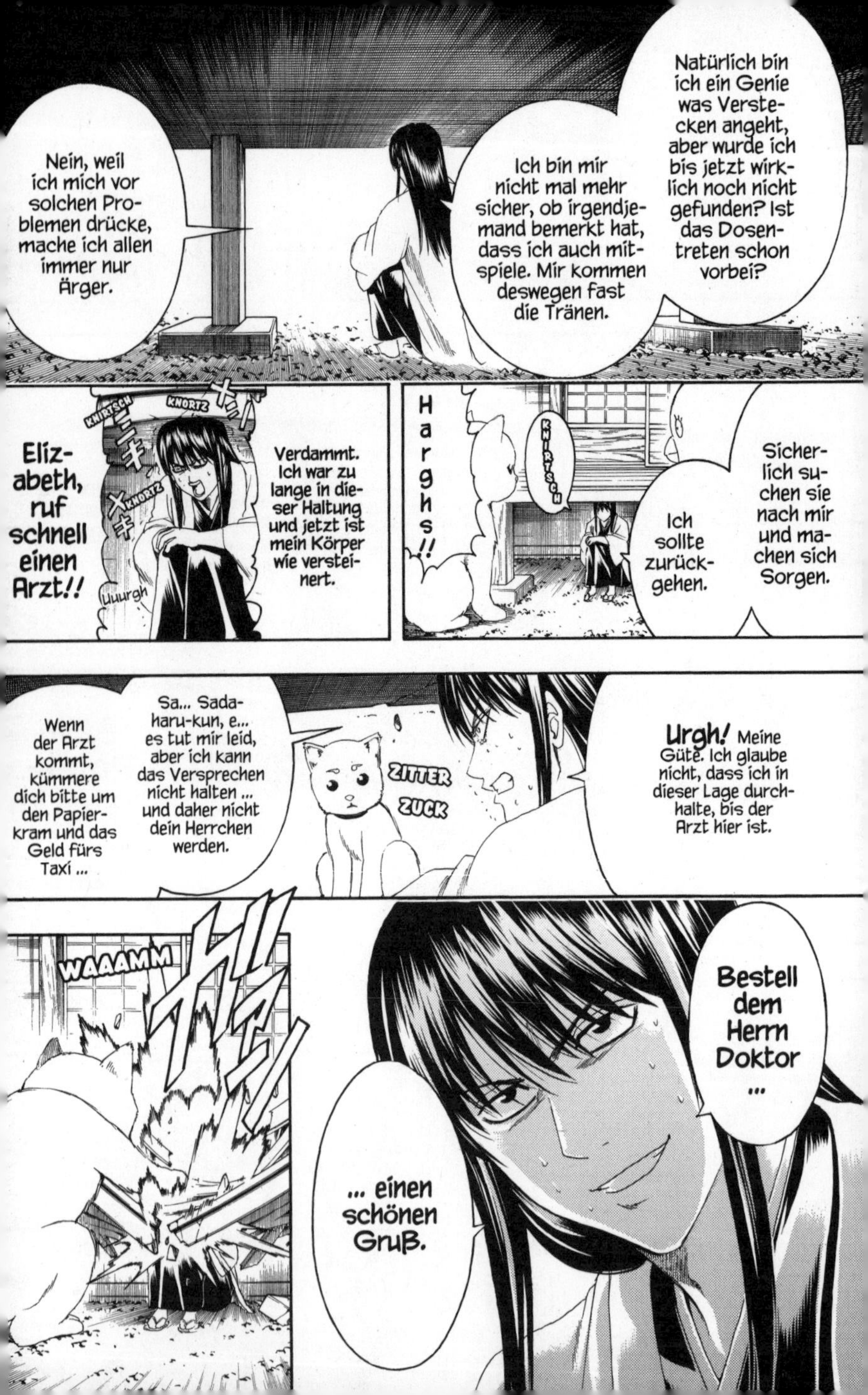
Natürlich bin ich ein Genie was Verstecken angeht, aber wurde ich bis jetzt wirklich noch nicht gefunden? Ist das Dosentreten schon vorbei?
Ich bin mir nicht mal mehr sicher, ob irgendjemand bemerkt hat, dass ich auch mitspiele. Mir kommen deswegen fast die Tränen.
Nein, weil ich mich vor solchen Problemen drücke, mache ich allen immer nur Ärger.
Sicherlich suchen sie nach mir und machen sich Sorgen.
Ich sollte zurückgehen.
KNIRTSCH
Harghs!!
Verdammt. Ich war zu lange in dieser Haltung und jetzt ist mein Körper wie versteinert.
KNORTZ
KNIRTSCH
KNORTZ
Uuurgh
Elizabeth, ruf schnell einen Arzt!!
Urgh! Meine Güte. Ich glaube nicht, dass ich in dieser Lage durchhalte, bis der Arzt hier ist.
ZITTER
ZUCK
Sa... Sadaharu-kun, e... es tut mir leid, aber ich kann das Versprechen nicht halten ... und daher nicht dein Herrchen werden.
Wenn der Arzt kommt, kümmere dich bitte um den Papierkram und das Geld fürs Taxi ...
Bestell dem Herrn Doktor ...
... einen schönen Gruß.
WAAAMM

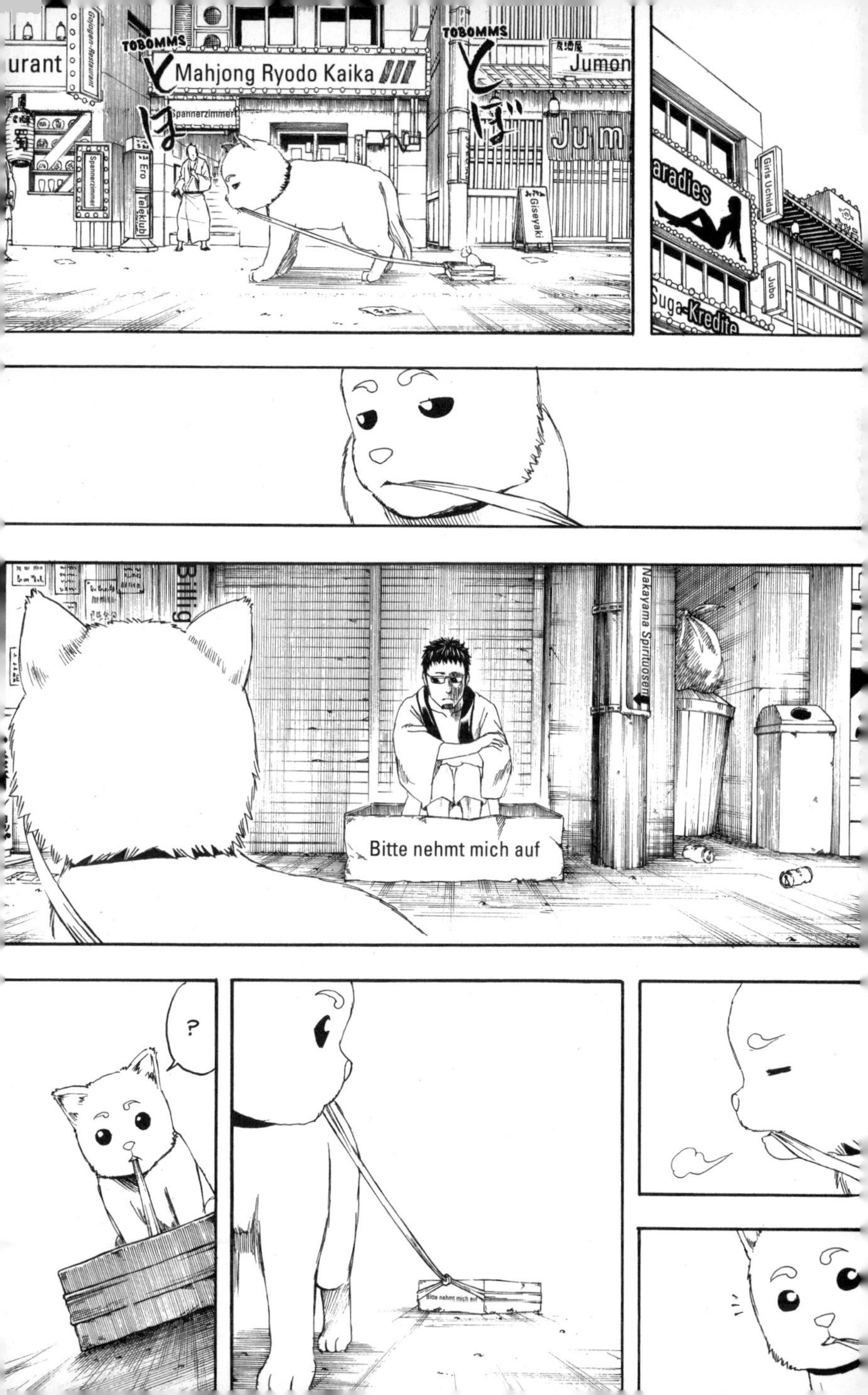

urant
Gojogen-Restaurant
TOBOMMS
Mahjong Ryodo Kaika
Spannerzimmer
Spannerzimmer
Ero
Teleklub
TOBOMMS
Jumon
Jum
Giseyaki
aradies
Girls Uchida
Jubo
Suga-Kredite
Billig
Nakayama Spirituosen
Bitte nehmt mich auf
?
Bitte nehmt mich auf

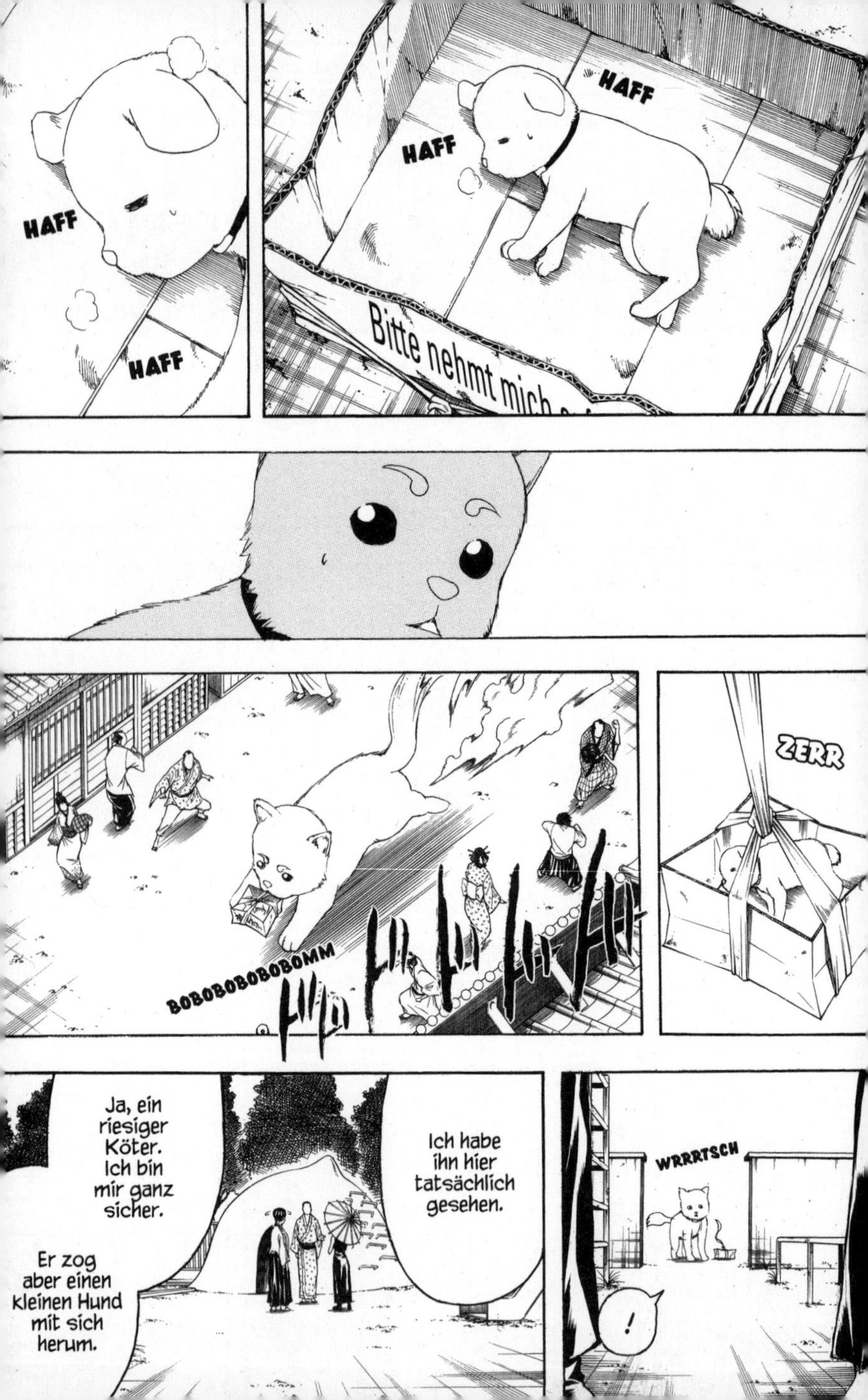
HAFF
HAFF
Bitte nehmt mich
HAFF
HAFF
ZERR
BOBOBOBOBOBOMM
WRRRTSCH
!
Ich habe ihn hier tatsächlich gesehen.
Ja, ein riesiger Köter. Ich bin mir ganz sicher.
Er zog aber einen kleinen Hund mit sich herum.

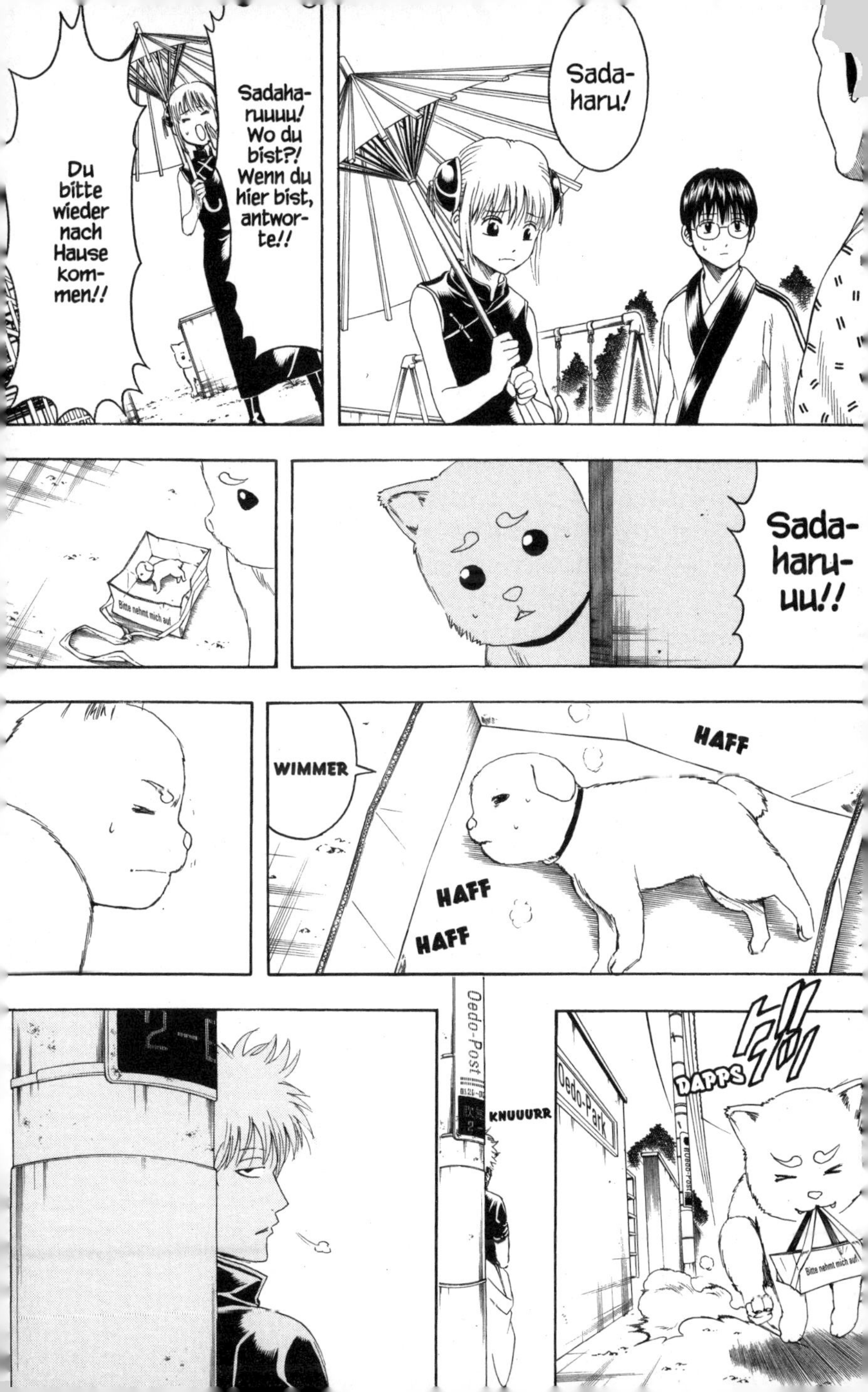
Sada-haru!
Sadaha-ruuuu! Wo du bist?! Wenn du hier bist, antworte!!
Du bitte wieder nach Hause kommen!!
Sada-haru-uu!!
Bitte nehmt mich auf
HAFF
WIMMER
HAFF
HAFF
DAPPS
Oedo-Park
Bitte nehmt mich auf
Oedo-Post
KNUUURR

Vielen Dank, dass ihr *Gin Tama* Band 46 gekauft habt. Wie ich im letzten Band schon angekündigt habe, gibt es in diesem Band viele Dinge anzukündigen, aber ganz sicher wurde es längst im Jump-Magazin oder im Internet bekannt gegeben, weswegen es ein wenig seltsam ist, dass hier noch zu schreiben, aber Hideaki Sorachi hat

Blut im Stuhl.

Der Anime geht wieder los? Es kommt ein zweiter Kinofilm? Das ist doch alles irrelevant, weil aus meinem Pillermann Blut kommt.
Der neue Film ist eine komplett neue Geschichte, die aus der Feder des Mangaka Hideaki Sorachi stammt? Nächstes Jahr kann man ihn im Kino sehen? Das stimmt zwar alles, aber zuvor hat der Originalautor mit dem Pinsel zwischen seinen Beinen die Toilette rot angemalt. Ich gehe nicht ins Kino, sondern laufe ständig aufs Klo. Ich wollte mich nicht mit komplett heruntergelassener Hose erwischen lassen und habe meinen Piepmatz mit aller Kraft gewaschen, aber die Leute schauten mich nur so an, dass ich ihnen nicht so einen dreckigen Mist zeigen soll. Aber wenn ihr das nicht wollt, dann sucht euch einen anderen für euren Spaß aus. Mit mir wurde geredet, als hätte ich eine Sexualkrankheit, aber dann wurde nur mein Urin untersucht und ich wieder nach Hause geschickt. Ich habe mir aber bestimmt nichts eingefangen, weil ich das letzte Jahr fast nie etwas unternommen habe, weil mir ständig die Abgabetermine für den wöchentlichen Manga und das Storyboard des Films im Nacken saßen. Eigentlich wollte ich jetzt wegen des Blutharns ein wenig frei bekommen, aber die Redaktion hat gemeint, dass sich jemand mit einer Sexualkrankheit und ein bisschen Blut im Stuhl nicht so anstellen soll.

(Fortsetzung auf Seite 186)

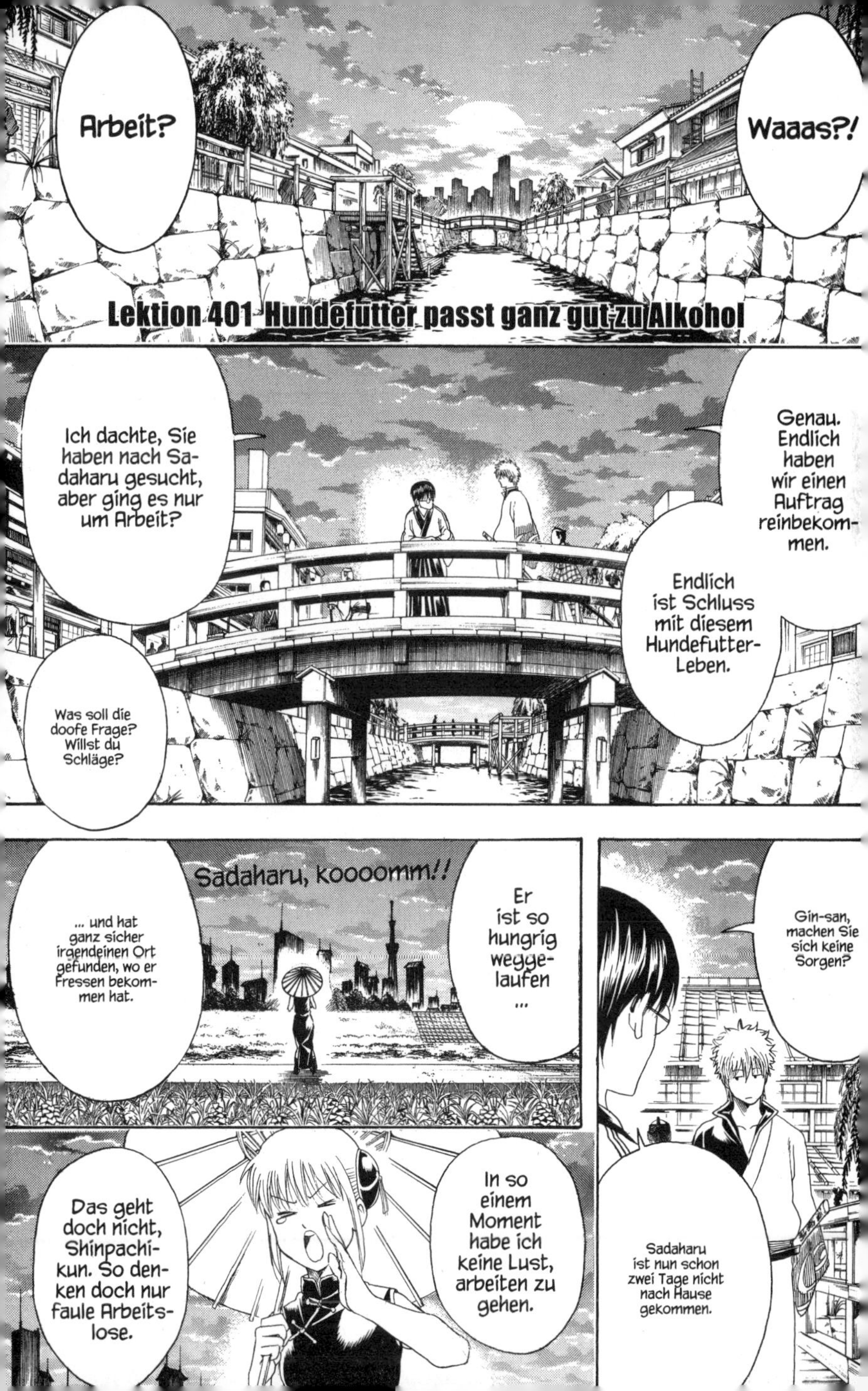

Waaas?!
Arbeit?
Lektion 401 Hundefutter passt ganz gut zu Alkohol
Genau. Endlich haben wir einen Auftrag reinbekommen.
Endlich ist Schluss mit diesem Hundefutter-Leben.
Ich dachte, Sie haben nach Sadaharu gesucht, aber ging es nur um Arbeit?
Was soll die doofe Frage? Willst du Schläge?
Gin-san, machen Sie sich keine Sorgen?
Sadaharu ist nun schon zwei Tage nicht nach Hause gekommen.
Sadaharu, koooomm!!
Er ist so hungrig weggelaufen ...
... und hat ganz sicher irgendeinen Ort gefunden, wo er Fressen bekommen hat.
In so einem Moment habe ich keine Lust, arbeiten zu gehen.
Das geht doch nicht, Shinpachi-kun. So denken doch nur faule Arbeitslose.

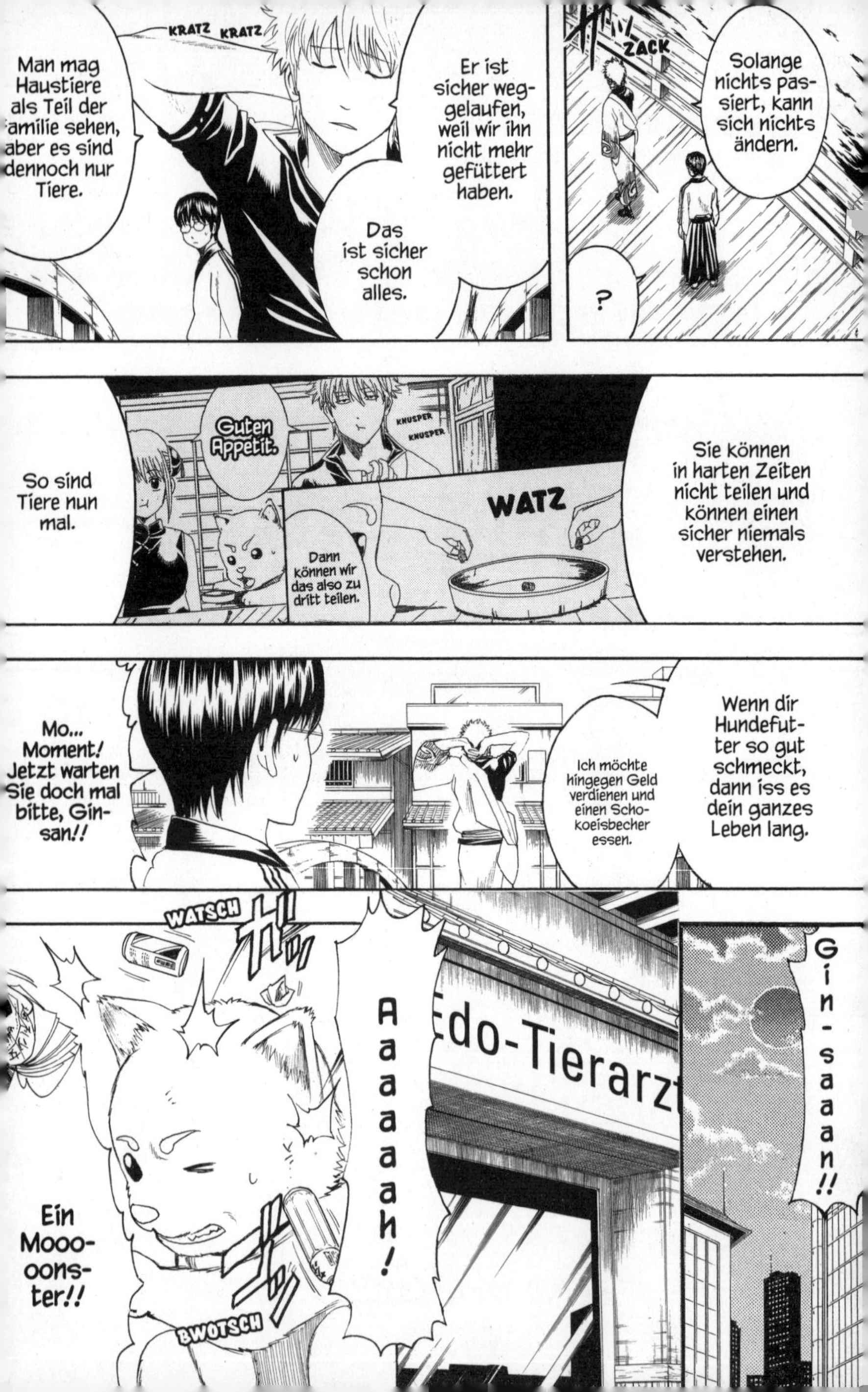
ZACK
Solange nichts passiert, kann sich nichts ändern.
?
KRATZ KRATZ
Er ist sicher weggelaufen, weil wir ihn nicht mehr gefüttert haben.
Das ist sicher schon alles.
Man mag Haustiere als Teil der Familie sehen, aber es sind dennoch nur Tiere.
Sie können in harten Zeiten nicht teilen und können einen sicher niemals verstehen.
WATZ
Dann können wir das also zu dritt teilen.
KNUSPER KNUSPER
Guten Appetit.
So sind Tiere nun mal.
Wenn dir Hundefutter so gut schmeckt, dann iss es dein ganzes Leben lang.
Ich möchte hingegen Geld verdienen und einen Schokoeisbecher essen.
Mo... Moment! Jetzt warten Sie doch mal bitte, Gin-san!!
Gin-saaaan!!
Edo-Tierarzt
Aaaaaaah!
WATSCH
BWOTSCH
Ein Mooooonster!!

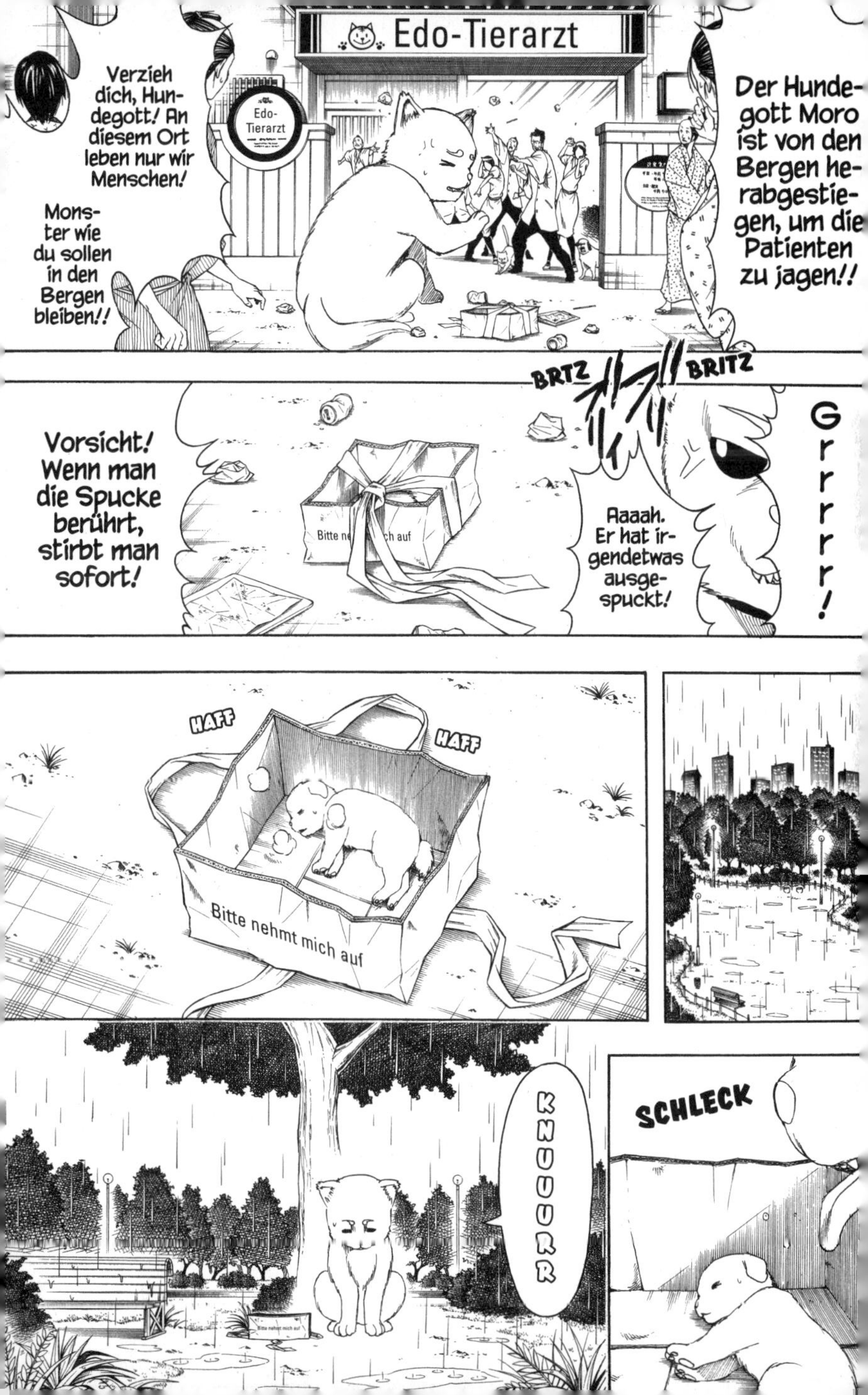
Edo-Tierarzt
Edo-Tierarzt
Der Hundegott Moro ist von den Bergen herabgestiegen, um die Patienten zu jagen!!
Verzieh dich, Hundegott! An diesem Ort leben nur wir Menschen!
Monster wie du sollen in den Bergen bleiben!!
BRTZ
BRITZ
Grrrrr!
Aaaah. Er hat irgendetwas ausgespuckt!
Vorsicht! Wenn man die Spucke berührt, stirbt man sofort!
Bitte nehmt mich auf
HAFF
HAFF
Bitte nehmt mich auf
KNUUURR
Bitte nehmt mich auf
SCHLECK

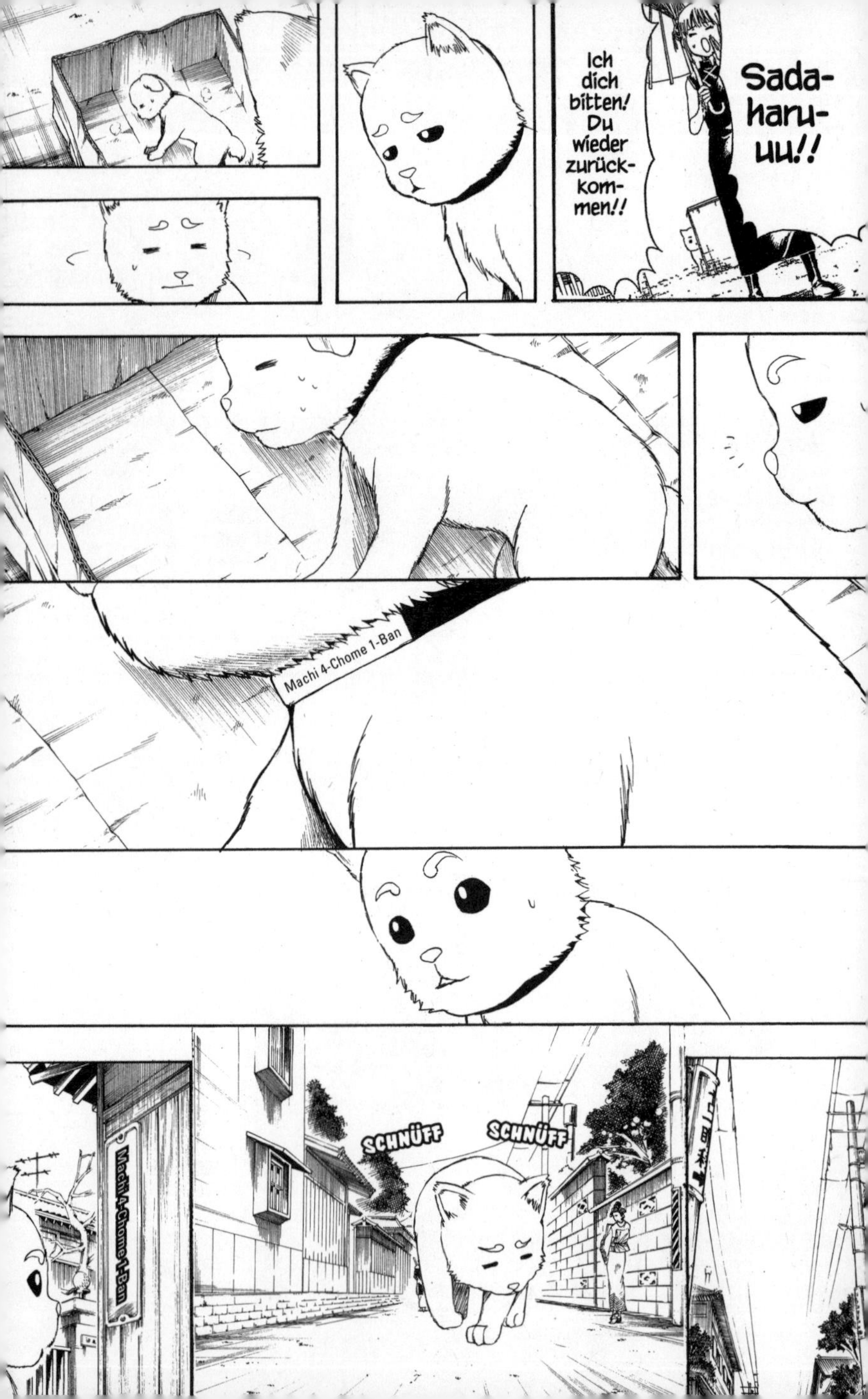
Sada-haruuu!!
Ich dich bitten! Du wieder zurückkommen!!
Machi 4-Chome 1-Ban
SCHNÜFF SCHNÜFF
Machi 4-Chome 1-Ban

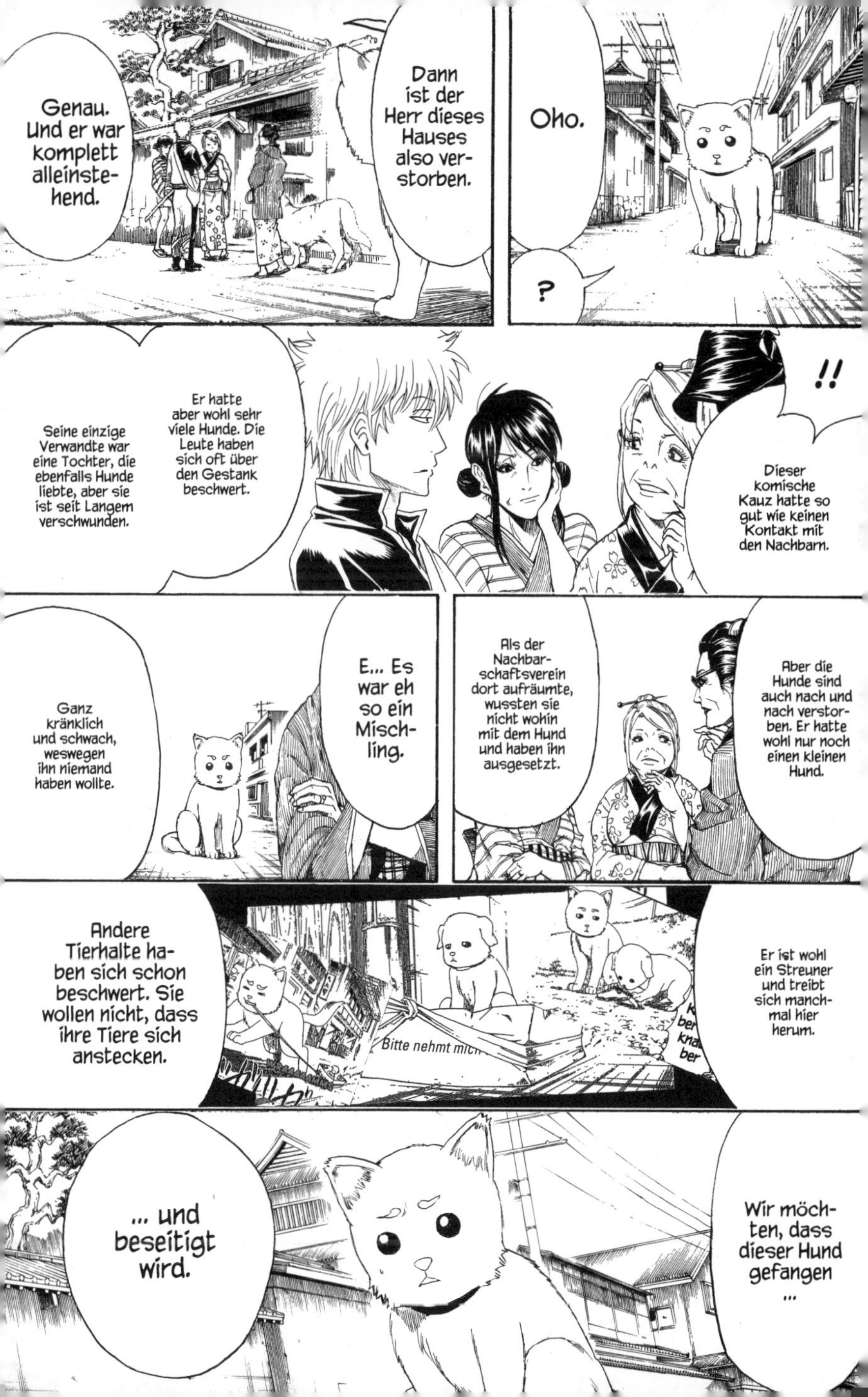
Oho.
?
Dann ist der Herr dieses Hauses also verstorben.
Genau. Und er war komplett alleinstehend.
!!
Dieser komische Kauz hatte so gut wie keinen Kontakt mit den Nachbarn.
Er hatte aber wohl sehr viele Hunde. Die Leute haben sich oft über den Gestank beschwert.
Seine einzige Verwandte war eine Tochter, die ebenfalls Hunde liebte, aber sie ist seit Langem verschwunden.
Aber die Hunde sind auch nach und nach verstorben. Er hatte wohl nur noch einen kleinen Hund.
Als der Nachbarschaftsverein dort aufräumte, wussten sie nicht wohin mit dem Hund und haben ihn ausgesetzt.
E... Es war eh so ein Mischling.
Ganz kränklich und schwach, weswegen ihn niemand haben wollte.
Er ist wohl ein Streuner und treibt sich manchmal hier herum.
Bitte nehmt mich
Andere Tierhalte haben sich schon beschwert. Sie wollen nicht, dass ihre Tiere sich anstecken.
Wir möchten, dass dieser Hund gefangen ...
... und beseitigt wird.

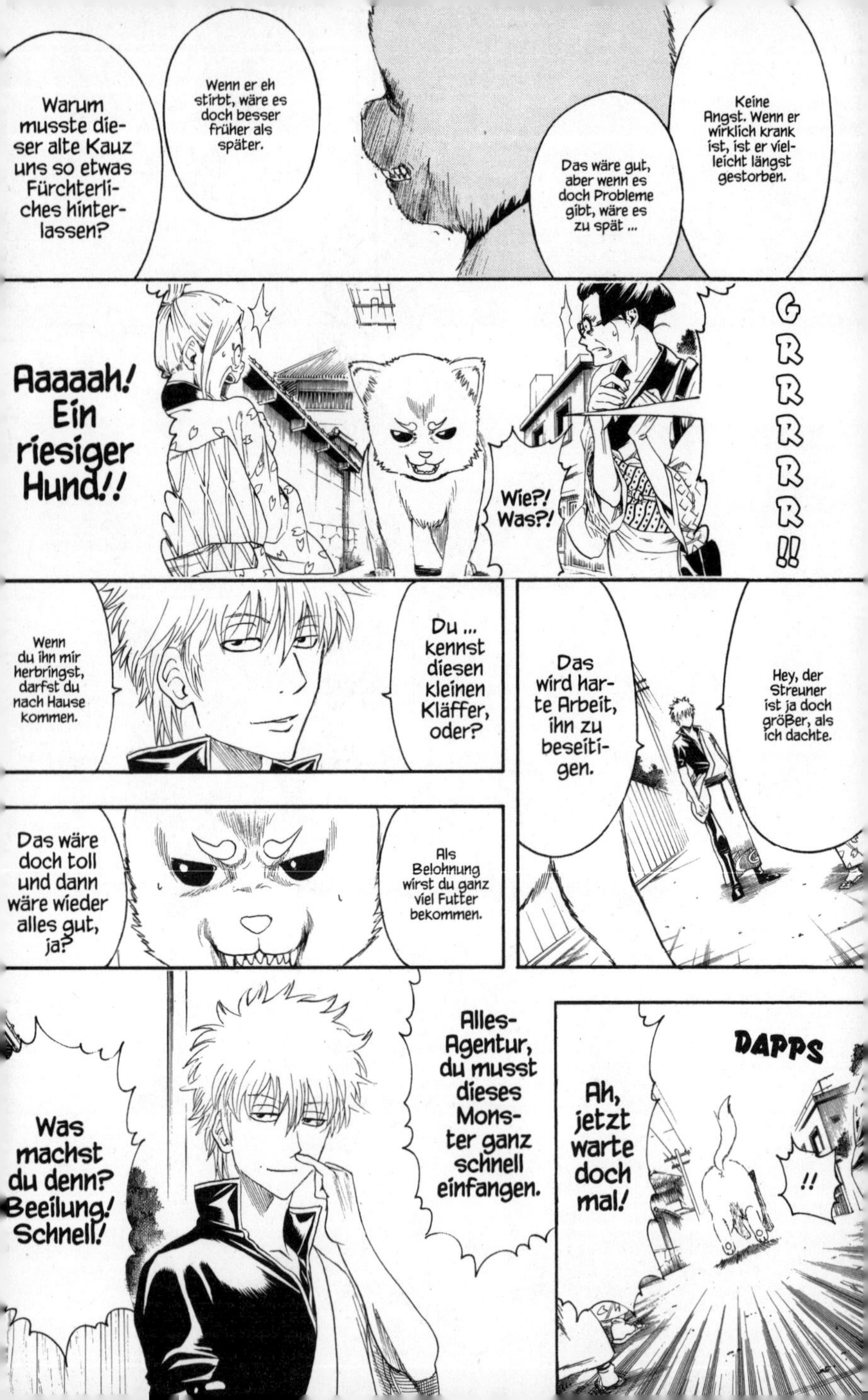
Keine Angst. Wenn er wirklich krank ist, ist er vielleicht längst gestorben.
Das wäre gut, aber wenn es doch Probleme gibt, wäre es zu spät ...
Wenn er eh stirbt, wäre es doch besser früher als später.
Warum musste dieser alte Kauz uns so etwas Fürchterliches hinterlassen?
GRRRRR!!
Wie?! Was?!
Aaaaah! Ein riesiger Hund!!
Hey, der Streuner ist ja doch größer, als ich dachte.
Das wird harte Arbeit, ihn zu beseitigen.
Du ... kennst diesen kleinen Kläffer, oder?
Wenn du ihn mir herbringst, darfst du nach Hause kommen.
Als Belohnung wirst du ganz viel Futter bekommen.
Das wäre doch toll und dann wäre wieder alles gut, ja?
DAPPS
!!
Ah, jetzt warte doch mal!
Alles-Agentur, du musst dieses Monster ganz schnell einfangen.
Was machst du denn? Beeilung! Schnell!

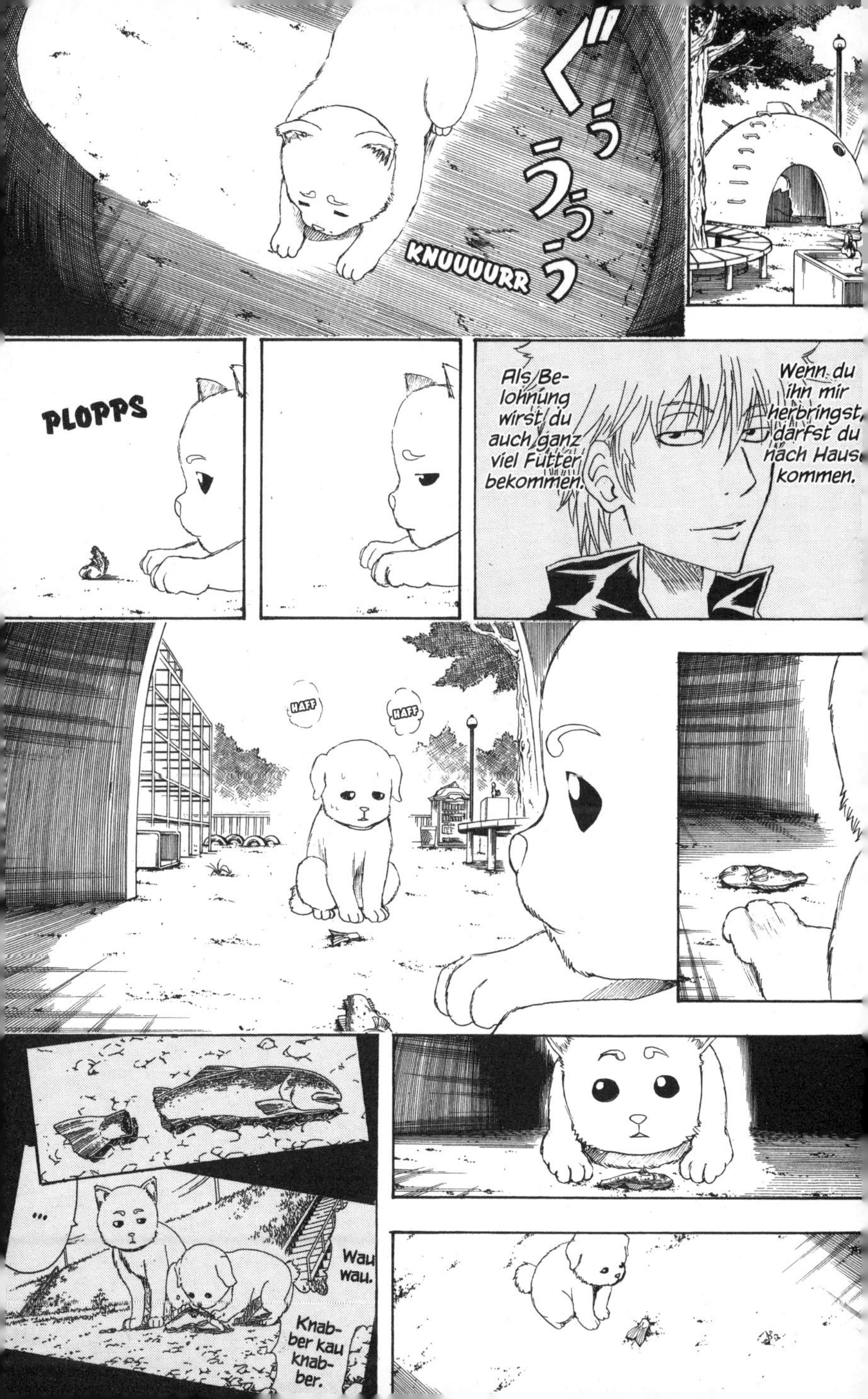
ぐぅうぅう
KNUUUUURR
Wenn du ihn mir herbringst, darfst du nach Haus kommen.
Als Belohnung wirst du auch ganz viel Futter bekommen.
PLOPPS
HAFF
HAFF
...
Wau wau.
Knabber kau knabber.

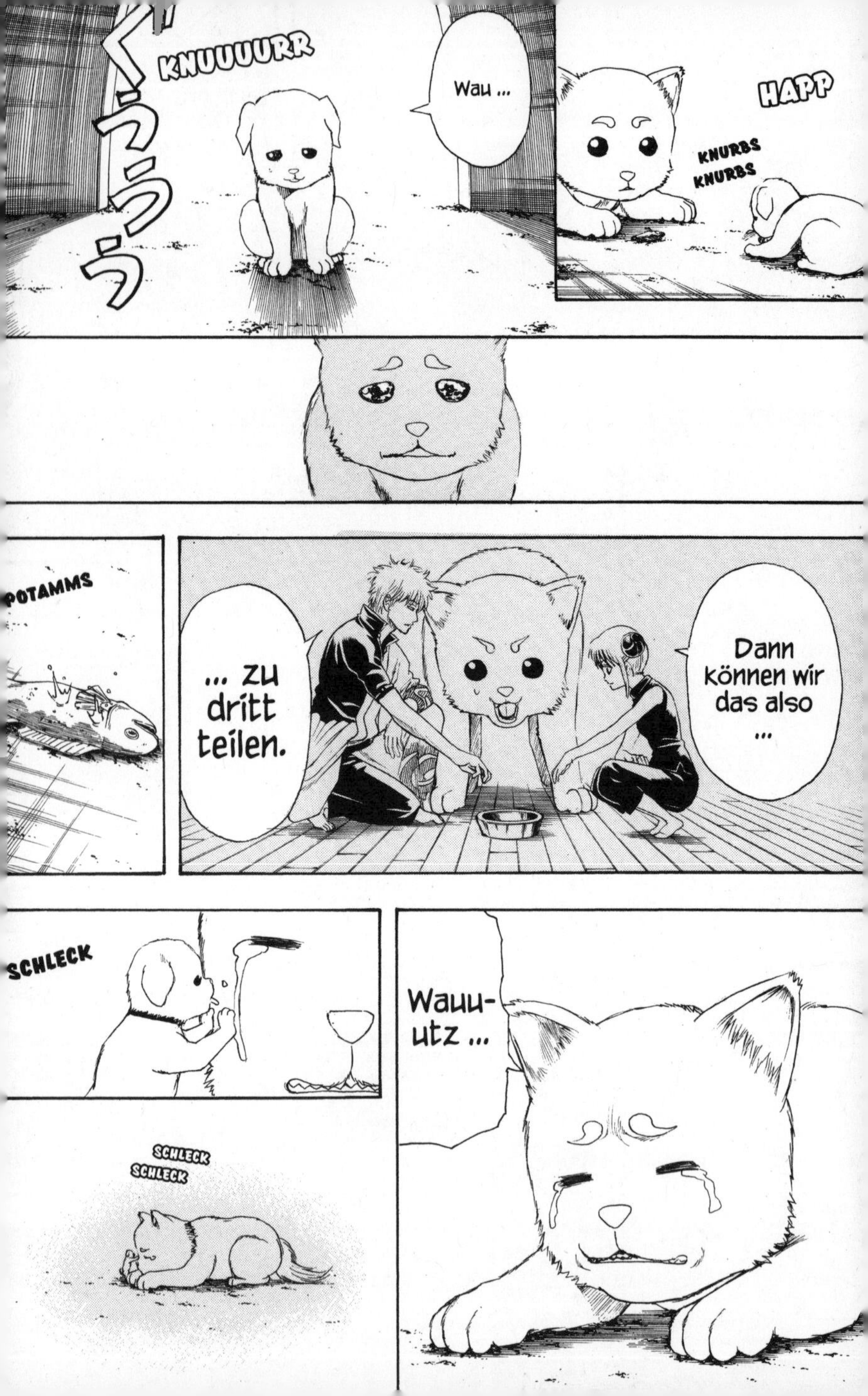
HAPP
KNURBS
KNURBS
Wau ...
KNUUUURR
ぐううう
POTAMMS
Dann können wir das also ...
... zu dritt teilen.
Wauu-utz ...
SCHLECK
SCHLECK
SCHLECK

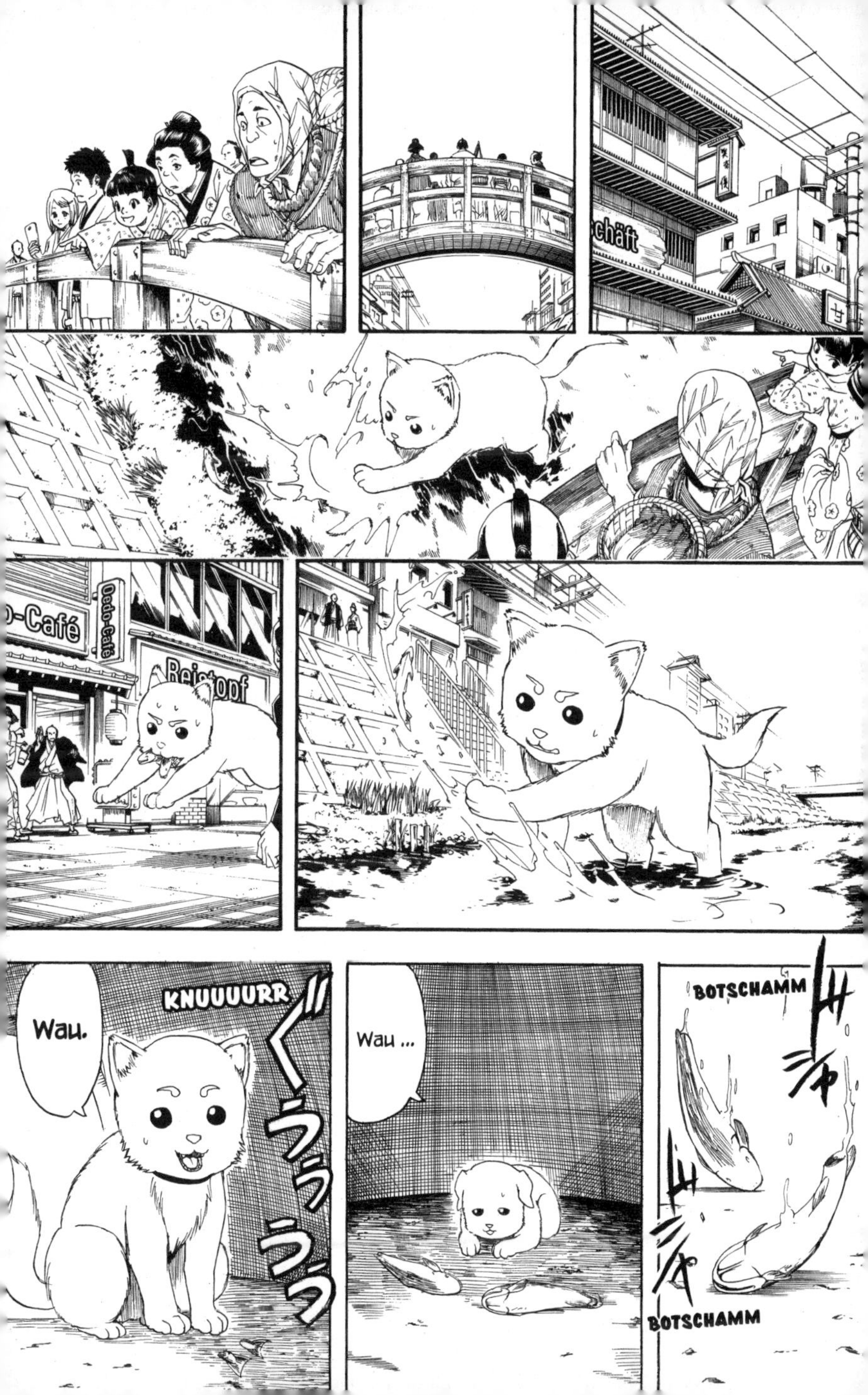

schäft
Oedo-Café
o-Café
Reistopf
BOTSCHAMM
BOTSCHAMM
Wau ...
KNUUUURR
Wau.

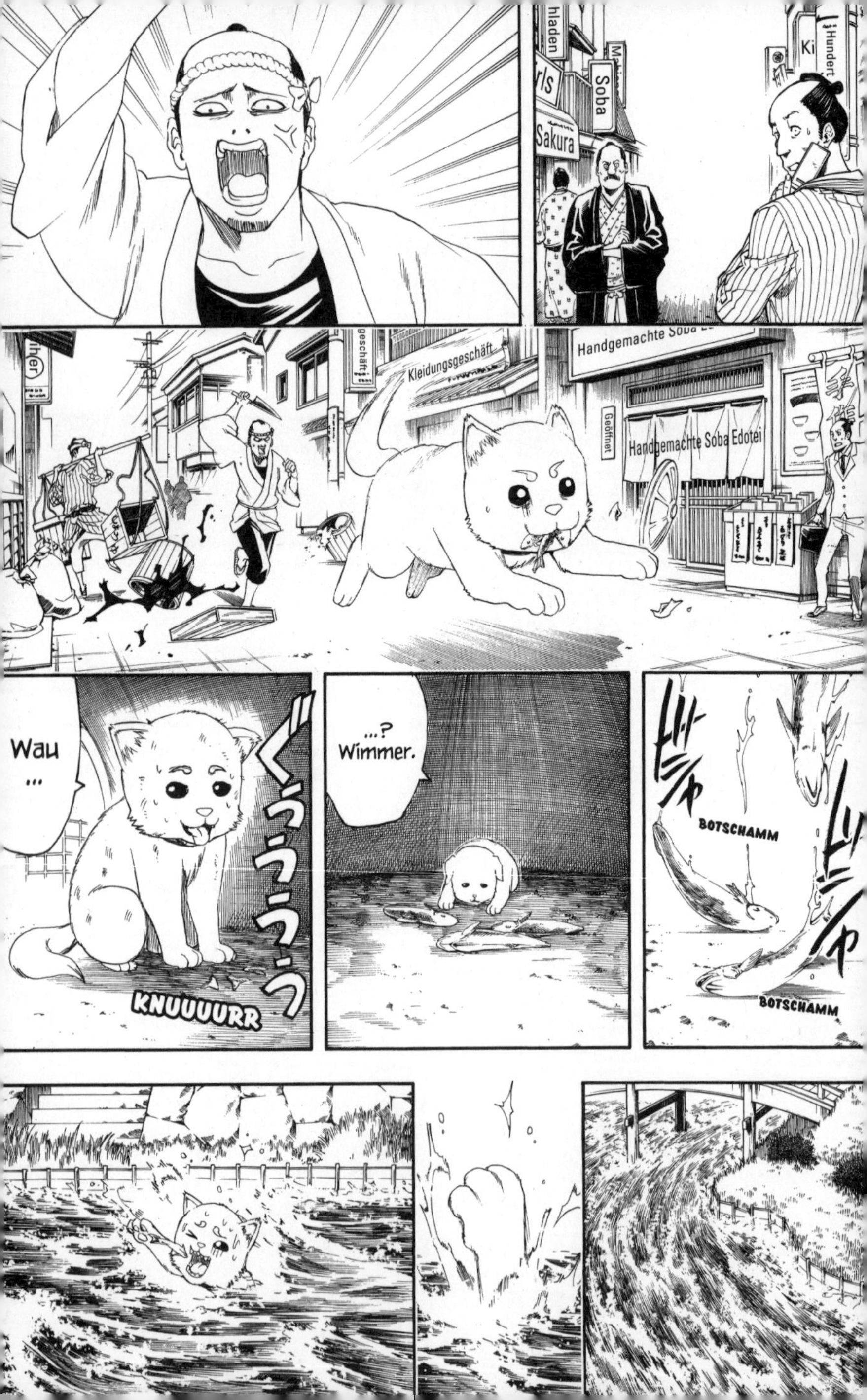
Hundert
Soba
Sakura
Handgemachte Soba
Handgemachte Soba Edotei
Geöffnet
Kleidungsgeschäft
BOTSCHAMM
BOTSCHAMM
...? Wimmer.
Wau ...
KNUUUURR

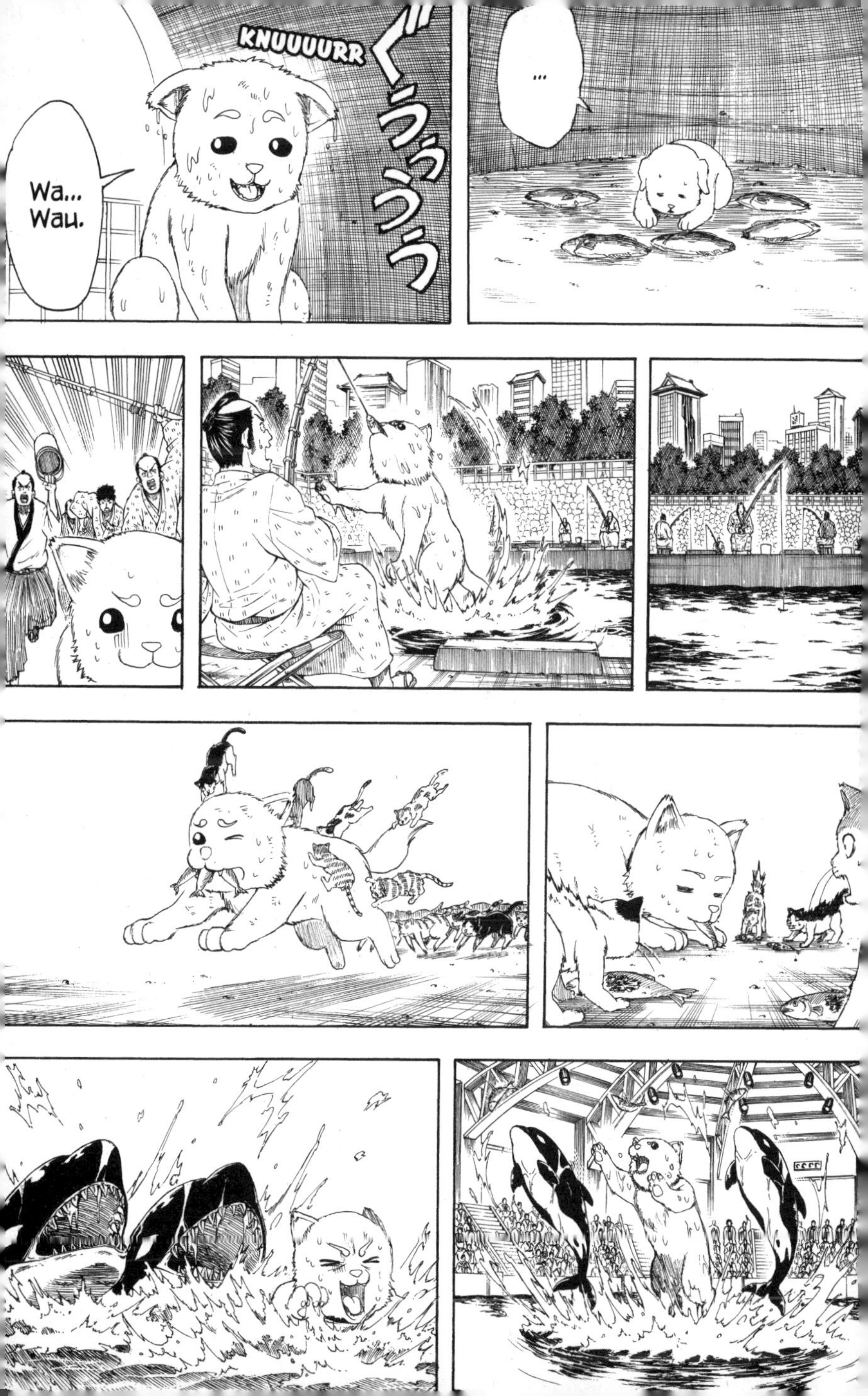

...
KNUUUURR
ぐぅぅぅう
Wa...
Wau.

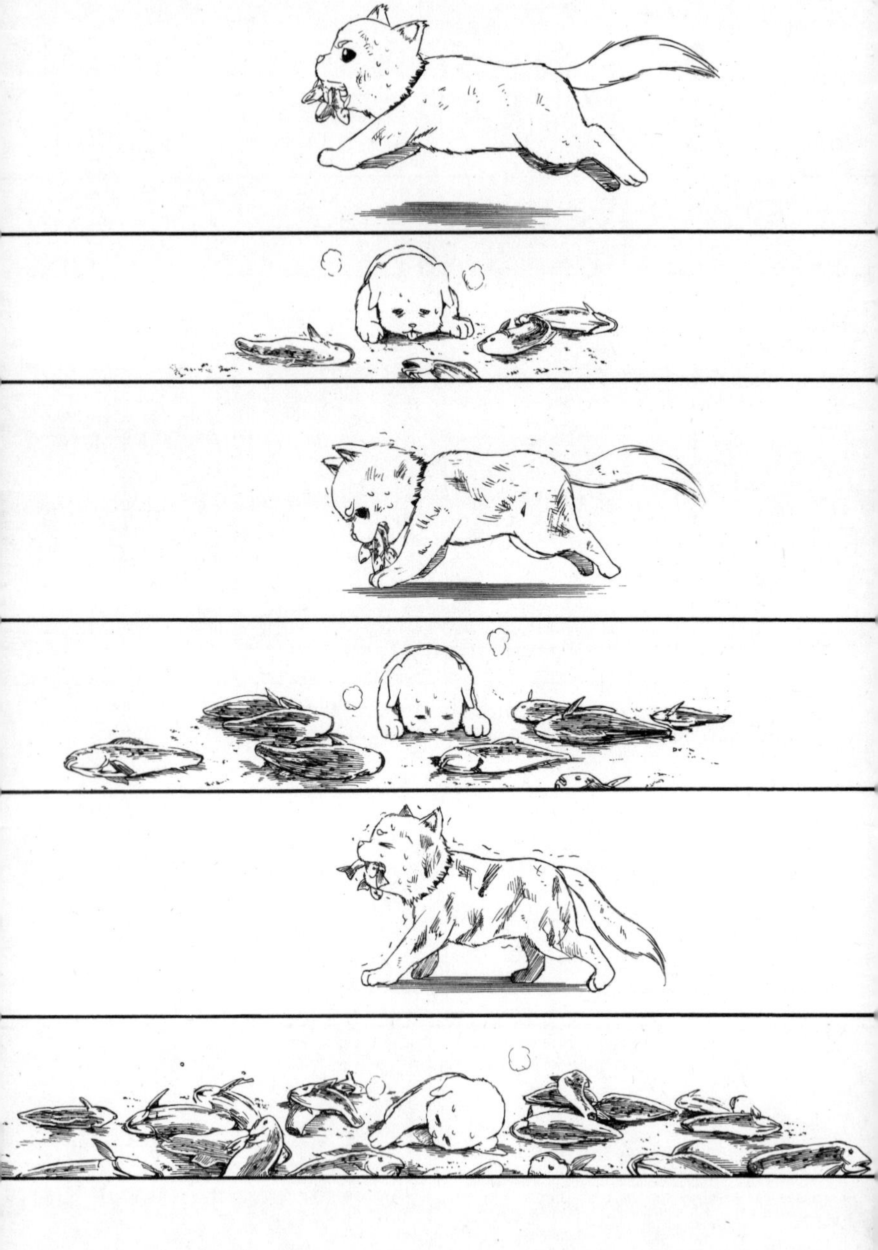

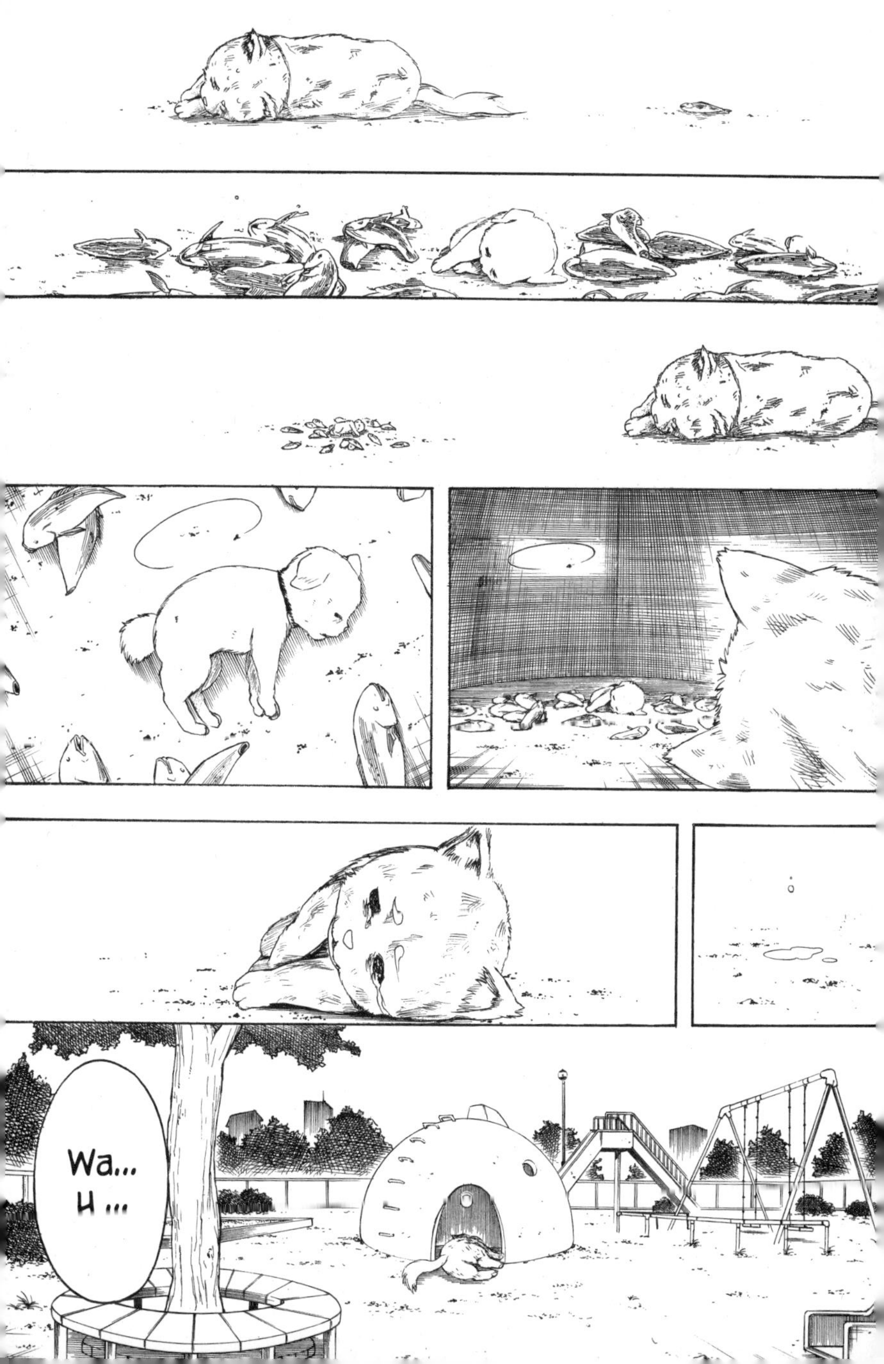
Wa...
u ...

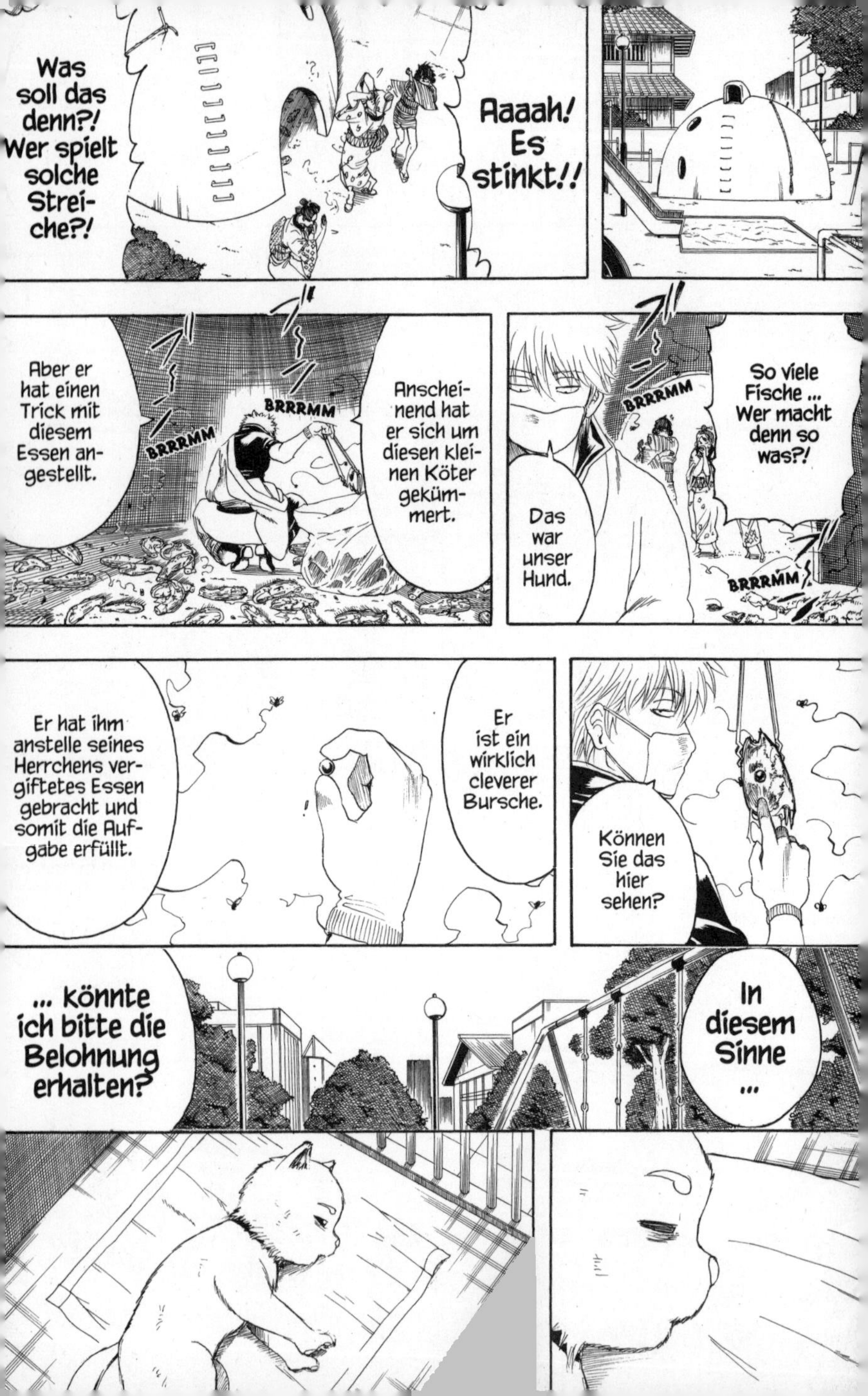
Aaaah! Es stinkt!!
Was soll das denn?! Wer spielt solche Strei-che?!
So viele Fische ... Wer macht denn so was?!
BRRRMM
Das war unser Hund.
BRRRMM
Anschei-nend hat er sich um diesen klei-nen Köter gekümmert.
BRRRMM
BRRRMM
Aber er hat einen Trick mit diesem Essen an-gestellt.
Können Sie das hier sehen?
Er ist ein wirklich cleverer Bursche.
Er hat ihm anstelle seines Herrchens ver-giftetes Essen gebracht und somit die Auf-gabe erfüllt.
In diesem Sinne ...
... könnte ich bitte die Belohnung erhalten?

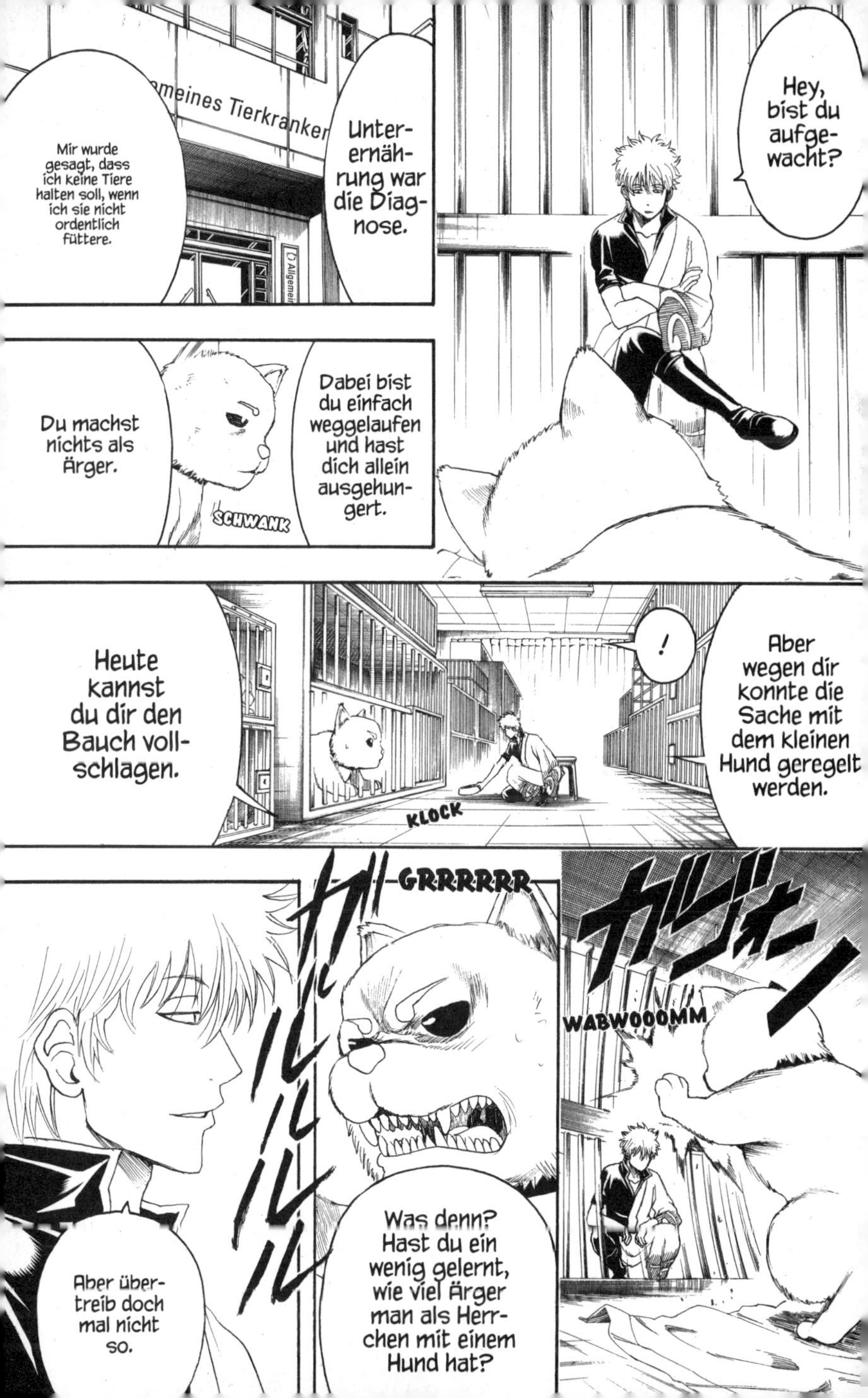
Hey, bist du aufgewacht?
Unterernährung war die Diagnose.
Mir wurde gesagt, dass ich keine Tiere halten soll, wenn ich sie nicht ordentlich füttere.
meines Tierkranker
Allgemein
Dabei bist du einfach weggelaufen und hast dich allein ausgehungert.
Du machst nichts als Ärger.
SCHWANK
Aber wegen dir konnte die Sache mit dem kleinen Hund geregelt werden.
!
Heute kannst du dir den Bauch vollschlagen.
KLOCK
WABWOOOMM
GRRRRRR
Was denn? Hast du ein wenig gelernt, wie viel Ärger man als Herrchen mit einem Hund hat?
Aber übertreib doch mal nicht so.

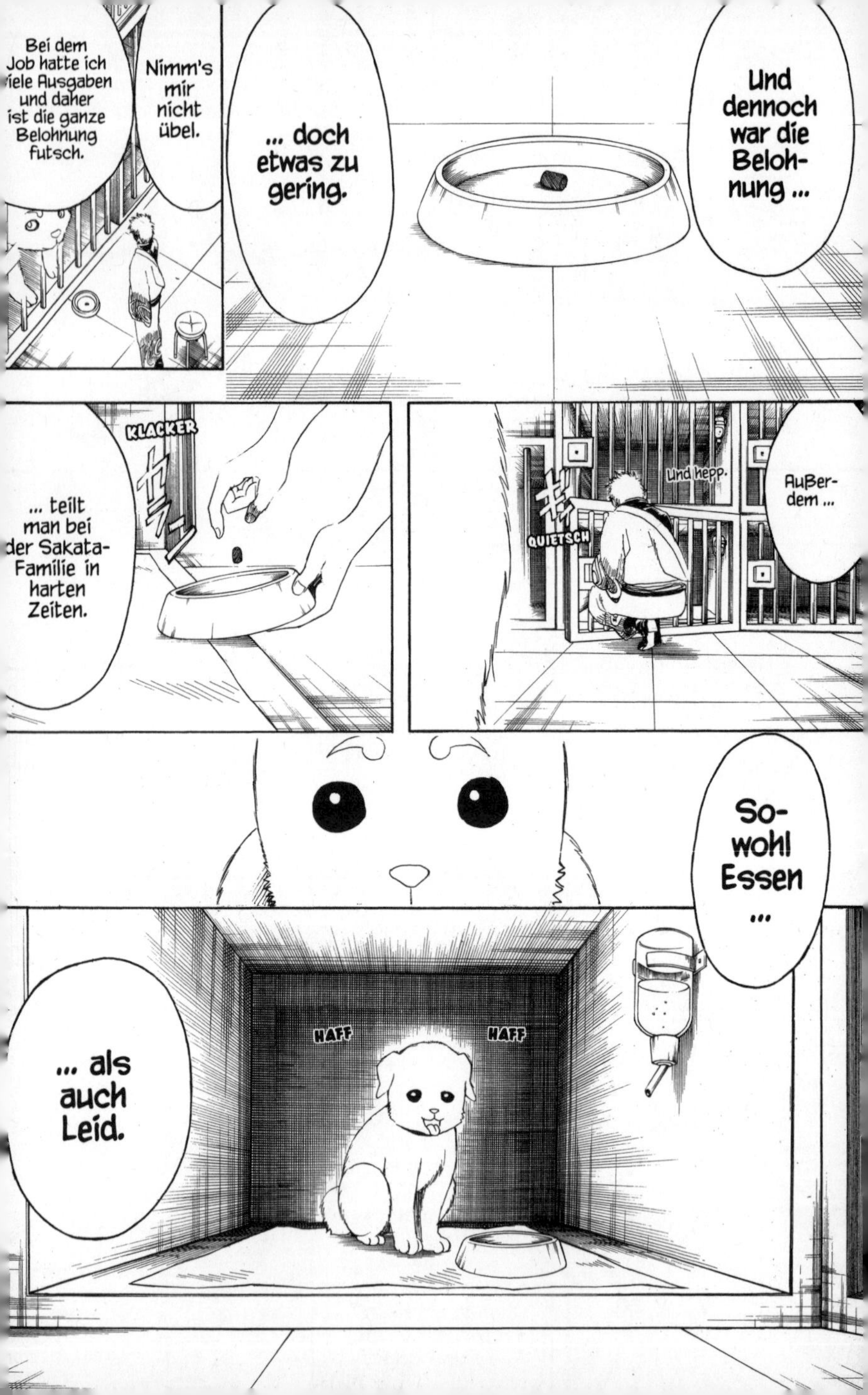
Und dennoch war die Beloh-nung ...
... doch etwas zu gering.
Nimm's mir nicht übel.
Bei dem Job hatte ich viele Ausgaben und daher ist die ganze Belohnung futsch.
Außer-dem ...
Und hepp.
QUIETSCH
KLACKER
... teilt man bei der Sakata-Familie in harten Zeiten.
So-wohl Essen ...
HAFF
HAFF
... als auch Leid.

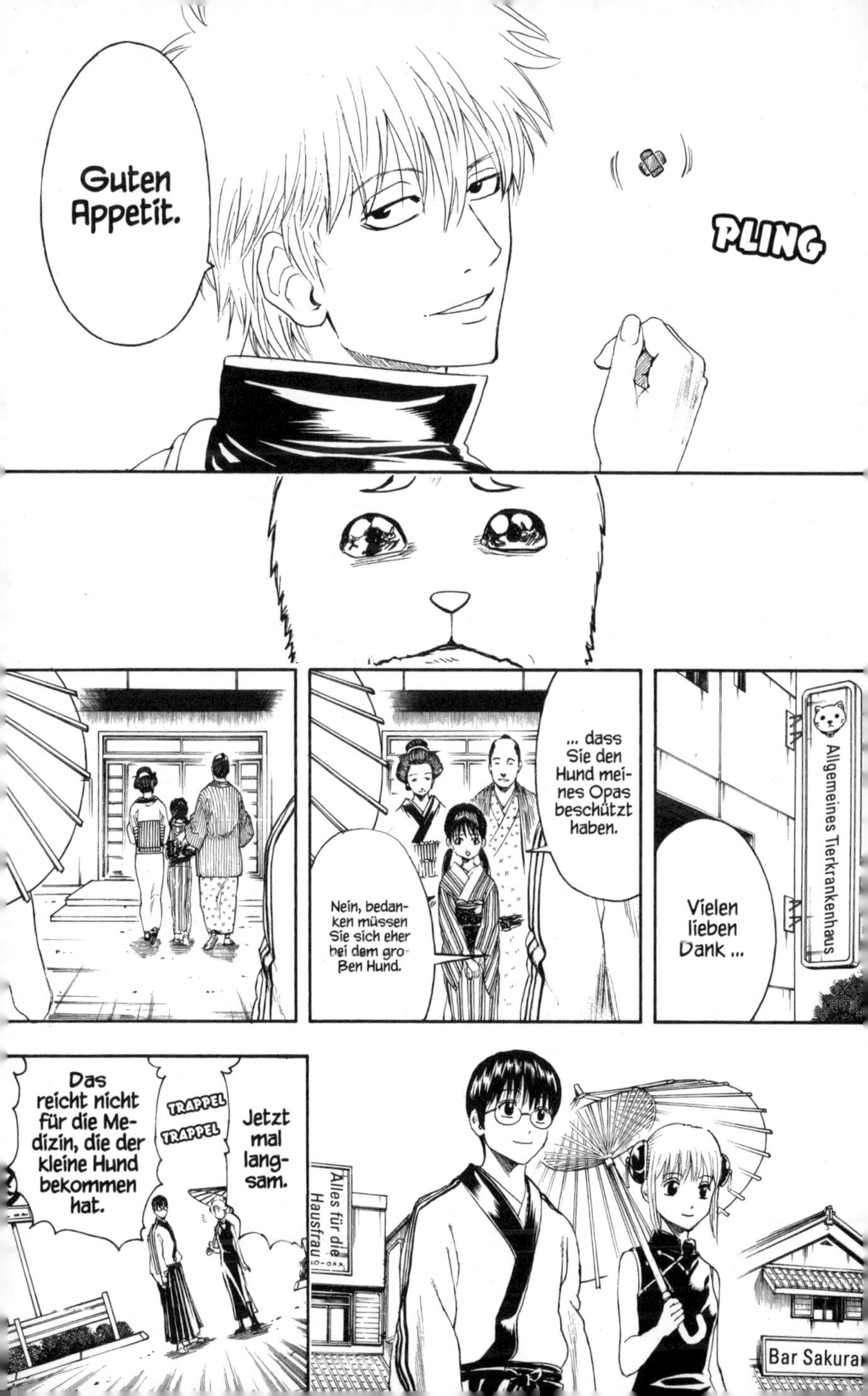
PLING
Guten Appetit.
Allgemeines Tierkrankenhaus
Vielen lieben Dank ...
... dass Sie den Hund meines Opas beschützt haben.
Nein, bedanken müssen Sie sich eher bei dem großen Hund.
Bar Sakura
Alles für die Hausfrau
Jetzt mal langsam.
TRAPPEL
TRAPPEL
Das reicht nicht für die Medizin, die der kleine Hund bekommen hat.

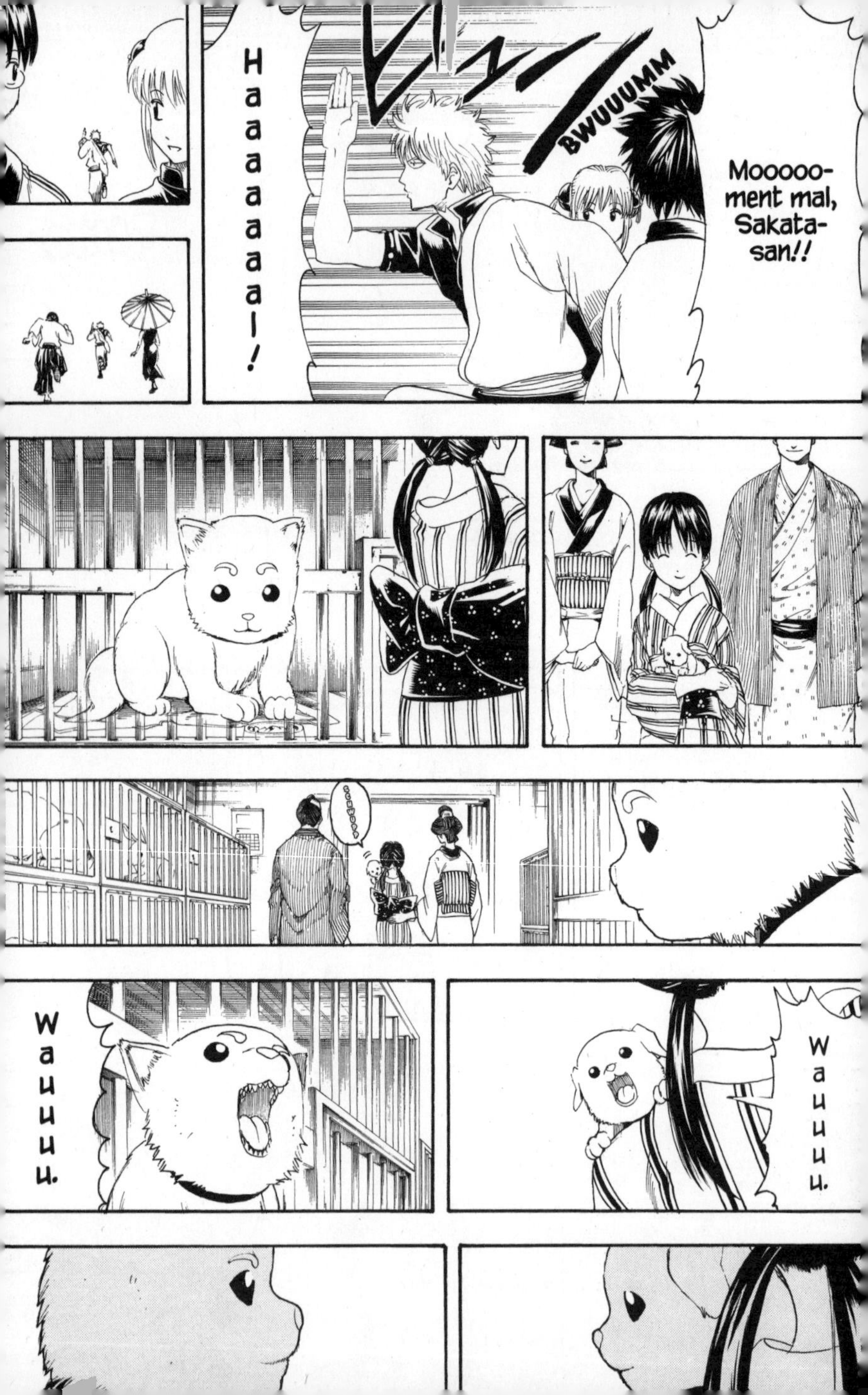
Moooooo-ment mal, Sakata-san!!
BWUUUMM
Haaaaaaaal!
SCHWUPP
Wauuuu.
Wauuuu.

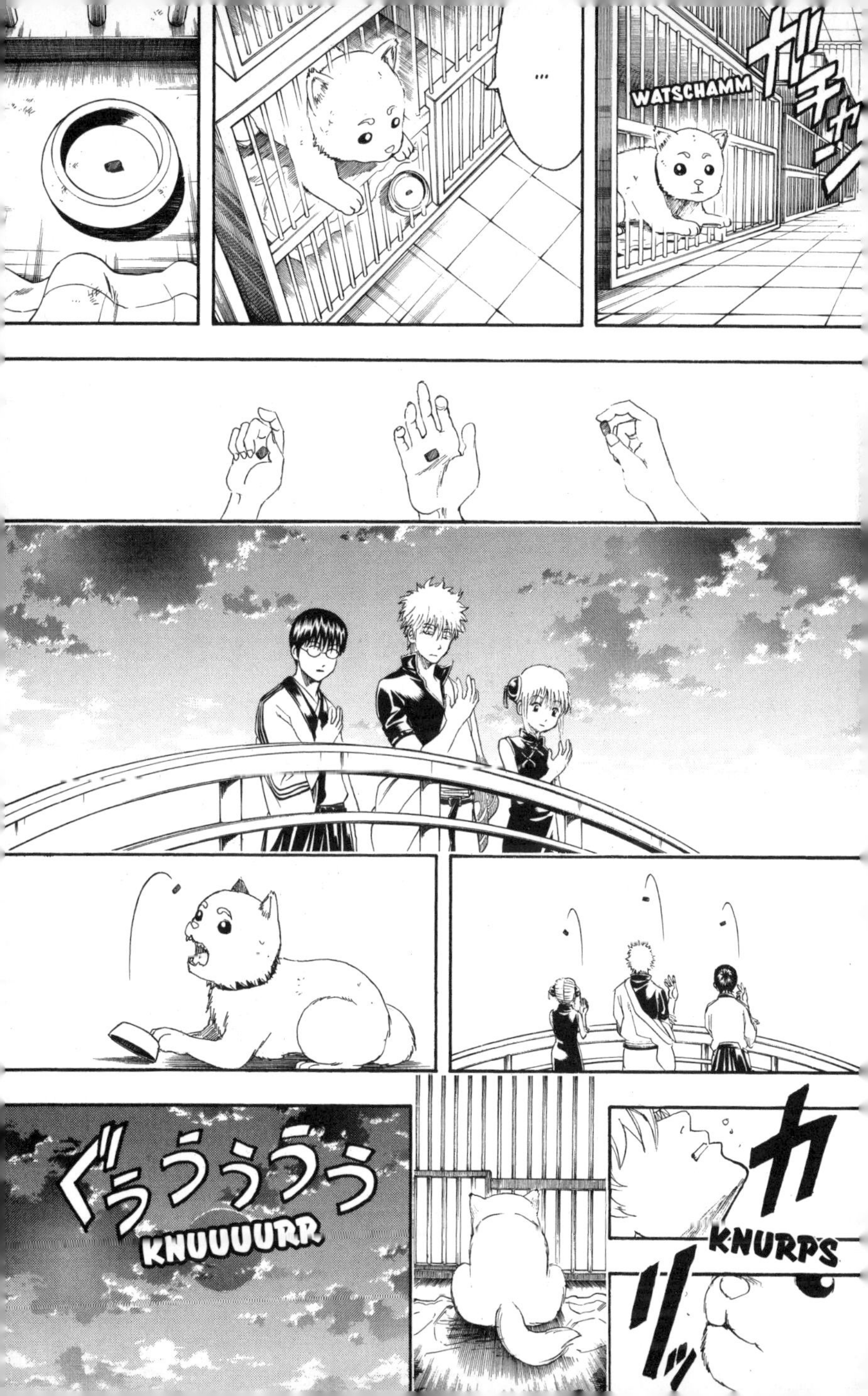

...
WATSCHAMM
ガチャン
ぐうううう
KNUUUURR
カ
KNURPS
リッ

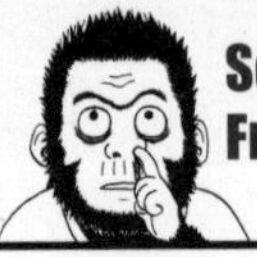

Sorachi auf Leser-Tuchfühlung
Fragen-Corner 130

(Frage von Ayako Akabira aus Hokkaido)

Sa-chans Zuhause ist bis jetzt schon mehrfach aufgetaucht, aber jedes Mal sieht ihr Haus oder besser gesagt ihr Zimmer ganz anders aus. Wohnt sie ständig nur in einem Haus?

(Antwort)

Sa-chan arbeitet nun einmal als Auftragskillerin und kann somit nicht lange an einem Ort verweilen. Sie muss also ständig in Bewegung bleiben. Weil sie sich aber nicht zu weit von Gin-san entfernen möchte, bleibt sie im Kabuki-cho-Umkreis.

(131 auf Seite 66)

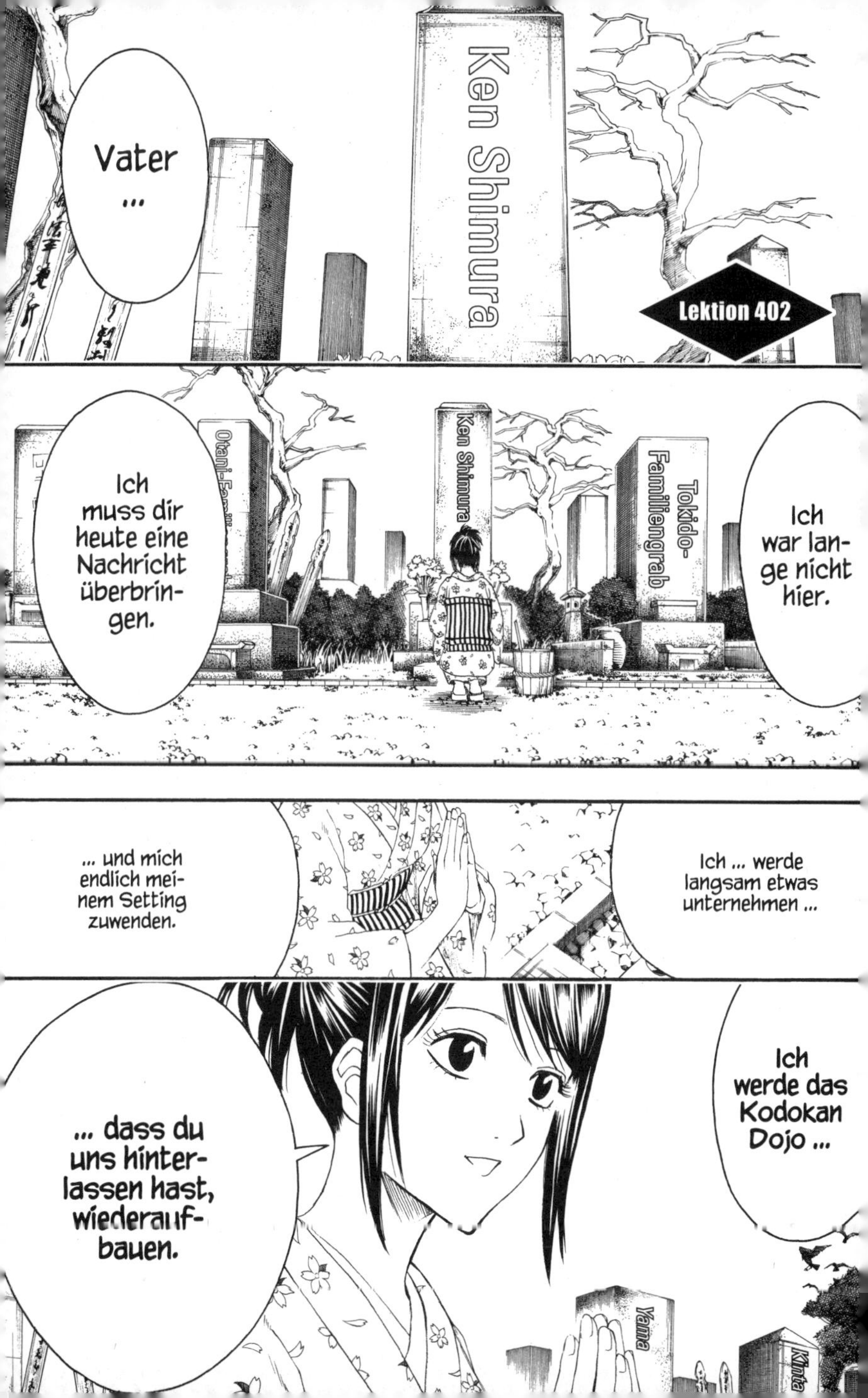
Lektion 402
Ken Shimura
Vater ...
Ken Shimura
Tokido-Familiengrab
Ich war lange nicht hier.
Ich muss dir heute eine Nachricht überbringen.
Ich ... werde langsam etwas unternehmen ...
... und mich endlich meinem Setting zuwenden.
Ich werde das Kodokan Dojo ...
... dass du uns hinterlassen hast, wiederaufbauen.
Yama
Kinta

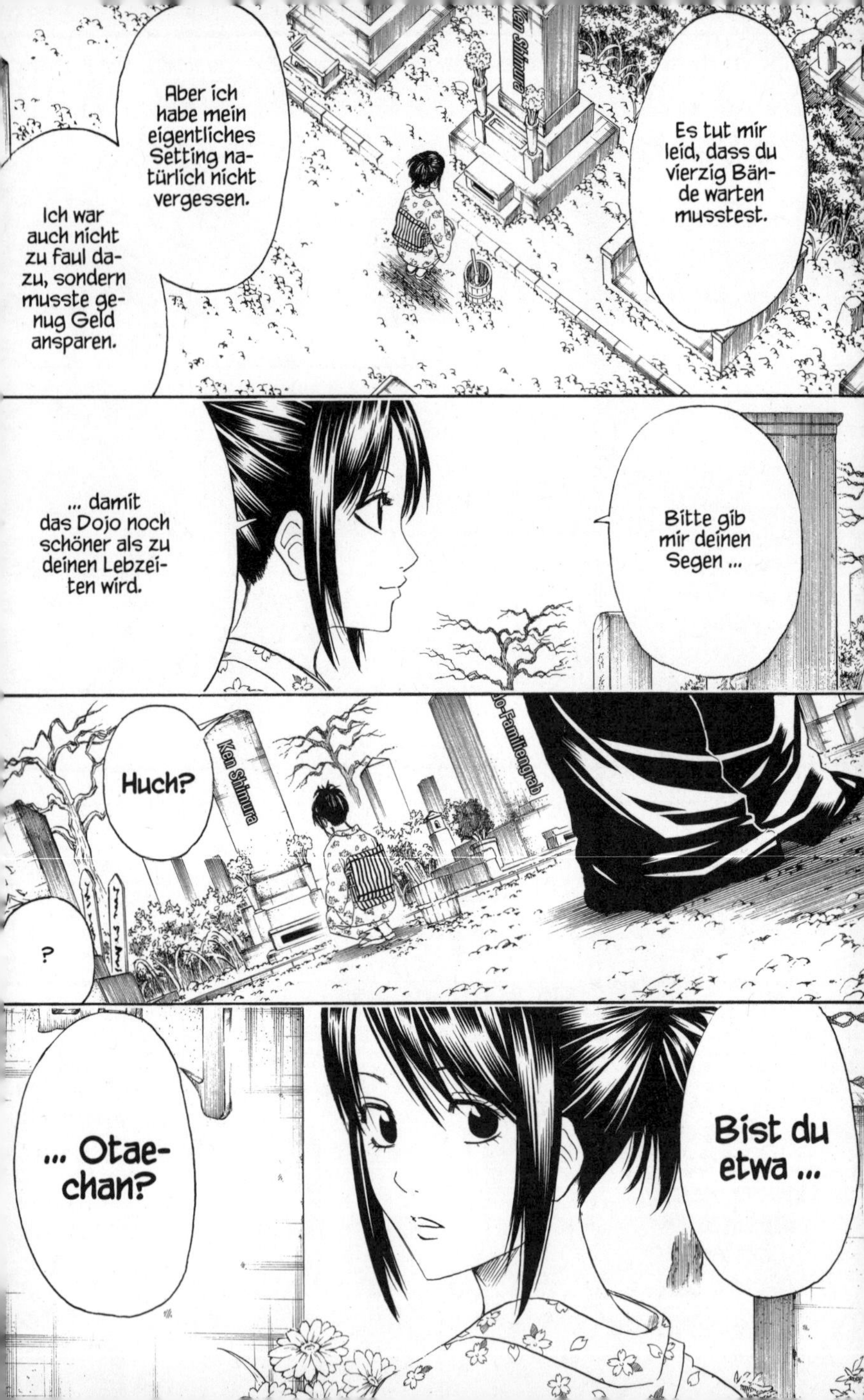
Ken Shimura
Es tut mir leid, dass du vierzig Bände warten musstest.
Aber ich habe mein eigentliches Setting natürlich nicht vergessen.
Ich war auch nicht zu faul dazu, sondern musste genug Geld ansparen.
Bitte gib mir deinen Segen ...
... damit das Dojo noch schöner als zu deinen Lebzeiten wird.
o-Familiengrab
Ken Shimura
Huch?
?
Bist du etwa ...
... Otae-chan?

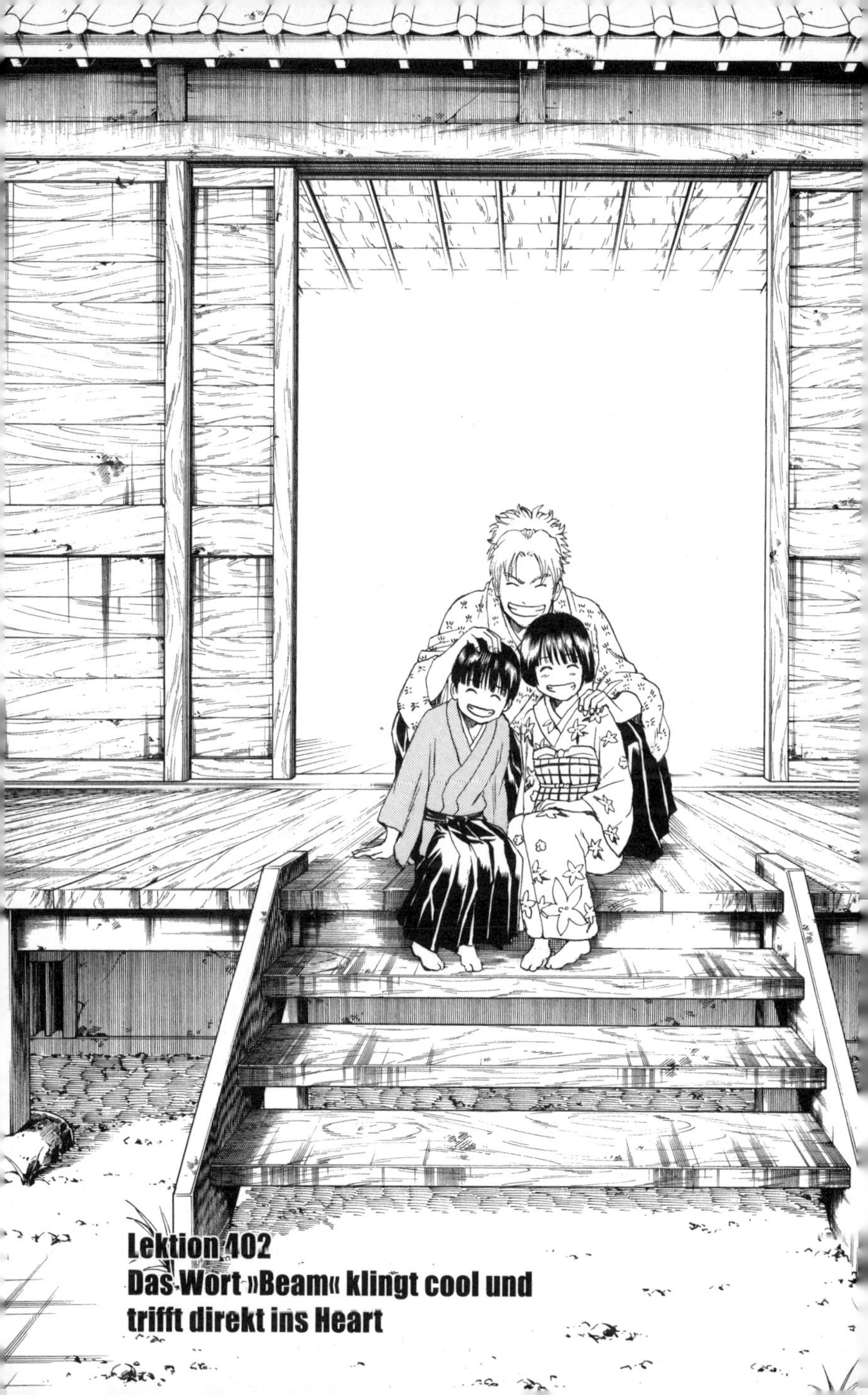

Lektion 402
Das Wort »Beam« klingt cool und trifft direkt ins Heart

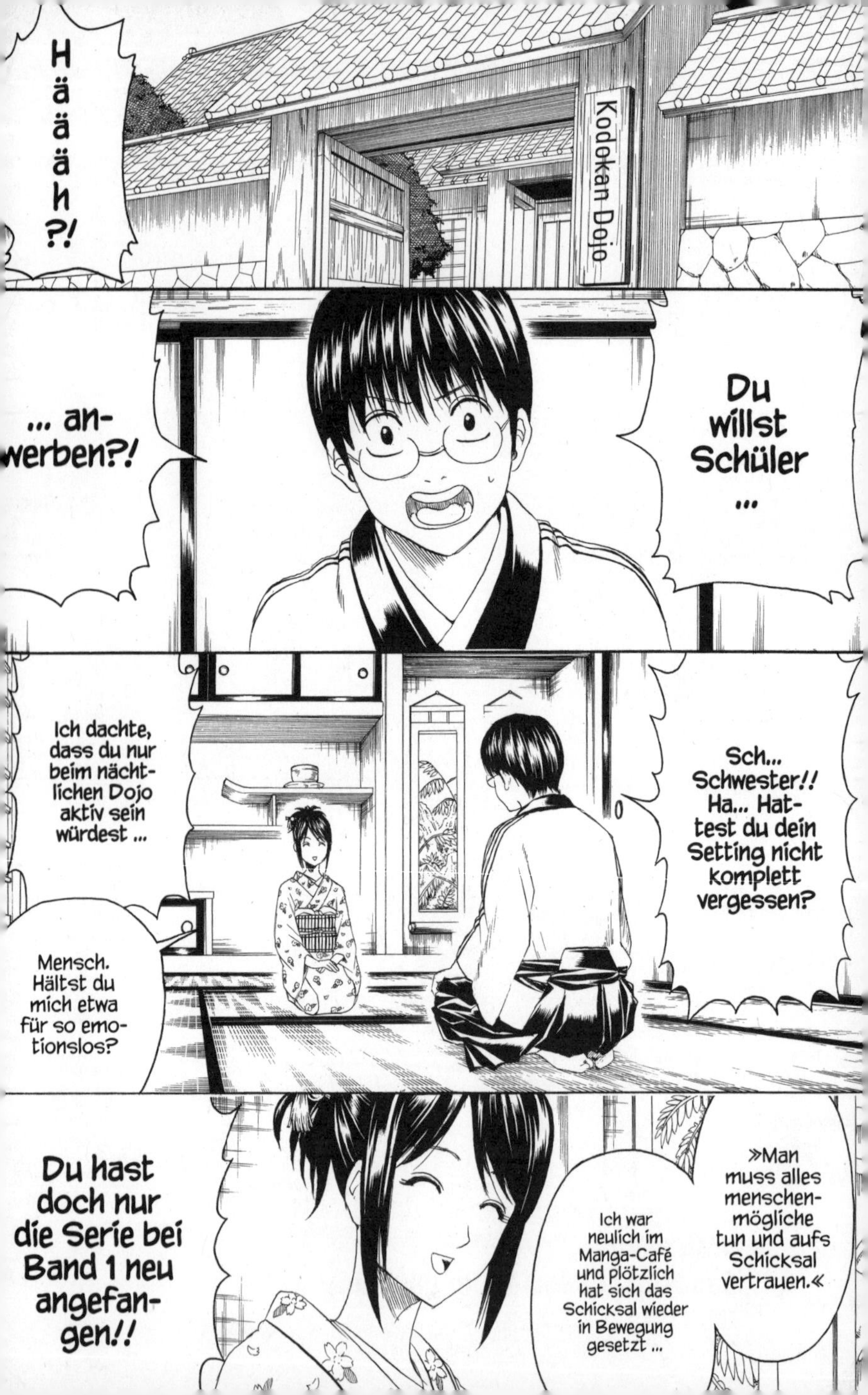
Kodokan Dojo
Häääh?!
Du willst Schüler ...
... anwerben?!
Sch... Schwester!! Ha... Hattest du dein Setting nicht komplett vergessen?
Ich dachte, dass du nur beim nächtlichen Dojo aktiv sein würdest ...
Mensch. Hältst du mich etwa für so emotionslos?
»Man muss alles menschenmögliche tun und aufs Schicksal vertrauen.«
Ich war neulich im Manga-Café und plötzlich hat sich das Schicksal wieder in Bewegung gesetzt ...
Du hast doch nur die Serie bei Band 1 neu angefangen!!

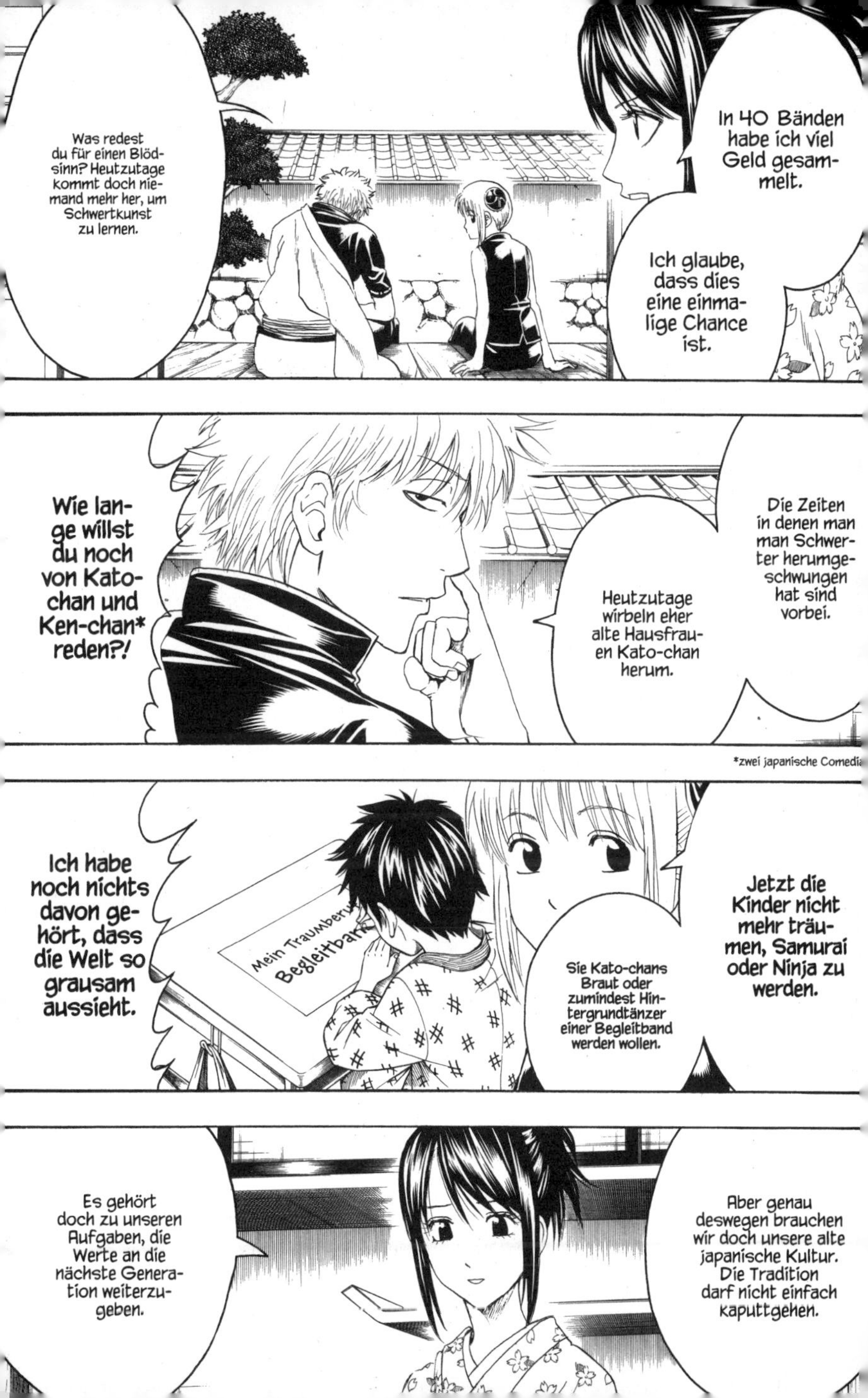

In 40 Bänden habe ich viel Geld gesammelt.
Ich glaube, dass dies eine einmalige Chance ist.
Was redest du für einen Blödsinn? Heutzutage kommt doch niemand mehr her, um Schwertkunst zu lernen.
Die Zeiten in denen man man Schwerter herumgeschwungen hat sind vorbei.
Heutzutage wirbeln eher alte Hausfrauen Kato-chan herum.
Wie lange willst du noch von Kato-chan und Ken-chan* reden?!
*zwei japanische Comedia
Jetzt die Kinder nicht mehr träumen, Samurai oder Ninja zu werden.
Sie Kato-chans Braut oder zumindest Hintergrundtänzer einer Begleitband werden wollen.
Ich habe noch nichts davon gehört, dass die Welt so grausam aussieht.
Aber genau deswegen brauchen wir doch unsere alte japanische Kultur. Die Tradition darf nicht einfach kaputtgehen.
Es gehört doch zu unseren Aufgaben, die Werte an die nächste Generation weiterzugeben.

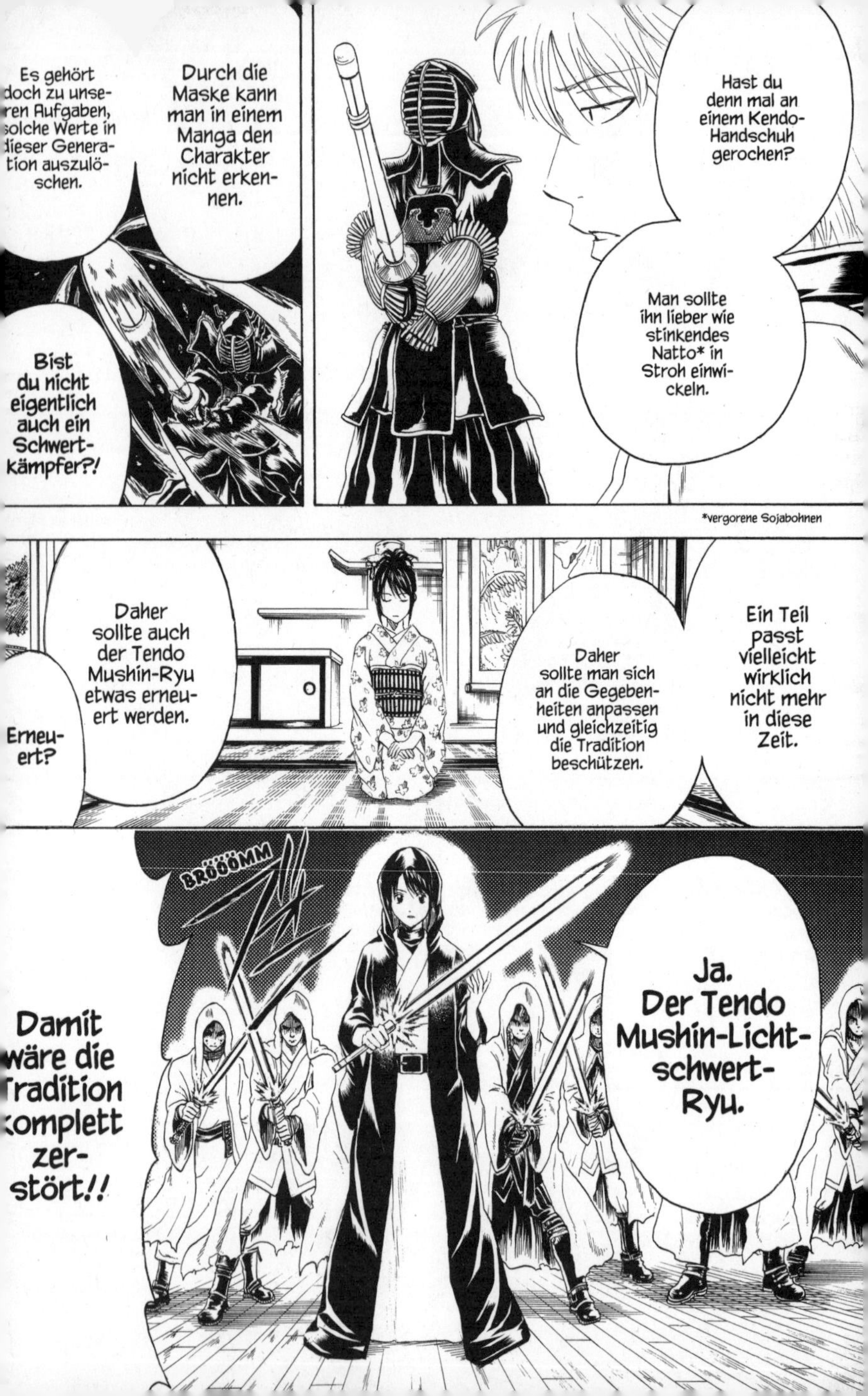
Hast du denn mal an einem Kendo-Handschuh gerochen?
Man sollte ihn lieber wie stinkendes Natto* in Stroh einwickeln.
Durch die Maske kann man in einem Manga den Charakter nicht erkennen.
Es gehört doch zu unseren Aufgaben, solche Werte in dieser Generation auszulöschen.
Bist du nicht eigentlich auch ein Schwertkämpfer?!
*vergorene Sojabohnen
Ein Teil passt vielleicht wirklich nicht mehr in diese Zeit.
Daher sollte man sich an die Gegebenheiten anpassen und gleichzeitig die Tradition beschützen.
Daher sollte auch der Tendo Mushin-Ryu etwas erneuert werden.
Erneuert?
BRÖÖÖMM
Ja. Der Tendo Mushin-Lichtschwert-Ryu.
Damit wäre die Tradition komplett zerstört!!

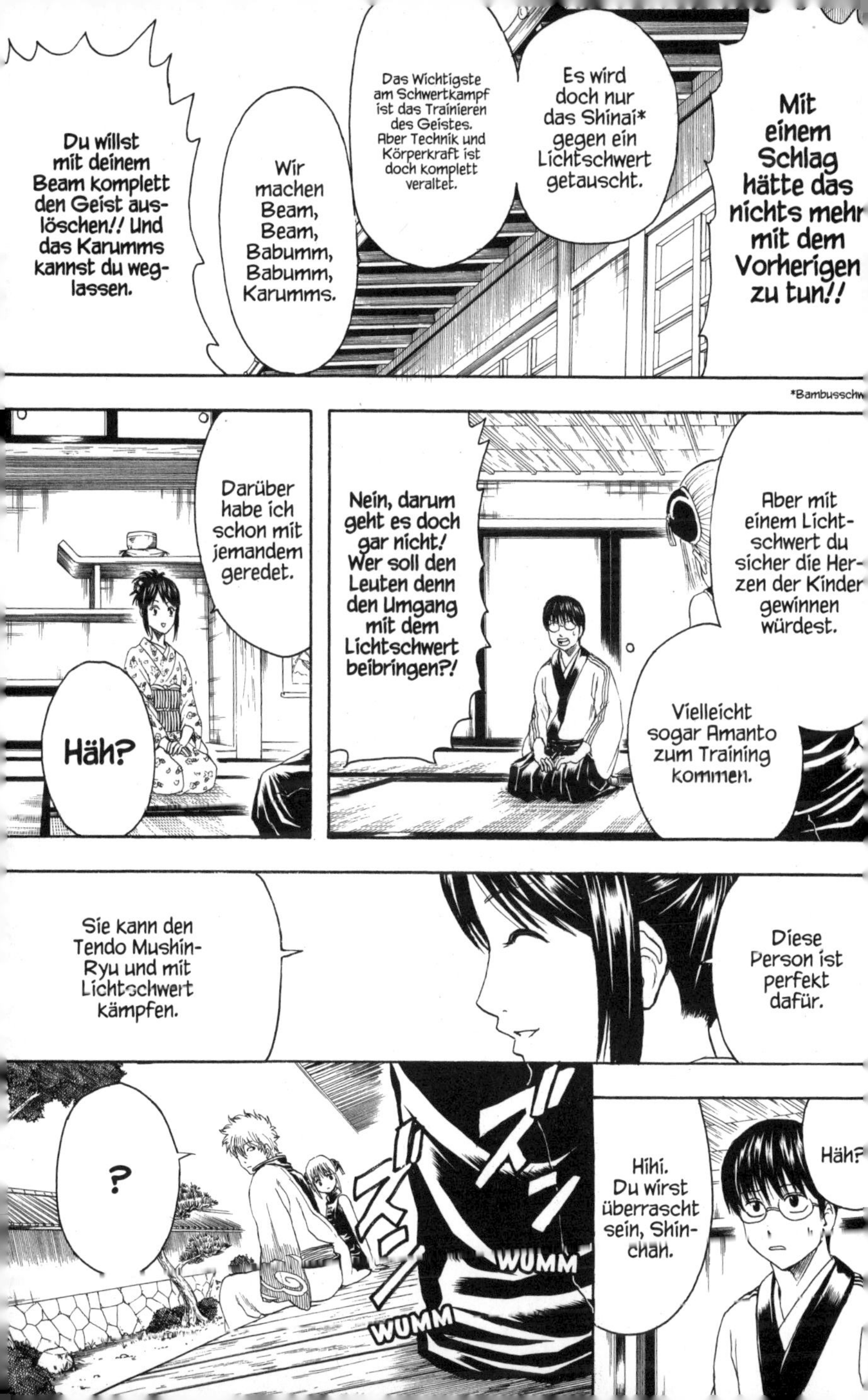
Mit einem Schlag hätte das nichts mehr mit dem Vorherigen zu tun!!
Es wird doch nur das Shinai* gegen ein Lichtschwert getauscht.
Das Wichtigste am Schwertkampf ist das Trainieren des Geistes. Aber Technik und Körperkraft ist doch komplett veraltet.
Wir machen Beam, Beam, Babumm, Babumm, Karumms.
Du willst mit deinem Beam komplett den Geist auslöschen!! Und das Karumms kannst du weglassen.
*Bambusschw
Aber mit einem Lichtschwert du sicher die Herzen der Kinder gewinnen würdest.
Vielleicht sogar Amanto zum Training kommen.
Nein, darum geht es doch gar nicht! Wer soll den Leuten denn den Umgang mit dem Lichtschwert beibringen?!
Darüber habe ich schon mit jemandem geredet.
Häh?
Diese Person ist perfekt dafür.
Sie kann den Tendo Mushin-Ryu und mit Lichtschwert kämpfen.
Häh?
Hihi. Du wirst überrascht sein, Shin-chan.
WUMM
WUMM
?

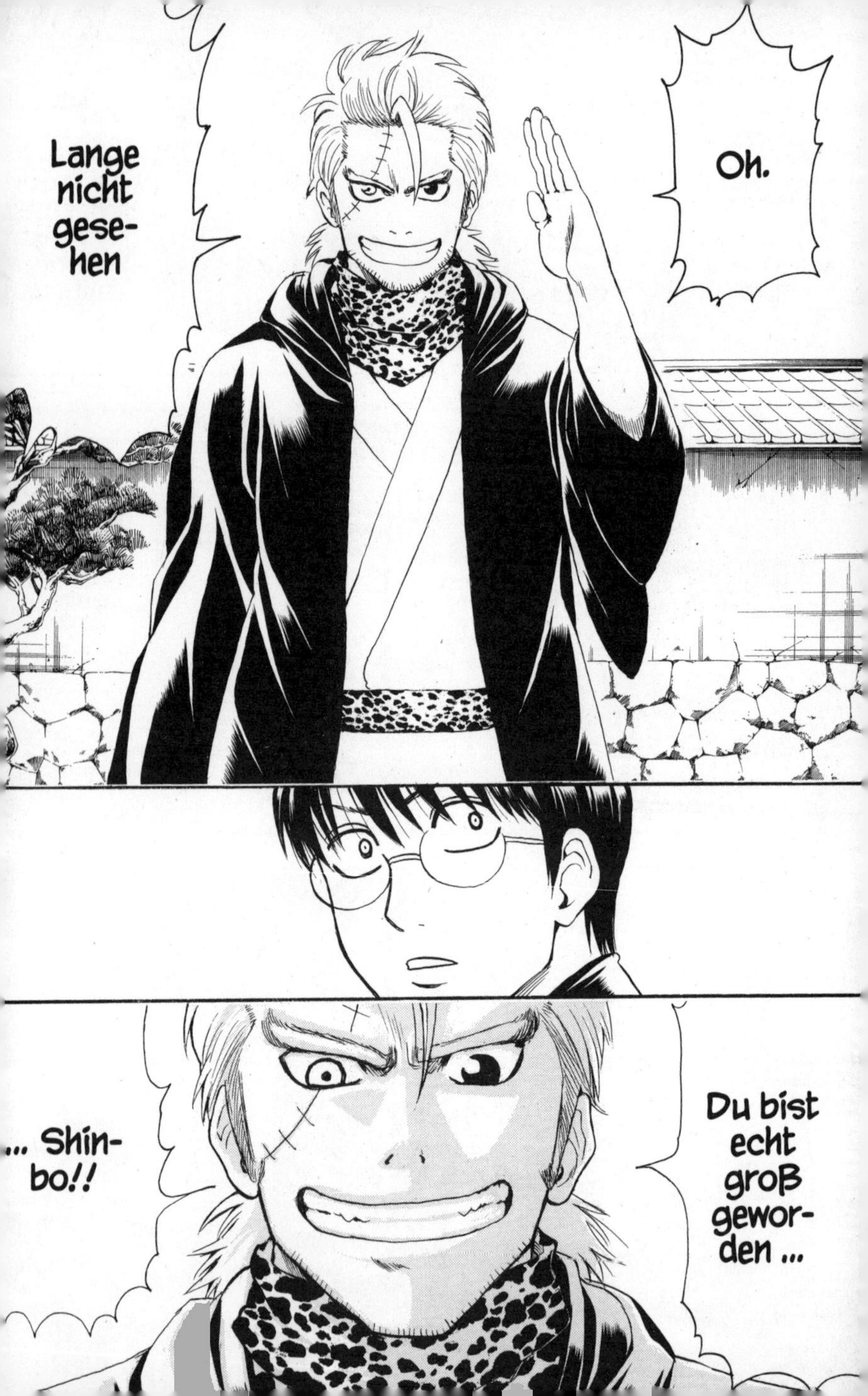
Oh.
Lange nicht gesehen
Du bist echt groß geworden ...
... Shinbo!!

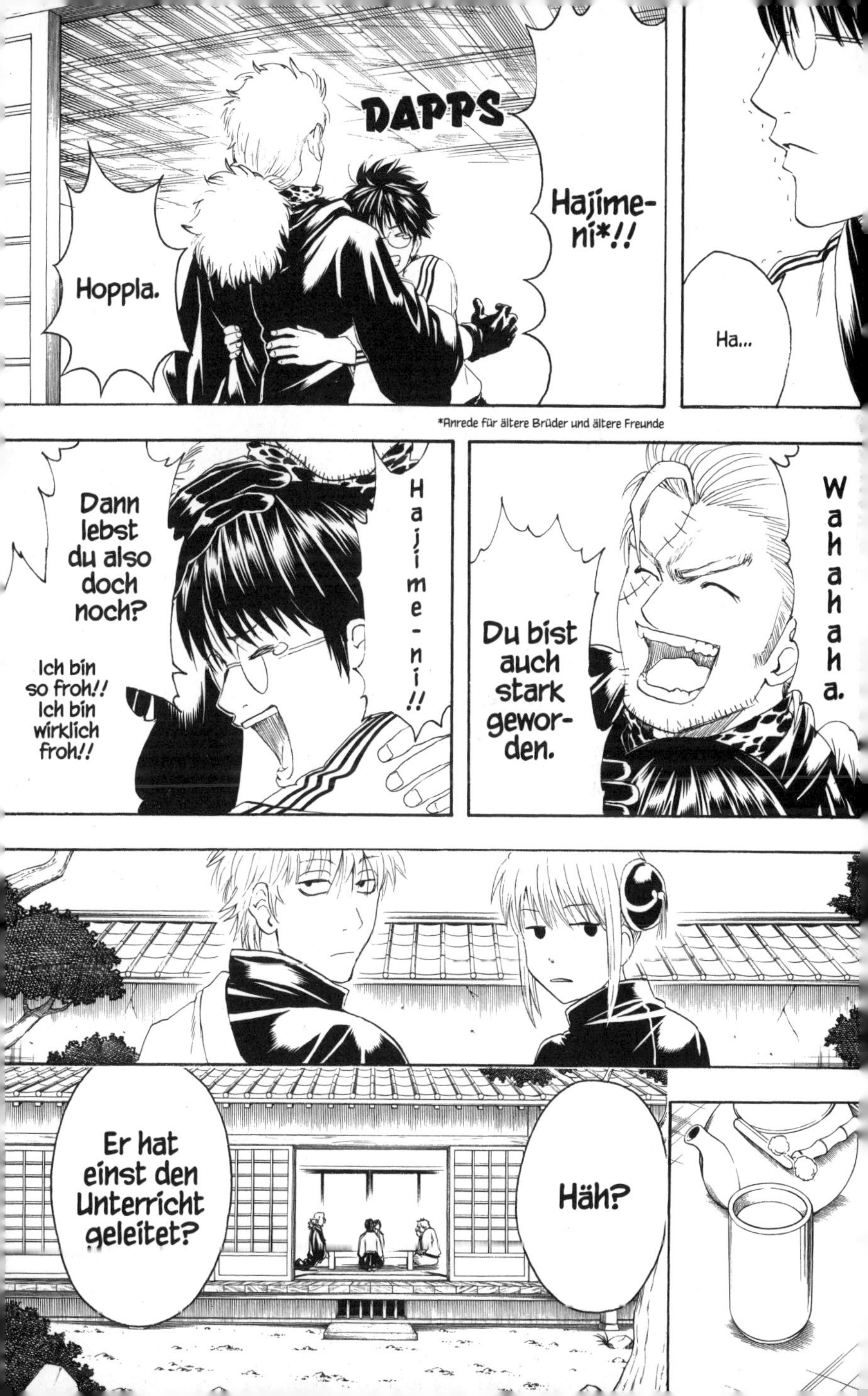

*Anrede für ältere Brüder und ältere Freunde

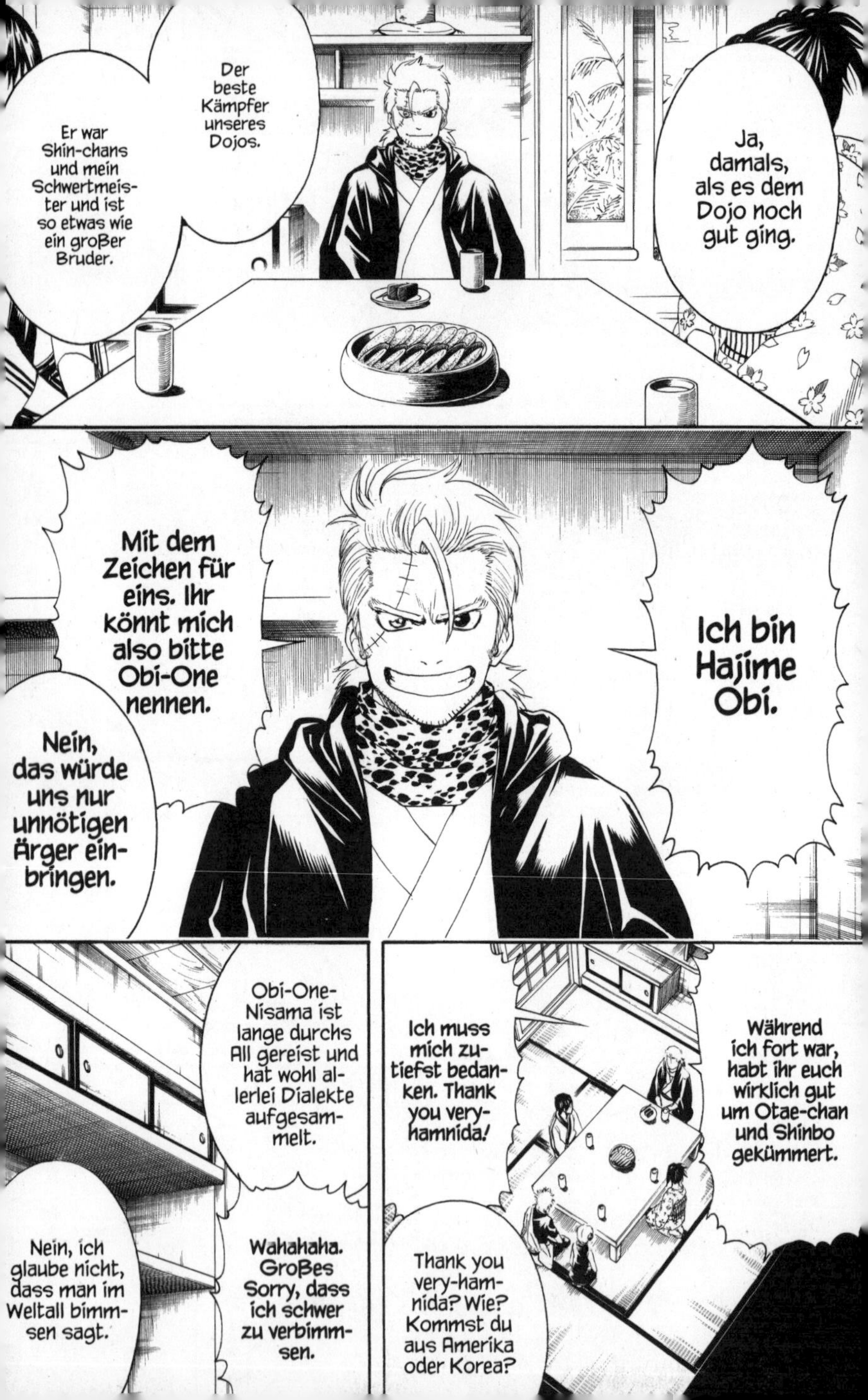
Ja, damals, als es dem Dojo noch gut ging.
Der beste Kämpfer unseres Dojos.
Er war Shin-chans und mein Schwertmeister und ist so etwas wie ein großer Bruder.
Ich bin Hajime Obi.
Mit dem Zeichen für eins. Ihr könnt mich also bitte Obi-One nennen.
Nein, das würde uns nur unnötigen Ärger einbringen.
Während ich fort war, habt ihr euch wirklich gut um Otae-chan und Shinbo gekümmert.
Ich muss mich zutiefst bedanken. Thank you very-hamnida!
Thank you very-hamnida? Wie? Kommst du aus Amerika oder Korea?
Obi-One-Nisama ist lange durchs All gereist und hat wohl allerlei Dialekte aufgesammelt.
Wahahaha. Großes Sorry, dass ich schwer zu verbimmsen.
Nein, ich glaube nicht, dass man im Weltall bimmsen sagt.

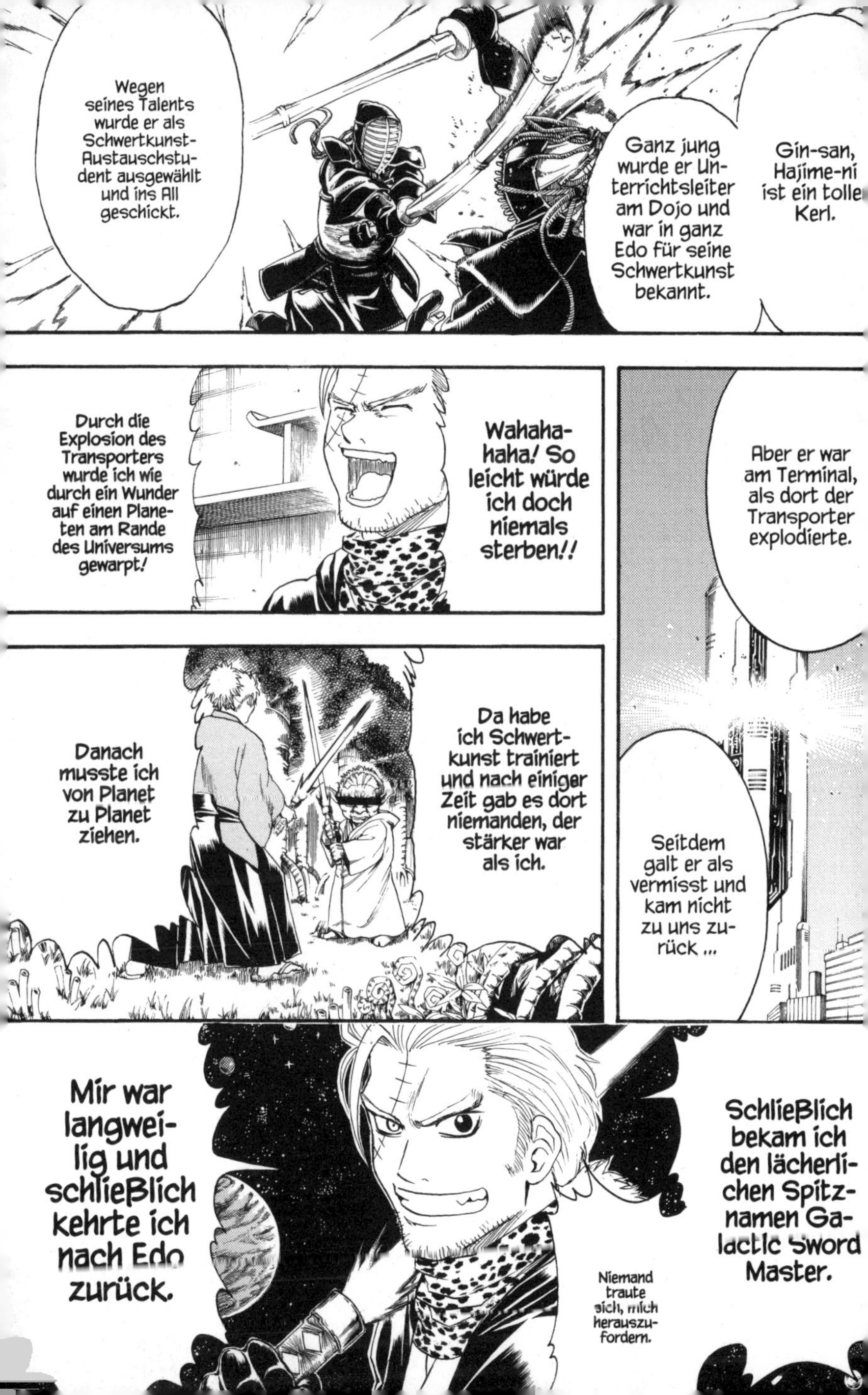

Gin-san, Hajime-ni ist ein tolle Kerl.
Ganz jung wurde er Unterrichtsleiter am Dojo und war in ganz Edo für seine Schwertkunst bekannt.
Wegen seines Talents wurde er als Schwertkunst-Austauschstudent ausgewählt und ins All geschickt.
Aber er war am Terminal, als dort der Transporter explodierte.
Seitdem galt er als vermisst und kam nicht zu uns zurück ...
Wahahahaha! So leicht würde ich doch niemals sterben!!
Durch die Explosion des Transporters wurde ich wie durch ein Wunder auf einen Planeten am Rande des Universums gewarpt!
Da habe ich Schwertkunst trainiert und nach einiger Zeit gab es dort niemanden, der stärker war als ich.
Danach musste ich von Planet zu Planet ziehen.
Schließlich bekam ich den lächerlichen Spitznamen Galactic Sword Master.
Niemand traute sich, mich herauszufordern.
Mir war langweilig und schließlich kehrte ich nach Edo zurück.

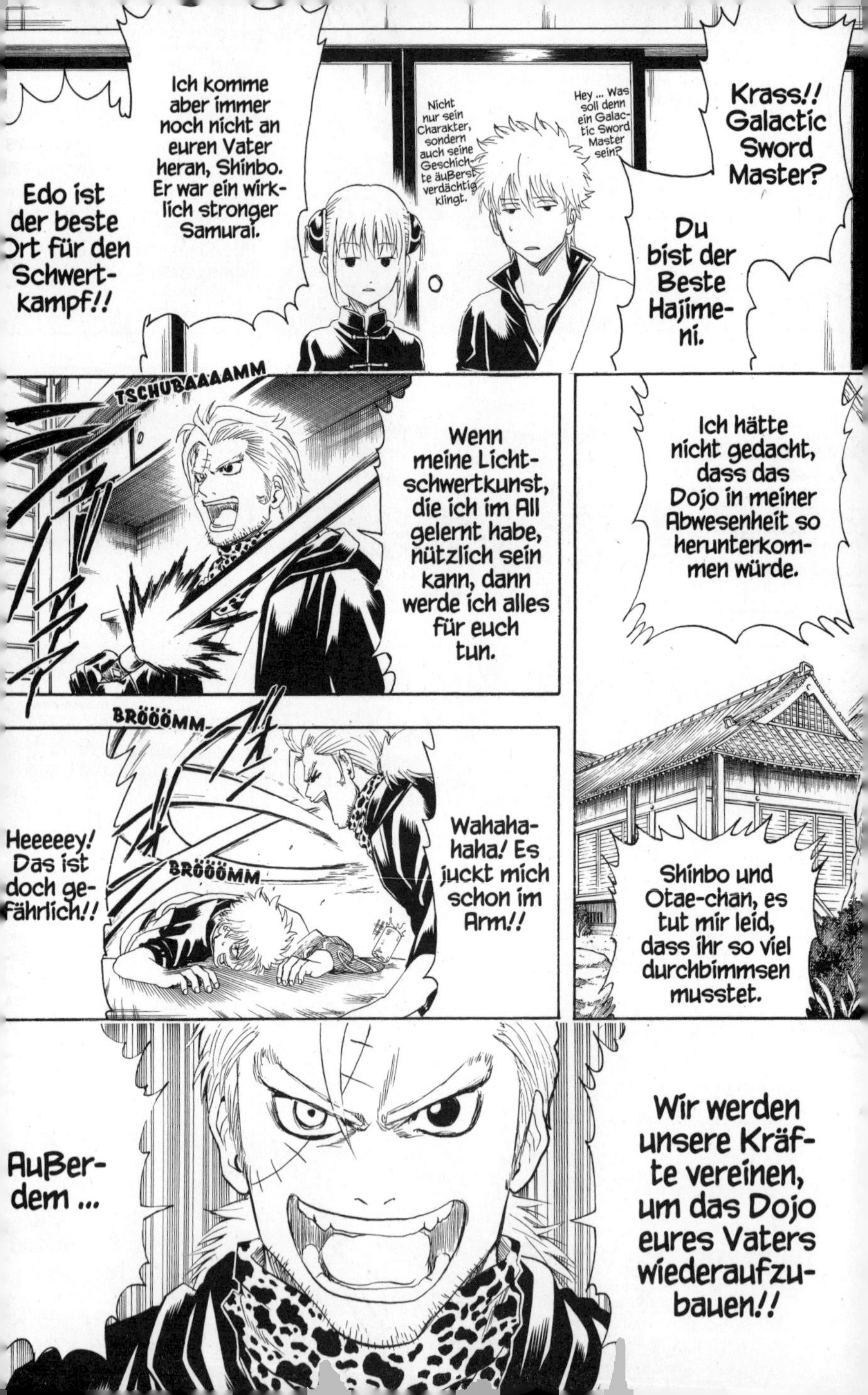
Krass!! Galactic Sword Master?
Du bist der Beste Hajimeni.
Hey ... Was soll denn ein Galactic Sword Master sein?
Nicht nur sein Charakter, sondern auch seine Geschichte äußerst verdächtig klingt.
Ich komme aber immer noch nicht an euren Vater heran, Shinbo. Er war ein wirklich stronger Samurai.
Edo ist der beste Ort für den Schwertkampf!!
Ich hätte nicht gedacht, dass das Dojo in meiner Abwesenheit so herunterkommen würde.
Shinbo und Otae-chan, es tut mir leid, dass ihr so viel durchbimmsen musstet.
TSCHUBAAAAAMM
Wenn meine Lichtschwertkunst, die ich im All gelernt habe, nützlich sein kann, dann werde ich alles für euch tun.
BRÖÖÖMM-
Wahahahaha! Es juckt mich schon im Arm!!
BRÖÖÖMM
Heeeeey! Das ist doch gefährlich!!
Wir werden unsere Kräfte vereinen, um das Dojo eures Vaters wiederaufzubauen!!
Außerdem ...

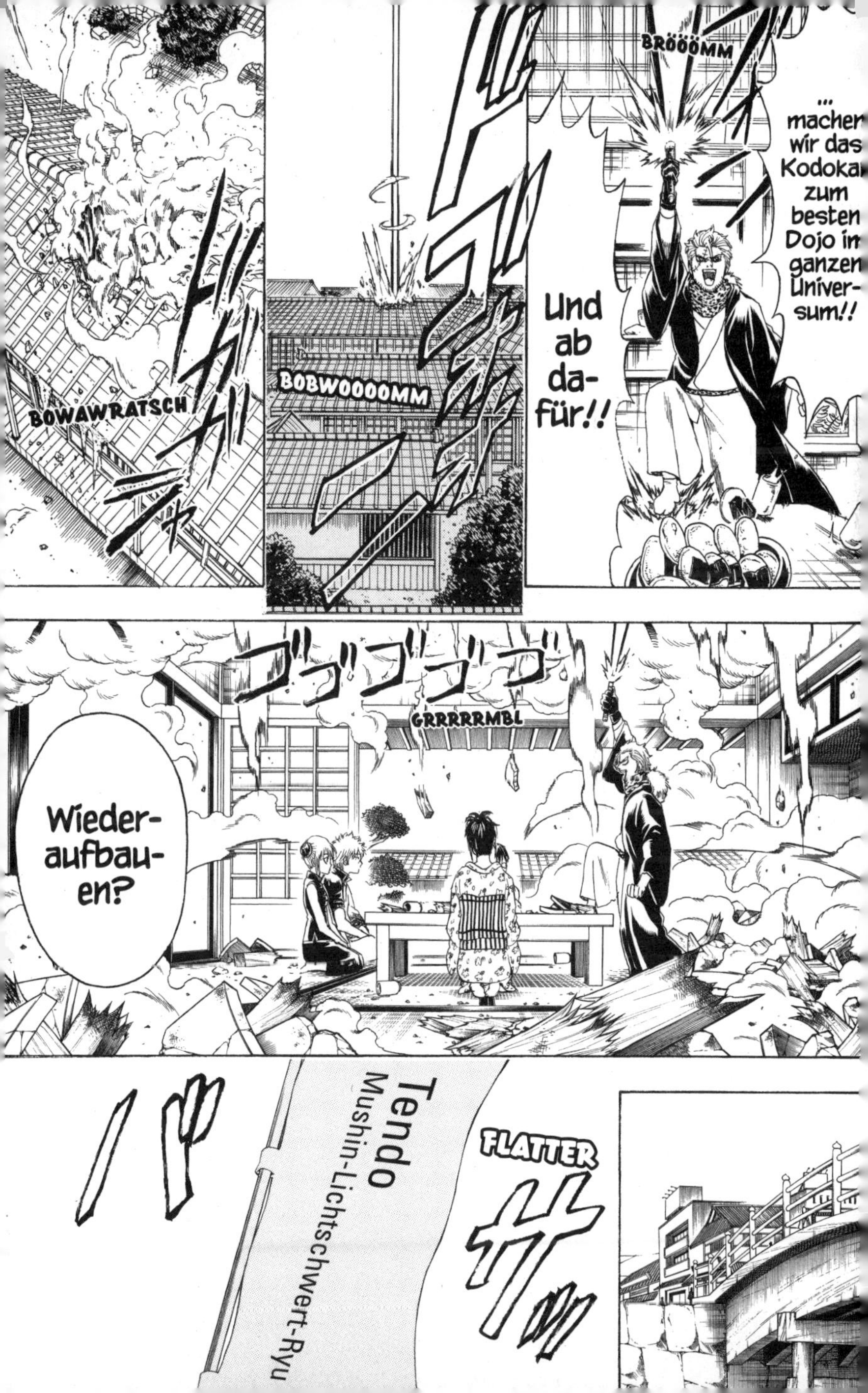
BRÖÖÖMM
... machen wir das Kodokan zum besten Dojo im ganzen Univer-sum!!
Und ab da-für!!
BOBWOOOOMM
BOWAWRATSCH
GRRRRRMBL
Wieder-aufbau-en?
FLATTER
Tendo
Mushin-Lichtschwert-Ryu

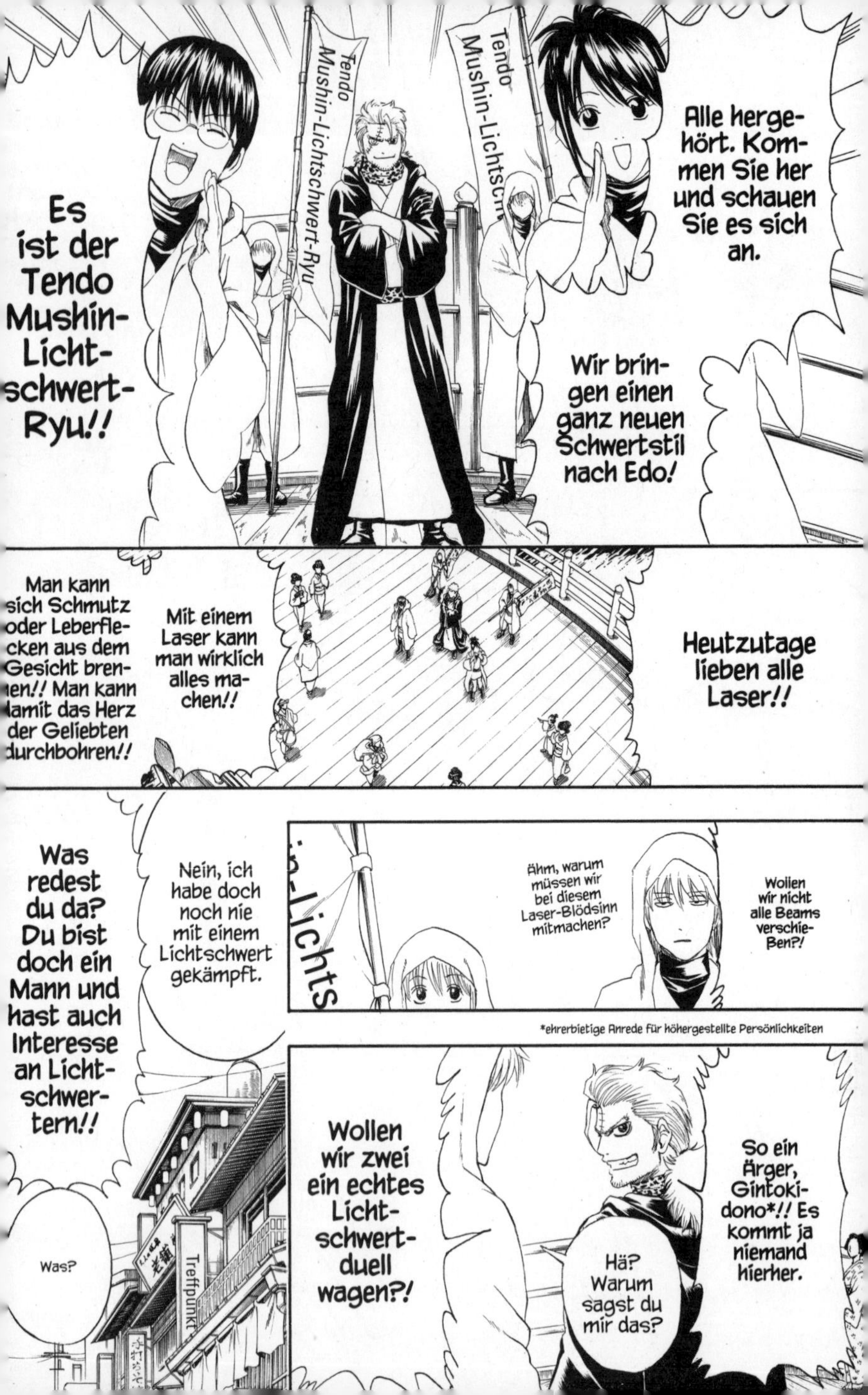

*ehrerbietige Anrede für höhergestellte Persönlichkeiten

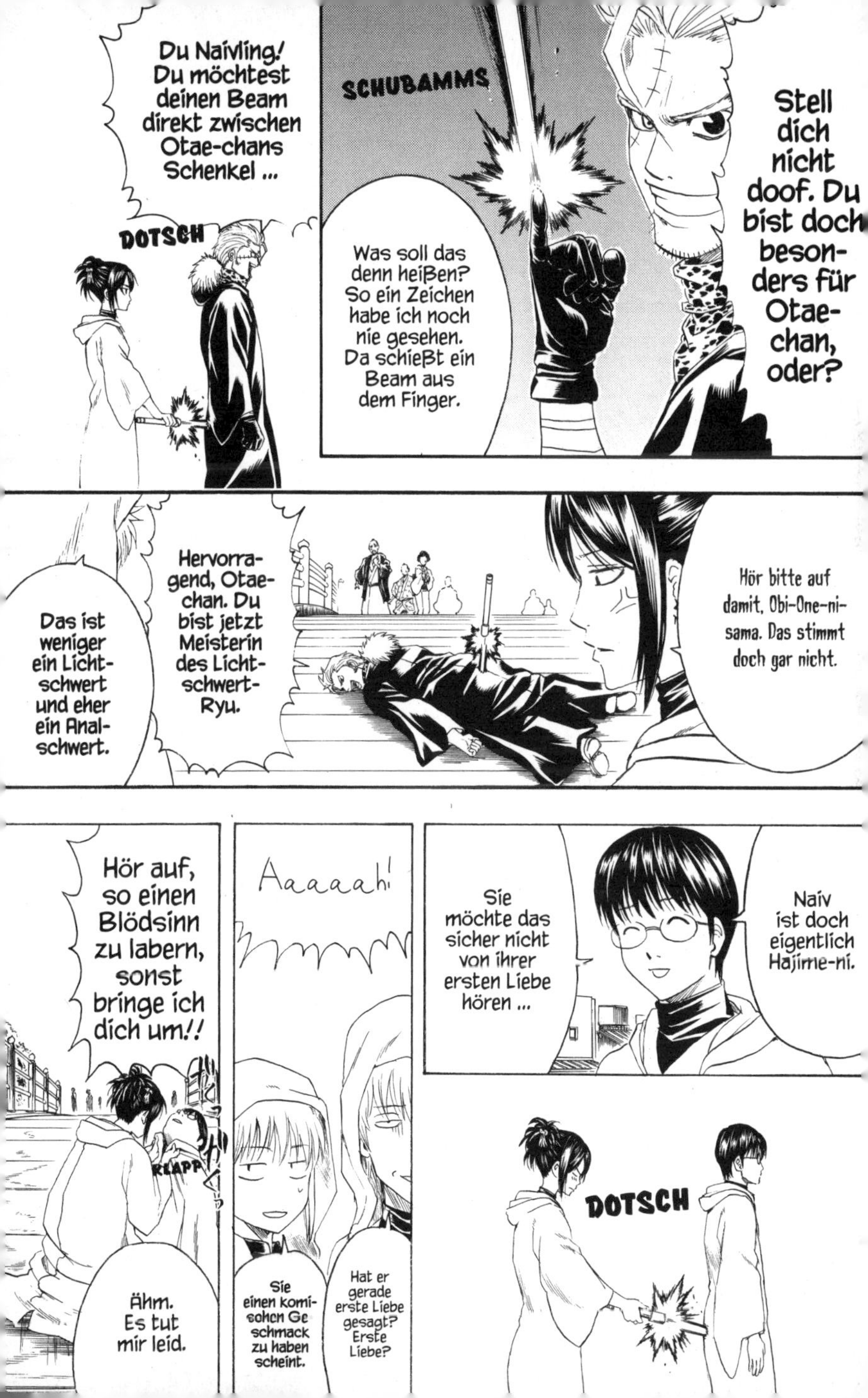
Stell dich nicht doof. Du bist doch besonders für Otaechan, oder?
Was soll das denn heißen? So ein Zeichen habe ich noch nie gesehen. Da schießt ein Beam aus dem Finger.
SCHUBAMMS
Du Naivling! Du möchtest deinen Beam direkt zwischen Otae-chans Schenkel ...
DOTSCH
Hör bitte auf damit, Obi-One-ni-sama. Das stimmt doch gar nicht.
Hervorragend, Otaechan. Du bist jetzt Meisterin des Lichtschwert-Ryu.
Das ist weniger ein Lichtschwert und eher ein Analschwert.
Naiv ist doch eigentlich Hajime-ni.
Sie möchte das sicher nicht von ihrer ersten Liebe hören ...
DOTSCH
Aaaaaah!
Hat er gerade erste Liebe gesagt? Erste Liebe?
Sie einen komischen Ge schmack zu haben scheint.
Hör auf, so einen Blödsinn zu labern, sonst bringe ich dich um!!
KLAPP
Ähm. Es tut mir leid.

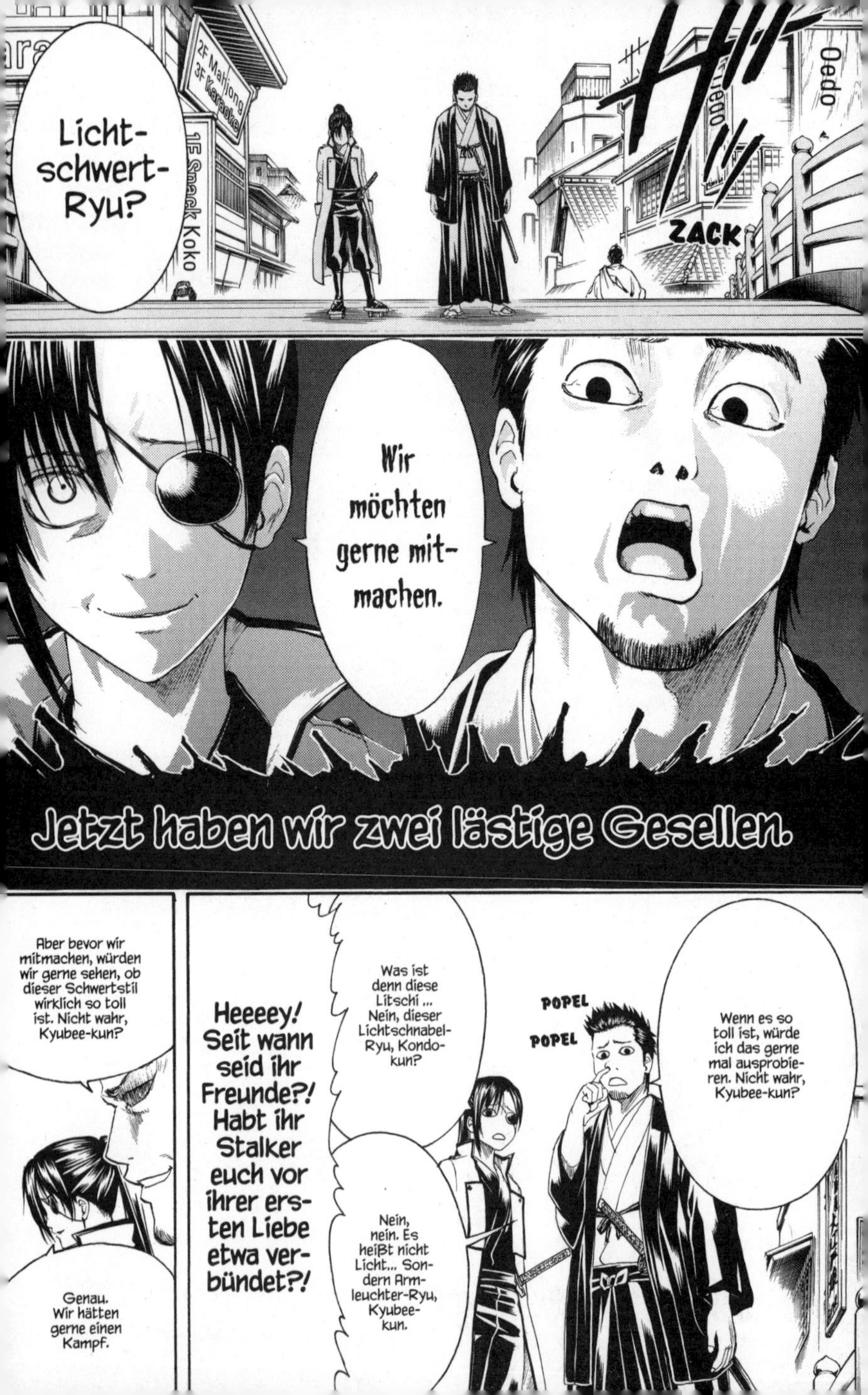
Oedo
ZACK
2F Mahjong
3F Karaoke
1F Snack Koko
Licht-schwert-Ryu?
Wir möchten gerne mit-machen.
Jetzt haben wir zwei lästige Gesellen.
Wenn es so toll ist, würde ich das gerne mal ausprobie-ren. Nicht wahr, Kyubee-kun?
POPEL
POPEL
Was ist denn diese Litschi ... Nein, dieser Lichtschnabel-Ryu, Kondo-kun?
Nein, nein. Es heißt nicht Licht... Son-dern Arm-leuchter-Ryu, Kyubee-kun.
Heeeey! Seit wann seid ihr Freunde?! Habt ihr Stalker euch vor ihrer ers-ten Liebe etwa ver-bündet?!
Aber bevor wir mitmachen, würden wir gerne sehen, ob dieser Schwertstil wirklich so toll ist. Nicht wahr, Kyubee-kun?
Genau. Wir hätten gerne einen Kampf.

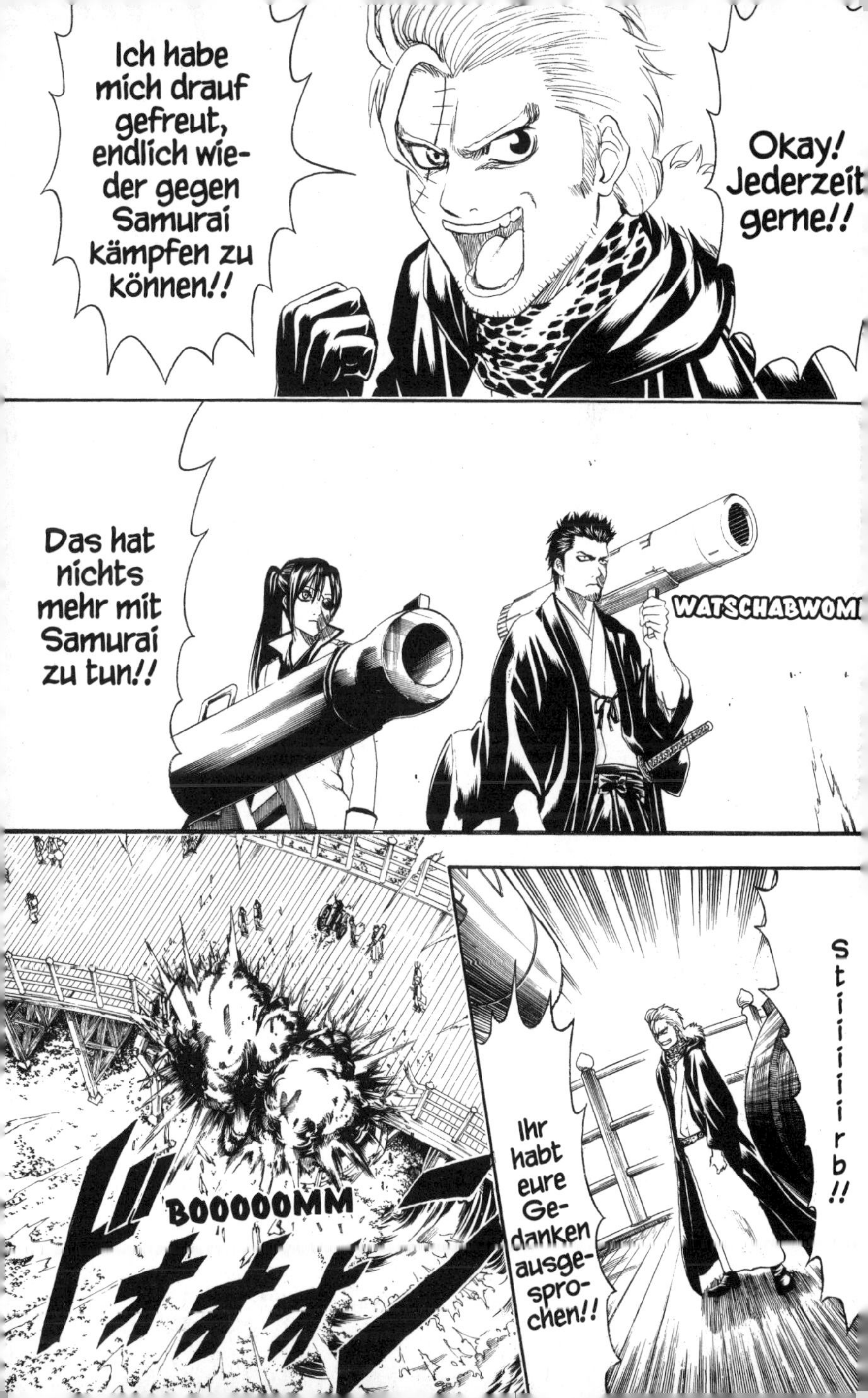
Okay! Jederzeit gerne!!
Ich habe mich drauf gefreut, endlich wieder gegen Samurai kämpfen zu können!!
WATSCHABWOM!
Das hat nichts mehr mit Samurai zu tun!!
Stiiiiiirb!!
Ihr habt eure Gedanken ausgesprochen!!
BOOOOOMM

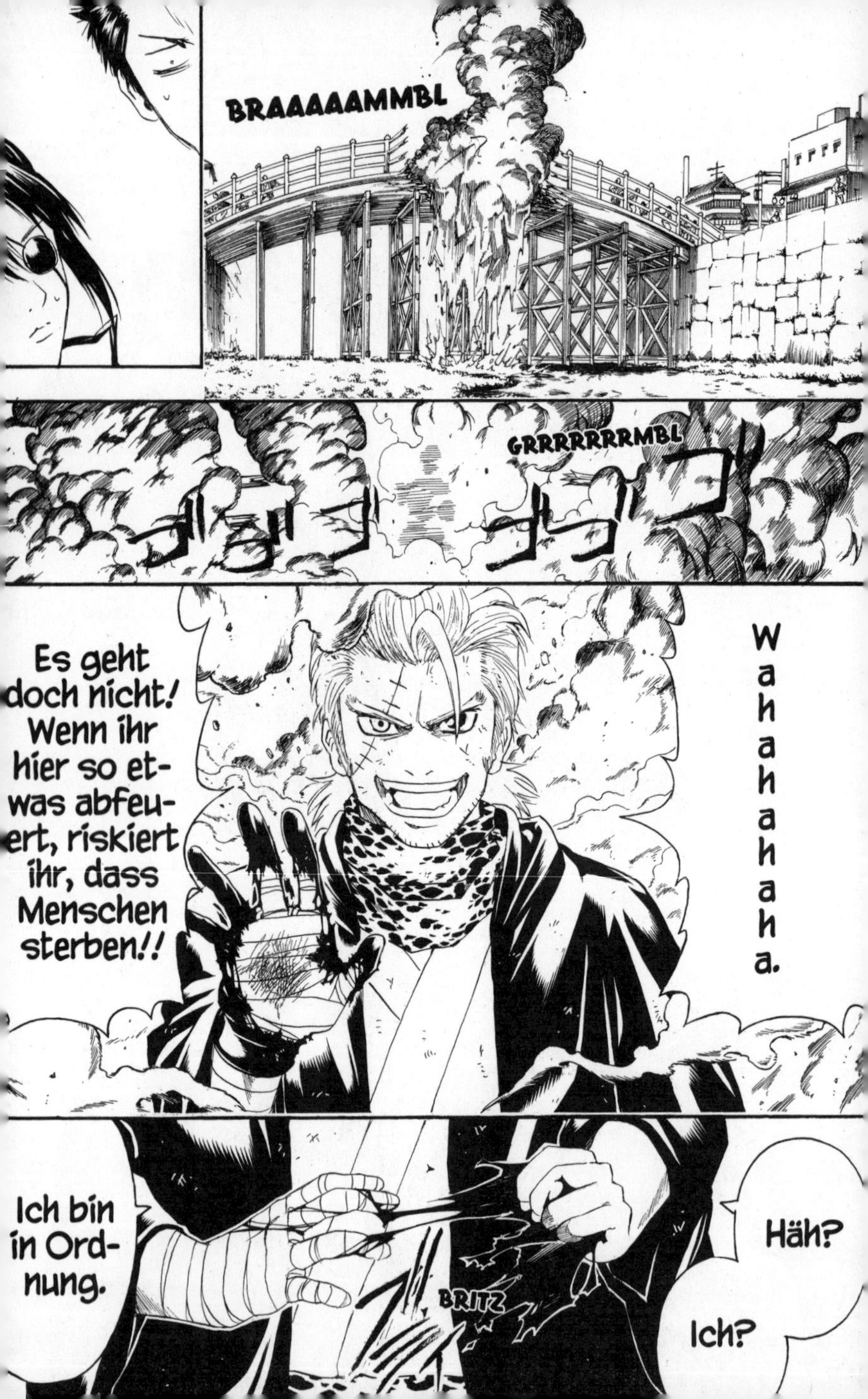
BRAAAAAMMBL
GRRRRRRRMBL
Wahahahaha.
Es geht doch nicht! Wenn ihr hier so etwas abfeuert, riskiert ihr, dass Menschen sterben!!
Häh?
Ich?
Ich bin in Ordnung.
BRITZ

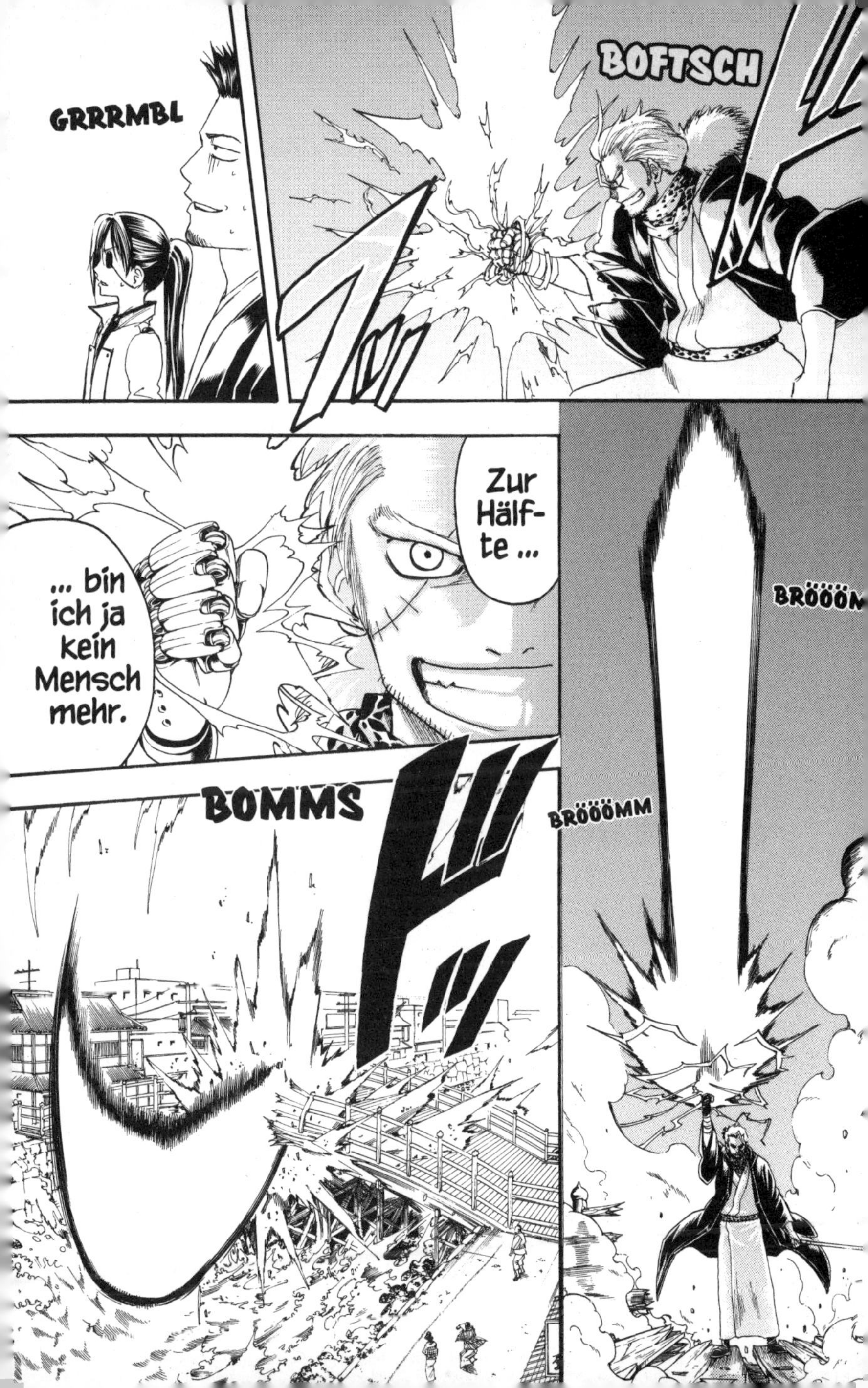
BOFTSCH
GRRRMBL
Zur Hälf-te ...
... bin ich ja kein Mensch mehr.
BRÖÖÖM
BRÖÖÖMM
BOMMS

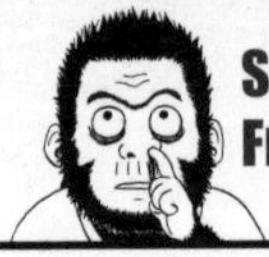

Sorachi auf Leser-Tuchfühlung
Fragen-Corner 131

(Frage von »Wegen Gin Tama habe ich voll meinen Test versaut, du Idiot« aus Tokyo)

Eine Frage von einem Schüler aus dem ersten Jahrgang der Mittelschule, der gerade Zwischentests hat. Sie mögen von AKB doch am liebsten Tomo-chan, oder? Schließlich hat Sasaki in Band 42 gesagt: »Genauso wie Tomomi Itano von AKB immer auffallen würde, weil sie einfach zu niedlich ist.«

(Antwort)

Genauso gibt es ziemlich viele Leser, die die Meinungen der Charaktere im Manga mit meiner eigenen Meinung verwechseln. Aber das stimmt so nicht. Das war nur die Meinung von Sasaki. Ich schreibe in diesem Manga also allerlei Dinge, von denen ich überhaupt nicht überzeugt bin. Ich bin viel eher von Fan von Mariko.

(132 auf Seite 86)

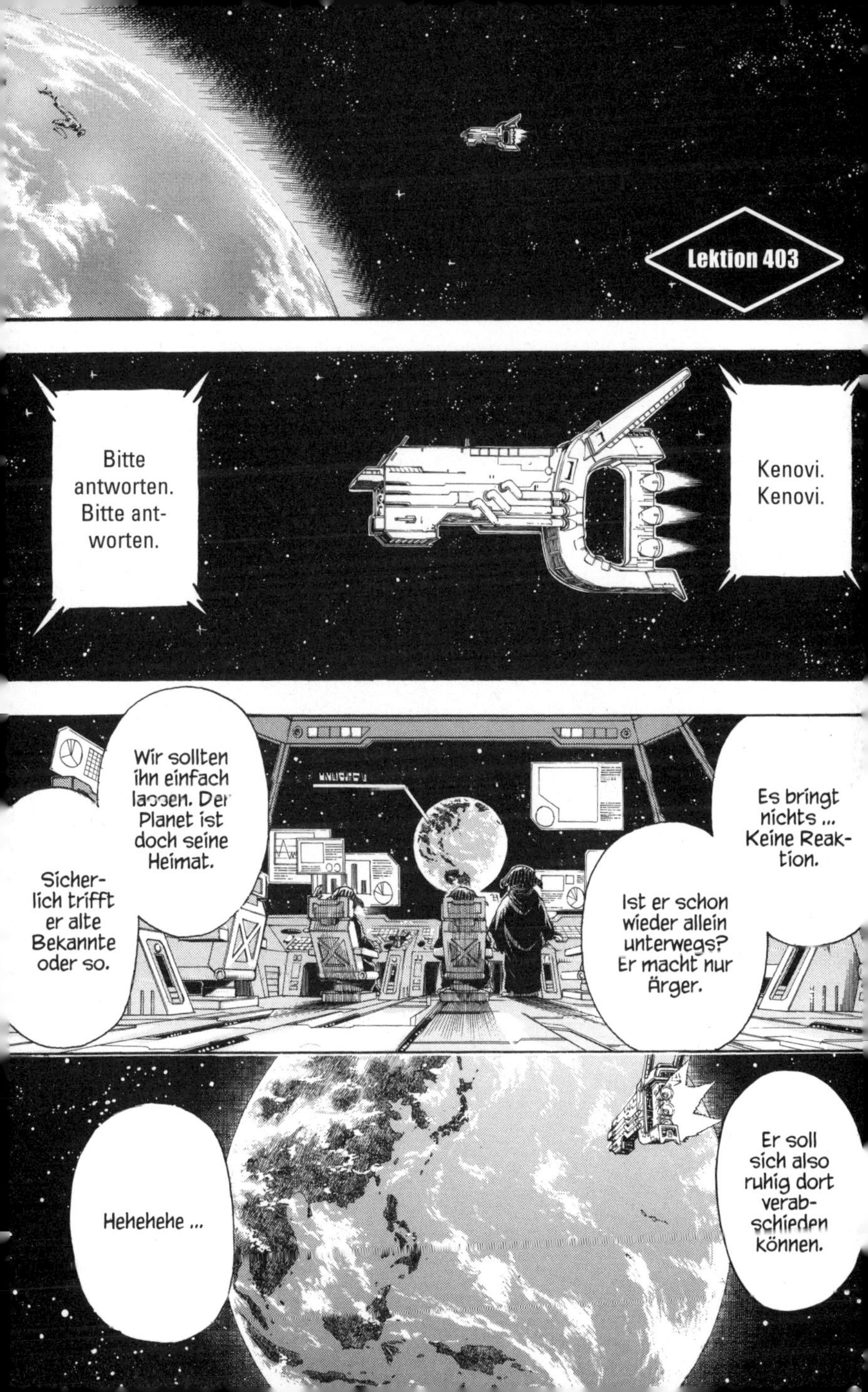
Lektion 403
Kenovi. Kenovi.
Bitte antworten. Bitte antworten.
Es bringt nichts ... Keine Reaktion.
Ist er schon wieder allein unterwegs? Er macht nur Ärger.
Wir sollten ihn einfach lassen. Der Planet ist doch seine Heimat.
Sicherlich trifft er alte Bekannte oder so.
Er soll sich also ruhig dort verabschieden können.
Hehehehe ...

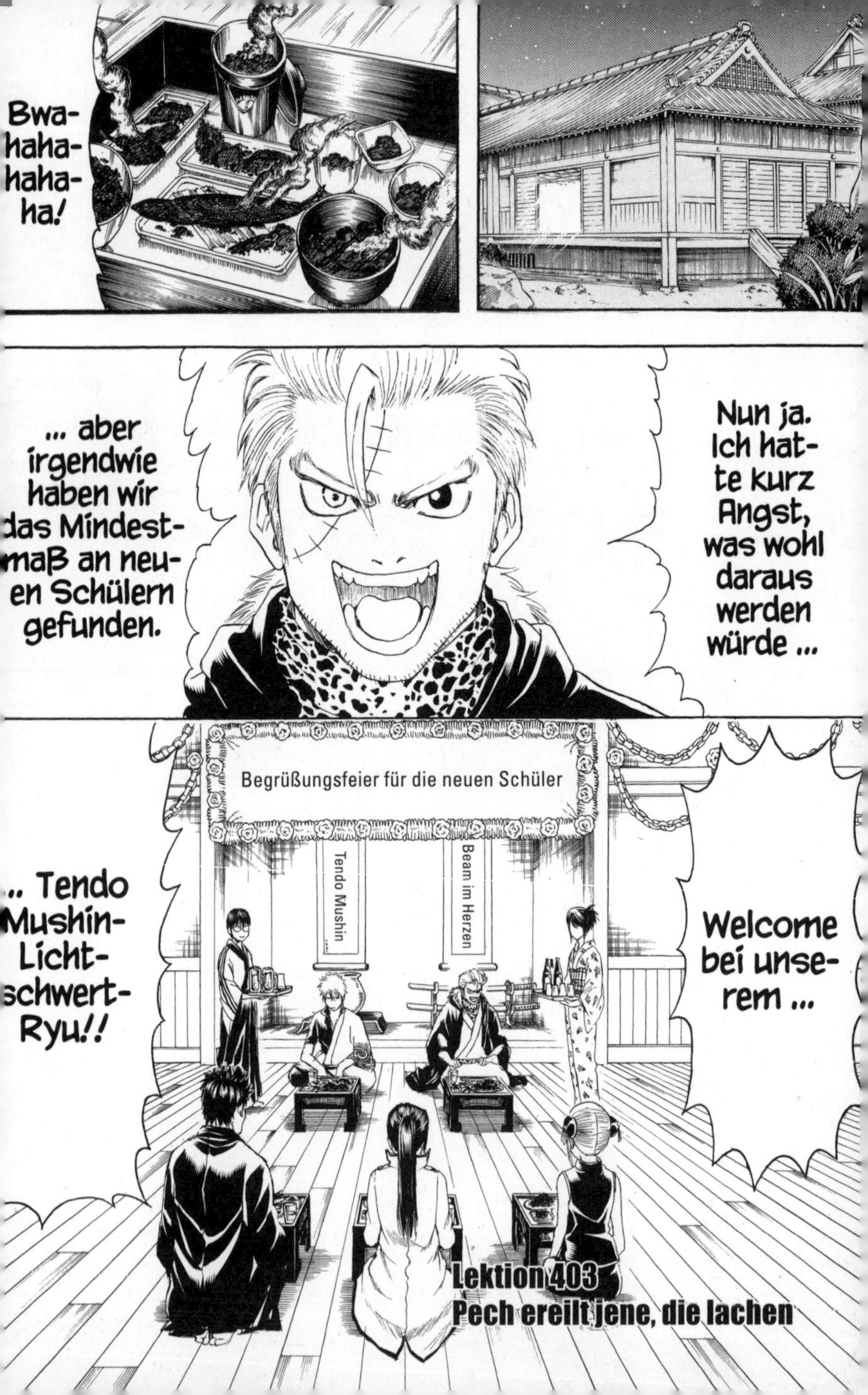
Bwa-haha-haha-ha!
Nun ja. Ich hat-te kurz Angst, was wohl daraus werden würde ...
... aber irgendwie haben wir das Mindest-maß an neu-en Schülern gefunden.
Begrüßungsfeier für die neuen Schüler
Beam im Herzen
Tendo Mushin
Welcome bei unse-rem ...
.. Tendo Mushin-Licht-schwert-Ryu!!
Lektion 403
Pech ereilt jene, die lachen

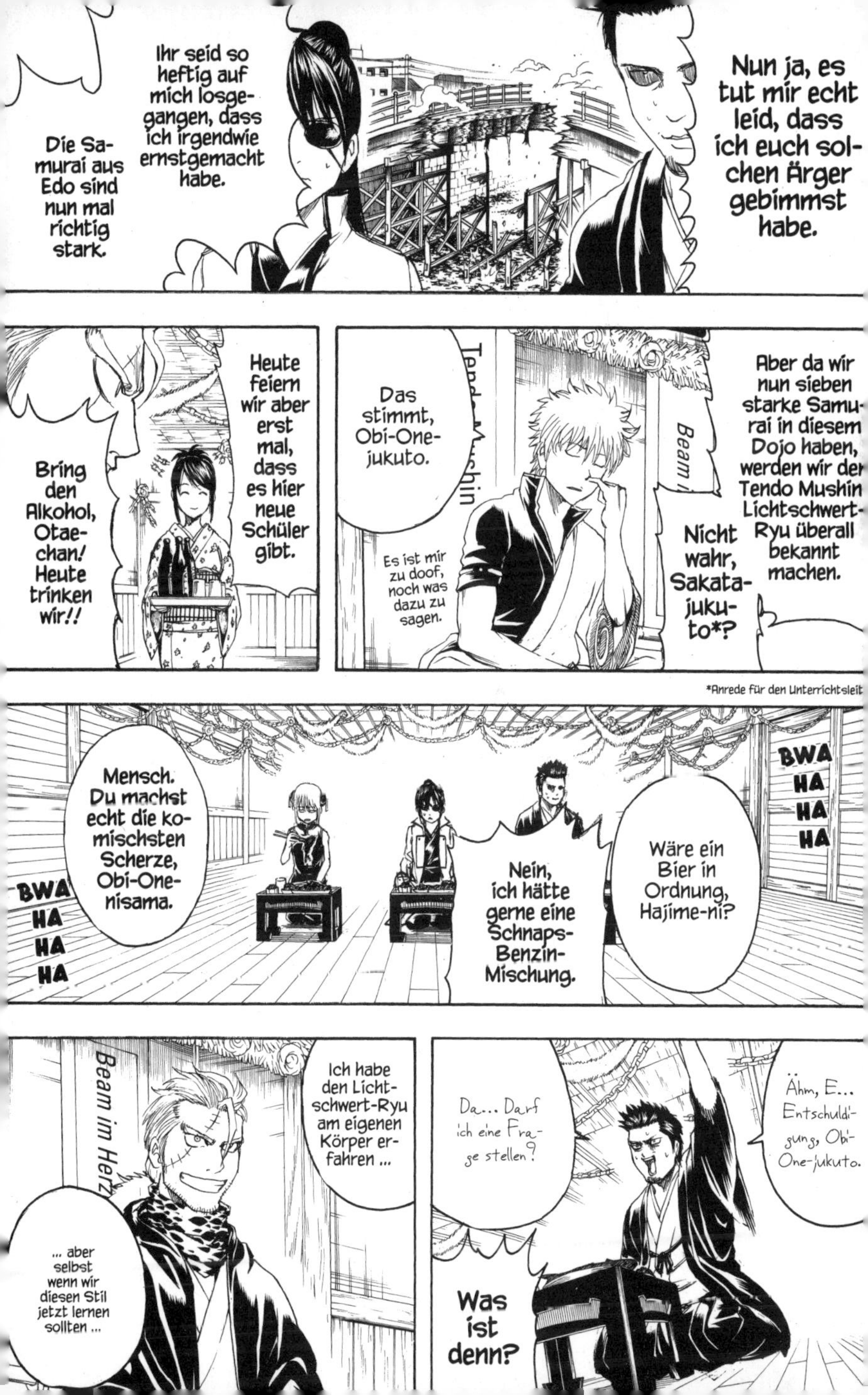

*Anrede für den Unterrichtsleit

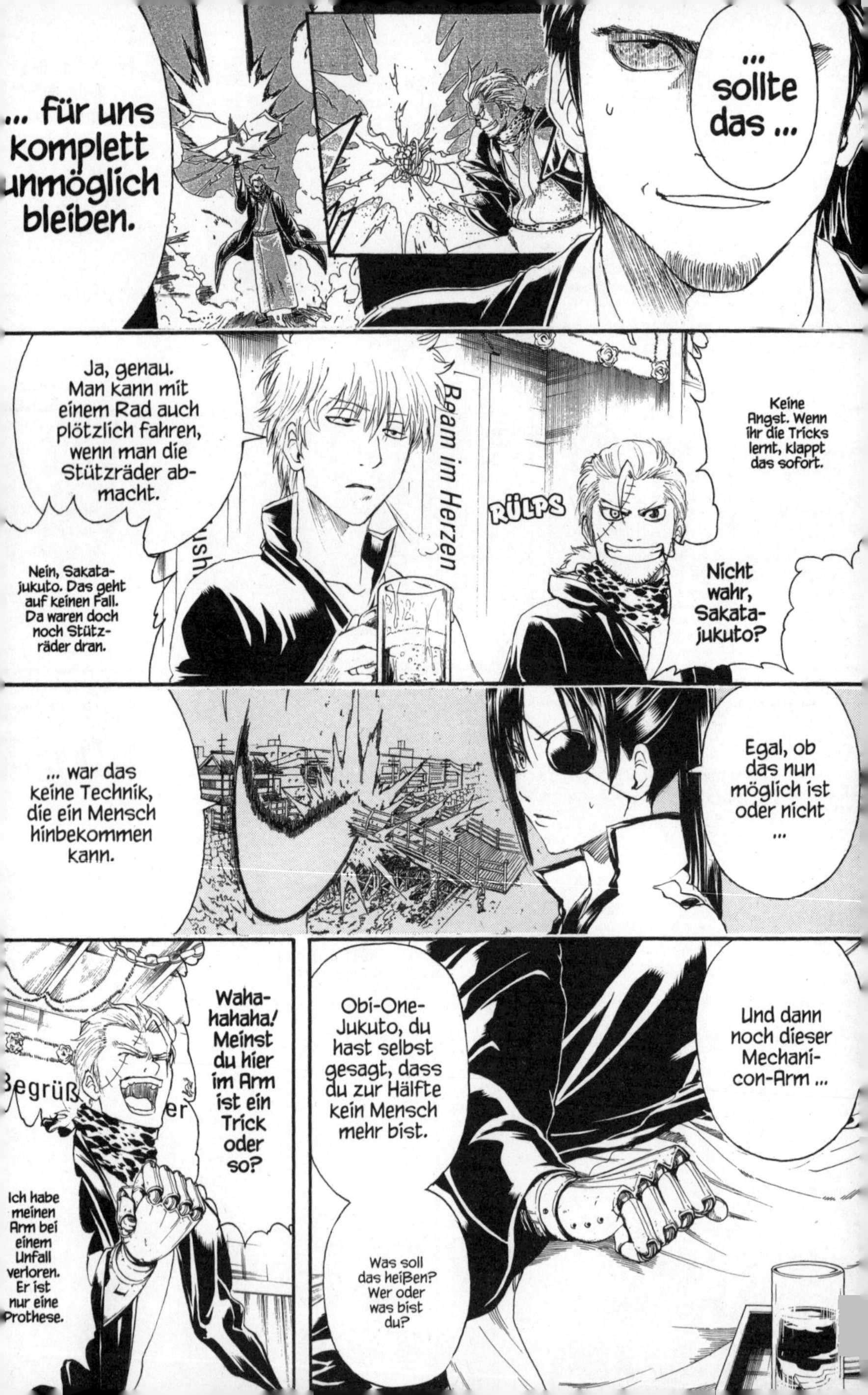
... sollte das ...
... für uns komplett unmöglich bleiben.
Keine Angst. Wenn ihr die Tricks lernt, klappt das sofort.
RÜLPS
Nicht wahr, Sakata-jukuto?
Beam im Herzen
Ja, genau. Man kann mit einem Rad auch plötzlich fahren, wenn man die Stützräder ab-macht.
Nein, Sakata-jukuto. Das geht auf keinen Fall. Da waren doch noch Stütz-räder dran.
Egal, ob das nun möglich ist oder nicht ...
... war das keine Technik, die ein Mensch hinbekommen kann.
Und dann noch dieser Mechani-con-Arm ...
Obi-One-Jukuto, du hast selbst gesagt, dass du zur Hälfte kein Mensch mehr bist.
Was soll das heißen? Wer oder was bist du?
Waha-hahaha! Meinst du hier im Arm ist ein Trick oder so?
Ich habe meinen Arm bei einem Unfall verloren. Er ist nur eine Prothese.

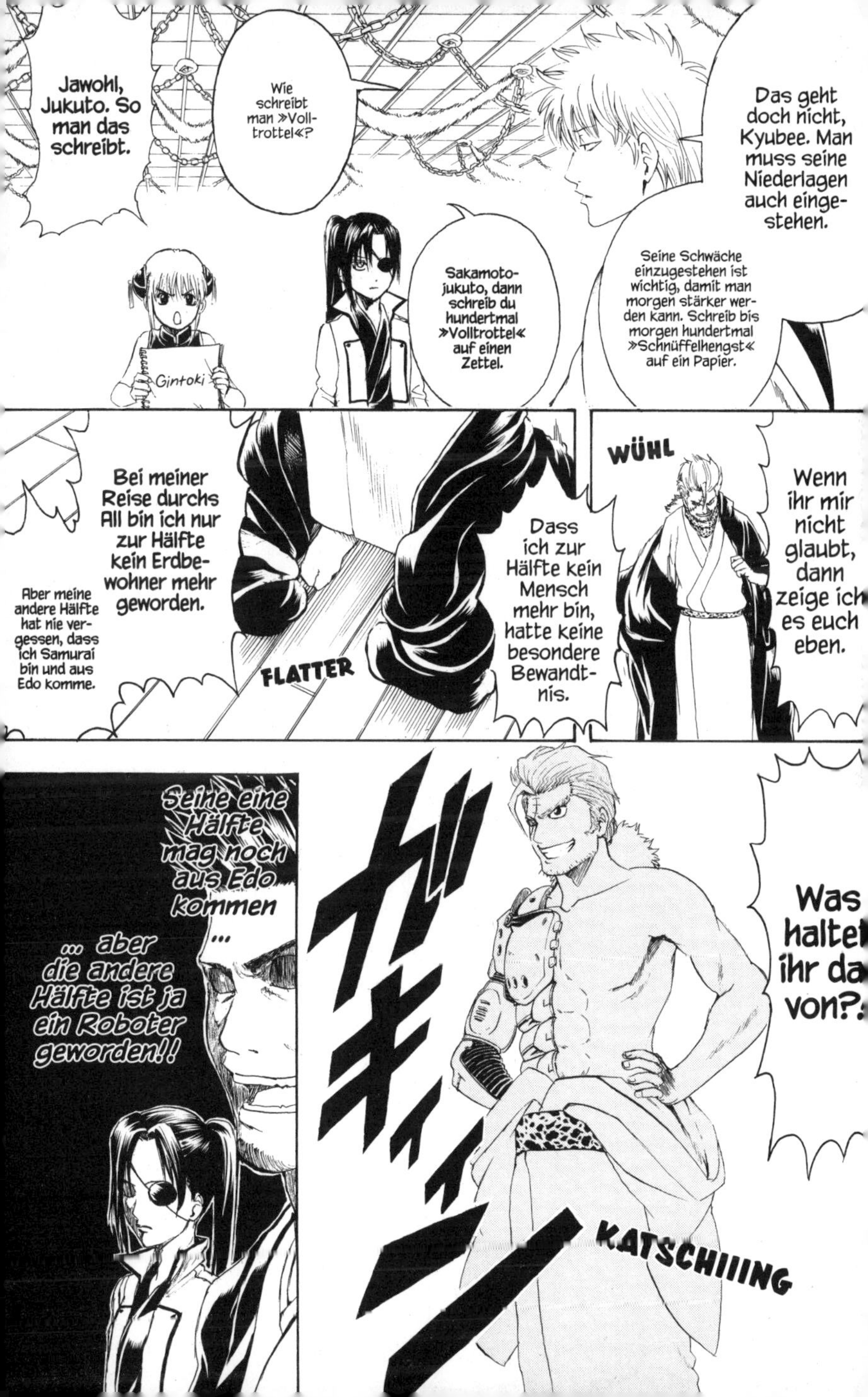
Das geht doch nicht, Kyubee. Man muss seine Niederlagen auch einge-stehen.
Seine Schwäche einzugestehen ist wichtig, damit man morgen stärker wer-den kann. Schreib bis morgen hundertmal »Schnüffelhengst« auf ein Papier.
Sakamoto-jukuto, dann schreib du hundertmal »Volltrottel« auf einen Zettel.
Wie schreibt man »Voll-trottel«?
Jawohl, Jukuto. So man das schreibt.
Gintoki
Wenn ihr mir nicht glaubt, dann zeige ich es euch eben.
WÜHL
Dass ich zur Hälfte kein Mensch mehr bin, hatte keine besondere Bewandt-nis.
FLATTER
Bei meiner Reise durchs All bin ich nur zur Hälfte kein Erdbe-wohner mehr geworden.
Aber meine andere Hälfte hat nie ver-gessen, dass ich Samurai bin und aus Edo komme.
Was haltet ihr davon?
KATSCHIIIING
Seine eine Hälfte mag noch aus Edo kommen ...
... aber die andere Hälfte ist ja ein Roboter geworden!!

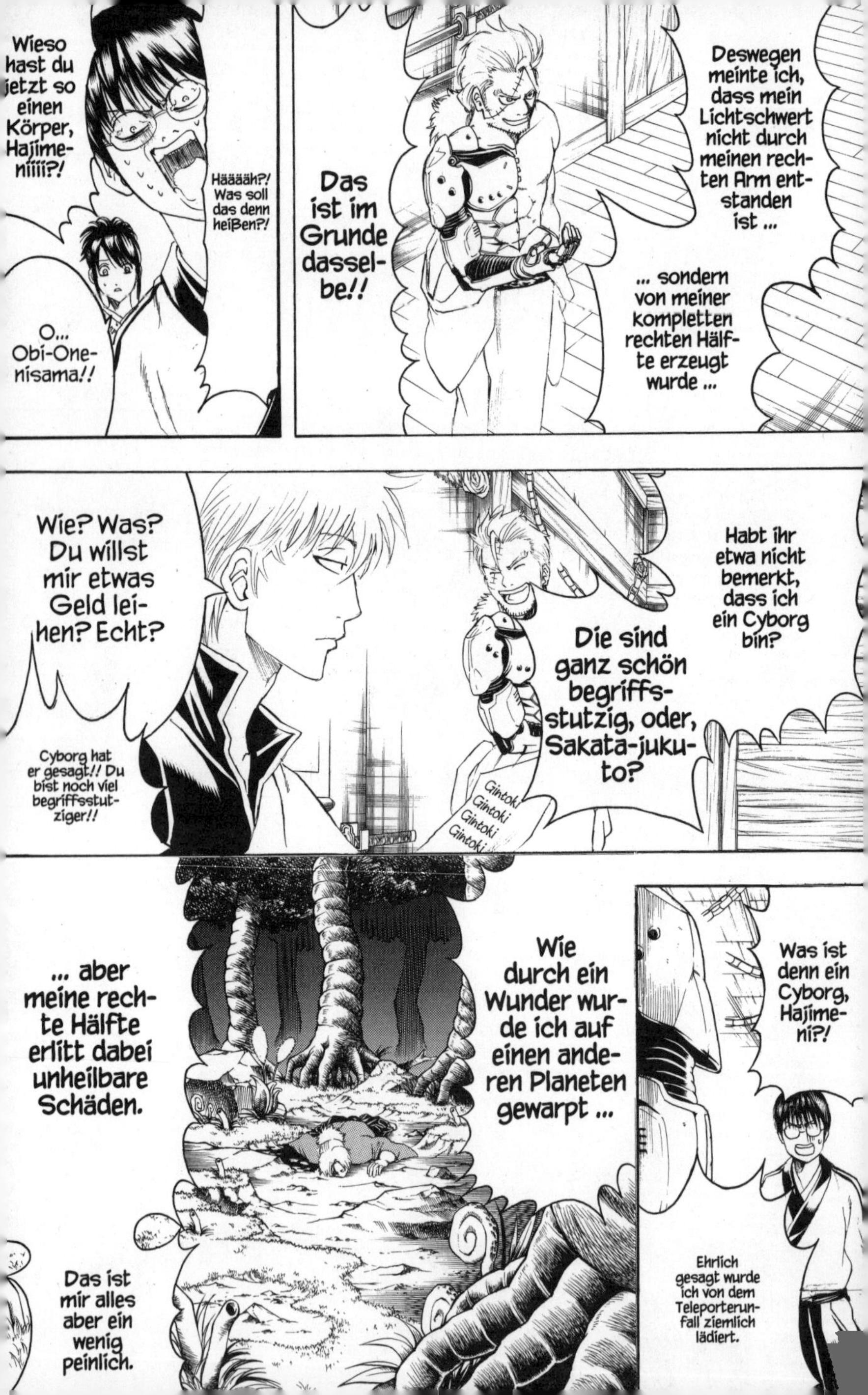
Deswegen meinte ich, dass mein Lichtschwert nicht durch meinen rechten Arm entstanden ist ...
... sondern von meiner kompletten rechten Hälfte erzeugt wurde ...
Das ist im Grunde dasselbe!!
Wieso hast du jetzt so einen Körper, Hajime-niiiii?!
Häääääh?! Was soll das denn heißen?!
O... Obi-One-nisama!!
Habt ihr etwa nicht bemerkt, dass ich ein Cyborg bin?
Die sind ganz schön begriffsstutzig, oder, Sakata-jukuto?
Gintoki Gintoki Gintoki Gintoki
Wie? Was? Du willst mir etwas Geld leihen? Echt?
Cyborg hat er gesagt!! Du bist noch viel begriffsstutziger!!
Was ist denn ein Cyborg, Hajime-ni?!
Ehrlich gesagt wurde ich von dem Teleporterunfall ziemlich lädiert.
Wie durch ein Wunder wurde ich auf einen anderen Planeten gewarpt ...
... aber meine rechte Hälfte erlitt dabei unheilbare Schäden.
Das ist mir alles aber ein wenig peinlich.

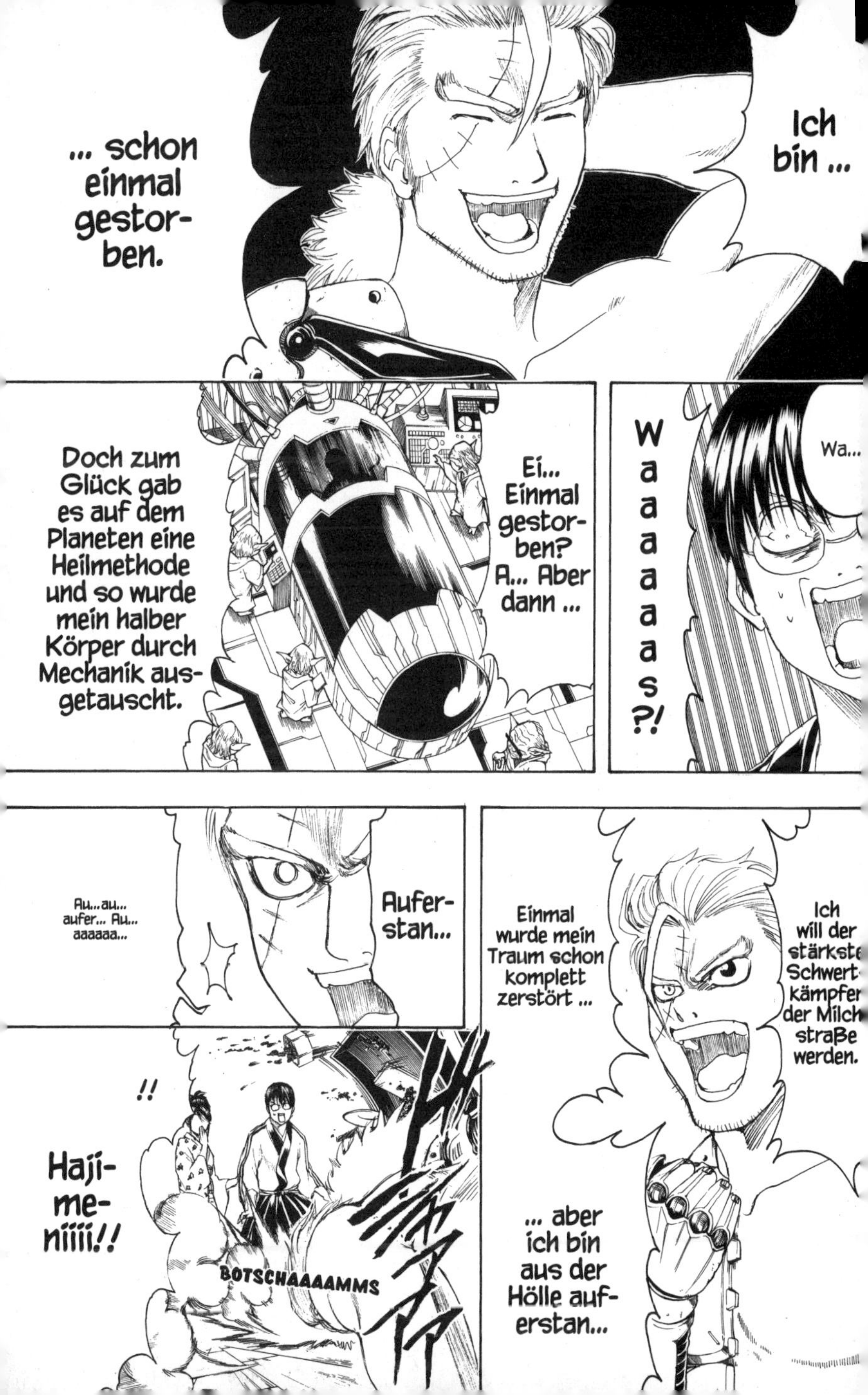
Ich bin ...
... schon einmal gestorben.
Wa...
Waaaaaaas?!
Ei... Einmal gestorben? A... Aber dann ...
Doch zum Glück gab es auf dem Planeten eine Heilmethode und so wurde mein halber Körper durch Mechanik ausgetauscht.
Ich will der stärkste Schwertkämpfer der Milchstraße werden.
Einmal wurde mein Traum schon komplett zerstört ...
... aber ich bin aus der Hölle auferstan...
Auferstan...
Au...au... aufer... Au... aaaaaa...
!!
Hajimeniiii!!
BOTSCHAAAAMMS

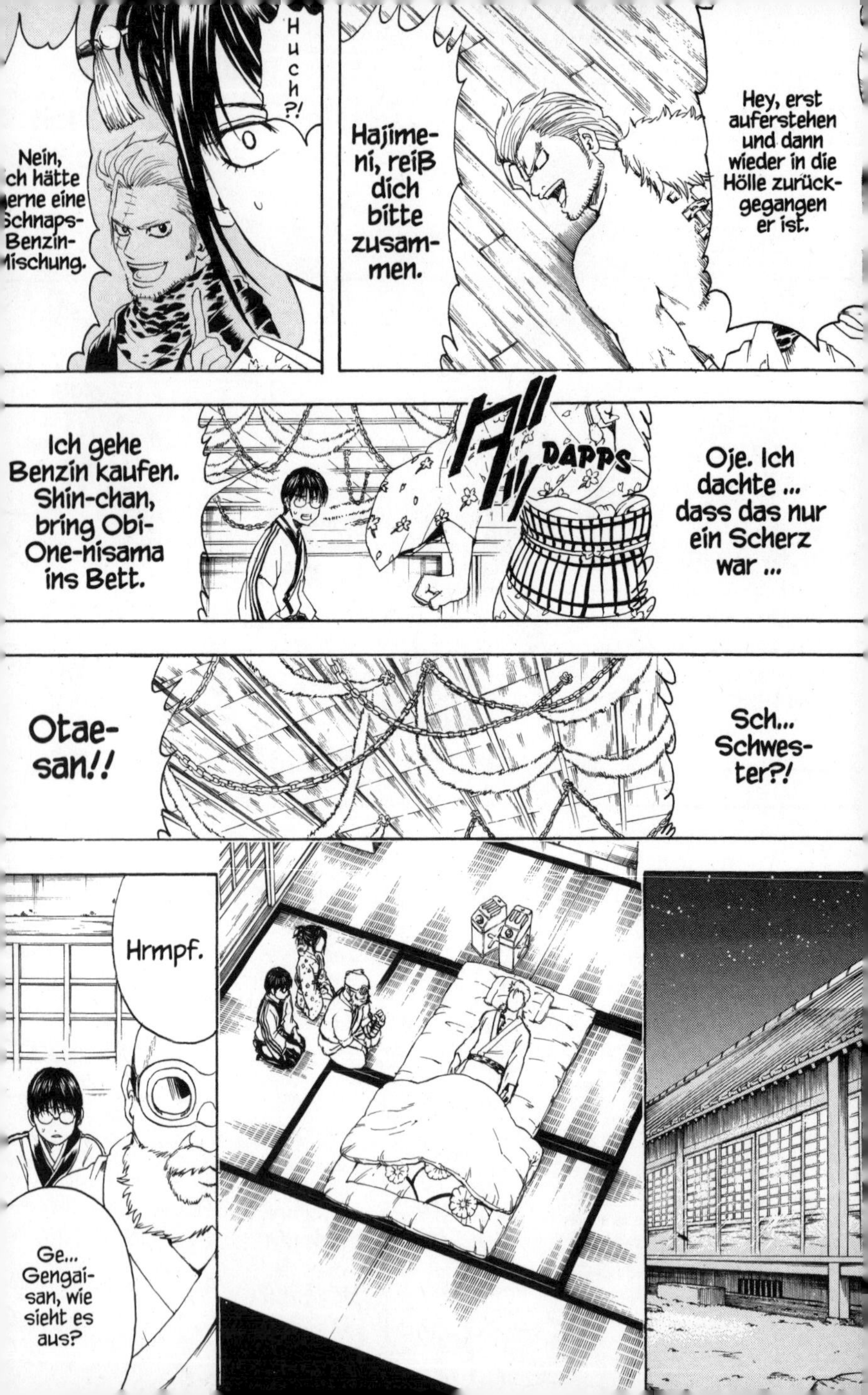

Hey, erst auferstehen und dann wieder in die Hölle zurückgegangen er ist.
Hajimeni, reiß dich bitte zusammen.
Huch?!
Nein, ch hätte erne eine Schnaps-Benzin-Mischung.
Oje. Ich dachte ... dass das nur ein Scherz war ...
DAPPS
Ich gehe Benzin kaufen. Shin-chan, bring Obi-One-nisama ins Bett.
Sch... Schwester?!
Otae-san!!
Ge... Gengai-san, wie sieht es aus?
Hrmpf.

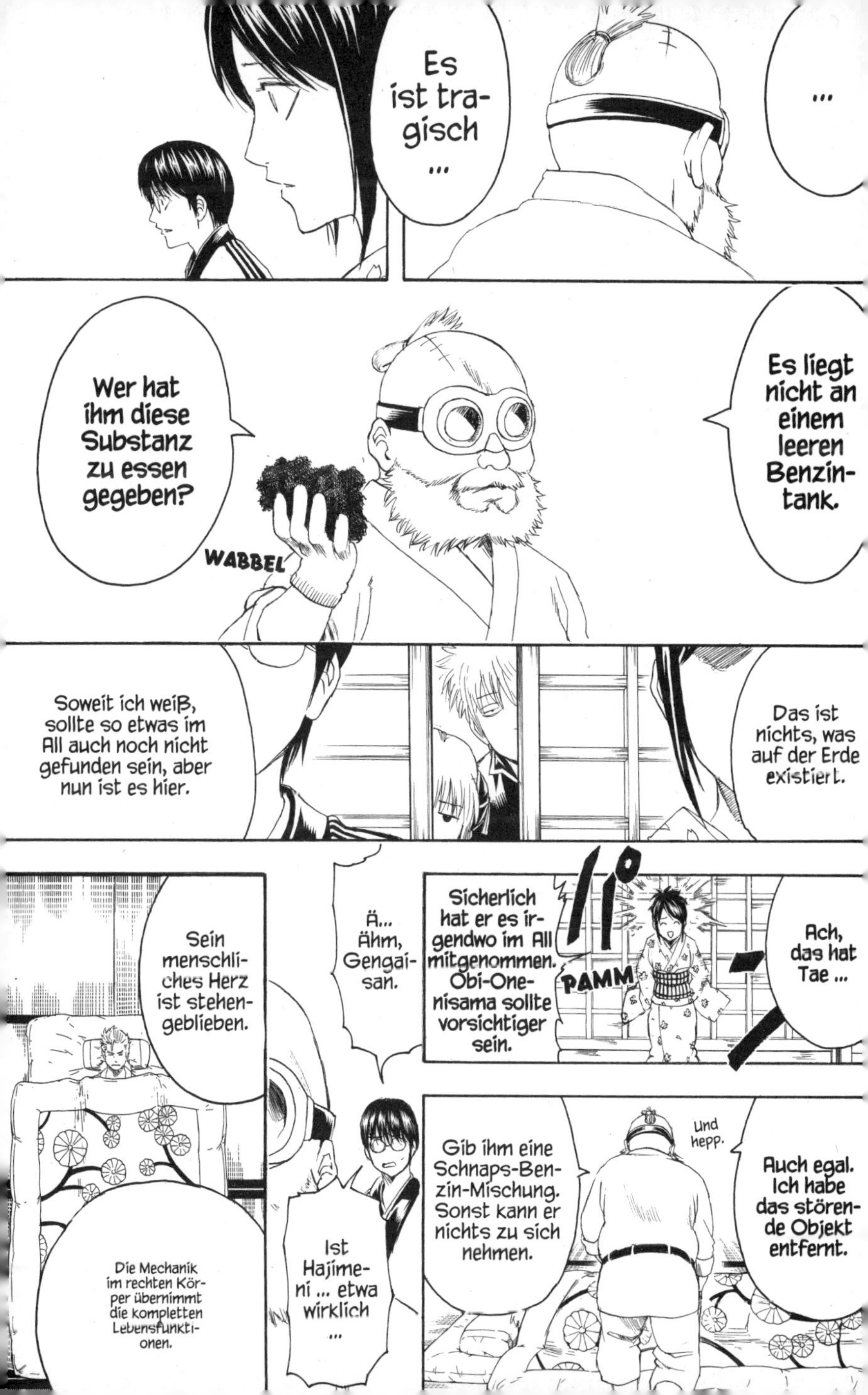
...
Es ist tragisch ...
Es liegt nicht an einem leeren Benzintank.
Wer hat ihm diese Substanz zu essen gegeben?
WABBEL
Das ist nichts, was auf der Erde existiert.
Soweit ich weiß, sollte so etwas im All auch noch nicht gefunden sein, aber nun ist es hier.
Ach, das hat Tae ...
PAMM
Sicherlich hat er es irgendwo im All mitgenommen. Obi-Onenisama sollte vorsichtiger sein.
Ä... Ähm, Gengai-san.
Sein menschliches Herz ist stehengeblieben.
Die Mechanik im rechten Körper übernimmt die kompletten Lebensfunktionen.
Auch egal. Ich habe das störende Objekt entfernt.
Und hepp.
Gib ihm eine Schnaps-Benzin-Mischung. Sonst kann er nichts zu sich nehmen.
Ist Hajime-ni ... etwa wirklich ...

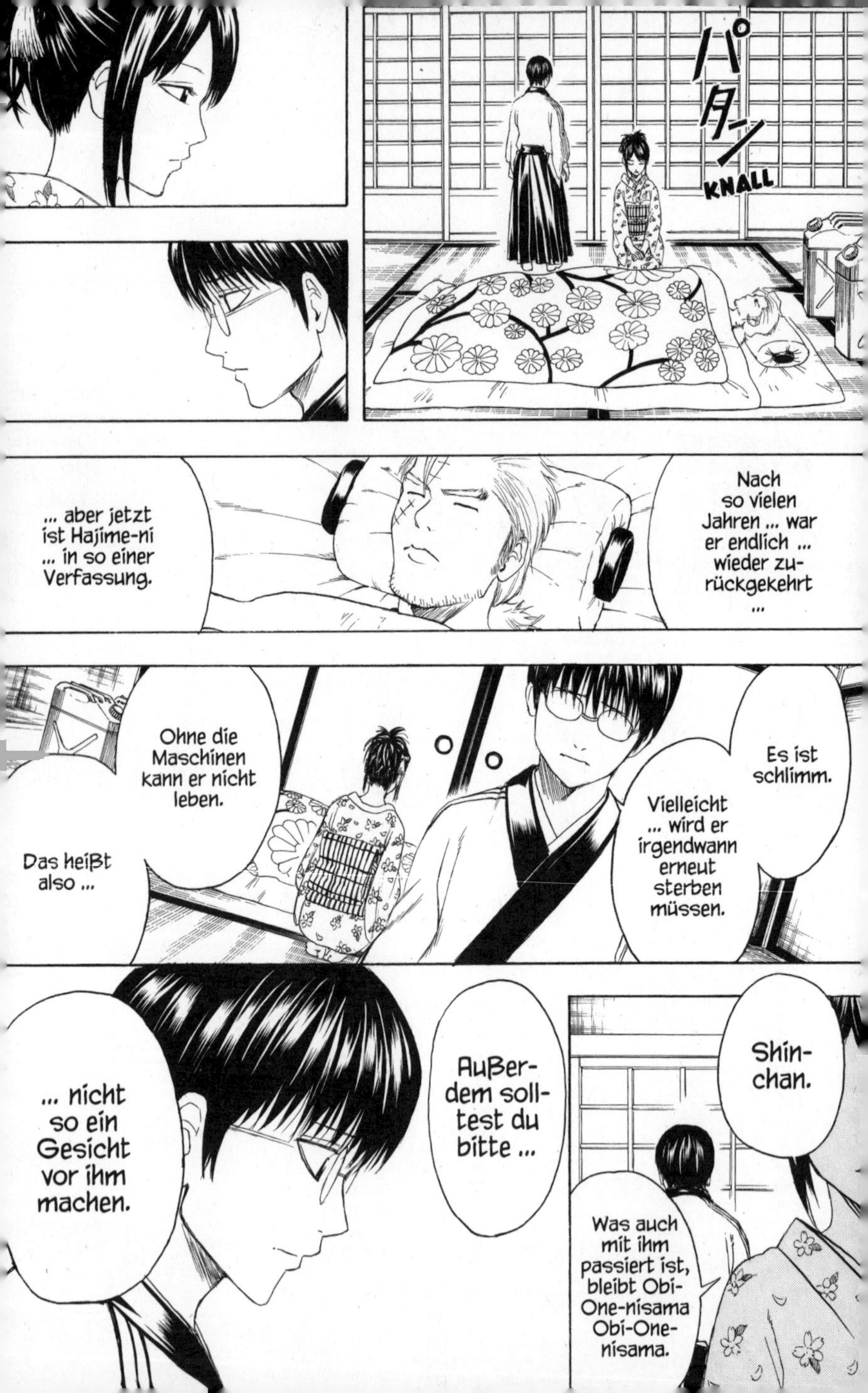
パタン
KNALL
Nach so vielen Jahren ... war er endlich ... wieder zurückgekehrt ...
... aber jetzt ist Hajime-ni ... in so einer Verfassung.
Es ist schlimm.
Vielleicht ... wird er irgendwann erneut sterben müssen.
Ohne die Maschinen kann er nicht leben.
Das heißt also ...
Shin-chan.
Was auch mit ihm passiert ist, bleibt Obi-One-nisama Obi-One-nisama.
Außerdem solltest du bitte ...
... nicht so ein Gesicht vor ihm machen.

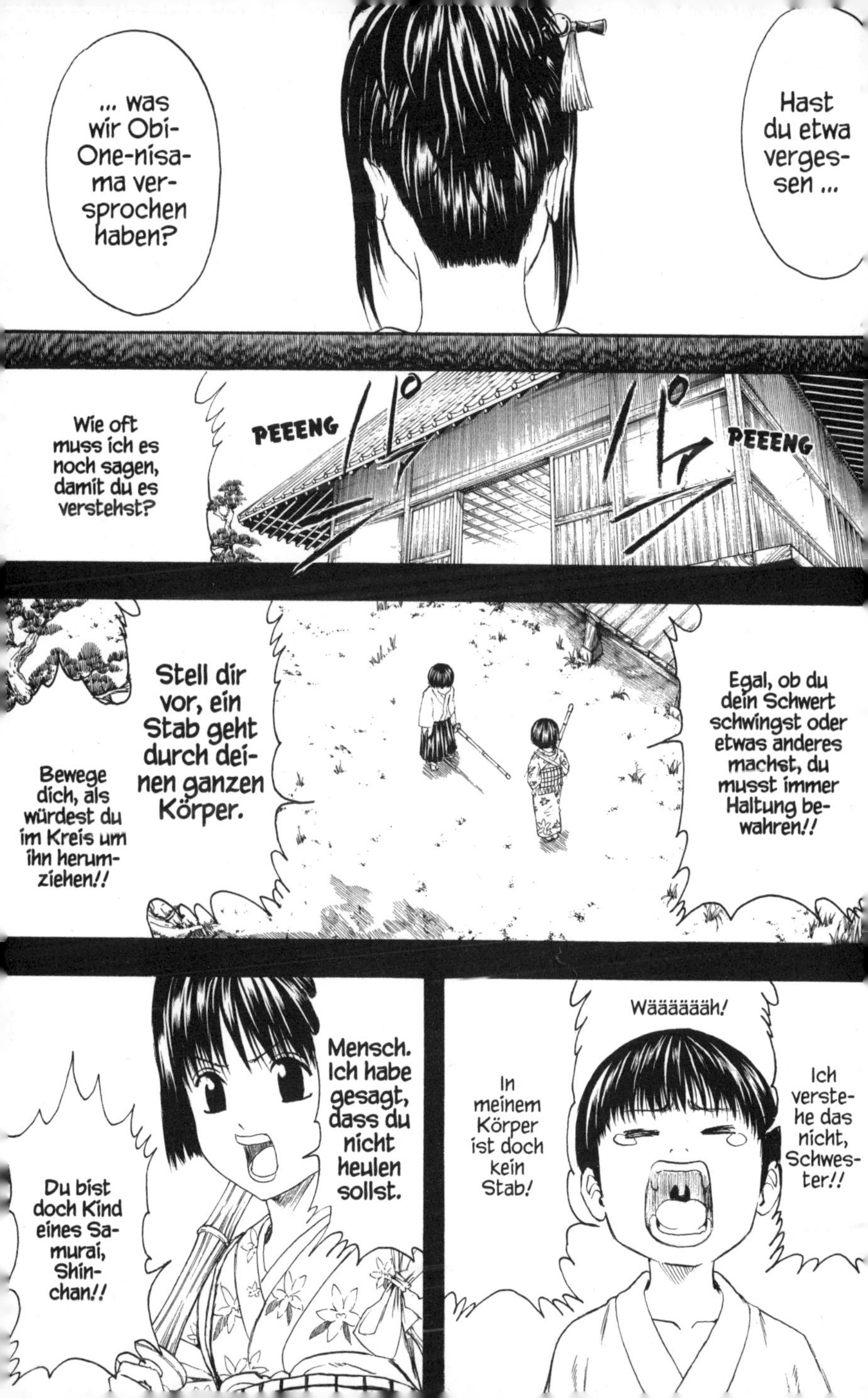
Hast du etwa vergessen ...
... was wir Obi-One-nisama versprochen haben?
PEEENG
PEEENG
Wie oft muss ich es noch sagen, damit du es verstehst?
Egal, ob du dein Schwert schwingst oder etwas anderes machst, du musst immer Haltung bewahren!!
Stell dir vor, ein Stab geht durch deinen ganzen Körper.
Bewege dich, als würdest du im Kreis um ihn herumziehen!!
Wäääääää!
Ich verstehe das nicht, Schwester!!
In meinem Körper ist doch kein Stab!
Mensch. Ich habe gesagt, dass du nicht heulen sollst.
Du bist doch Kind eines Samurai, Shin-chan!!

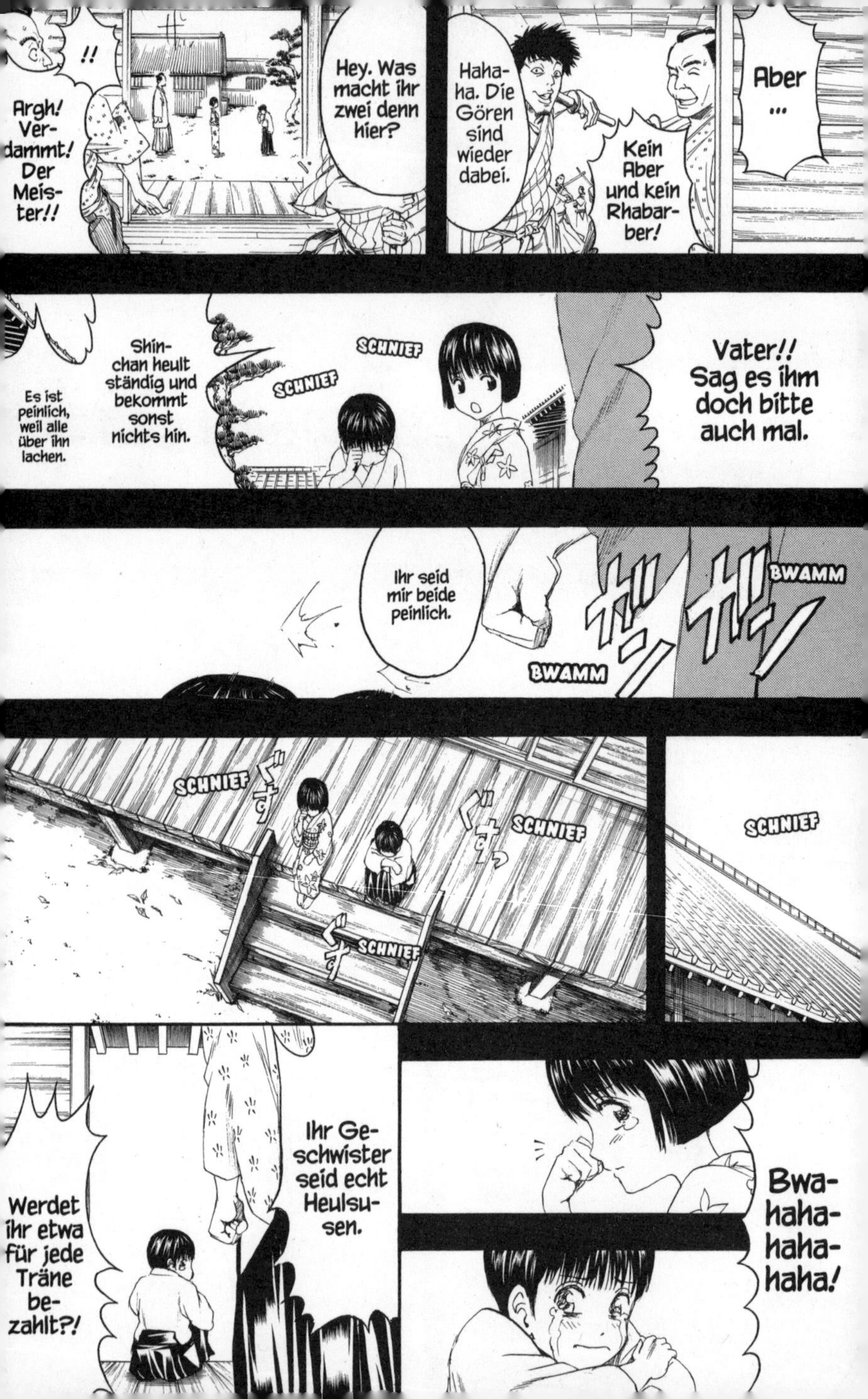
Aber ...
Kein Aber und kein Rhabarber!
Haha-ha. Die Gören sind wieder dabei.
Hey. Was macht ihr zwei denn hier?
!!
Argh! Verdammt! Der Meister!!
Vater!! Sag es ihm doch bitte auch mal.
SCHNIEF
SCHNIEF
Shin-chan heult ständig und bekommt sonst nichts hin.
Es ist peinlich, weil alle über ihn lachen.
BWAMM
BWAMM
Ihr seid mir beide peinlich.
SCHNIEF
SCHNIEF
SCHNIEF
SCHNIEF
Bwa-haha-haha-haha!
Ihr Ge-schwister seid echt Heulsu-sen.
Werdet ihr etwa für jede Träne be-zahlt?!

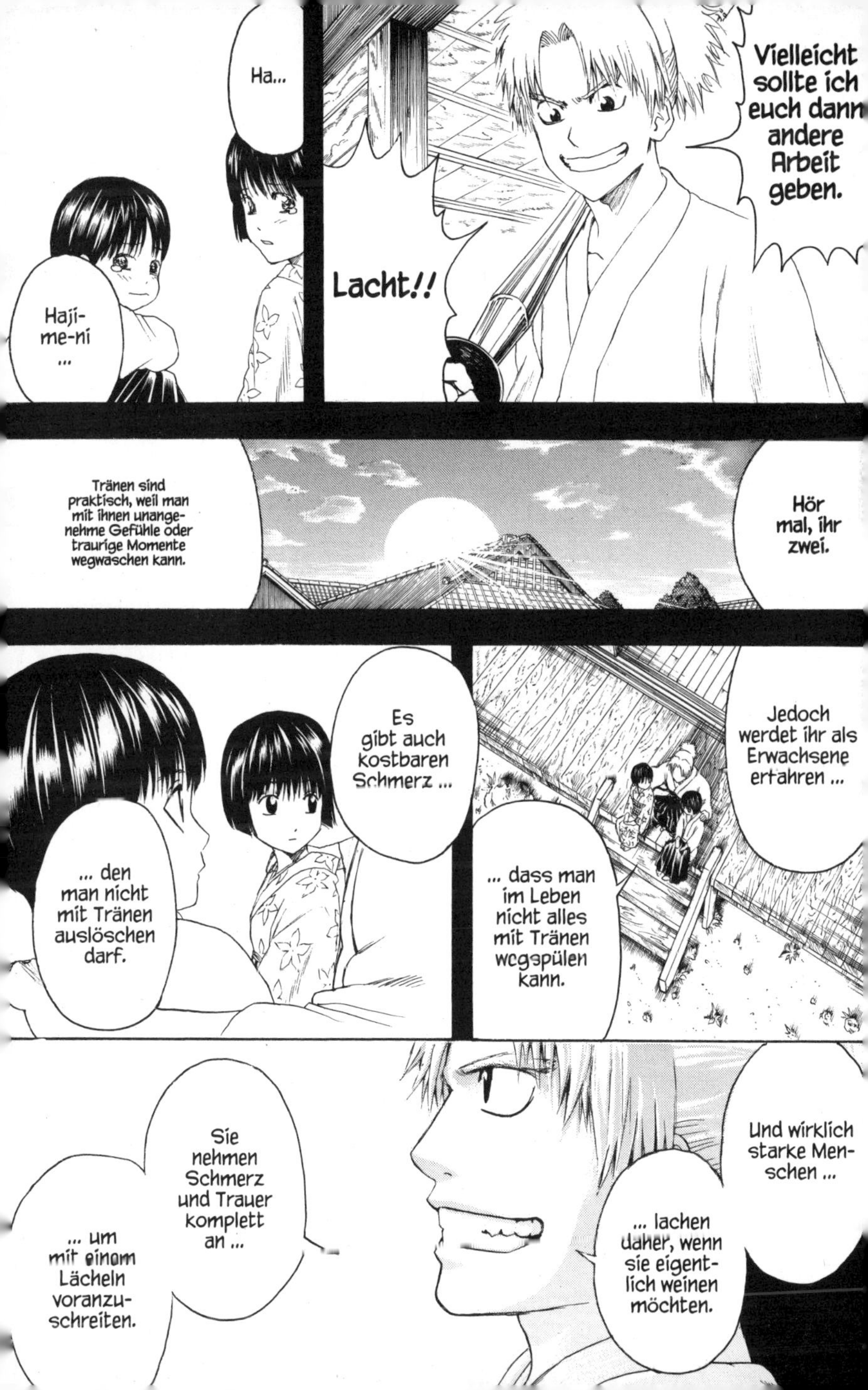
Vielleicht sollte ich euch dann andere Arbeit geben.
Lacht!!
Ha...
Haji-me-ni ...
Hör mal, ihr zwei.
Tränen sind praktisch, weil man mit ihnen unangenehme Gefühle oder traurige Momente wegwaschen kann.
Jedoch werdet ihr als Erwachsene erfahren ...
... dass man im Leben nicht alles mit Tränen wegspülen kann.
Es gibt auch kostbaren Schmerz ...
... den man nicht mit Tränen auslöschen darf.
Und wirklich starke Menschen ...
... lachen daher, wenn sie eigentlich weinen möchten.
Sie nehmen Schmerz und Trauer komplett an ...
... um mit einem Lächeln voranzuschreiten.

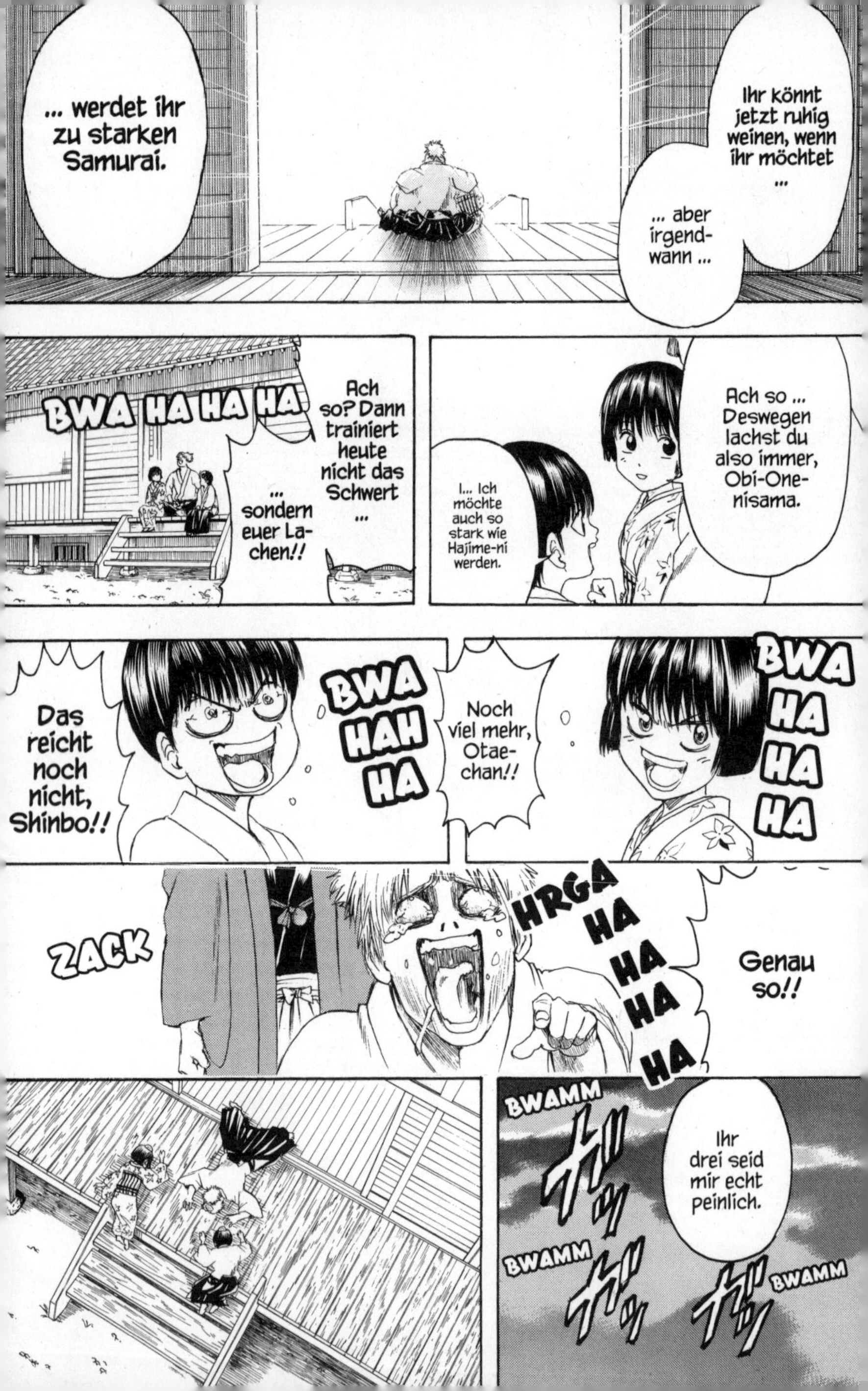
Ihr könnt jetzt ruhig weinen, wenn ihr möchtet ...
... aber irgendwann ...
... werdet ihr zu starken Samurai.
Ach so ... Deswegen lachst du also immer, Obi-One-nisama.
I... Ich möchte auch so stark wie Hajime-ni werden.
Ach so? Dann trainiert heute nicht das Schwert ...
... sondern euer Lachen!!
BWA HA HA HA
BWA HA HA HA HA
Noch viel mehr, Otae-chan!!
BWA HAH HA
Das reicht noch nicht, Shinbo!!
Genau so!!
HRGA HA HA HA HA HA
ZACK
Ihr drei seid mir echt peinlich.
BWAMM
BWAMM
BWAMM

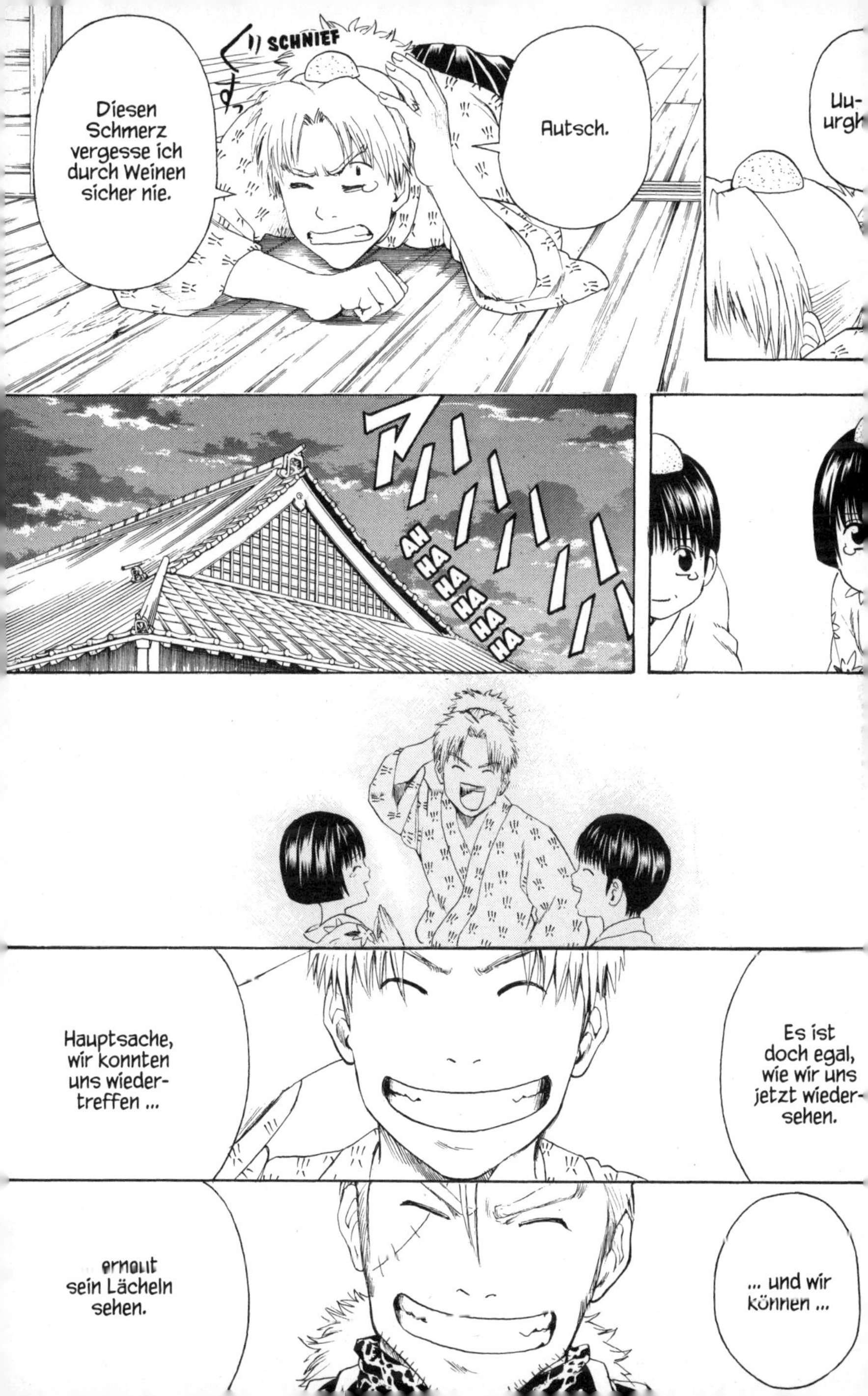

Uu-urgh
Autsch.
SCHNIEF
Diesen Schmerz vergesse ich durch Weinen sicher nie.
AH HA HA HA HA HA
Es ist doch egal, wie wir uns jetzt wieder-sehen.
Hauptsache, wir konnten uns wieder-treffen ...
... und wir können ...
erneut sein Lächeln sehen.

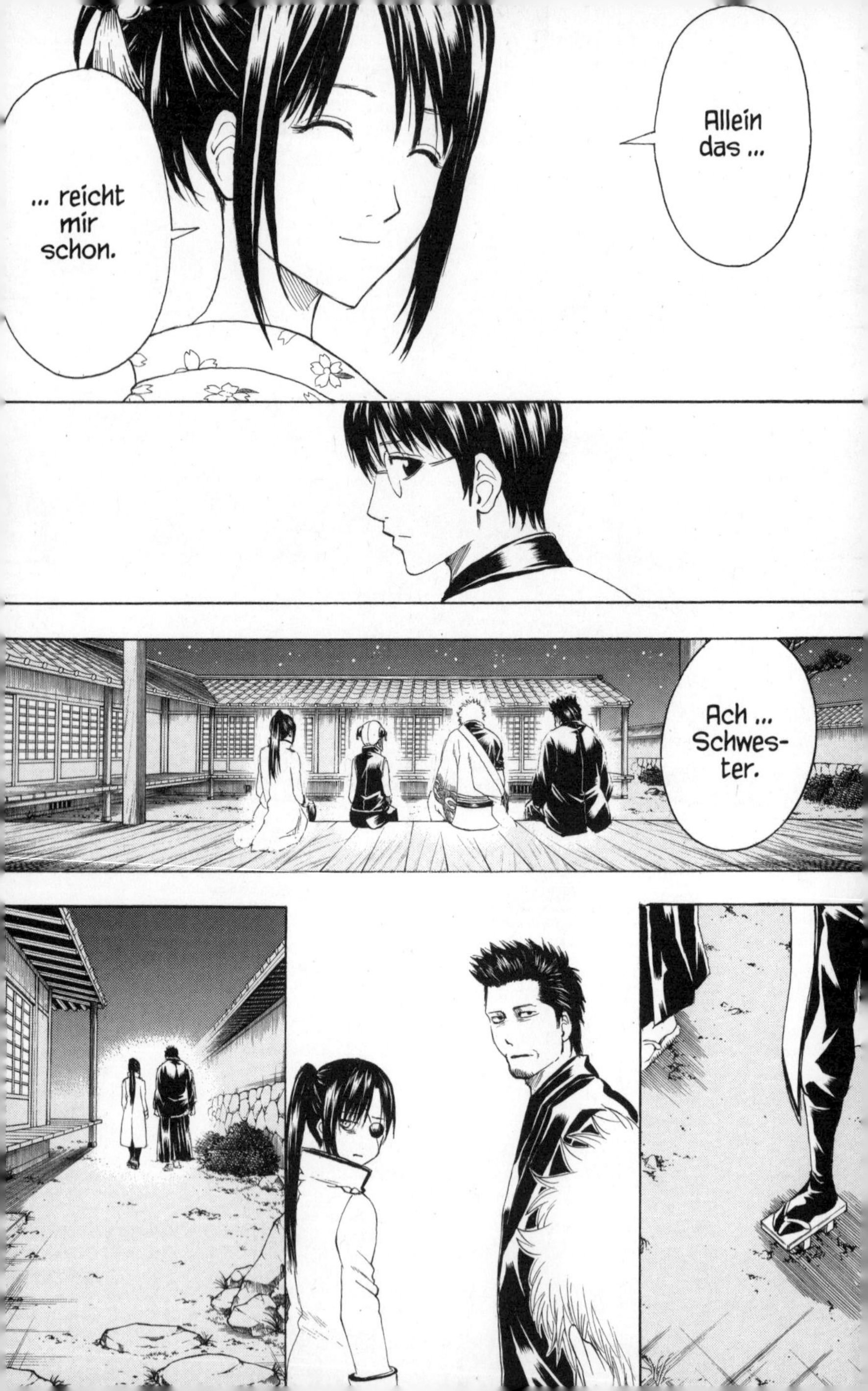
Allein das ...
... reicht mir schon.
Ach ... Schwes-ter.

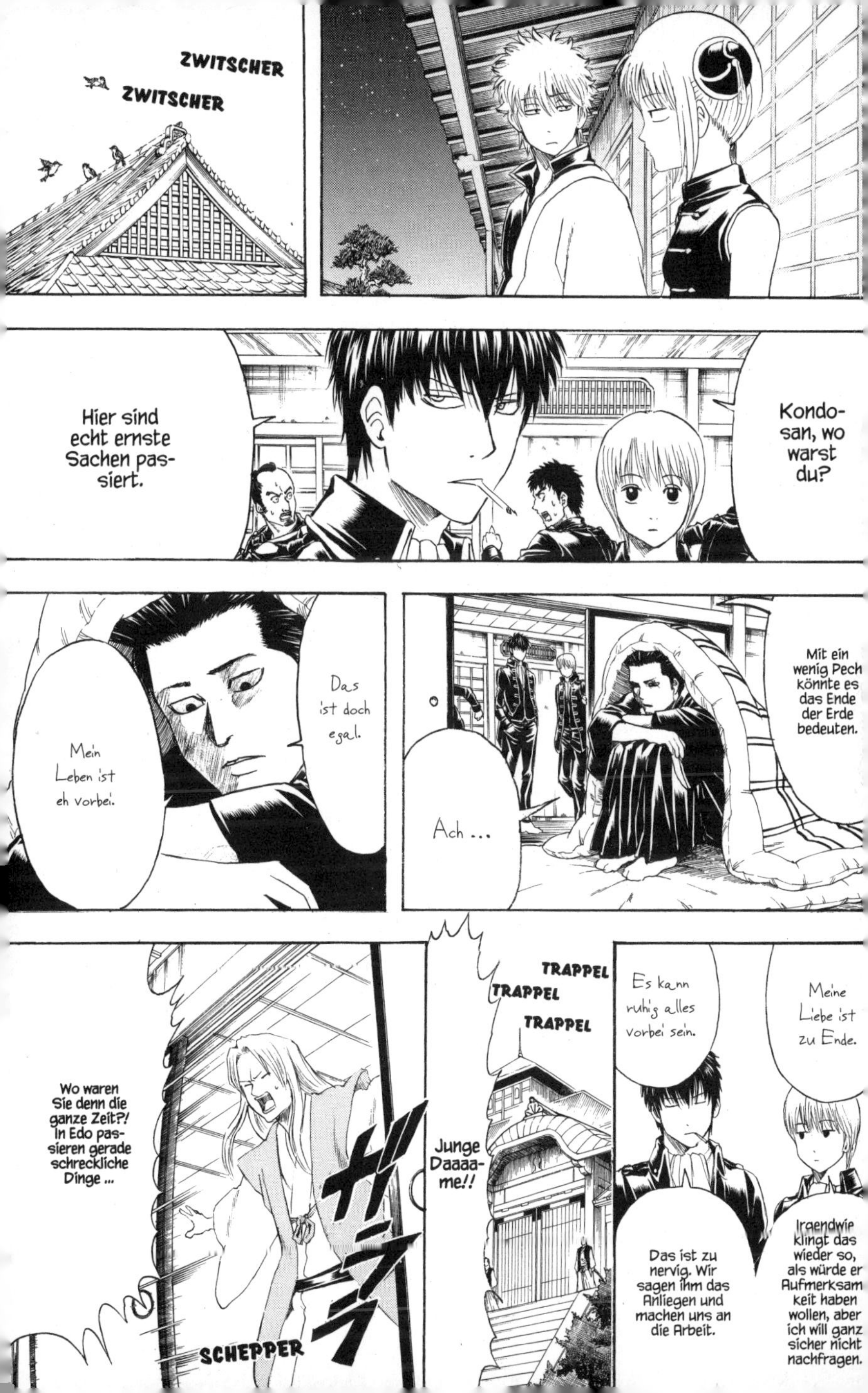

ZWITSCHER
ZWITSCHER
Kondo-san, wo warst du?
Hier sind echt ernste Sachen passiert.
Mit ein wenig Pech könnte es das Ende der Erde bedeuten.
Ach ...
Das ist doch egal.
Mein Leben ist eh vorbei.
Meine Liebe ist zu Ende.
Es kann ruhig alles vorbei sein.
Irgendwie klingt das wieder so, als würde er Aufmerksamkeit haben wollen, aber ich will ganz sicher nicht nachfragen.
Das ist zu nervig. Wir sagen ihm das Anliegen und machen uns an die Arbeit.
TRAPPEL
TRAPPEL
TRAPPEL
Junge Daaaa-me!!
Wo waren Sie denn die ganze Zeit?! In Edo passieren gerade schreckliche Dinge ...
SCHEPPER

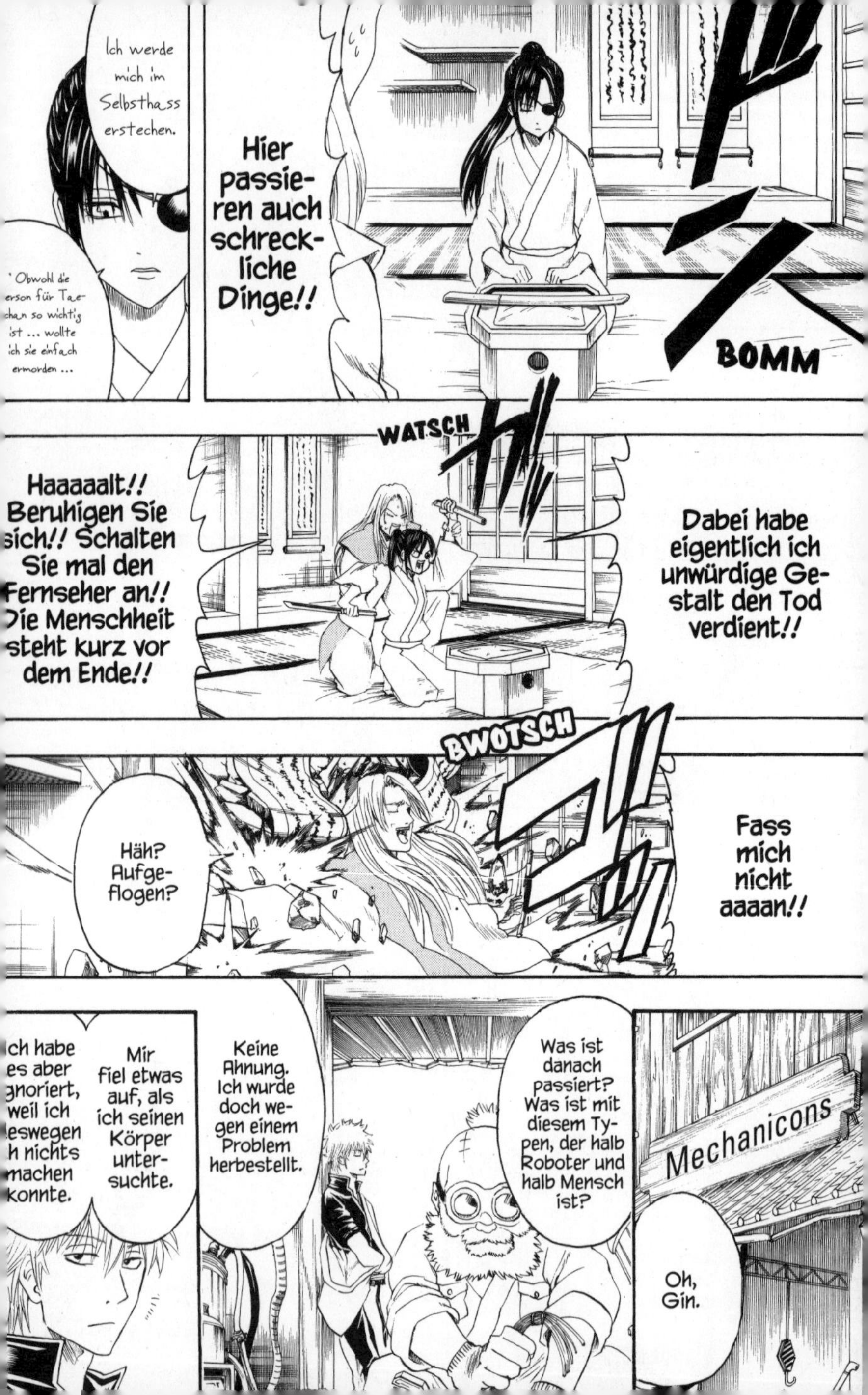
BOMM
Hier passieren auch schreckliche Dinge!!
Ich werde mich im Selbsthass erstechen.
Obwohl die erson für Tae-chan so wichtig ist ... wollte ich sie einfach ermorden ...
WATSCH
Dabei habe eigentlich ich unwürdige Gestalt den Tod verdient!!
Haaaaalt!! Beruhigen Sie sich!! Schalten Sie mal den Fernseher an!! Die Menschheit steht kurz vor dem Ende!!
BWOTSCH
Fass mich nicht aaaan!!
Häh? Aufgeflogen?
Mechanicons
Oh, Gin.
Was ist danach passiert? Was ist mit diesem Typen, der halb Roboter und halb Mensch ist?
Keine Ahnung. Ich wurde doch wegen einem Problem herbestellt.
Mir fiel etwas auf, als ich seinen Körper untersuchte.
ch habe es aber gnoriert, weil ich eswegen h nichts machen konnte.

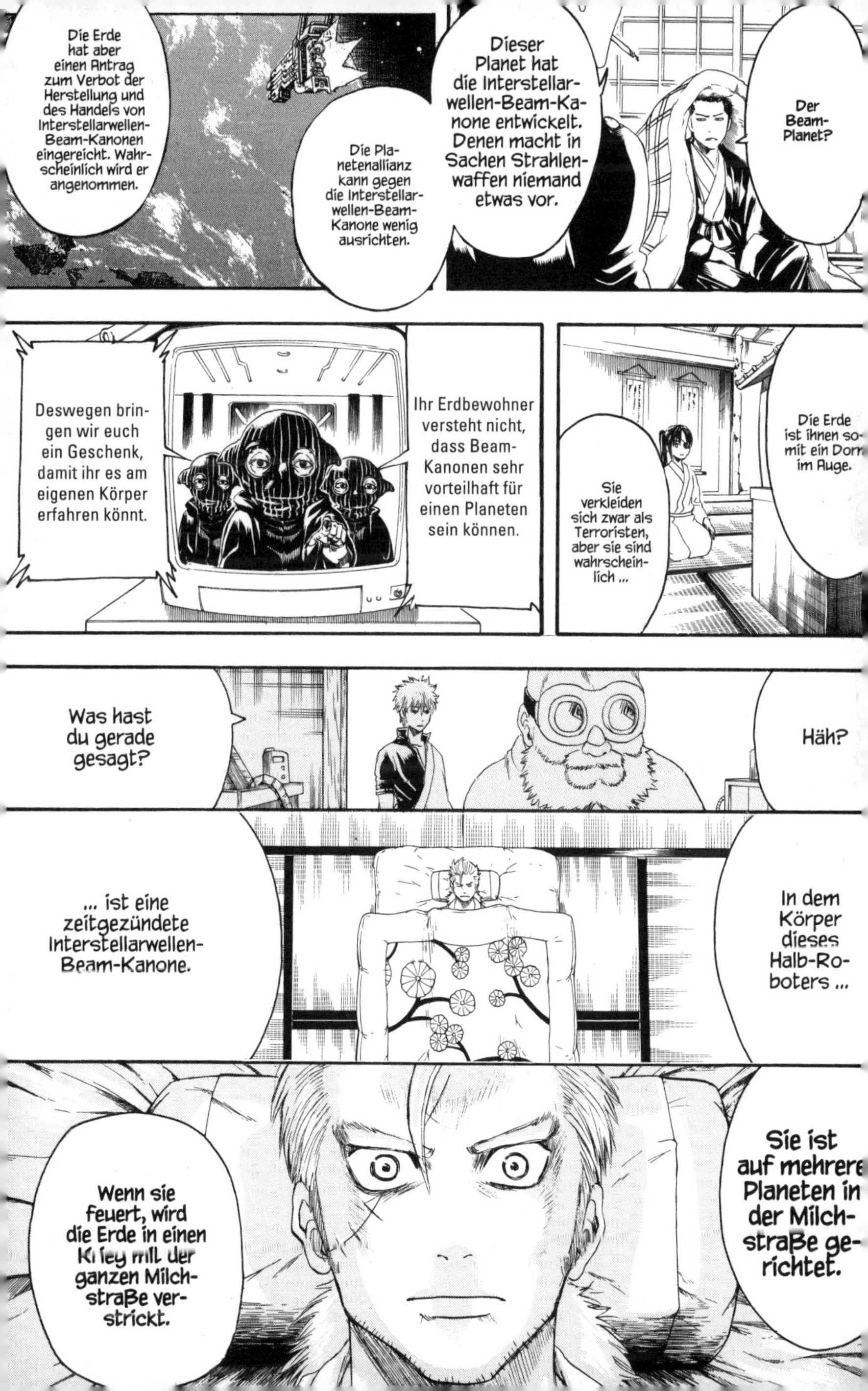
Der Beam-Planet?
Dieser Planet hat die Interstellarwellen-Beam-Kanone entwickelt. Denen macht in Sachen Strahlenwaffen niemand etwas vor.
Die Planetenallianz kann gegen die Interstellarwellen-Beam-Kanone wenig ausrichten.
Die Erde hat aber einen Antrag zum Verbot der Herstellung und des Handels von Interstellarwellen-Beam-Kanonen eingereicht. Wahrscheinlich wird er angenommen.
Die Erde ist ihnen somit ein Dorn im Auge.
Sie verkleiden sich zwar als Terroristen, aber sie sind wahrscheinlich ...
Ihr Erdbewohner versteht nicht, dass Beam-Kanonen sehr vorteilhaft für einen Planeten sein können.
Deswegen bringen wir euch ein Geschenk, damit ihr es am eigenen Körper erfahren könnt.
Häh?
Was hast du gerade gesagt?
In dem Körper dieses Halb-Roboters ...
... ist eine zeitgezündete Interstellarwellen-Beam-Kanone.
Sie ist auf mehrere Planeten in der Milchstraße gerichtet.
Wenn sie feuert, wird die Erde in einen Krieg mit der ganzen Milchstraße verstrickt.

Sorachi auf Leser-Tuchfühlung
Fragen-Corner 132

(Frage von Gin Tama-LOVE aus Ehime)

Ich habe mir Band 45 von *Gin Tama* gekauft und mir ist etwas aufgefallen. Es taucht dort Oboro auf. Obwohl er im Manga eine Narbe im Gesicht hat, scheint er diese auf dem Cover nicht zu haben. Haben Sie da einen Fehler gemacht? Oder wurde sie ihm während der Geschichte von Gin-san zugefügt?
Bitte verraten Sie es mir!

(Antwort)

Das ist genau richtig. Die Narbe von Oboro hat allerlei Gründe und entstand durch gewisse Umstände in der Story, aber vielleicht gab es da auch einen tollpatschigen Gorilla, der sie einfach nach dem Nachzeichnen der Umrisse wegradiert hat … Es tut mir leid!!

(133 auf Seite 106)

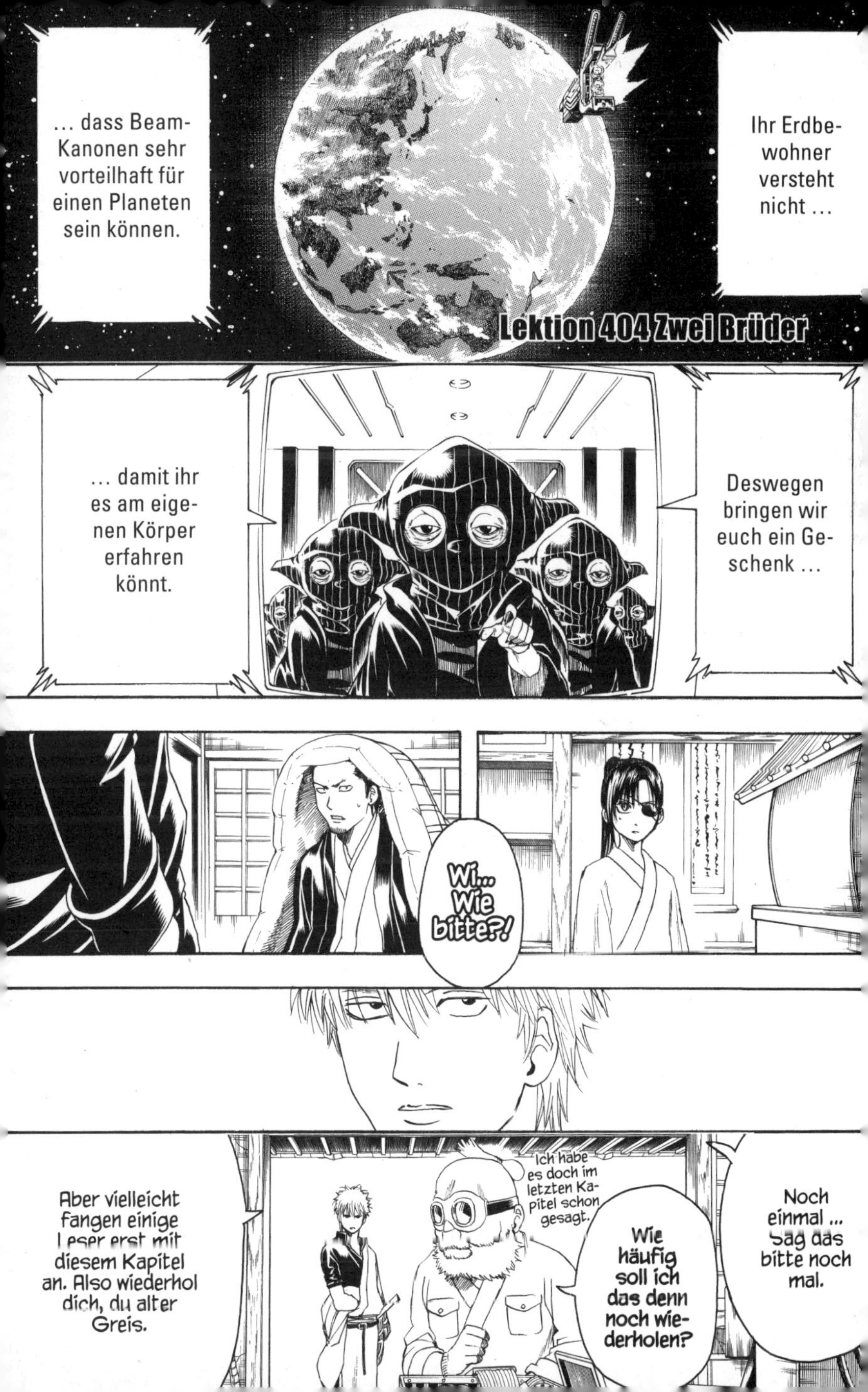
Lektion 404 Zwei Brüder
Ihr Erdbewohner versteht nicht …
… dass Beam-Kanonen sehr vorteilhaft für einen Planeten sein können.
Deswegen bringen wir euch ein Geschenk …
… damit ihr es am eigenen Körper erfahren könnt.
Wi… Wie bitte?!
Noch einmal … Sag das bitte noch mal.
Wie häufig soll ich das denn noch wiederholen?
Ich habe es doch im letzten Kapitel schon gesagt.
Aber vielleicht fangen einige Leser erst mit diesem Kapitel an. Also wiederhol dich, du alter Greis.

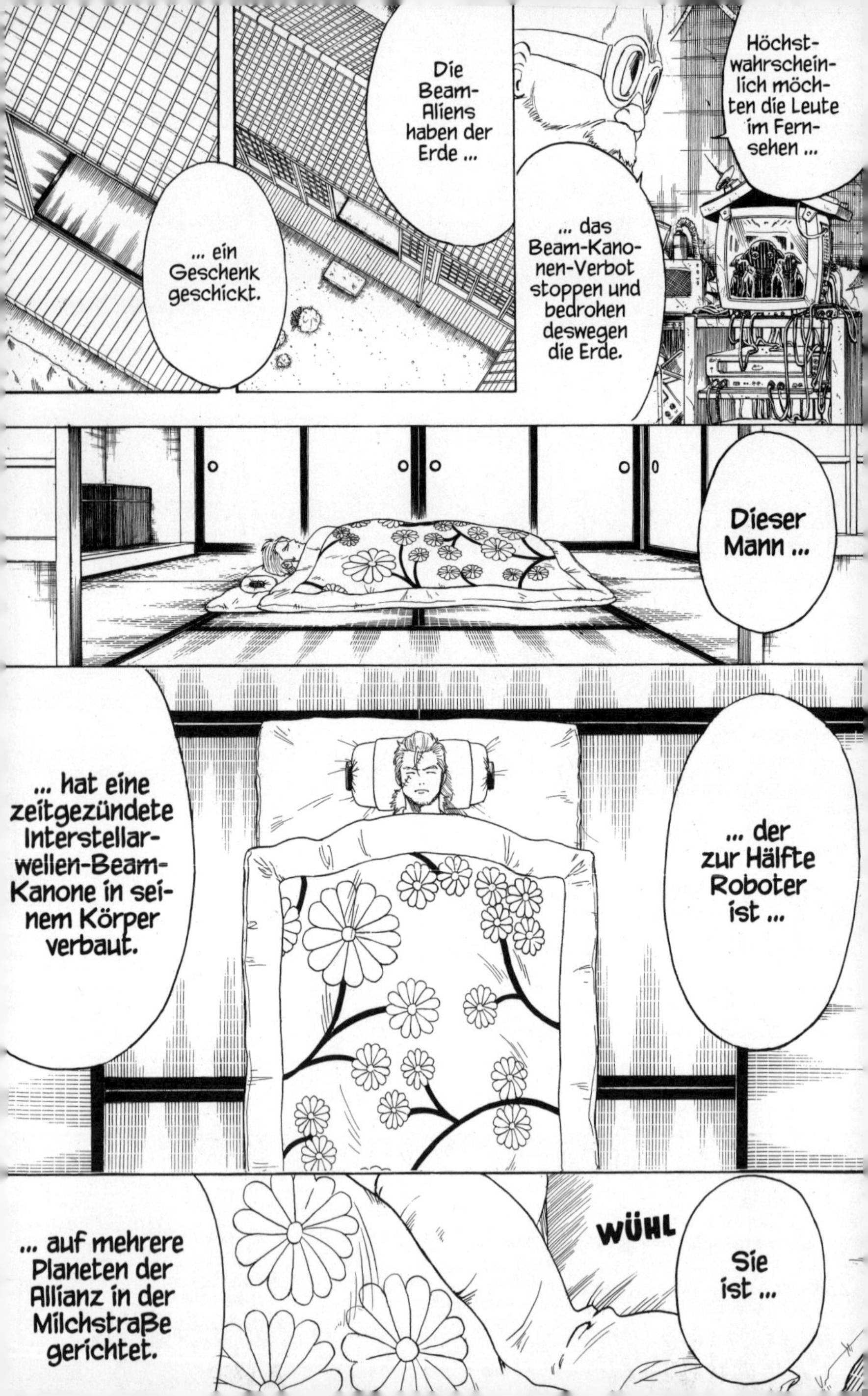
Höchstwahrscheinlich möchten die Leute im Fernsehen ...
... das Beam-Kanonen-Verbot stoppen und bedrohen deswegen die Erde.
Die Beam-Aliens haben der Erde ...
... ein Geschenk geschickt.
Dieser Mann ...
... der zur Hälfte Roboter ist ...
... hat eine zeitgezündete Interstellarwellen-Beam-Kanone in seinem Körper verbaut.
WÜHL
Sie ist ...
... auf mehrere Planeten der Allianz in der Milchstraße gerichtet.

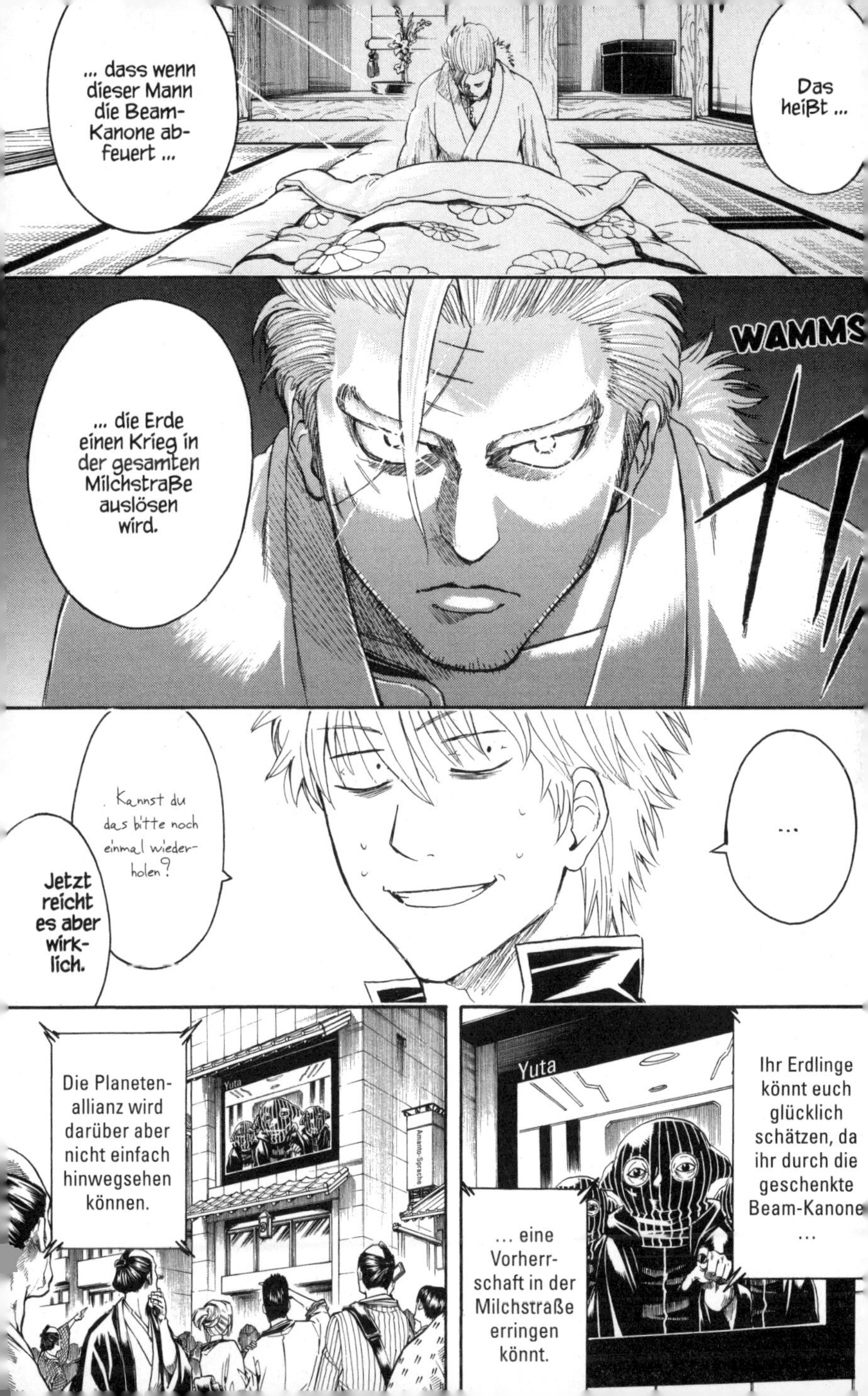
Das heißt ...
... dass wenn dieser Mann die Beam-Kanone abfeuert ...
WAMMS
... die Erde einen Krieg in der gesamten Milchstraße auslösen wird.
...
Kannst du das bitte noch einmal wiederholen?
Jetzt reicht es aber wirklich.
Yuta
Ihr Erdlinge könnt euch glücklich schätzen, da ihr durch die geschenkte Beam-Kanone ...
... eine Vorherrschaft in der Milchstraße erringen könnt.
Yuta
Amanto-Sprache
Die Planetenallianz wird darüber aber nicht einfach hinwegsehen können.

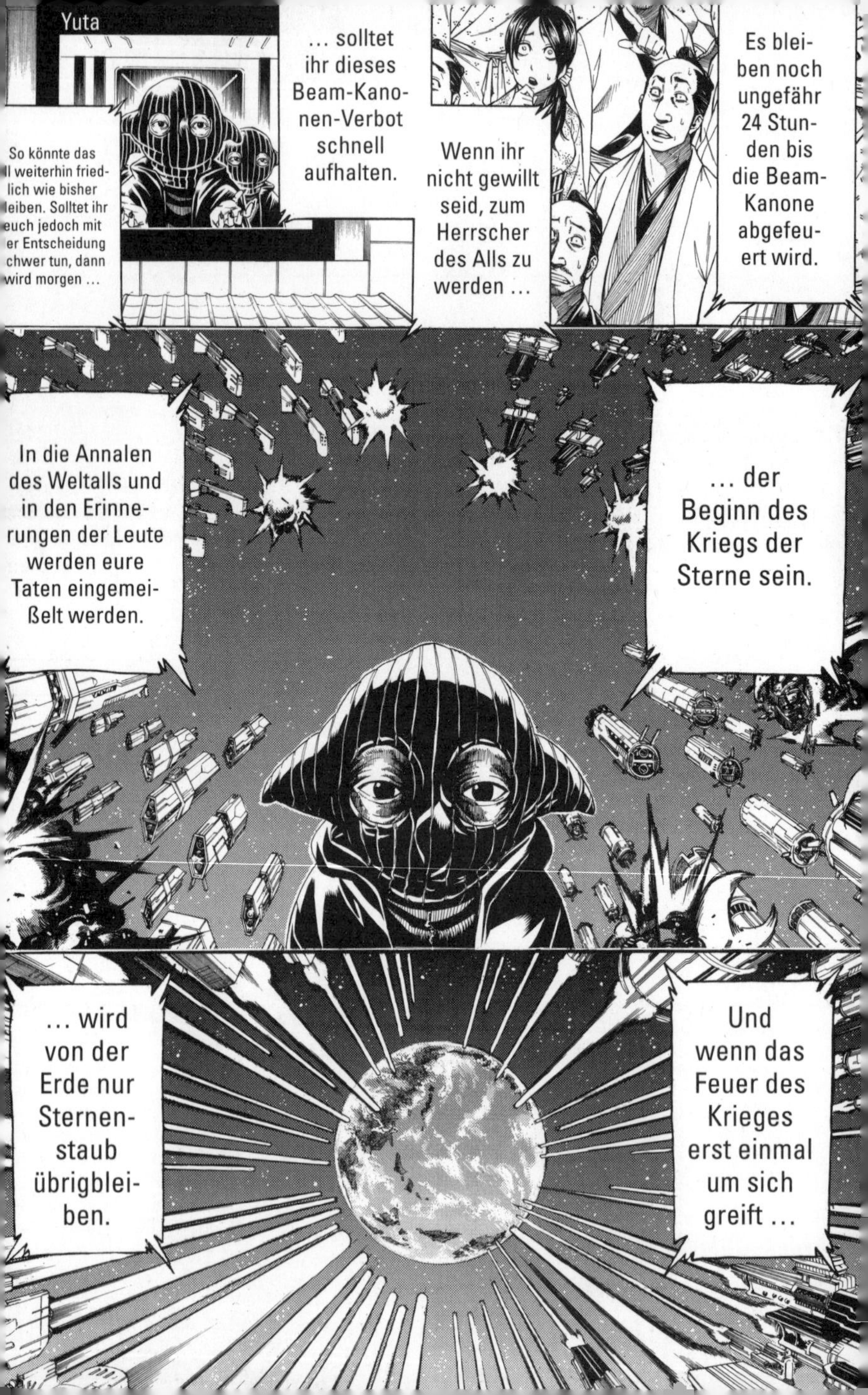

Es blei-ben noch ungefähr 24 Stun-den bis die Beam-Kanone abgefeu-ert wird.
Wenn ihr nicht gewillt seid, zum Herrscher des Alls zu werden …
… solltet ihr dieses Beam-Kano-nen-Verbot schnell aufhalten.
Yuta
So könnte das ll weiterhin fried-lich wie bisher leiben. Solltet ihr euch jedoch mit er Entscheidung chwer tun, dann wird morgen …
… der Beginn des Kriegs der Sterne sein.
In die Annalen des Weltalls und in den Erinne-rungen der Leute werden eure Taten eingemei-ßelt werden.
Und wenn das Feuer des Krieges erst einmal um sich greift …
… wird von der Erde nur Sternen-staub übrigblei-ben.

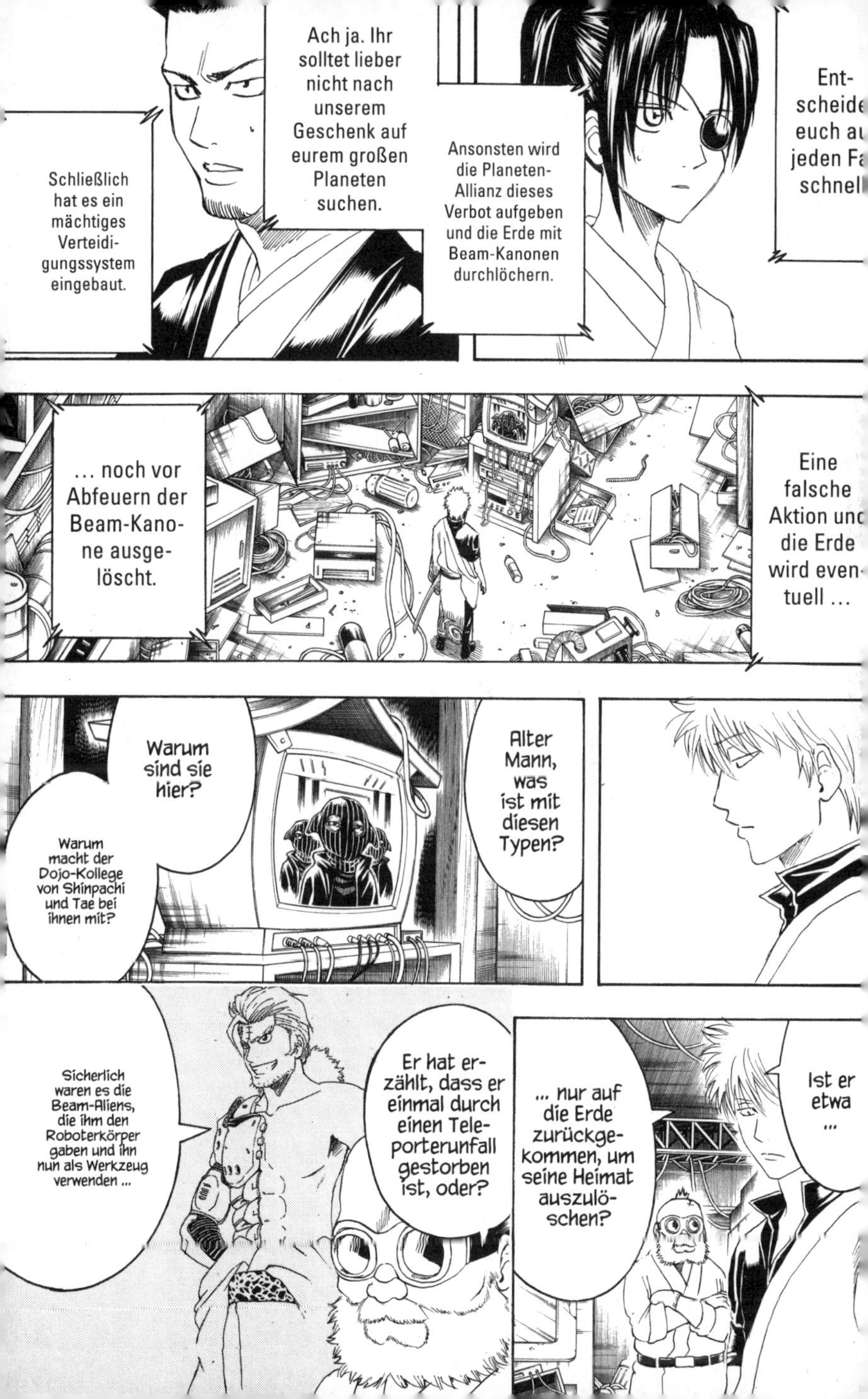
Ent- scheide euch au jeden Fa schnell
Ansonsten wird die Planeten-Allianz dieses Verbot aufgeben und die Erde mit Beam-Kanonen durchlöchern.
Ach ja. Ihr solltet lieber nicht nach unserem Geschenk auf eurem großen Planeten suchen.
Schließlich hat es ein mächtiges Verteidigungssystem eingebaut.
Eine falsche Aktion und die Erde wird eventuell …
… noch vor Abfeuern der Beam-Kanone ausgelöscht.
Alter Mann, was ist mit diesen Typen?
Warum sind sie hier?
Warum macht der Dojo-Kollege von Shinpachi und Tae bei ihnen mit?
Ist er etwa …
… nur auf die Erde zurückgekommen, um seine Heimat auszulöschen?
Er hat erzählt, dass er einmal durch einen Teleporterunfall gestorben ist, oder?
Sicherlich waren es die Beam-Aliens, die ihm den Roboterkörper gaben und ihn nun als Werkzeug verwenden …

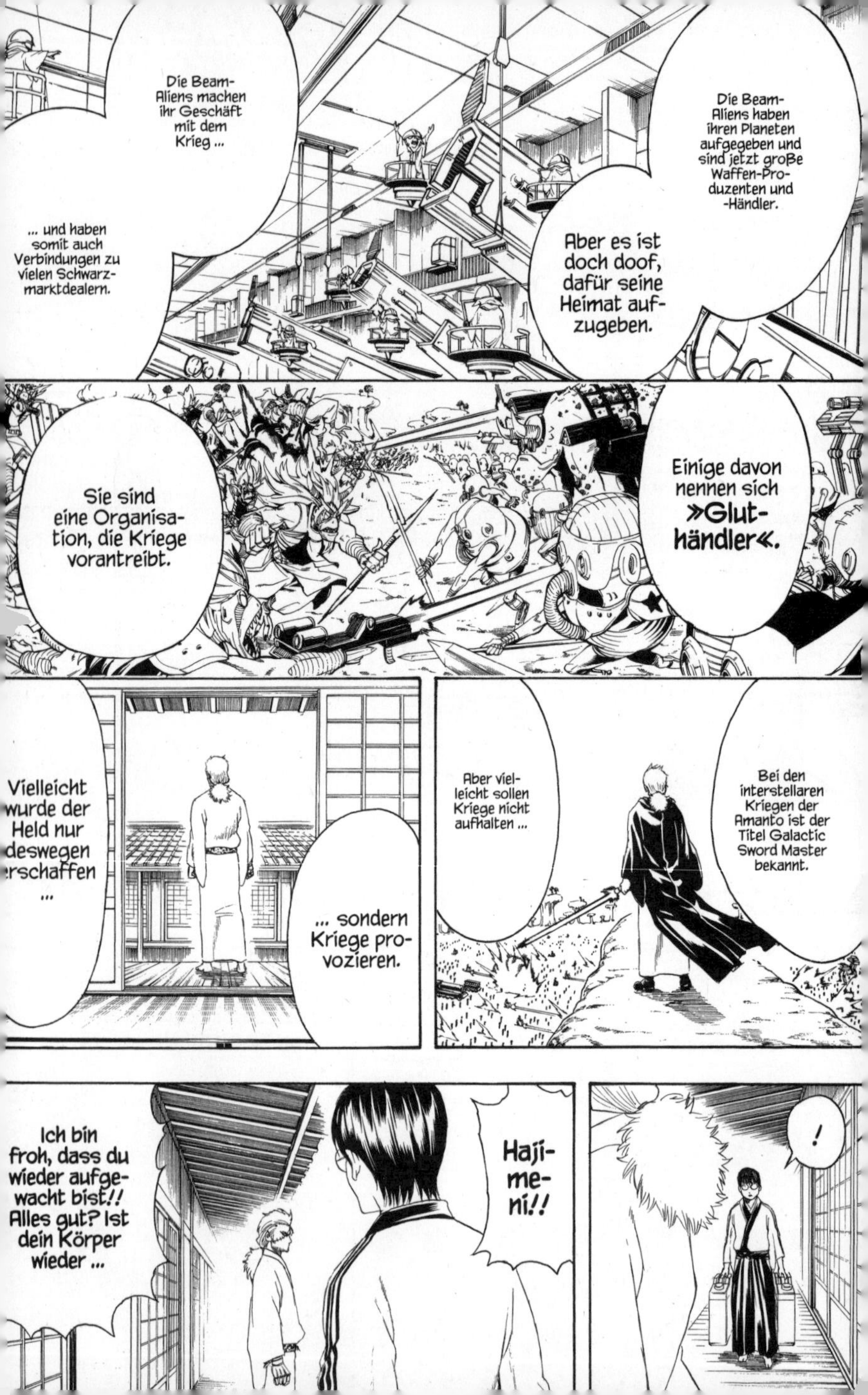
Die Beam-Aliens haben ihren Planeten aufgegeben und sind jetzt große Waffen-Produzenten und -Händler.
Aber es ist doch doof, dafür seine Heimat aufzugeben.
Die Beam-Aliens machen ihr Geschäft mit dem Krieg ...
... und haben somit auch Verbindungen zu vielen Schwarzmarktdealern.
Einige davon nennen sich »Gluthändler«.
Sie sind eine Organisation, die Kriege vorantreibt.
Bei den interstellaren Kriegen der Amanto ist der Titel Galactic Sword Master bekannt.
Aber vielleicht sollen Kriege nicht aufhalten ...
... sondern Kriege provozieren.
Vielleicht wurde der Held nur deswegen erschaffen ...
!
Haji-meni!!
Ich bin froh, dass du wieder aufgewacht bist!! Alles gut? Ist dein Körper wieder ...

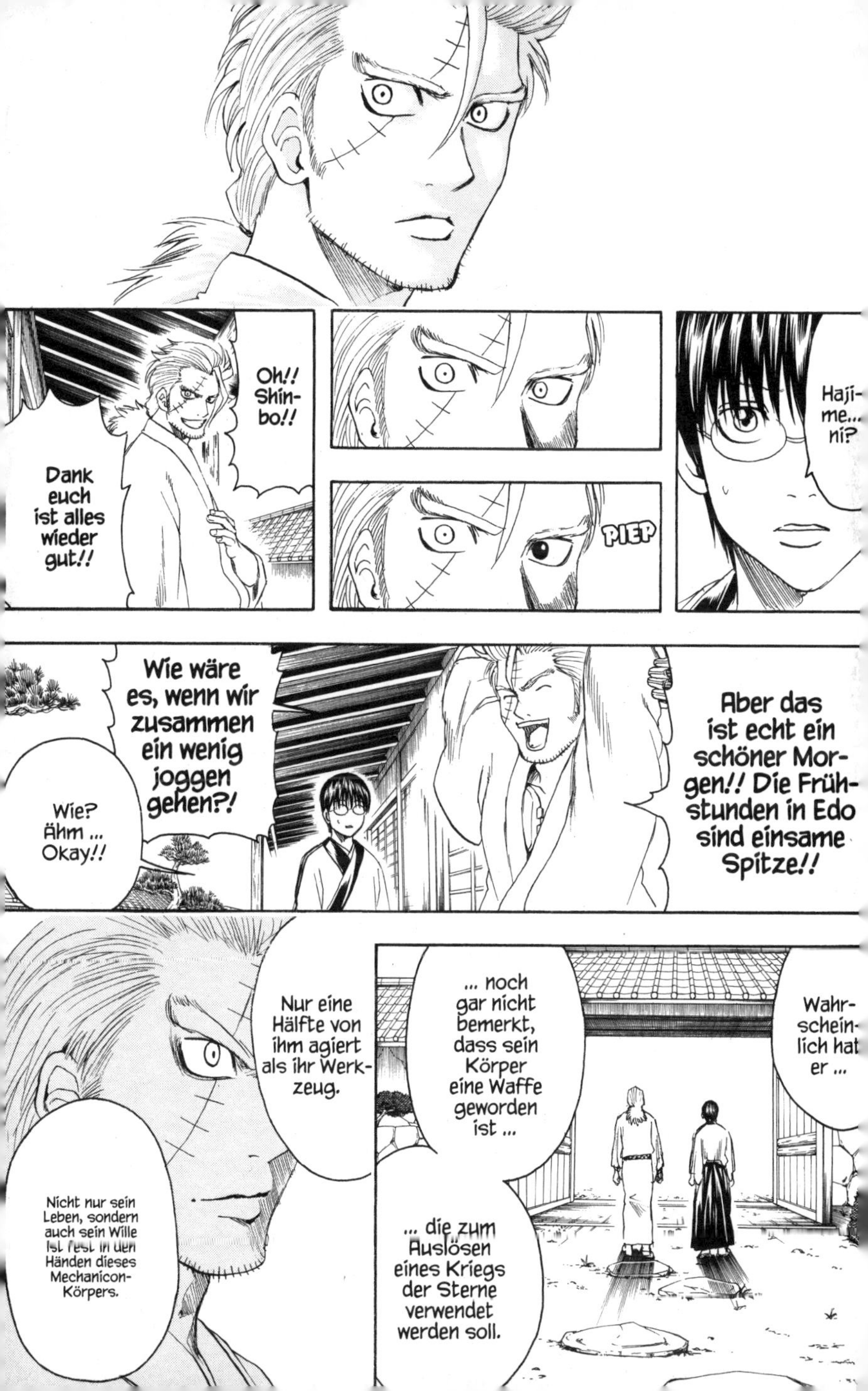
Haji-me... ni?
PIEP
Oh!! Shin-bo!!
Dank euch ist alles wieder gut!!
Aber das ist echt ein schöner Mor-gen!! Die Früh-stunden in Edo sind einsame Spitze!!
Wie wäre es, wenn wir zusammen ein wenig joggen gehen?!
Wie? Ähm ... Okay!!
Wahr-schein-lich hat er ...
... noch gar nicht bemerkt, dass sein Körper eine Waffe geworden ist ...
... die zum Auslösen eines Kriegs der Sterne verwendet werden soll.
Nur eine Hälfte von ihm agiert als ihr Werk-zeug.
Nicht nur sein Leben, sondern auch sein Wille ist fest in den Händen dieses Mechanicon-Körpers.

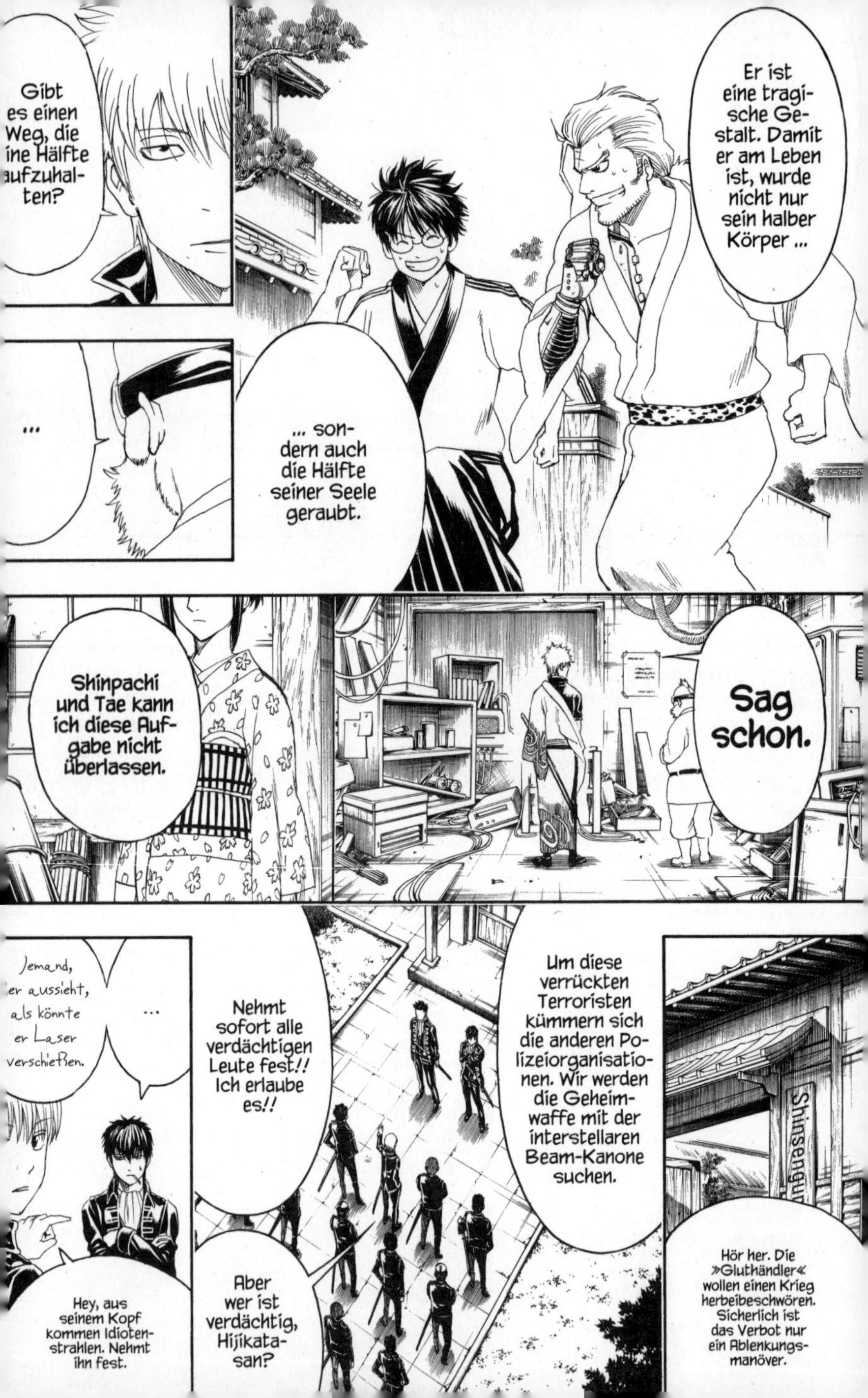
Er ist eine tragische Gestalt. Damit er am Leben ist, wurde nicht nur sein halber Körper ...
... sondern auch die Hälfte seiner Seele geraubt.
Gibt es einen Weg, die ine Hälfte aufzuhalten?
...
Sag schon.
Shinpachi und Tae kann ich diese Aufgabe nicht überlassen.
Shinsengu
Hör her. Die »Gluthändler« wollen einen Krieg herbeibeschwören. Sicherlich ist das Verbot nur ein Ablenkungsmanöver.
Um diese verrückten Terroristen kümmern sich die anderen Polizeiorganisationen. Wir werden die Geheimwaffe mit der interstellaren Beam-Kanone suchen.
Nehmt sofort alle verdächtigen Leute fest!! Ich erlaube es!!
Aber wer ist verdächtig, Hijikata-san?
...
Jemand, er aussieht, als könnte er Laser verschießen.
Hey, aus seinem Kopf kommen Idiotenstrahlen. Nehmt ihn fest.

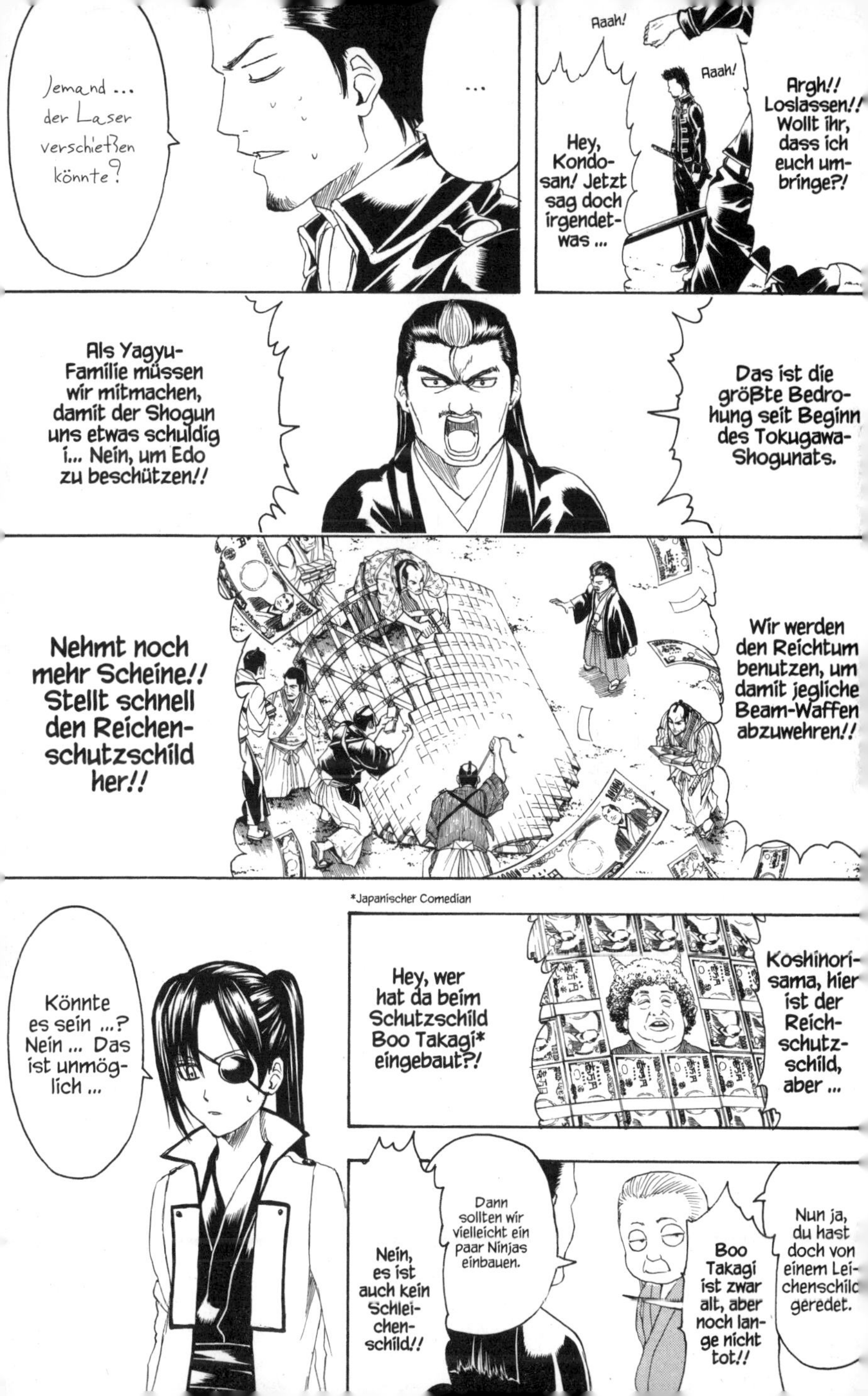

*Japanischer Comedian

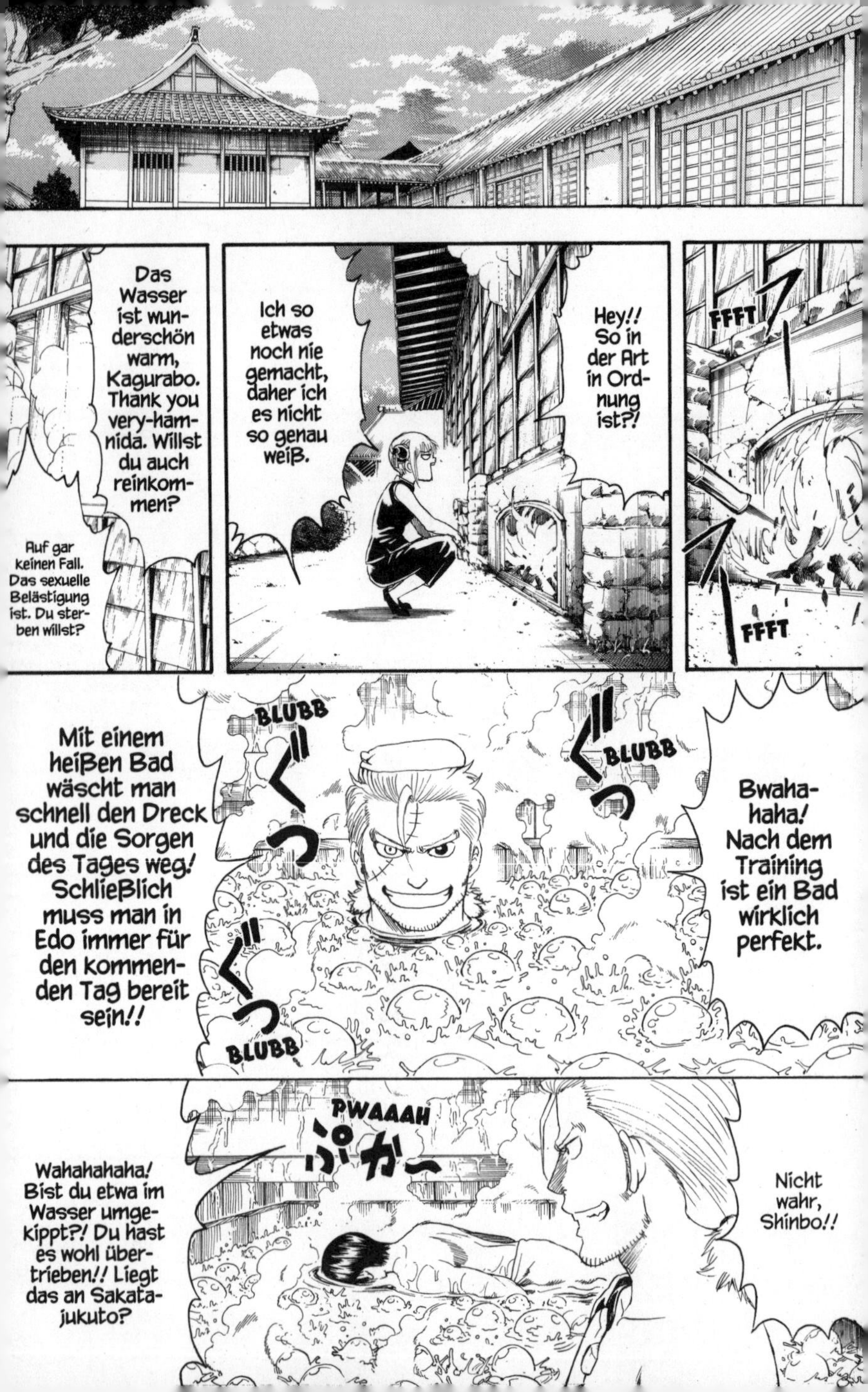
FFFT
FFFT
Hey!! So in der Art in Ordnung ist?!
Ich so etwas noch nie gemacht, daher ich es nicht so genau weiß.
Das Wasser ist wunderschön warm, Kagurabo. Thank you very-hamnida. Willst du auch reinkommen?
Auf gar keinen Fall. Das sexuelle Belästigung ist. Du sterben willst?
Bwahahaha! Nach dem Training ist ein Bad wirklich perfekt.
BLUBB
ぐつ
BLUBB
ぐつ
Mit einem heißen Bad wäscht man schnell den Dreck und die Sorgen des Tages weg! Schließlich muss man in Edo immer für den kommenden Tag bereit sein!!
ぐつ
BLUBB
Nicht wahr, Shinbo!!
PWAAAH
ぷかー
Wahahahaha! Bist du etwa im Wasser umgekippt?! Du hast es wohl übertrieben!! Liegt das an Sakatajukuto?

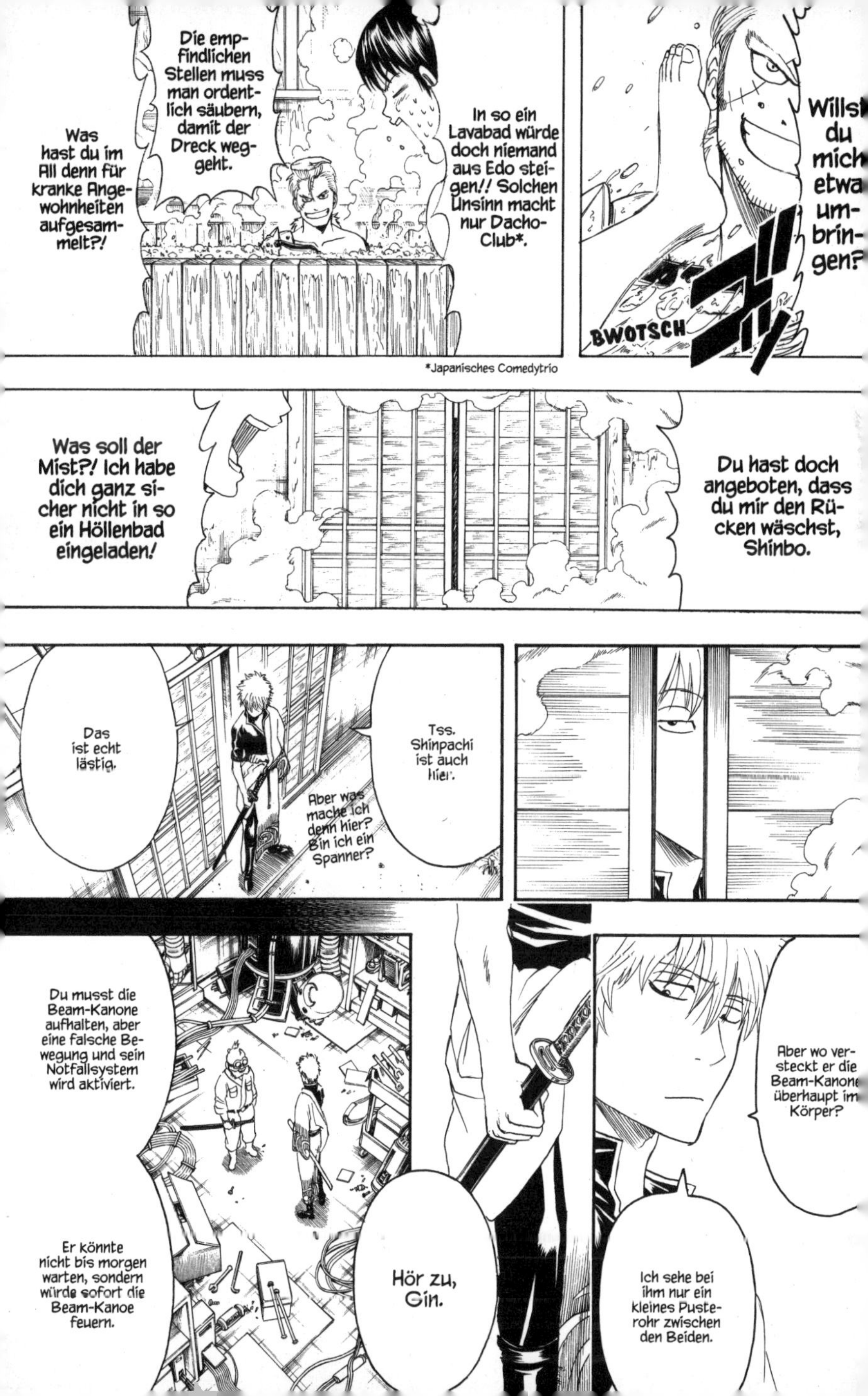

*Japanisches Comedytrio

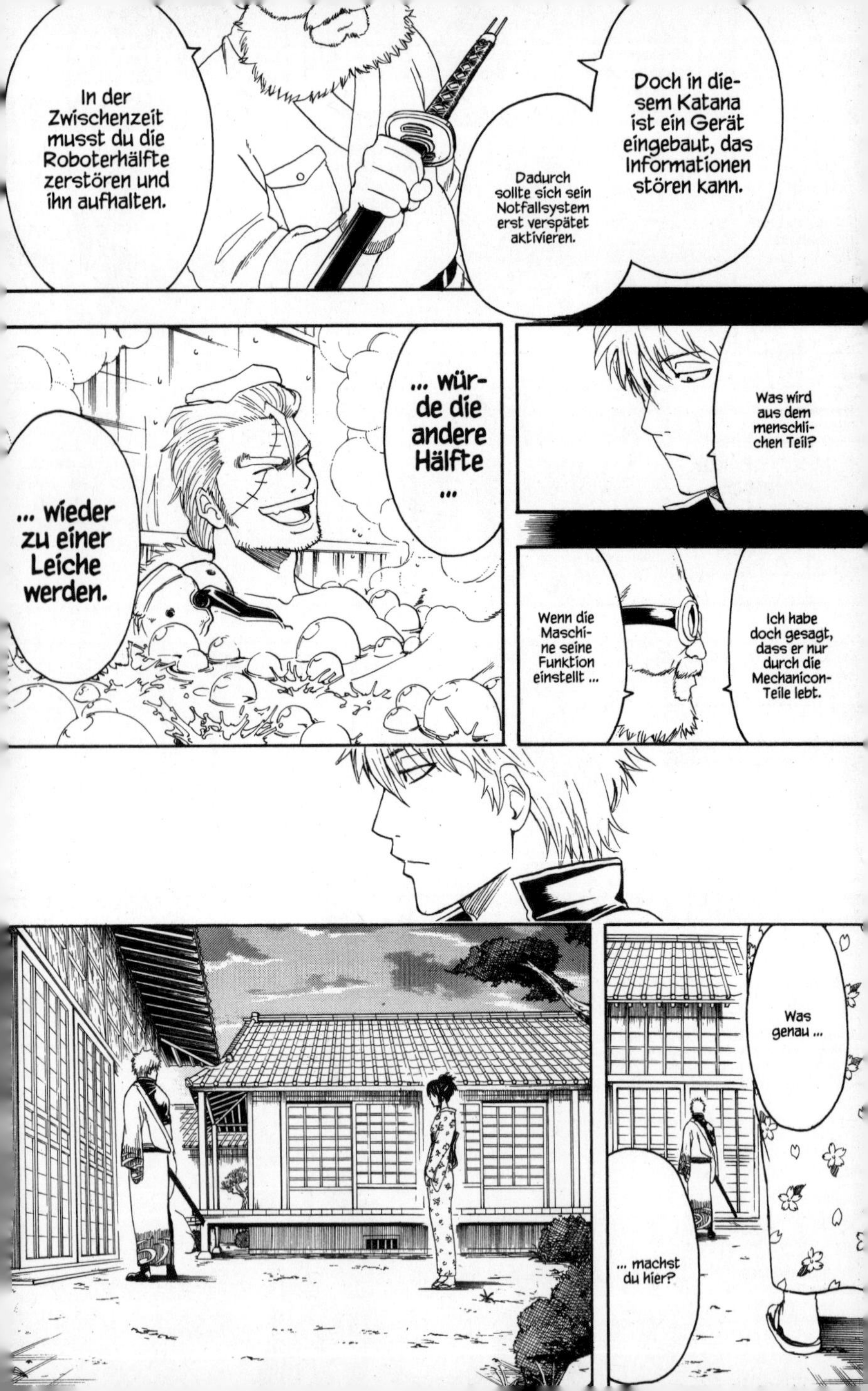
Doch in die-sem Katana ist ein Gerät eingebaut, das Informationen stören kann.
Dadurch sollte sich sein Notfallsystem erst verspätet aktivieren.
In der Zwischenzeit musst du die Roboterhälfte zerstören und ihn aufhalten.
Was wird aus dem menschli-chen Teil?
Ich habe doch gesagt, dass er nur durch die Mechanicon-Teile lebt.
Wenn die Maschi-ne seine Funktion einstellt ...
... wür-de die andere Hälfte ...
... wieder zu einer Leiche werden.
Was genau ...
... machst du hier?

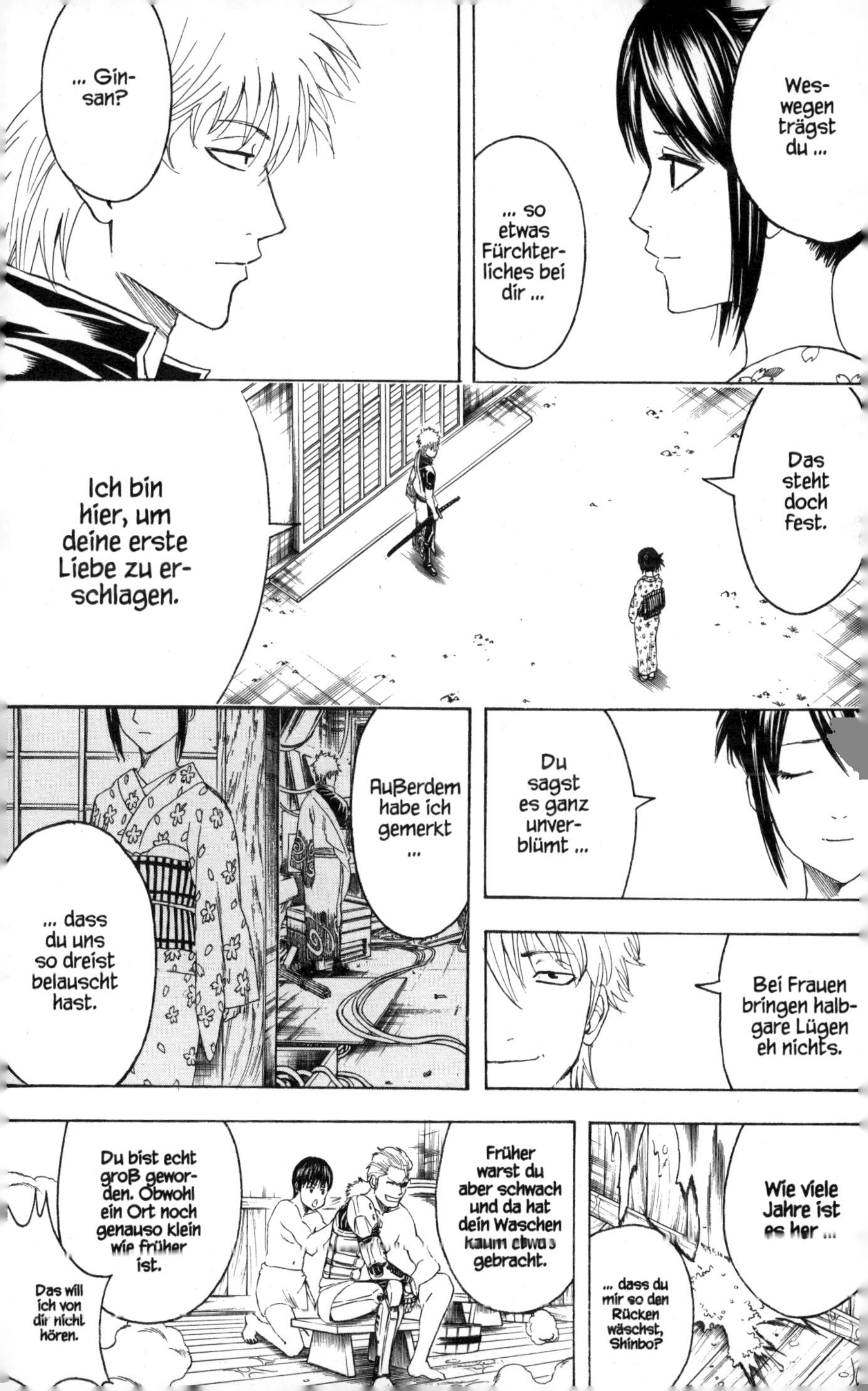
Weswegen trägst du ...
... so etwas Fürchterliches bei dir ...
... Gin-san?
Das steht doch fest.
Ich bin hier, um deine erste Liebe zu erschlagen.
Du sagst es ganz unverblümt ...
Bei Frauen bringen halbgare Lügen eh nichts.
Außerdem habe ich gemerkt ...
... dass du uns so dreist belauscht hast.
Wie viele Jahre ist es her ...
... dass du mir so den Rücken wäschst, Shinbo?
Früher warst du aber schwach und da hat dein Waschen kaum etwas gebracht.
Du bist echt groß geworden. Obwohl ein Ort noch genauso klein wie früher ist.
Das will ich von dir nicht hören.

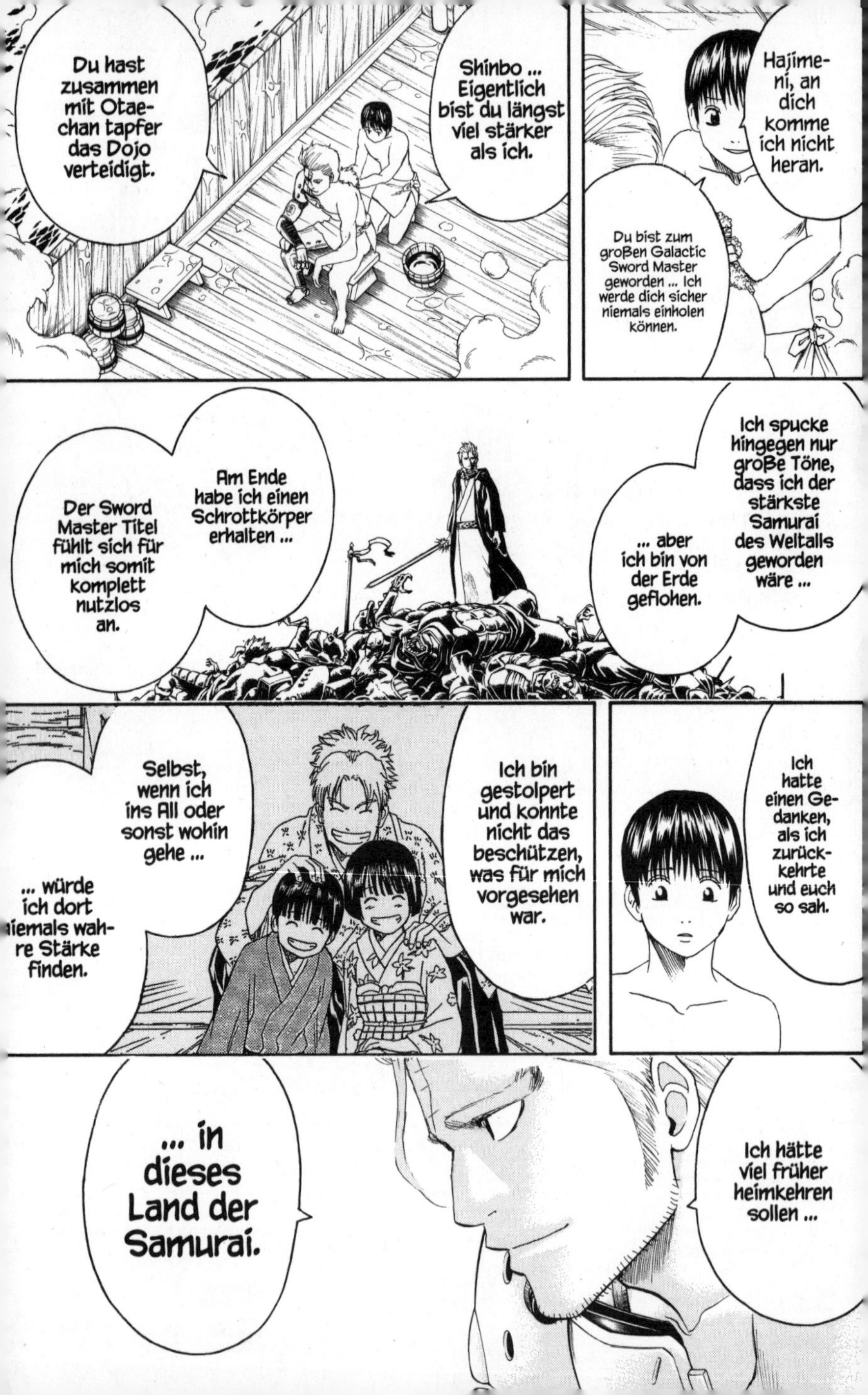
Hajimeni, an dich komme ich nicht heran.
Du bist zum großen Galactic Sword Master geworden ... Ich werde dich sicher niemals einholen können.
Shinbo ... Eigentlich bist du längst viel stärker als ich.
Du hast zusammen mit Otae-chan tapfer das Dojo verteidigt.
Ich spucke hingegen nur große Töne, dass ich der stärkste Samurai des Weltalls geworden wäre ...
... aber ich bin von der Erde geflohen.
Am Ende habe ich einen Schrottkörper erhalten ...
Der Sword Master Titel fühlt sich für mich somit komplett nutzlos an.
Ich hatte einen Gedanken, als ich zurückkehrte und euch so sah.
Ich bin gestolpert und konnte nicht das beschützen, was für mich vorgesehen war.
Selbst, wenn ich ins All oder sonst wohin gehe ...
... würde ich dort iemals wahre Stärke finden.
Ich hätte viel früher heimkehren sollen ...
... in dieses Land der Samurai.

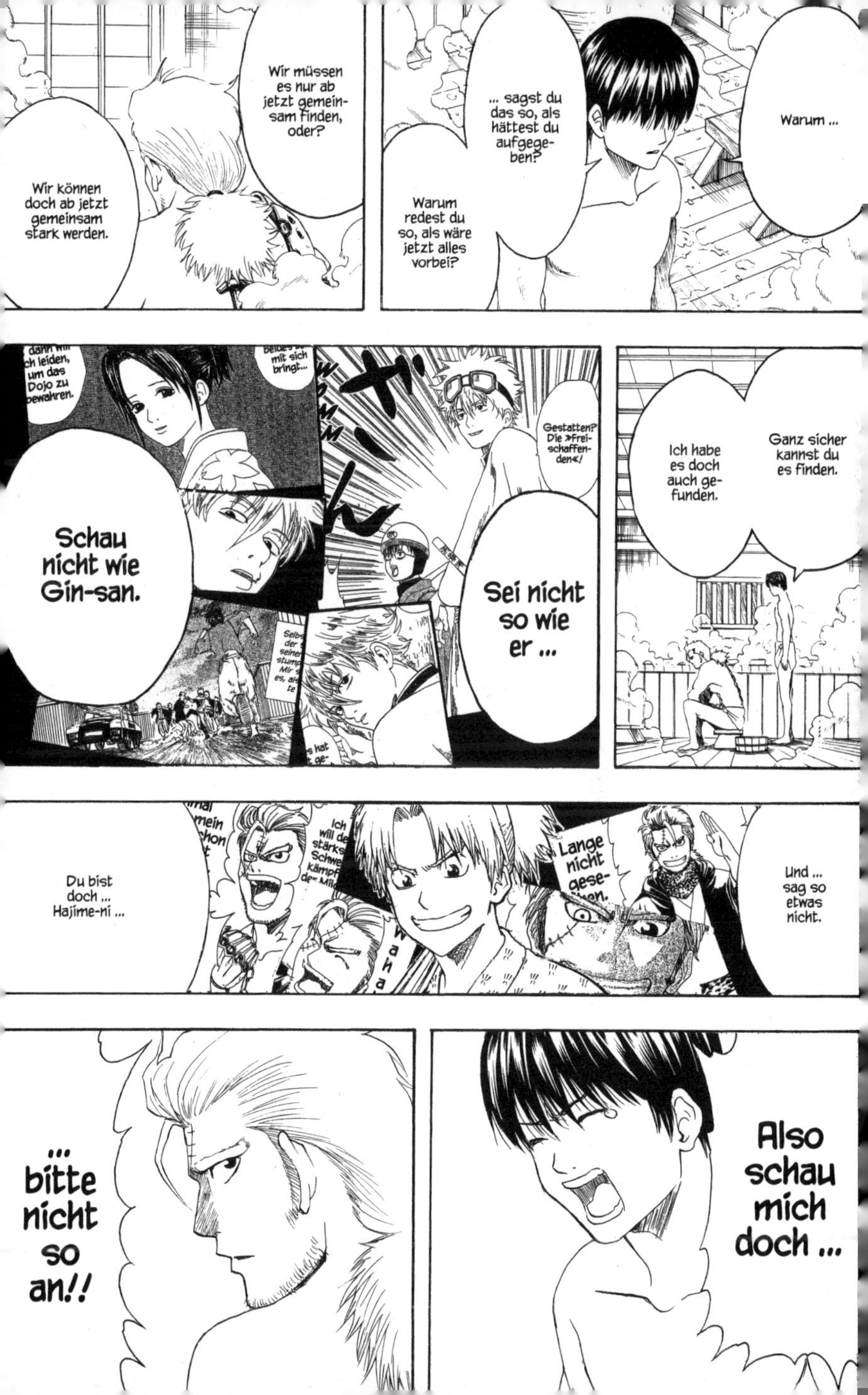
Warum ...
... sagst du das so, als hättest du aufgegeben?
Warum redest du so, als wäre jetzt alles vorbei?
Wir müssen es nur ab jetzt gemeinsam finden, oder?
Wir können doch ab jetzt gemeinsam stark werden.
Ganz sicher kannst du es finden.
Ich habe es doch auch gefunden.
Gestatten? Die »Freischaffenden«!
Sei nicht so wie er ...
Schau nicht wie Gin-san.
Und ... sag so etwas nicht.
Du bist doch ... Hajime-ni ...
Also schau mich doch ...
... bitte nicht so an!!

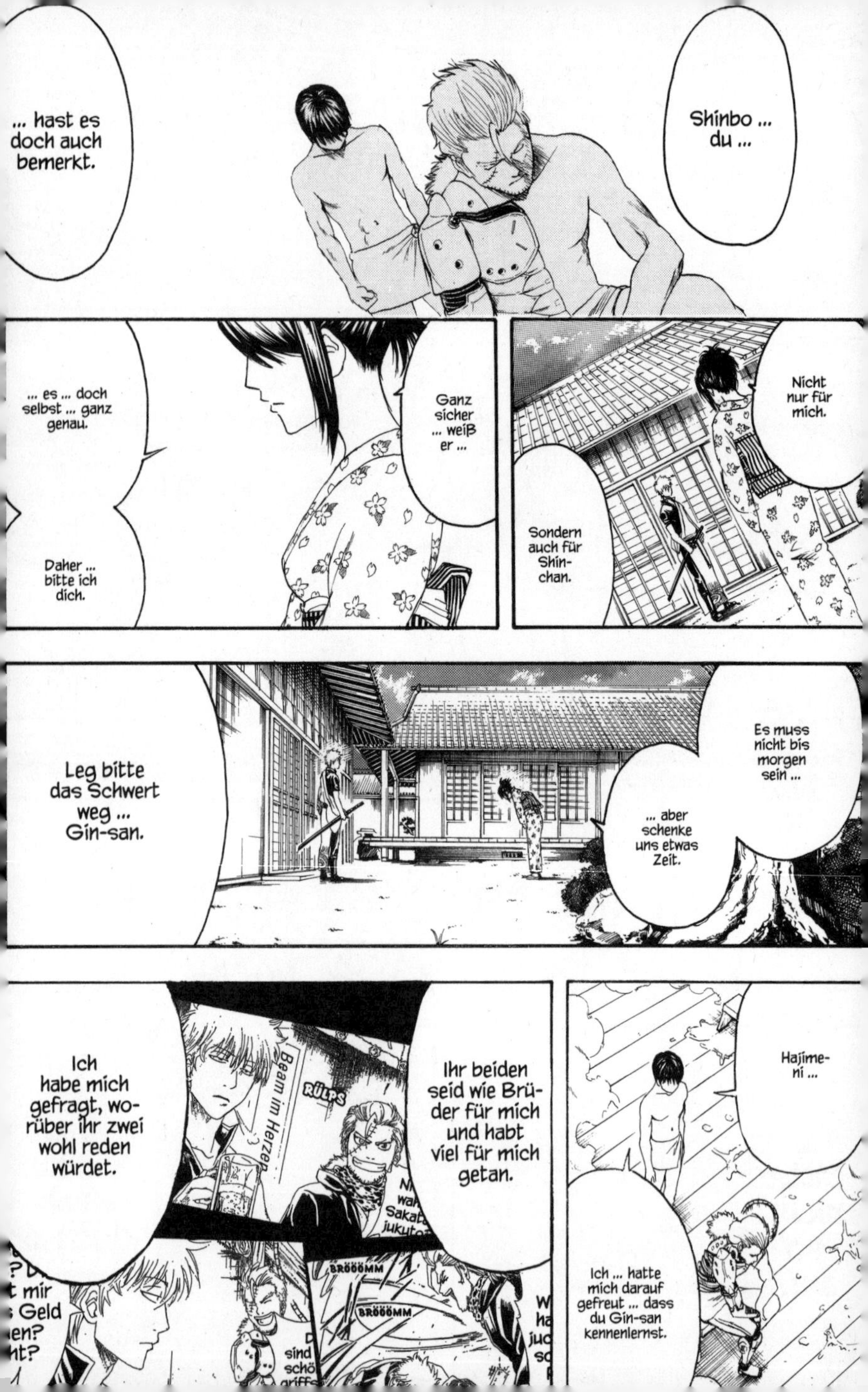
Shinbo ... du ...
... hast es doch auch bemerkt.
Nicht nur für mich.
Sondern auch für Shinchan.
Ganz sicher ... weiß er ...
... es ... doch selbst ... ganz genau.
Daher ... bitte ich dich.
Es muss nicht bis morgen sein ...
... aber schenke uns etwas Zeit.
Leg bitte das Schwert weg ... Gin-san.
Hajime-ni ...
Ich ... hatte mich darauf gefreut ... dass du Gin-san kennenlernst.
Ihr beiden seid wie Brüder für mich und habt viel für mich getan.
Beam im Herzen
RÜLPS
BRÖÖÖMM
BRÖÖÖMM
Ich habe mich gefragt, worüber ihr zwei wohl reden würdet.

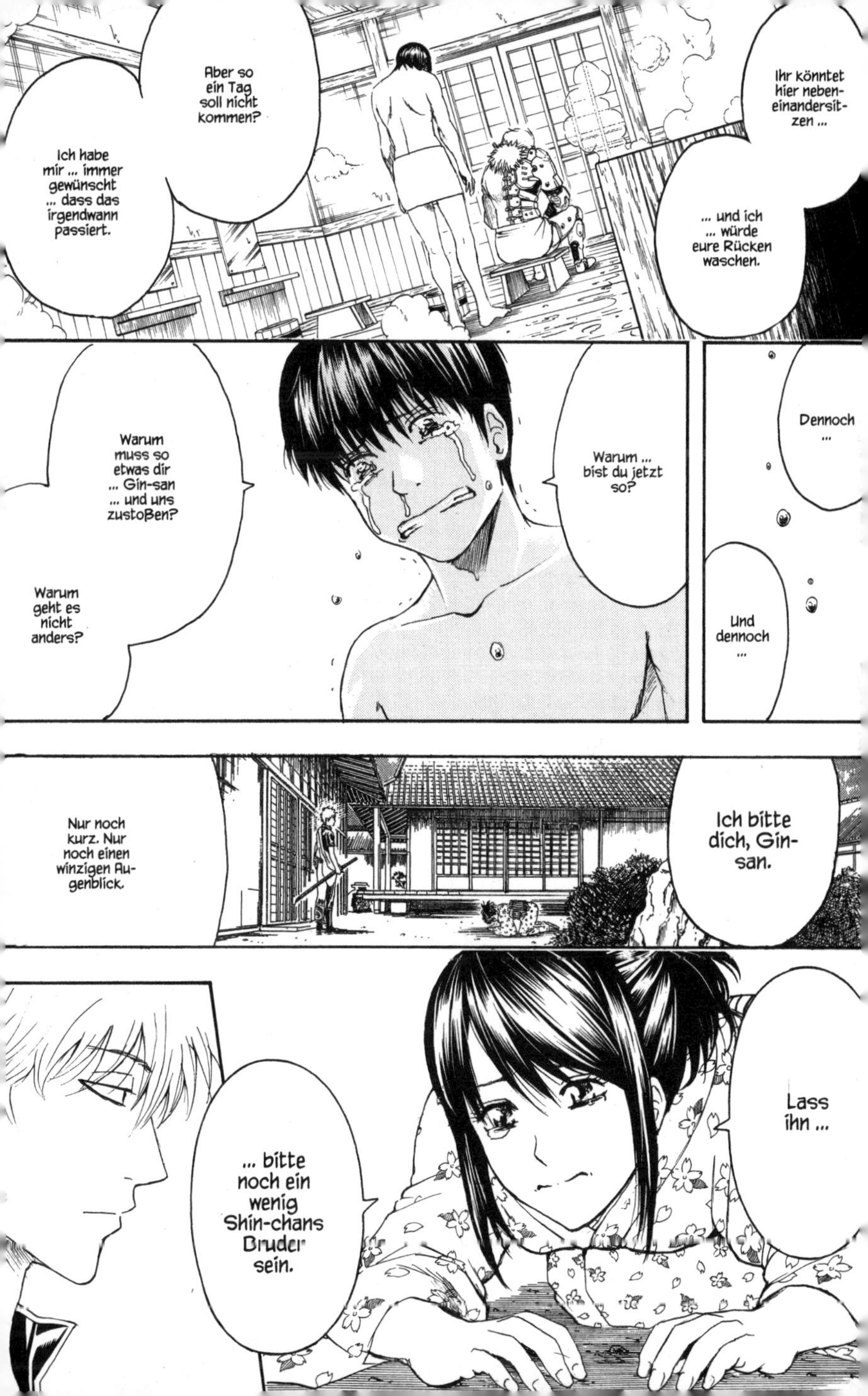
Ihr könntet hier nebeneinandersitzen ...
... und ich ... würde eure Rücken waschen.
Aber so ein Tag soll nicht kommen?
Ich habe mir ... immer gewünscht ... dass das irgendwann passiert.
Dennoch ...
Und dennoch ...
Warum ... bist du jetzt so?
Warum muss so etwas dir ... Gin-san ... und uns zustoßen?
Warum geht es nicht anders?
Ich bitte dich, Gin-san.
Nur noch kurz. Nur noch einen winzigen Augenblick.
Lass ihn ...
... bitte noch ein wenig Shin-chans Bruder sein.

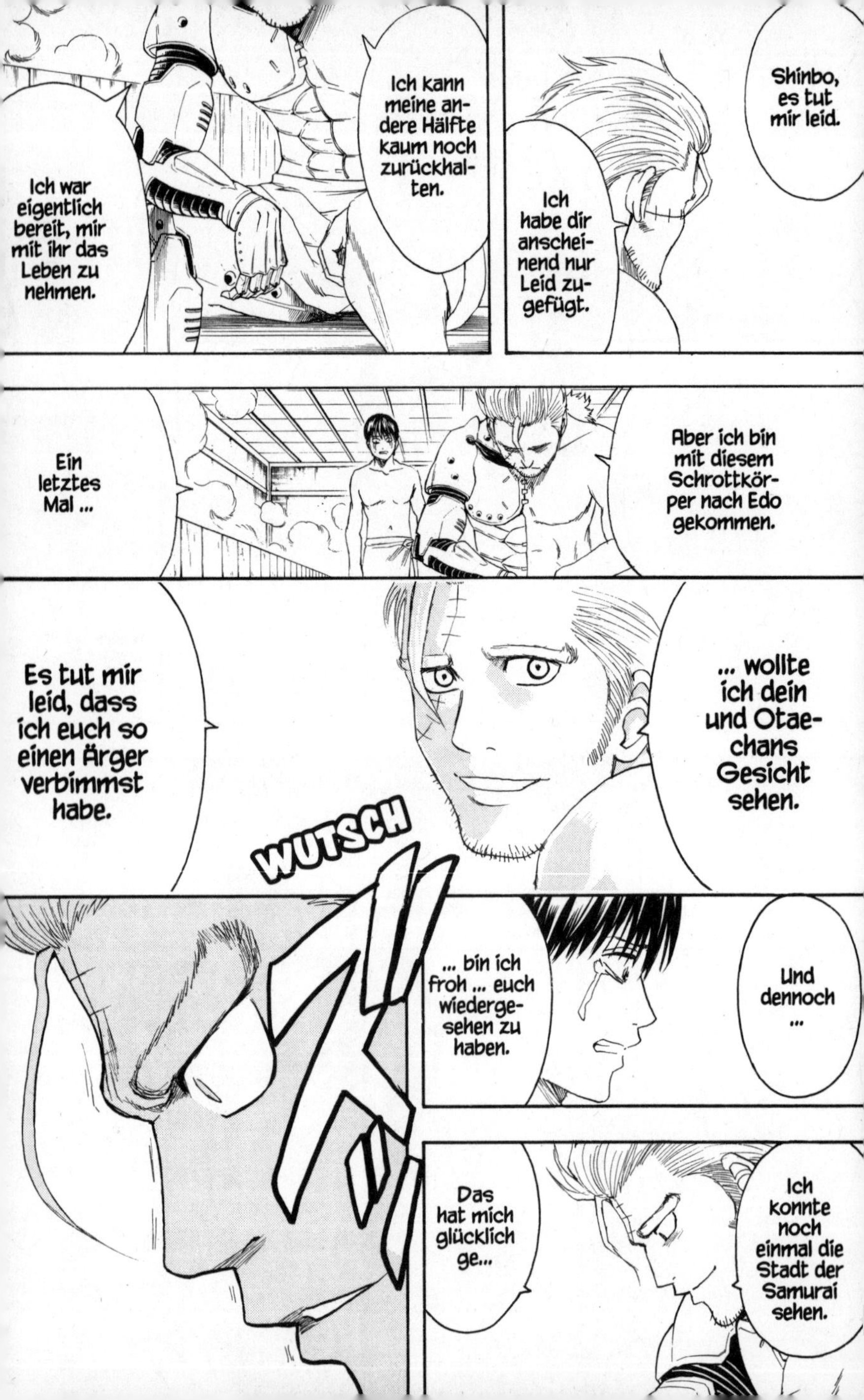

Shinbo, es tut mir leid.
Ich habe dir anscheinend nur Leid zugefügt.
Ich kann meine andere Hälfte kaum noch zurückhalten.
Ich war eigentlich bereit, mir mit ihr das Leben zu nehmen.
Aber ich bin mit diesem Schrottkörper nach Edo gekommen.
Ein letztes Mal ...
... wollte ich dein und Otaechans Gesicht sehen.
Es tut mir leid, dass ich euch so einen Ärger verbimmst habe.
WUTSCH
Und dennoch ...
... bin ich froh ... euch wiedergesehen zu haben.
Ich konnte noch einmal die Stadt der Samurai sehen.
Das hat mich glücklich ge...

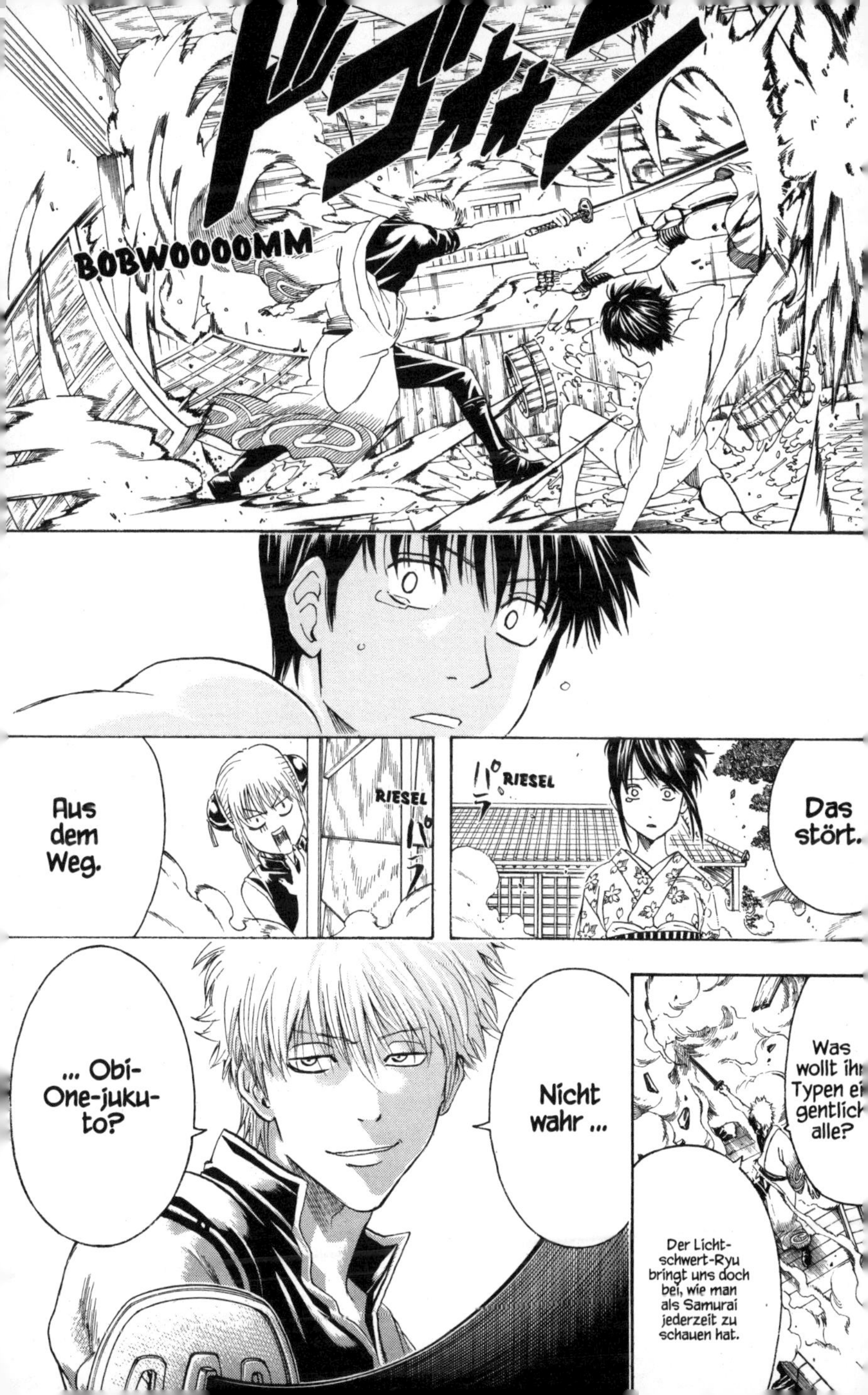
ドゴォン
BOBWOOOOMM
RIESEL
Das stört.
RIESEL
Aus dem Weg.
Was wollt ihr Typen ei gentlich alle?
Der Licht-schwert-Ryu bringt uns doch bei, wie man als Samurai jederzeit zu schauen hat.
Nicht wahr ...
... Obi-One-juku-to?

Sorachi auf Leser-Tuchfühlung Fragen-Corner 133

(Frage von »besorgtes Pony« aus Hyogo)

Herr Sorachi, ich finde Momo aus *Love Trouble* unfassbar niedlich und würde die Serie gerne sammeln, aber wegen meiner Mutter und meiner großen Schwester kann ich mir die Bände nicht kaufen. Ich will aber nicht auf die Serie verzichten, bis ich ausgezogen bin. Was soll ich bloß tun?

(Antwort)

Du kannst einfach *Gin Tama*-Bände kaufen und die Cover austauschen. Wie? Das wäre dir auf andere Weise peinlich? Das wollte ich jetzt echt nicht hören.

(134 auf Seite 126)

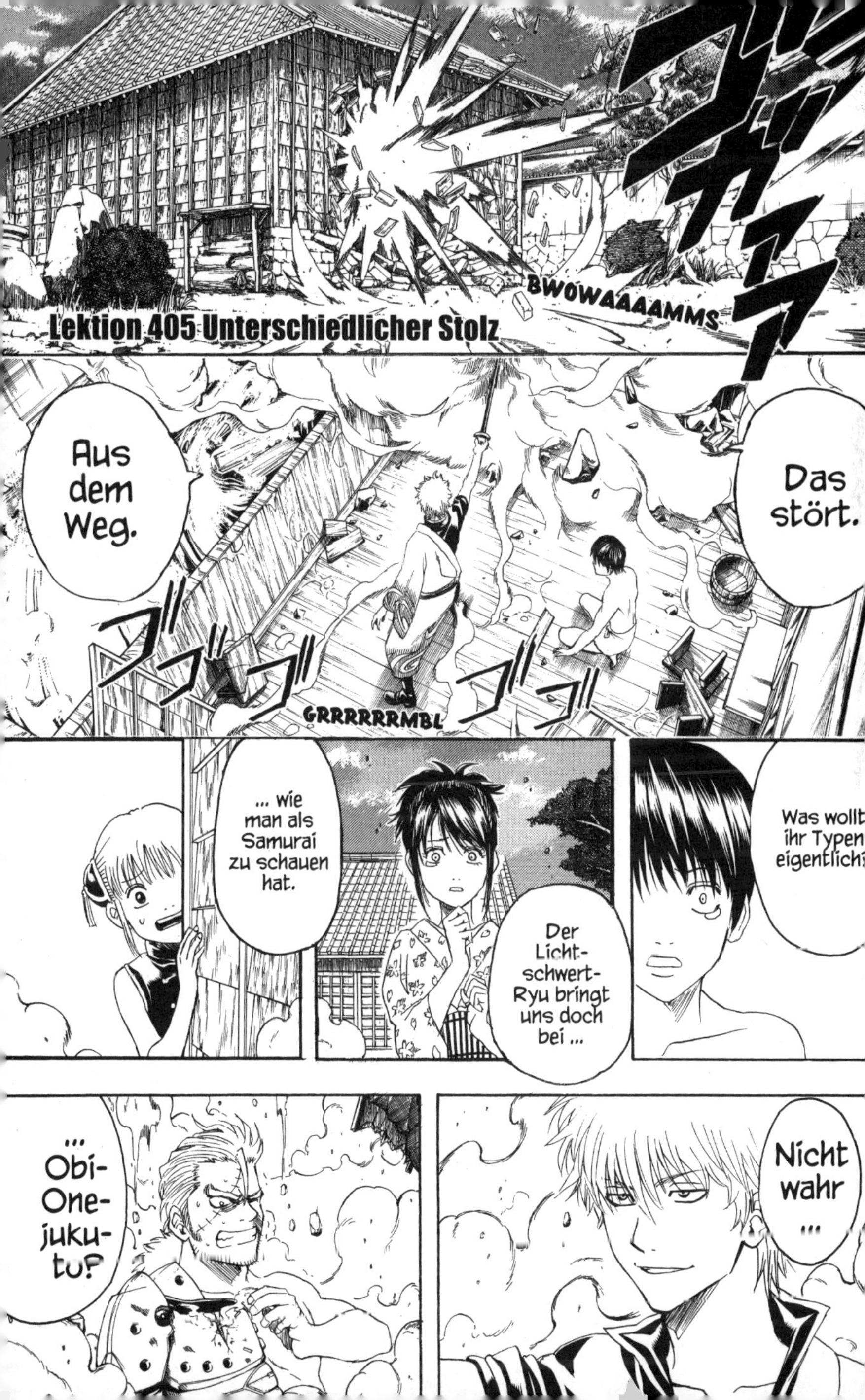
Lektion 405 Unterschiedlicher Stolz
BWOWAAAAMMS
Das stört.
Aus dem Weg.
GRRRRRRMBL
Was wollt ihr Typen eigentlich
Der Licht-schwert-Ryu bringt uns doch bei ...
... wie man als Samurai zu schauen hat.
Nicht wahr ...
... Obi-One-juku-tu?

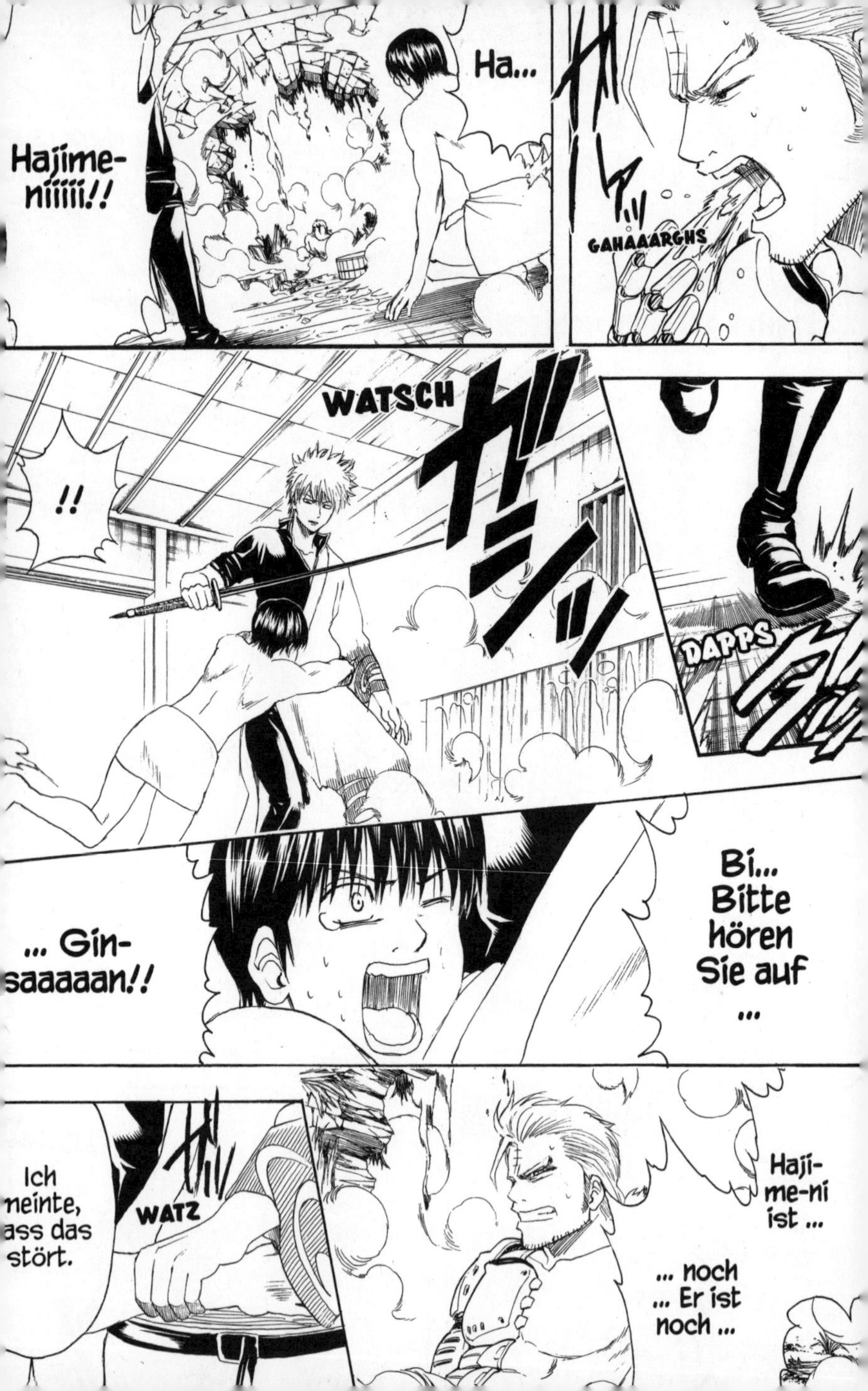

GAHAAARGHS
Ha...
Hajime-
niiiiii!!
DAPPS
WATSCH
!!
Bi...
Bitte
hören
Sie auf
...
... Gin-
saaaaan!!
Haji-
me-ni
ist ...
... noch
... Er ist
noch ...
WATZ
Ich
meinte,
ass das
stört.

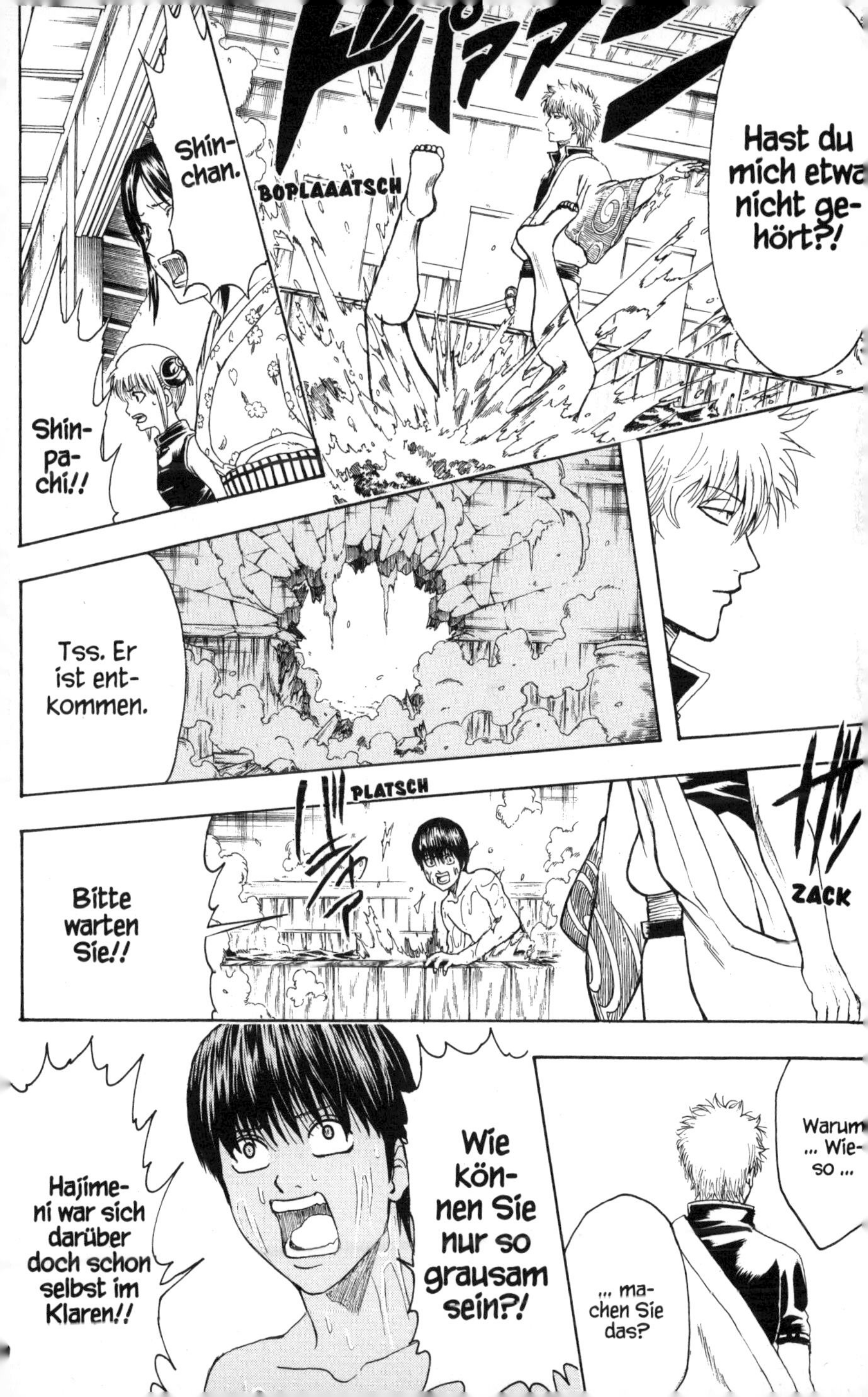

Hast du mich etwa nicht gehört?!
BOPLAAATSCH
Shin-chan.
Shinpachi!!
Tss. Er ist entkommen.
ZACK
PLATSCH
Bitte warten Sie!!
Warum ... Wieso ...
... machen Sie das?
Wie können Sie nur so grausam sein?!
Hajimeni war sich darüber doch schon selbst im Klaren!!

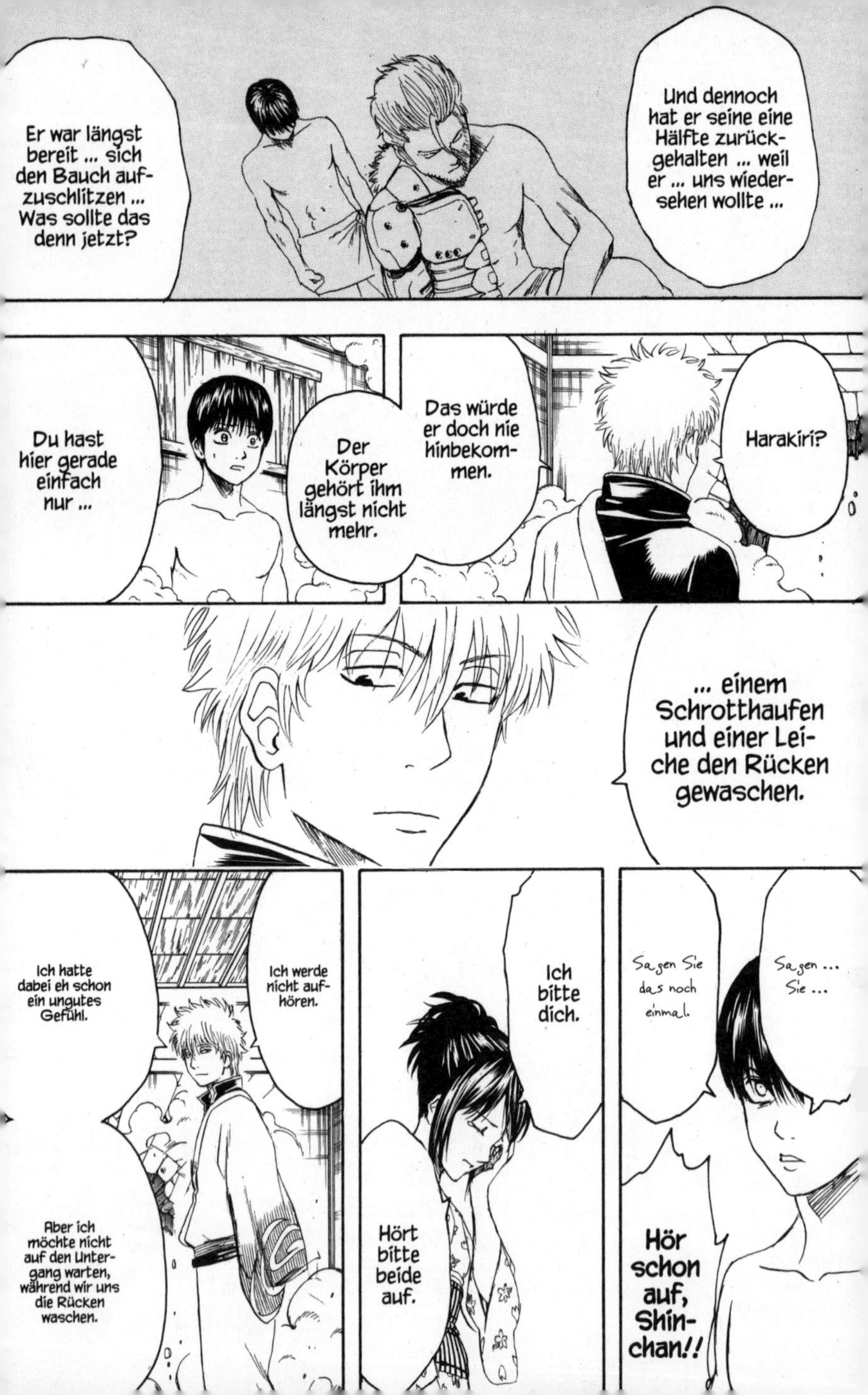

Und dennoch hat er seine eine Hälfte zurückgehalten ... weil er ... uns wiedersehen wollte ...
Er war längst bereit ... sich den Bauch aufzuschlitzen ... Was sollte das denn jetzt?
Harakiri?
Das würde er doch nie hinbekommen.
Der Körper gehört ihm längst nicht mehr.
Du hast hier gerade einfach nur ...
... einem Schrotthaufen und einer Leiche den Rücken gewaschen.
Sagen ... Sie ...
Sagen Sie das noch einmal.
Hör schon auf, Shin-chan!!
Ich bitte dich.
Hört bitte beide auf.
Ich werde nicht aufhören.
Ich hatte dabei eh schon ein ungutes Gefühl.
Aber ich möchte nicht auf den Untergang warten, während wir uns die Rücken waschen.

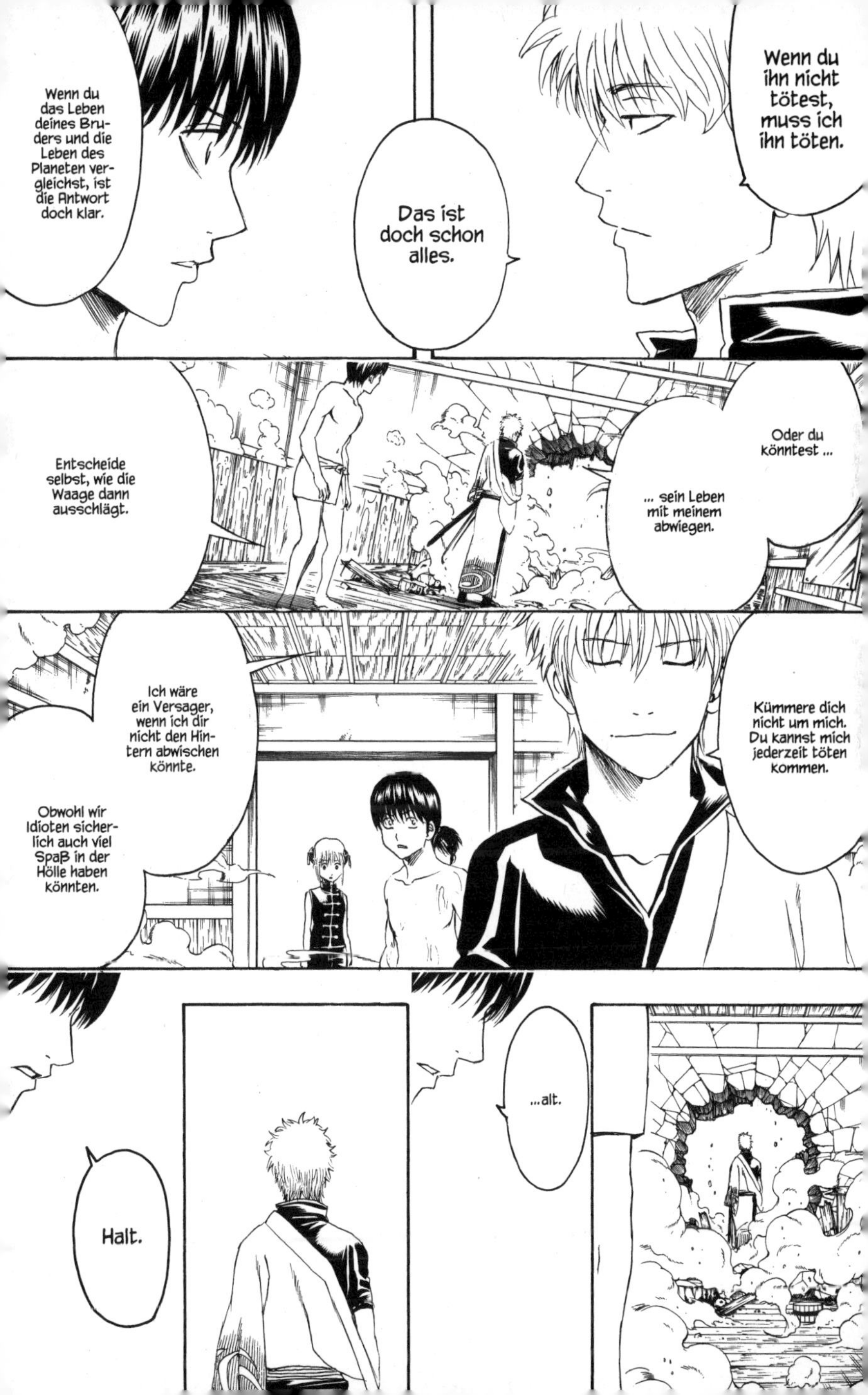

Wenn du ihn nicht tötest, muss ich ihn töten.
Das ist doch schon alles.
Wenn du das Leben deines Bruders und die Leben des Planeten vergleichst, ist die Antwort doch klar.
Oder du könntest ...
... sein Leben mit meinem abwiegen.
Entscheide selbst, wie die Waage dann ausschlägt.
Kümmere dich nicht um mich. Du kannst mich jederzeit töten kommen.
Ich wäre ein Versager, wenn ich dir nicht den Hintern abwischen könnte.
Obwohl wir Idioten sicherlich auch viel Spaß in der Hölle haben könnten.
...alt.
Halt.

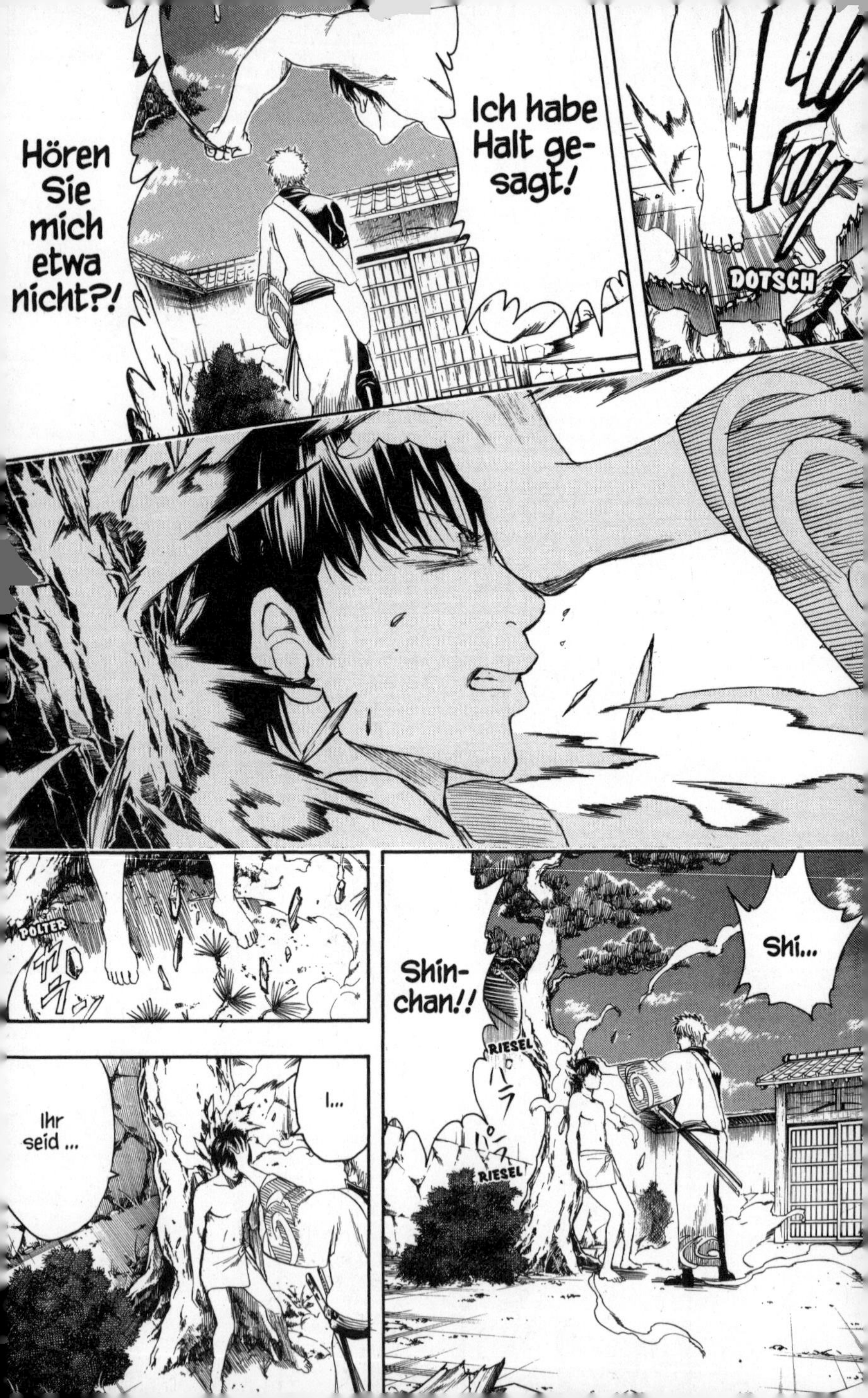
DOTSCH
Ich habe Halt gesagt!
Hören Sie mich etwa nicht?!
Shi...
Shin-chan!!
RIESEL
RIESEL
POLTER
I...
Ihr seid ...

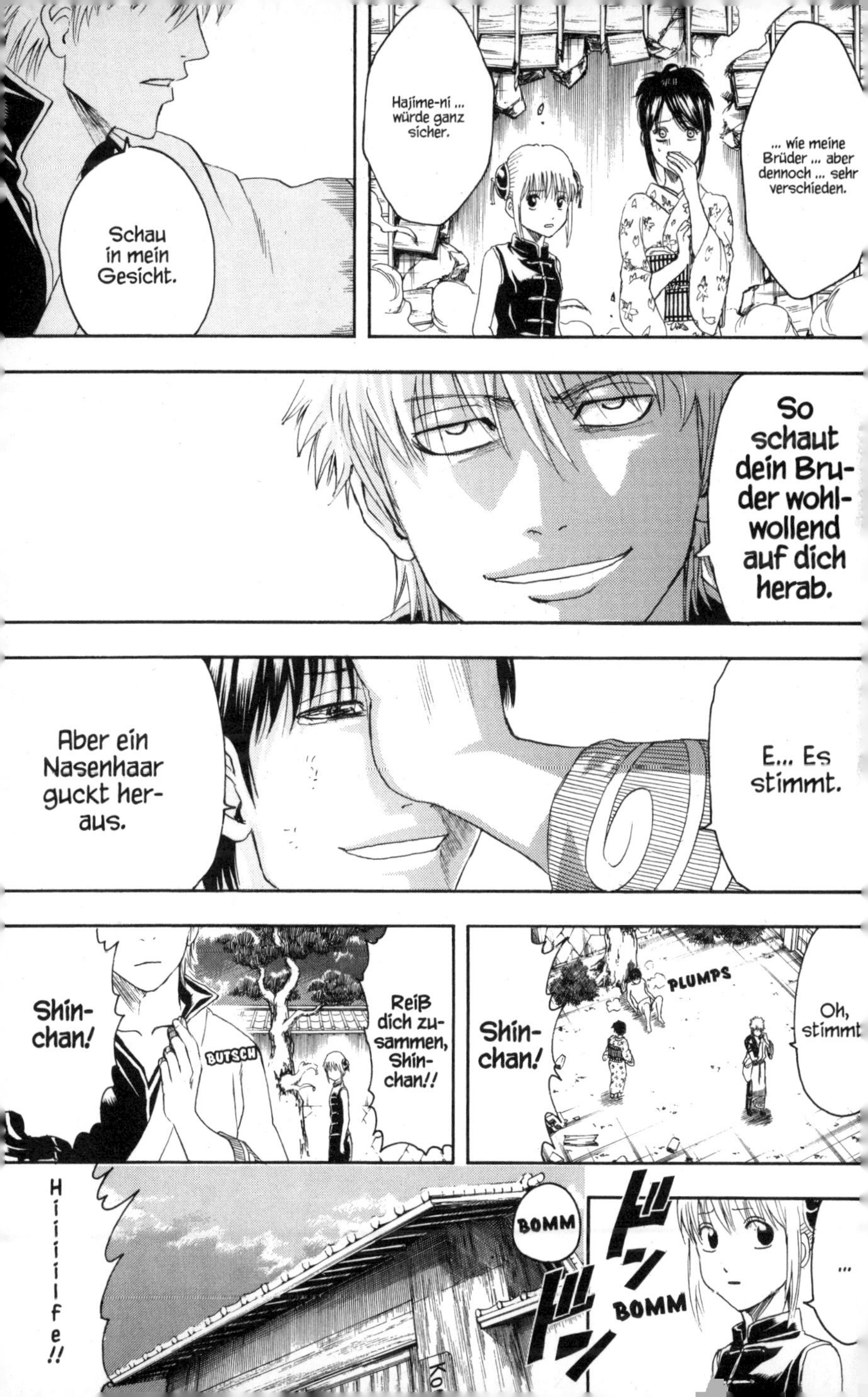

... wie meine Brüder ... aber dennoch ... sehr verschieden.
Hajime-ni ... würde ganz sicher.
Schau in mein Gesicht.
So schaut dein Bruder wohlwollend auf dich herab.
E... Es stimmt.
Aber ein Nasenhaar guckt heraus.
Oh, stimmt
PLUMPS
Shin-chan!
Reiß dich zusammen, Shin-chan!!
BUTSCH
Shin-chan!
...
BOMM
BOMM
Hiiiilfe!!

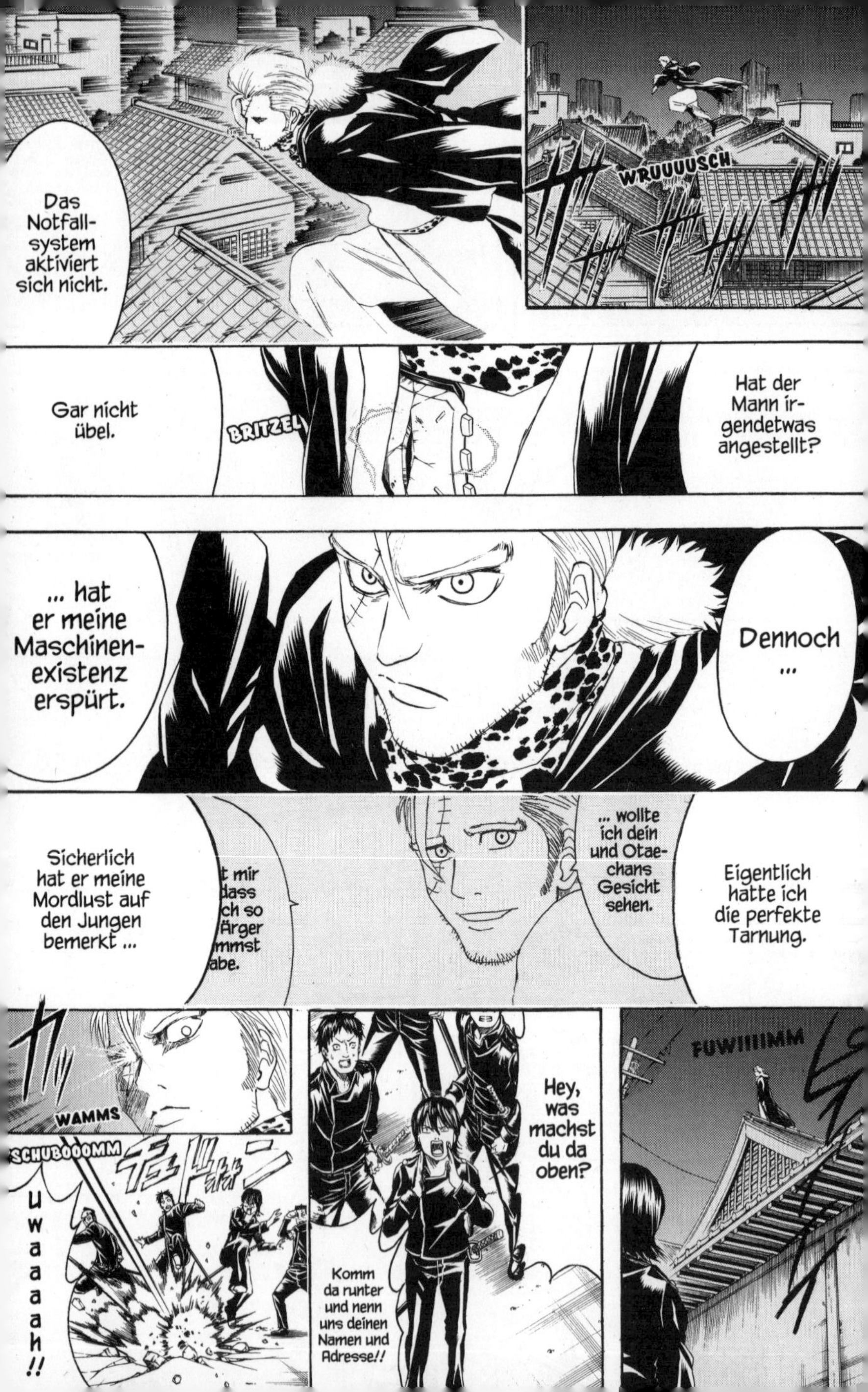
WRUUUUSCH
Das Notfall-system aktiviert sich nicht.
Hat der Mann irgendetwas angestellt?
BRITZEL
Gar nicht übel.
Dennoch ...
... hat er meine Maschinen-existenz erspürt.
Eigentlich hatte ich die perfekte Tarnung.
... wollte ich dein und Otae-chans Gesicht sehen.
Sicherlich hat er meine Mordlust auf den Jungen bemerkt ...
FUWIIIIMM
Hey, was machst du da oben?
Komm da runter und nenn uns deinen Namen und Adresse!!
WAMMS
SCHUBOOOMM
Uwaaaaah!!

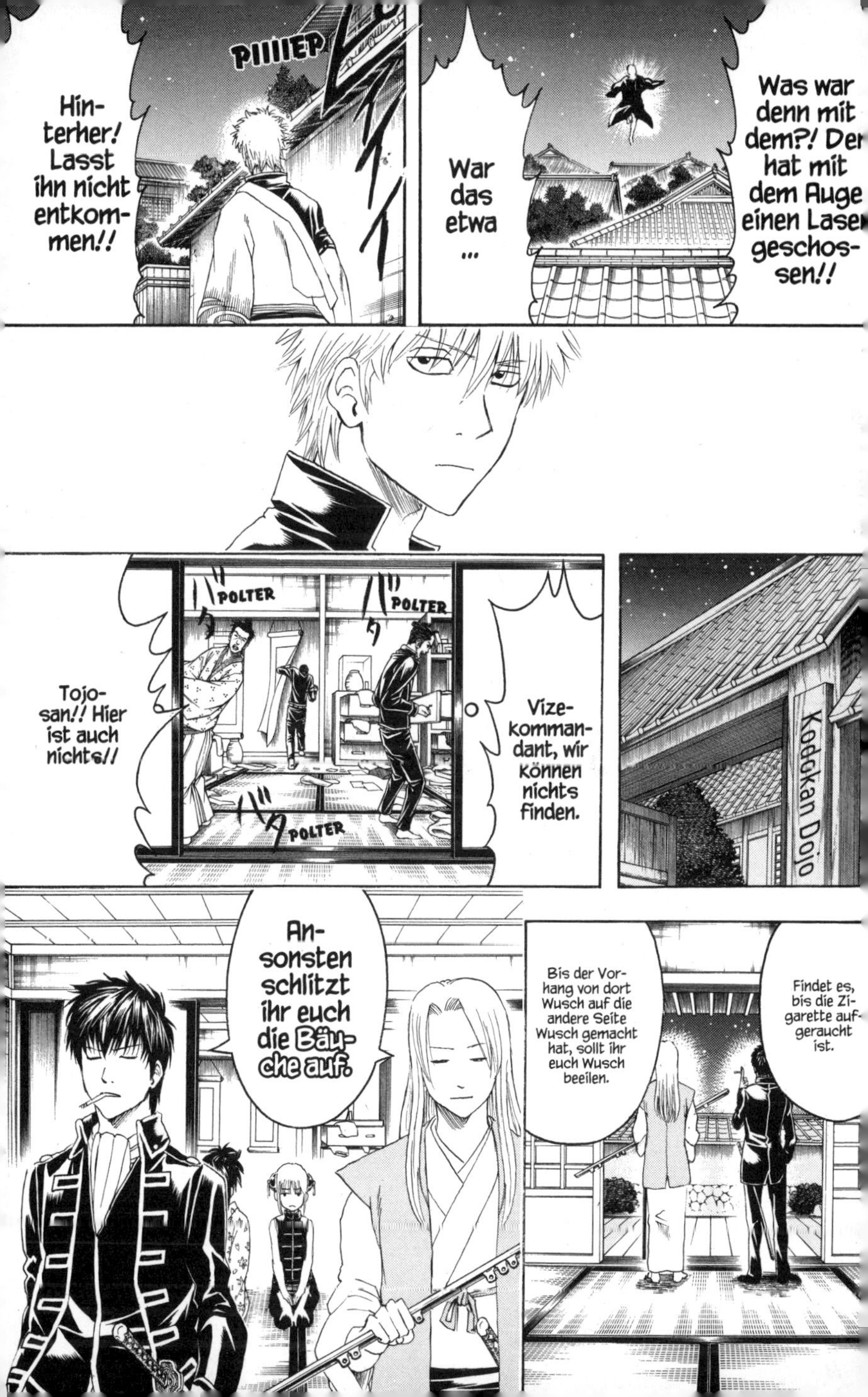
Was war denn mit dem?! De hat mit dem Auge einen Lase geschossen!!
War das etwa ...
PIIIIEP
Hinterher! Lasst ihn nicht entkommen!!
Kodokan Dojo
Vizekommandant, wir können nichts finden.
POLTER
POLTER
POLTER
Tojo-san!! Hier ist auch nichts!!
Findet es, bis die Zigarette aufgeraucht ist.
Bis der Vorhang von dort Wusch auf die andere Seite Wusch gemacht hat, sollt ihr euch Wusch beeilen.
Ansonsten schlitzt ihr euch die Bäuche auf.

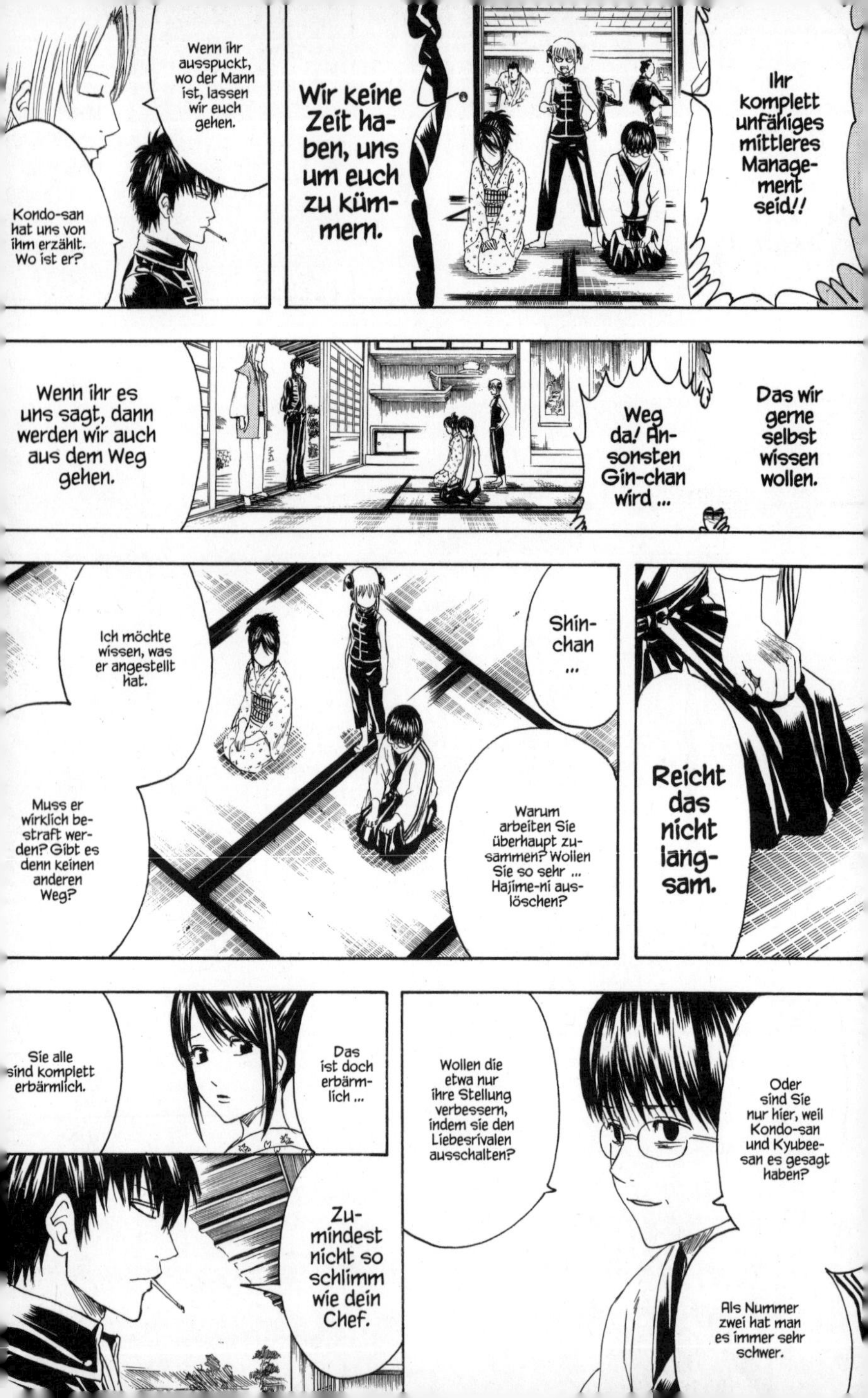
Ihr komplett unfähiges mittleres Management seid!!
Wir keine Zeit haben, uns um euch zu kümmern.
Wenn ihr ausspuckt, wo der Mann ist, lassen wir euch gehen.
Kondo-san hat uns von ihm erzählt. Wo ist er?
Das wir gerne selbst wissen wollen.
Weg da! Ansonsten Gin-chan wird ...
Wenn ihr es uns sagt, dann werden wir auch aus dem Weg gehen.
Reicht das nicht langsam.
Shin-chan ...
Warum arbeiten Sie überhaupt zusammen? Wollen Sie so sehr ... Hajime-ni auslöschen?
Ich möchte wissen, was er angestellt hat.
Muss er wirklich bestraft werden? Gibt es denn keinen anderen Weg?
Oder sind Sie nur hier, weil Kondo-san und Kyubee-san es gesagt haben?
Wollen die etwa nur ihre Stellung verbessern, indem sie den Liebesrivalen ausschalten?
Als Nummer zwei hat man es immer sehr schwer.
Das ist doch erbärmlich ...
Sie alle sind komplett erbärmlich.
Zumindest nicht so schlimm wie dein Chef.

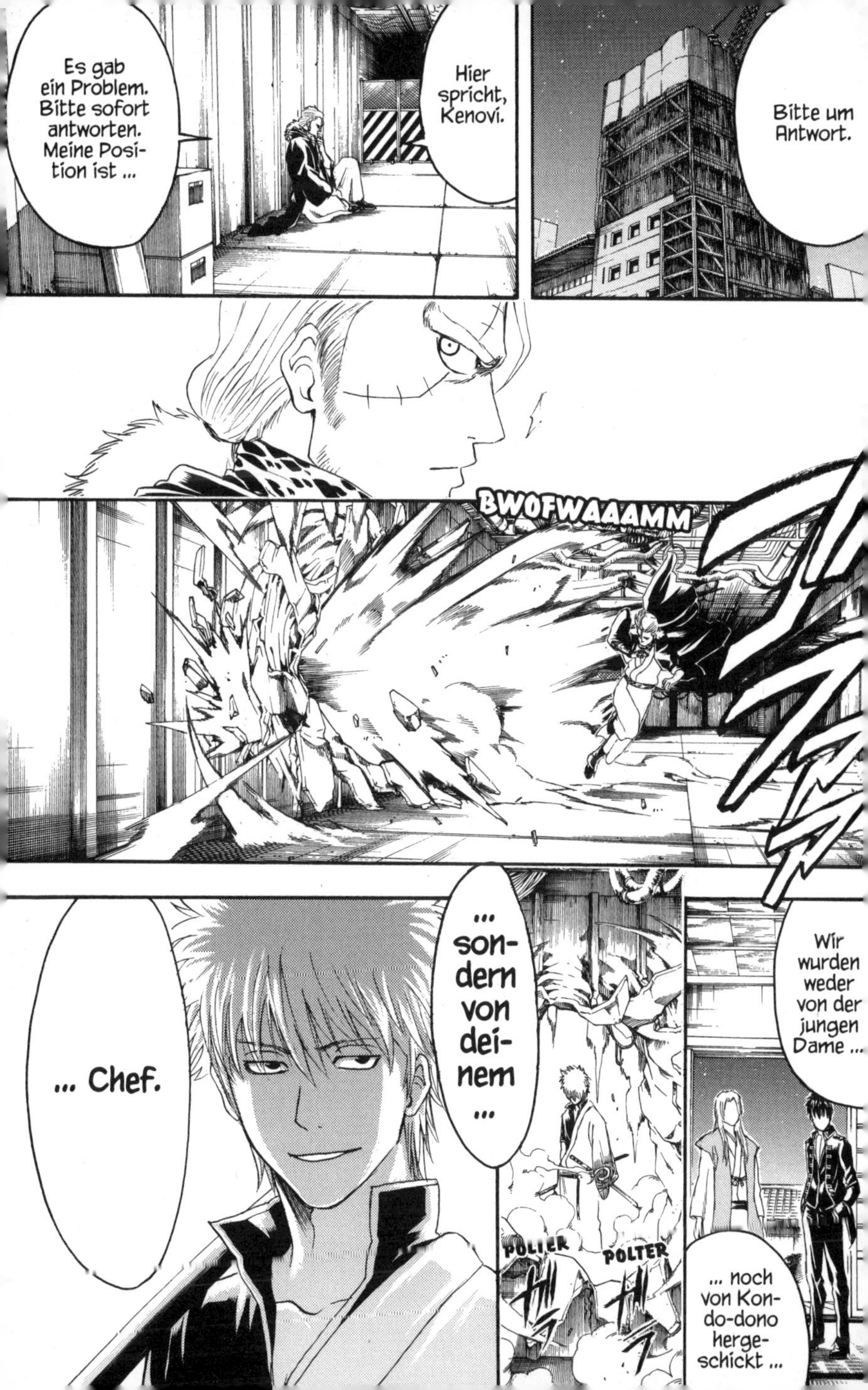
Bitte um Antwort.
Hier spricht, Kenovi.
Es gab ein Problem. Bitte sofort antworten. Meine Position ist ...
BWOFWAAAMM
Wir wurden weder von der jungen Dame ...
... noch von Kondo-dono hergeschickt ...
POLTER
POLTER
... sondern von deinem ...
... Chef.

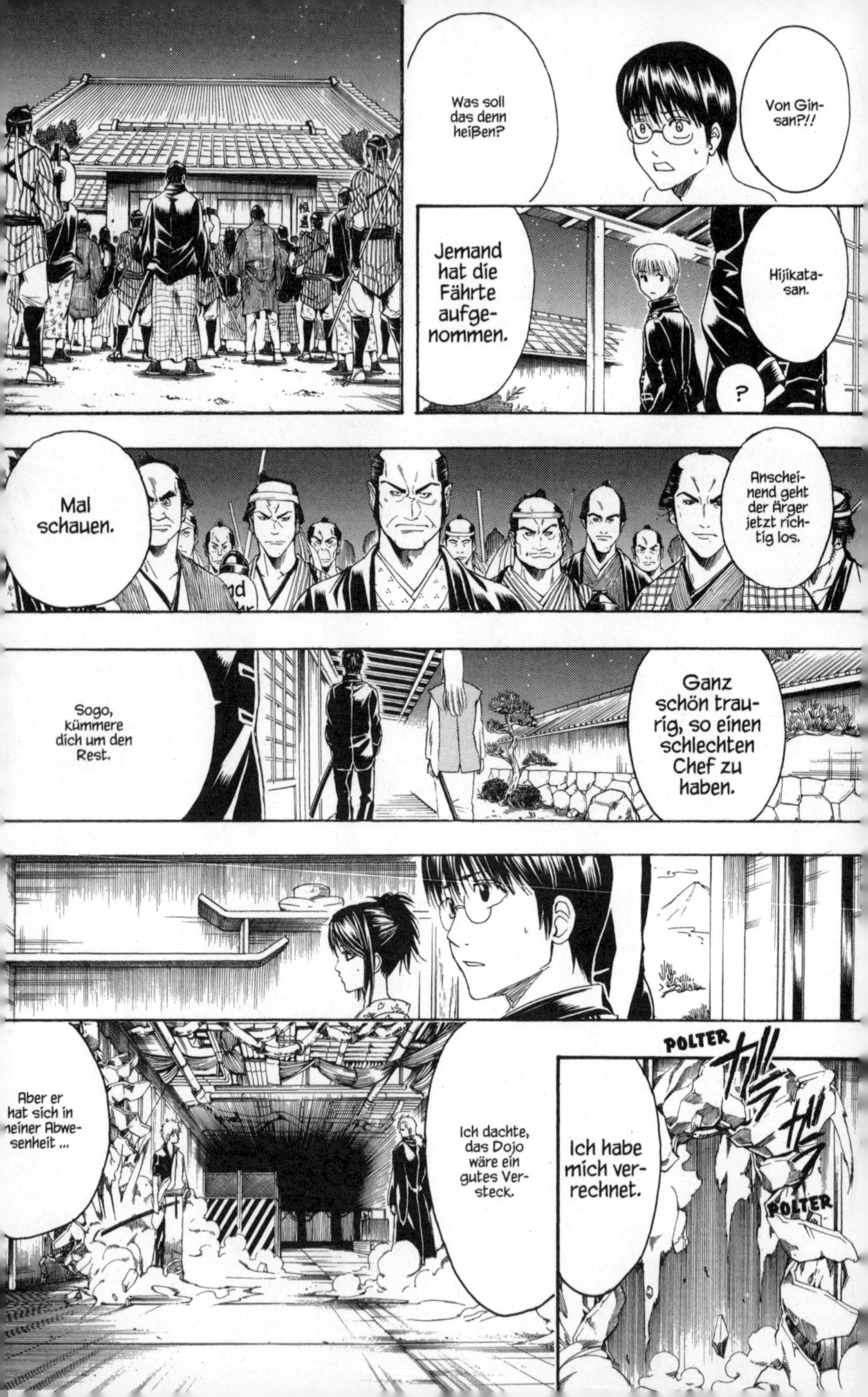
Von Gin-san?!!
Was soll das denn heißen?
Hijikata-san.
?
Jemand hat die Fährte aufgenommen.
Anscheinend geht der Ärger jetzt richtig los.
Mal schauen.
Ganz schön traurig, so einen schlechten Chef zu haben.
Sogo, kümmere dich um den Rest.
POLTER
POLTER
Ich habe mich verrechnet.
Ich dachte, das Dojo wäre ein gutes Versteck.
Aber er hat sich in meiner Abwesenheit ...

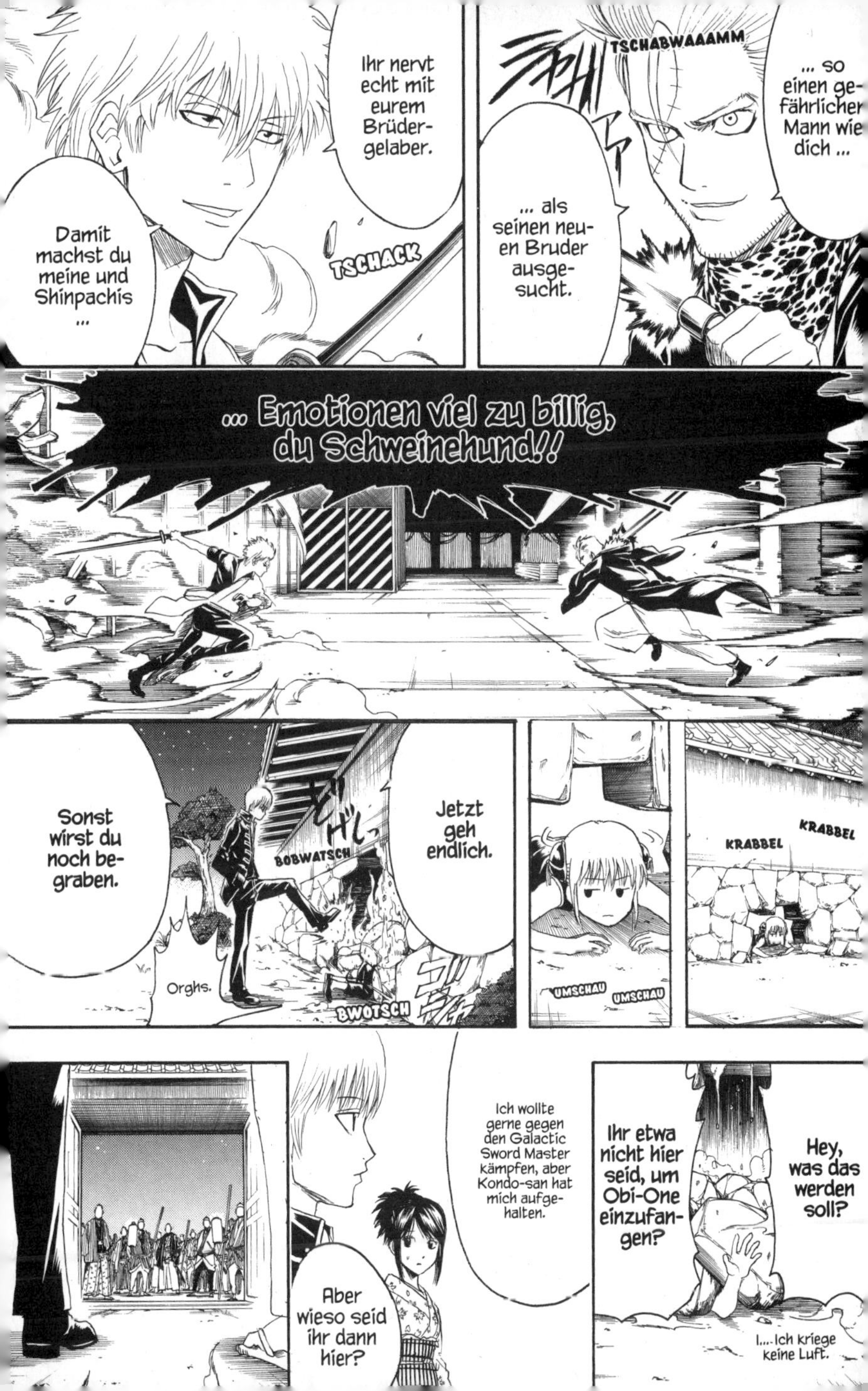
TSCHABWAAAMM
... so einen gefährlicher Mann wie dich ...
... als seinen neuen Bruder ausgesucht.
Ihr nervt echt mit eurem Brüdergelaber.
TSCHACK
Damit machst du meine und Shinpachis ...
... Emotionen viel zu billig, du Schweinehund!!
KRABBEL
KRABBEL
UMSCHAU
UMSCHAU
Jetzt geh endlich.
BOBWATSCH
Sonst wirst du noch begraben.
BWOTSCH
Orghs.
Hey, was das werden soll?
I...Ich kriege keine Luft.
Ihr etwa nicht hier seid, um Obi-One einzufangen?
Ich wollte gerne gegen den Galactic Sword Master kämpfen, aber Kondo-san hat mich aufgehalten.
Aber wieso seid ihr dann hier?

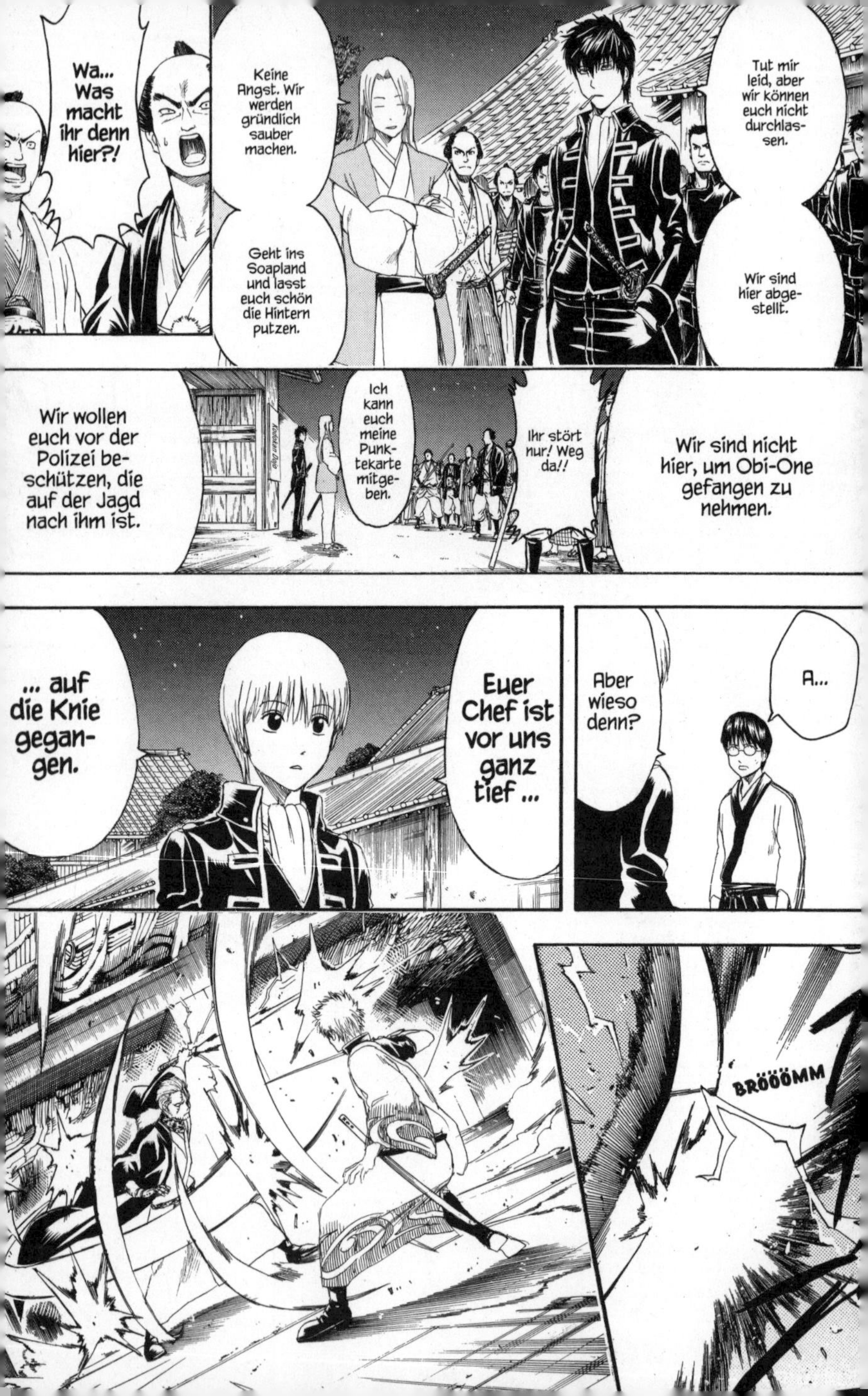
Tut mir leid, aber wir können euch nicht durchlassen.
Wir sind hier abgestellt.
Keine Angst. Wir werden gründlich sauber machen.
Geht ins Soapland und lasst euch schön die Hintern putzen.
Wa... Was macht ihr denn hier?!
Wir sind nicht hier, um Obi-One gefangen zu nehmen.
Ihr stört nur! Weg da!!
Ich kann euch meine Punktekarte mitgeben.
Wir wollen euch vor der Polizei beschützen, die auf der Jagd nach ihm ist.
A...
Aber wieso denn?
Euer Chef ist vor uns ganz tief ...
... auf die Knie gegangen.
BRÖÖÖMM

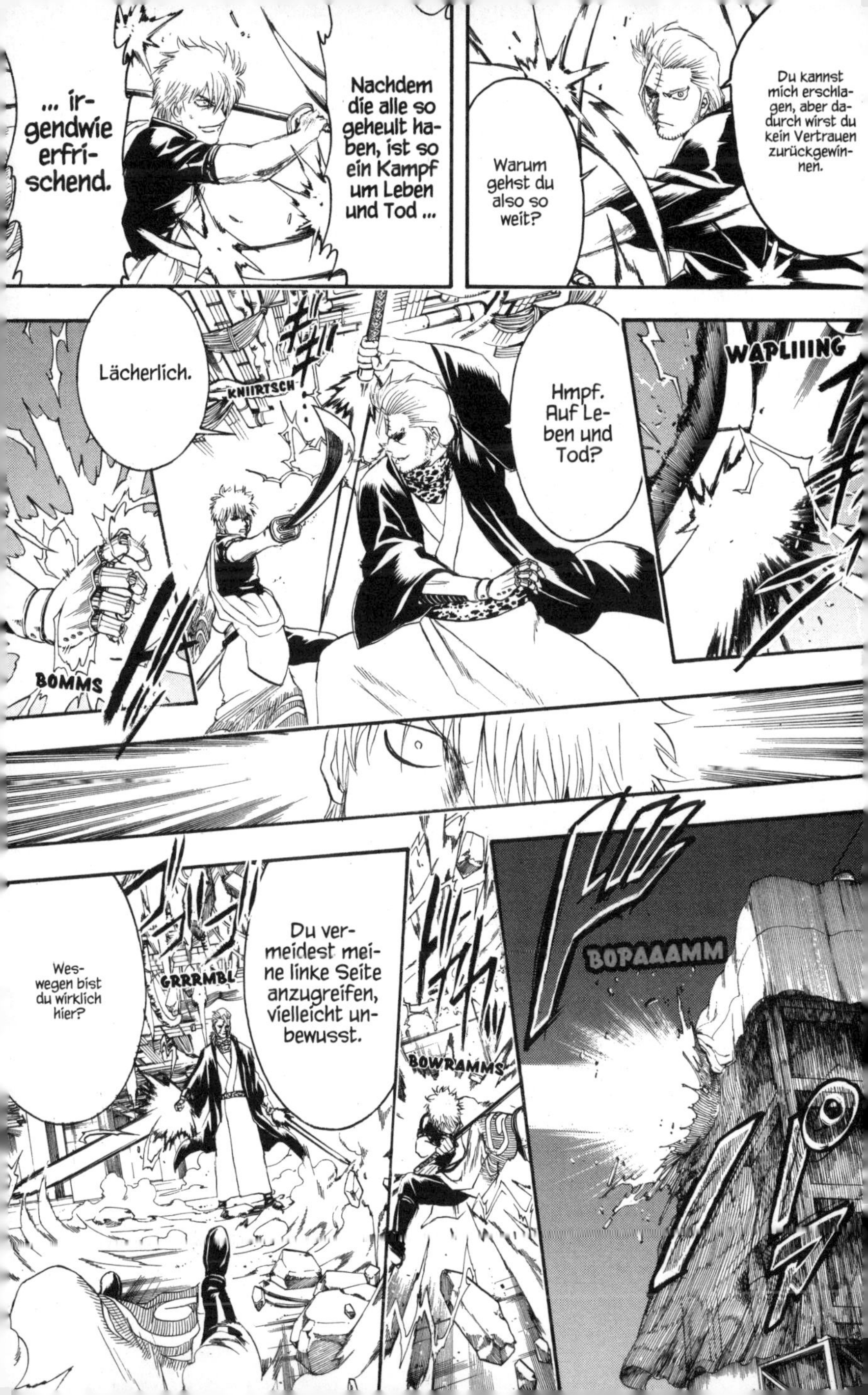
Du kannst mich erschlagen, aber dadurch wirst du kein Vertrauen zurückgewinnen.
Warum gehst du also so weit?
Nachdem die alle so geheult haben, ist so ein Kampf um Leben und Tod ...
... irgendwie erfrischend.
WAPLIIING
Hmpf. Auf Leben und Tod?
KNIIRTSCH
Lächerlich.
BOMMS
BOPAAAMM
BOWRAMMS
Du vermeidest meine linke Seite anzugreifen, vielleicht unbewusst.
GRRRMBL
Weswegen bist du wirklich hier?

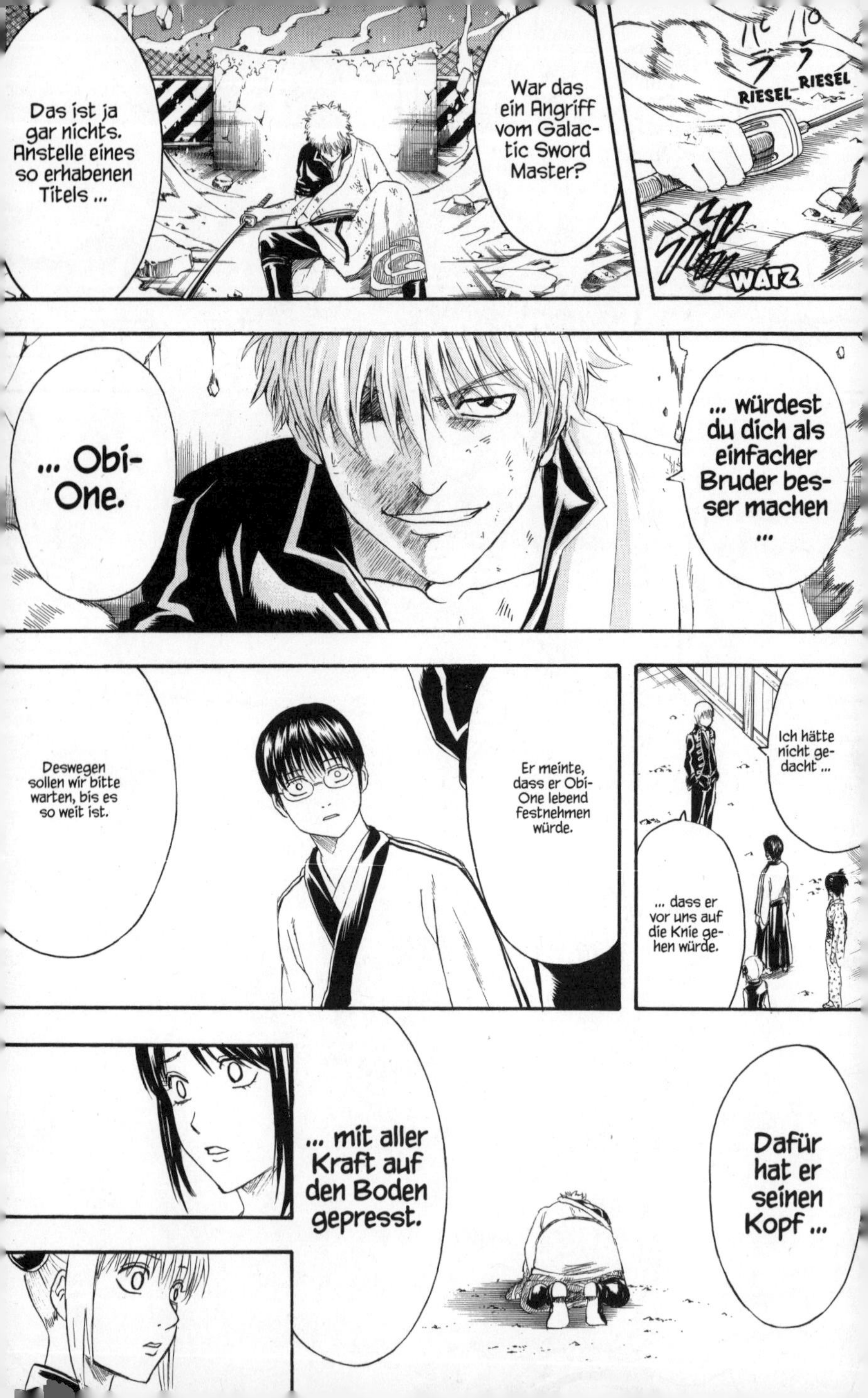
RIESEL RIESEL
WATZ
War das ein Angriff vom Galactic Sword Master?
Das ist ja gar nichts. Anstelle eines so erhabenen Titels ...
... würdest du dich als einfacher Bruder besser machen ...
... Obi-One.
Ich hätte nicht gedacht ...
... dass er vor uns auf die Knie gehen würde.
Er meinte, dass er Obi-One lebend festnehmen würde.
Deswegen sollen wir bitte warten, bis es so weit ist.
Dafür hat er seinen Kopf ...
... mit aller Kraft auf den Boden gepresst.

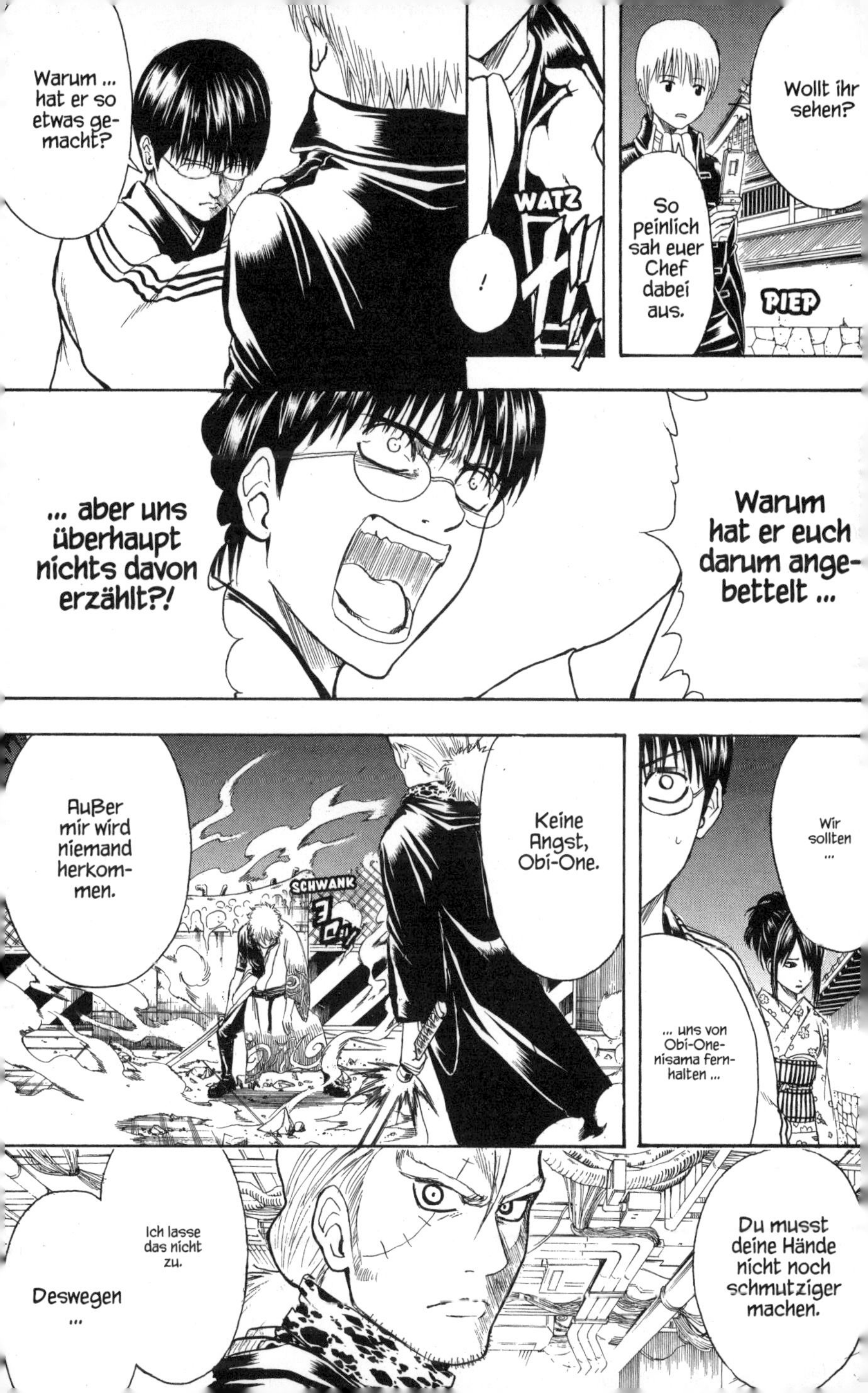
Wollt ihr sehen?
So peinlich sah euer Chef dabei aus.
PIEP
WATZ
!
Warum ... hat er so etwas gemacht?
Warum hat er euch darum angebettelt ...
... aber uns überhaupt nichts davon erzählt?!
Wir sollten ...
... uns von Obi-One-nisama fernhalten ...
Keine Angst, Obi-One.
SCHWANK
Außer mir wird niemand herkommen.
Du musst deine Hände nicht noch schmutziger machen.
Ich lasse das nicht zu.
Deswegen ...

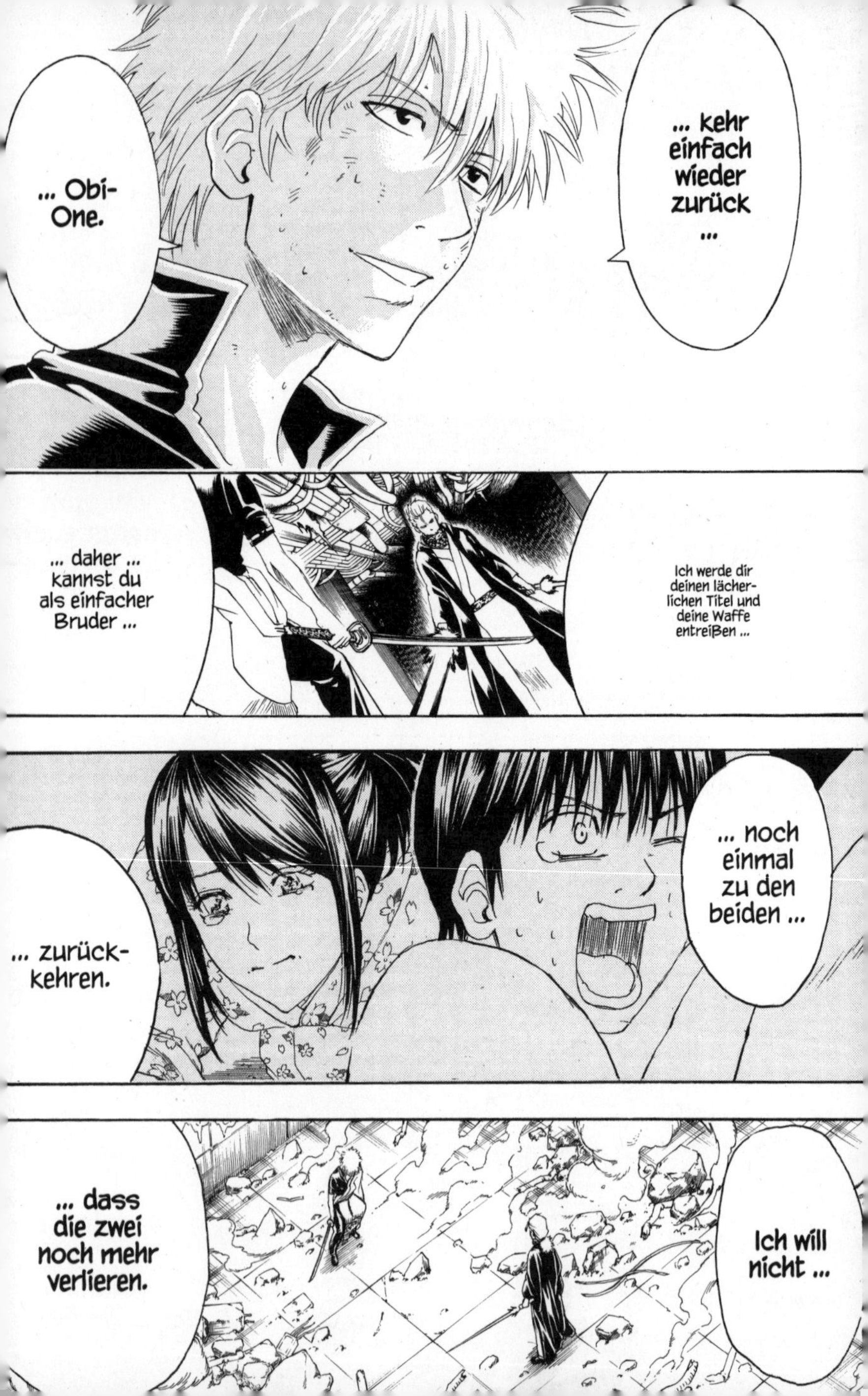
... kehr einfach wieder zurück ...
... Obi-One.
Ich werde dir deinen lächerlichen Titel und deine Waffe entreißen ...
... daher ... kannst du als einfacher Bruder ...
... noch einmal zu den beiden ...
... zurückkehren.
Ich will nicht ...
... dass die zwei noch mehr verlieren.

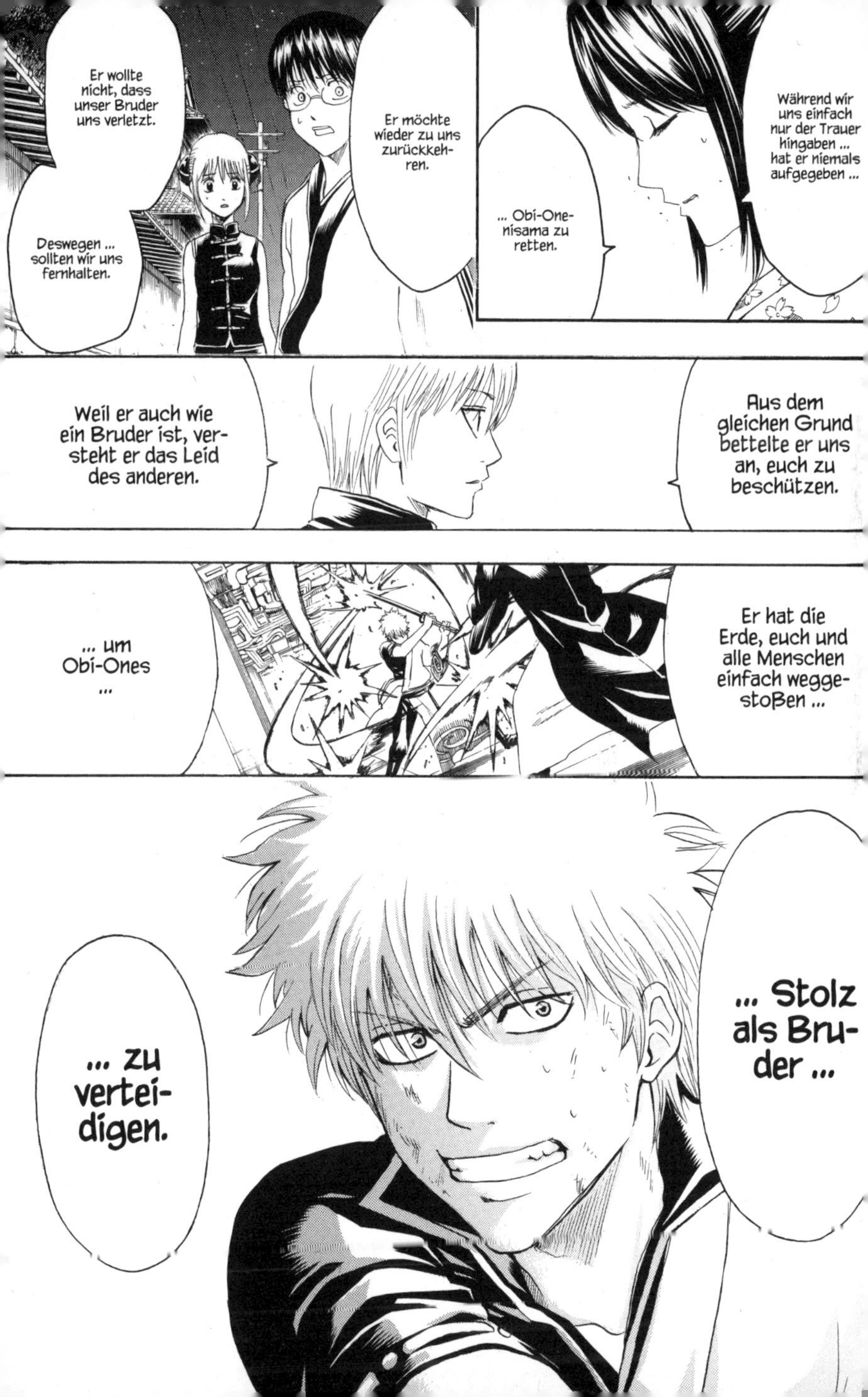

Während wir uns einfach nur der Trauer hingaben ... hat er niemals aufgegeben ...
... Obi-One-nisama zu retten.
Er möchte wieder zu uns zurückkehren.
Er wollte nicht, dass unser Bruder uns verletzt.
Deswegen ... sollten wir uns fernhalten.
Aus dem gleichen Grund bettelte er uns an, euch zu beschützen.
Weil er auch wie ein Bruder ist, versteht er das Leid des anderen.
Er hat die Erde, euch und alle Menschen einfach weggestoßen ...
... um Obi-Ones ...
... Stolz als Bruder ...
... zu verteidigen.

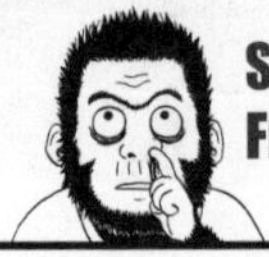

Sorachi auf Leser-Tuchfühlung Fragen-Corner 134

(Frage von »freches Gin Tama-Girl« aus Tokyo)

Herr Sorachi, guten Tag. Darf ich eine Frage stellen? Ich habe neulich eine Fernsehsendung gesehen, in der Folgendes erzählt wurde: »In Japan weiß eigentlich jeder, dass Katzen gerne Fische mögen, weil Japaner Katzen seit jeher Fische gegeben haben, aber wenn man Leute in Indien fragt, was Katzen gerne essen, dann gab es als überraschende Antwort Curry.«

Mögen Gorillas wirklich Bananen?

(Antwort)

Eigentlich fressen Gorillas kaum Bananen, weil sie im Grunde nur Bratreis futtern.

(135 auf Seite 146)

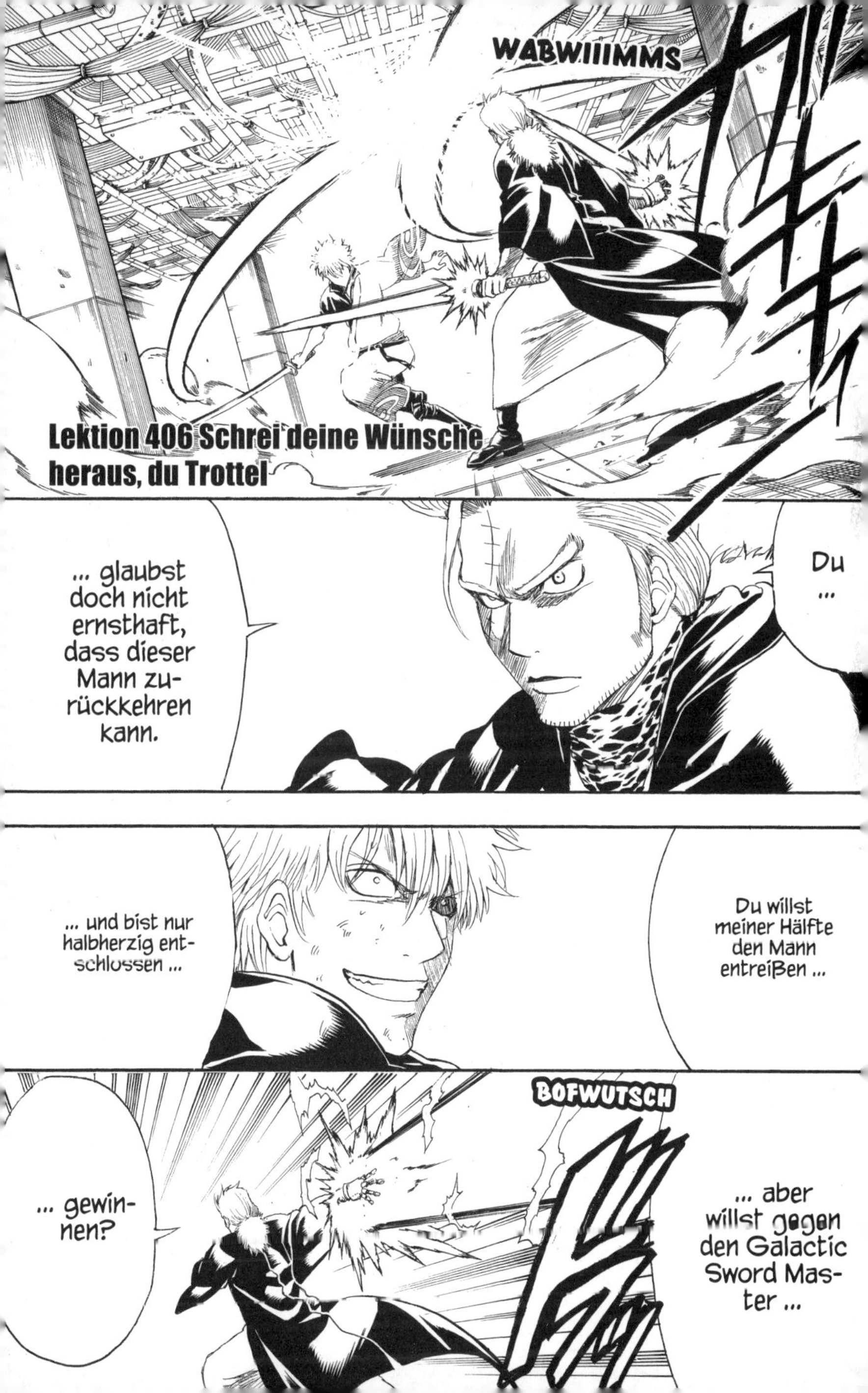
WABWIIIIMMS
Lektion 406 Schrei deine Wünsche heraus, du Trottel
Du ...
... glaubst doch nicht ernsthaft, dass dieser Mann zurückkehren kann.
Du willst meiner Hälfte den Mann entreißen ...
... und bist nur halbherzig entschlossen ...
BOFWUTSCH
... aber willst gegen den Galactic Sword Master ...
... gewinnen?

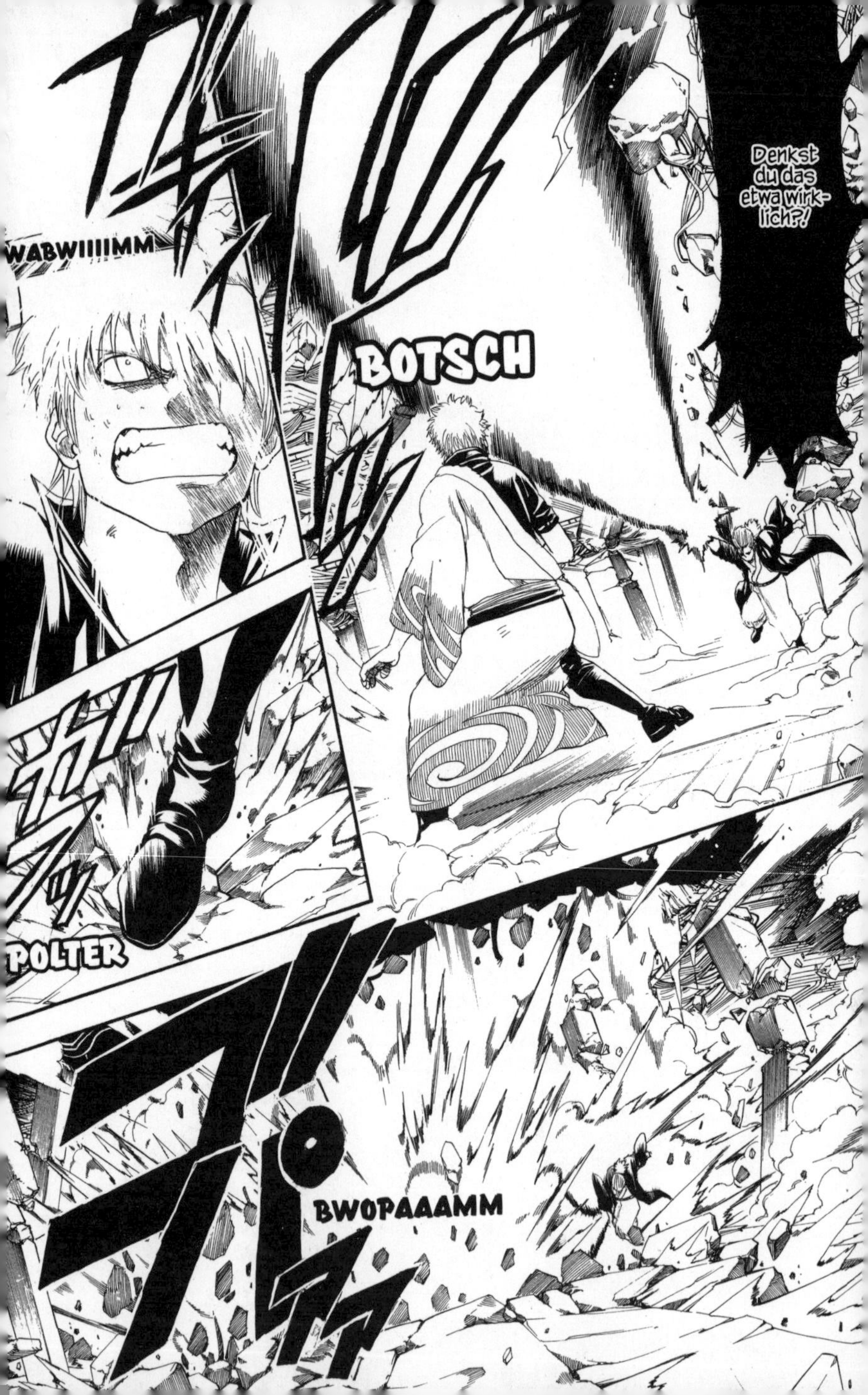
Denkst du das etwa wirklich?!
WABWIIIIIMM
BOTSCH
POLTER
BWOPAAAMM

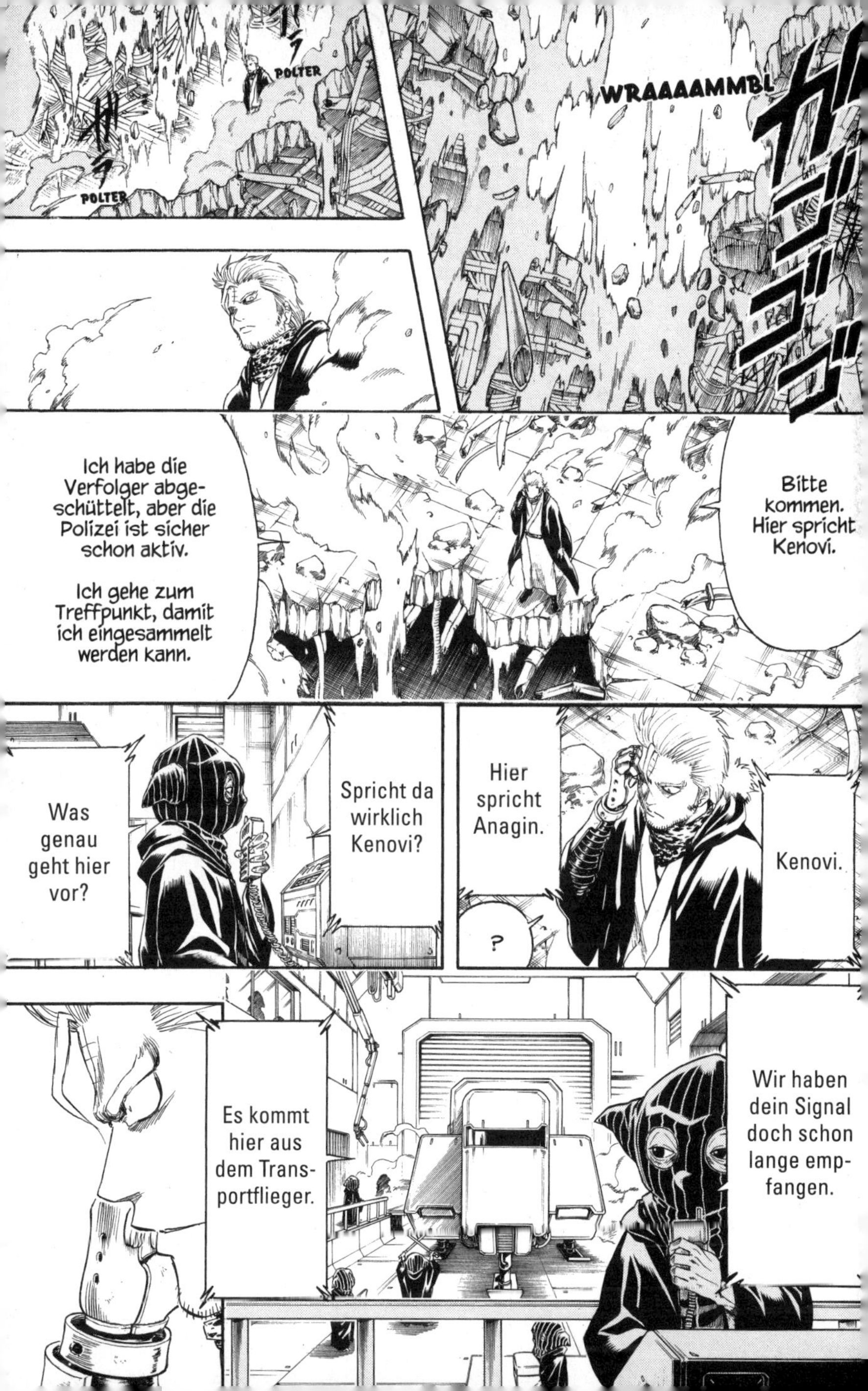
WRAAAAMMBL
POLTER
POLTER
Bitte kommen. Hier spricht Kenovi.
Ich habe die Verfolger abgeschüttelt, aber die Polizei ist sicher schon aktiv.
Ich gehe zum Treffpunkt, damit ich eingesammelt werden kann.
Kenovi.
?
Hier spricht Anagin.
Spricht da wirklich Kenovi?
Was genau geht hier vor?
Wir haben dein Signal doch schon lange empfangen.
Es kommt hier aus dem Transportflieger.

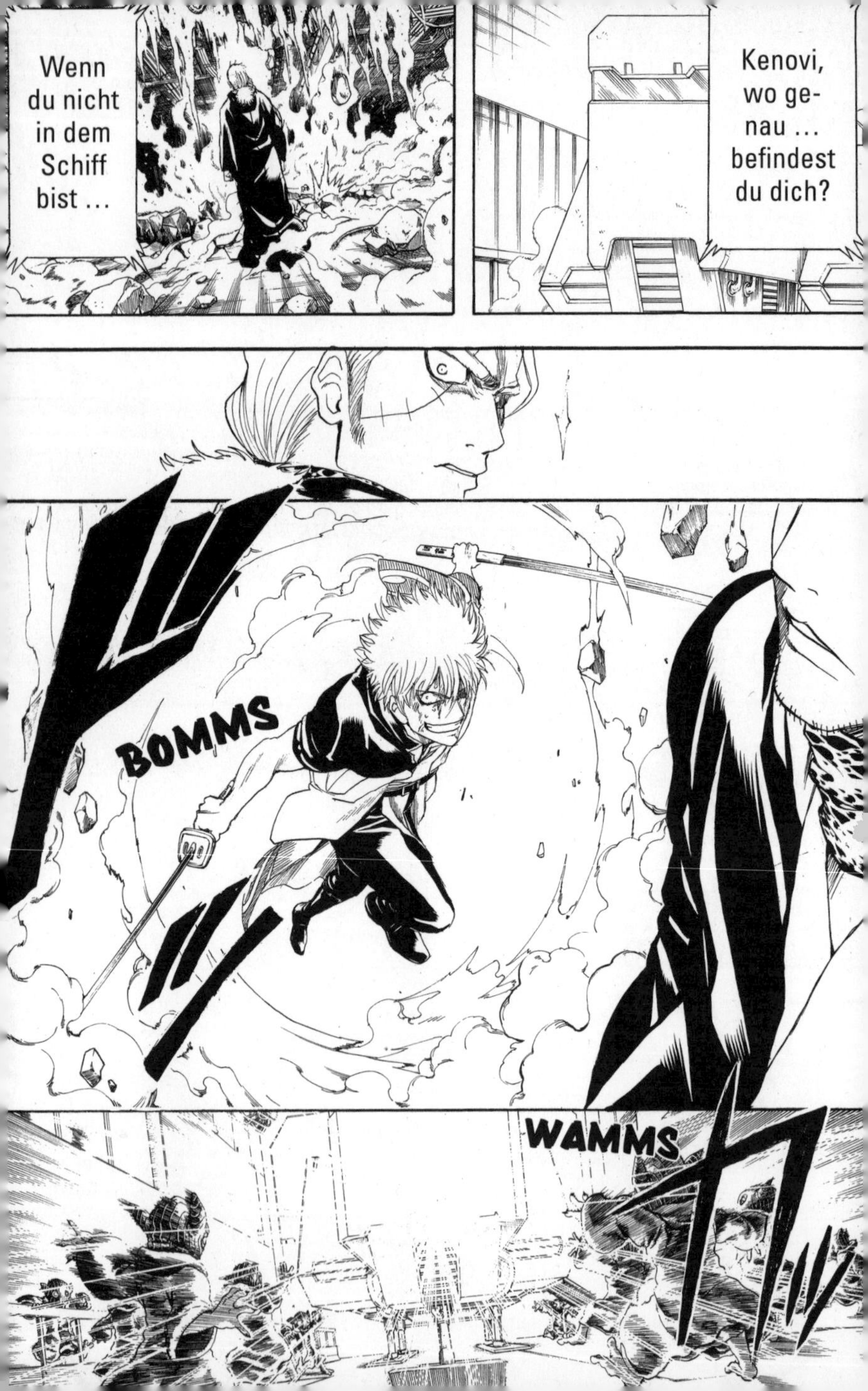
Kenovi, wo genau … befindest du dich?
Wenn du nicht in dem Schiff bist …
BOMMS
WAMMS

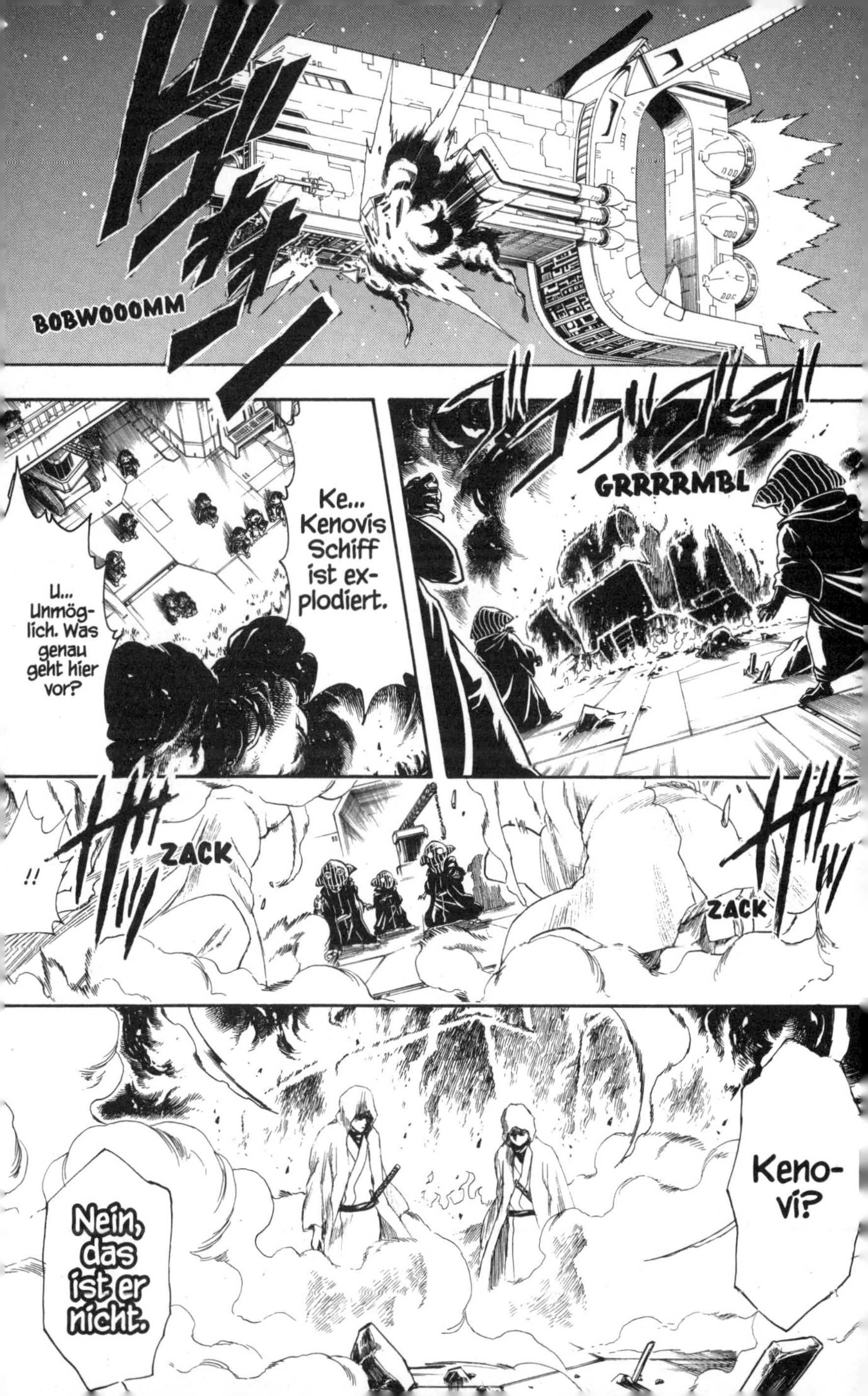

BOBWOOOMM
Ke... Kenovis Schiff ist explodiert.
U... Unmöglich. Was genau geht hier vor?
GRRRRMBL
ZACK
!!
ZACK
Keno-vi?
Nein, das ist er nicht.

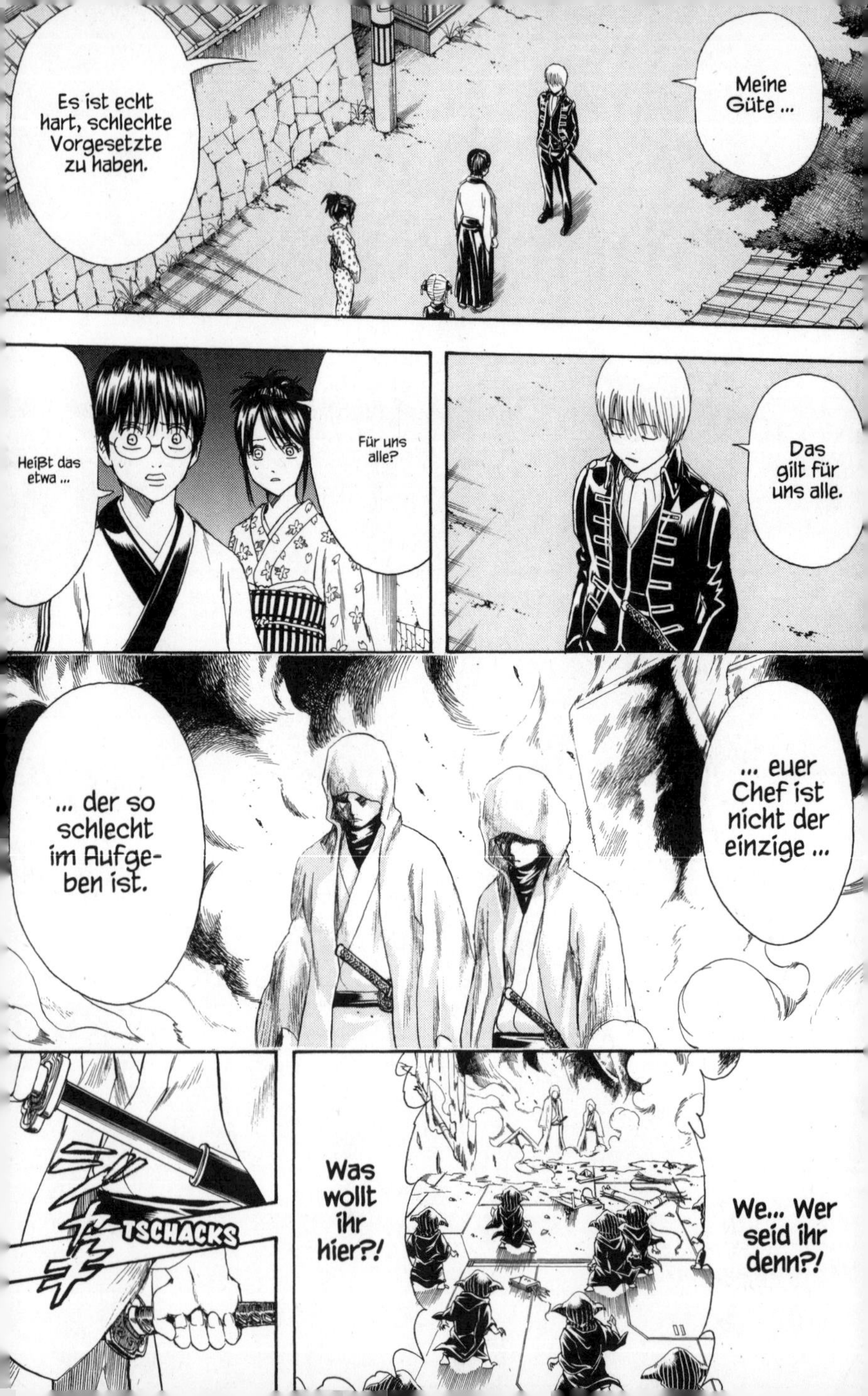
Meine Güte ...
Es ist echt hart, schlechte Vorgesetzte zu haben.
Das gilt für uns alle.
Für uns alle?
Heißt das etwa ...
... euer Chef ist nicht der einzige ...
... der so schlecht im Aufgeben ist.
We... Wer seid ihr denn?!
Was wollt ihr hier?!
TSCHACKS

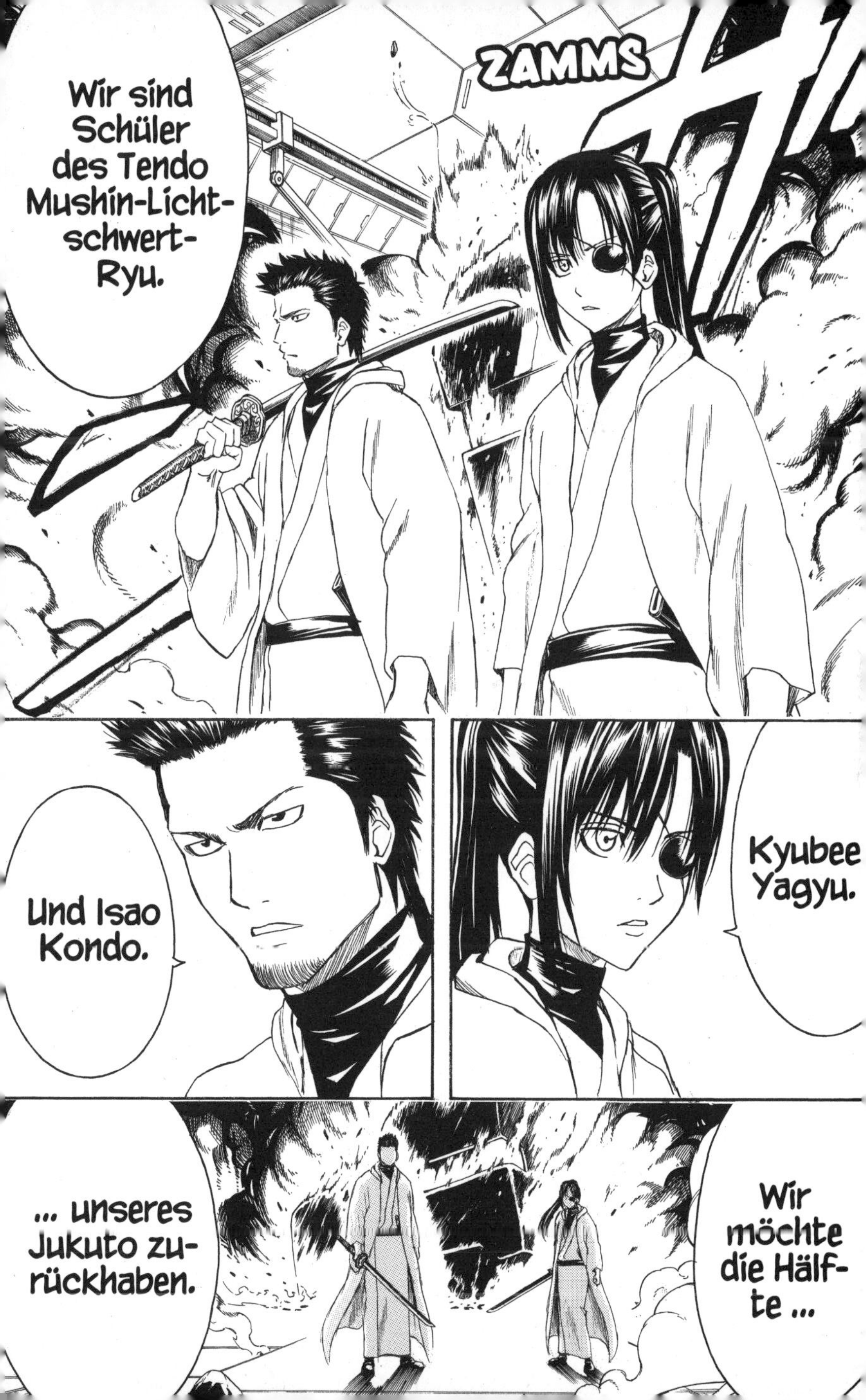
ZAMMS
Wir sind Schüler des Tendo Mushin-Licht-schwert-Ryu.
Kyubee Yagyu.
Und Isao Kondo.
Wir möchte die Hälf-te ...
... unseres Jukuto zu-rückhaben.

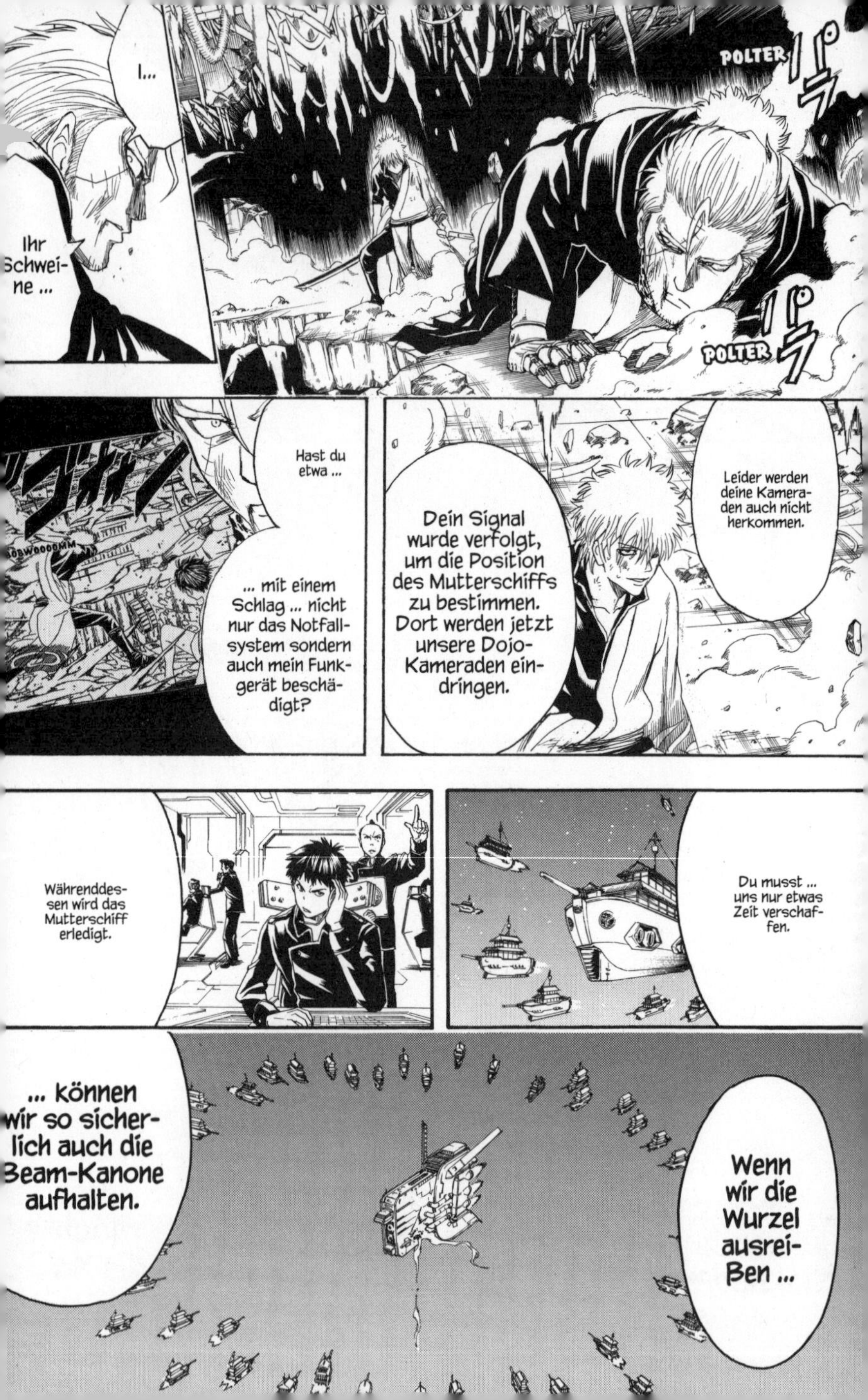

POLTER
POLTER
I...
Ihr Schweine ...
Leider werden deine Kameraden auch nicht herkommen.
Dein Signal wurde verfolgt, um die Position des Mutterschiffs zu bestimmen. Dort werden jetzt unsere Dojo-Kameraden eindringen.
Hast du etwa ...
... mit einem Schlag ... nicht nur das Notfallsystem sondern auch mein Funkgerät beschädigt?
Du musst ... uns nur etwas Zeit verschaffen.
Währenddessen wird das Mutterschiff erledigt.
Wenn wir die Wurzel ausreißen ...
... können wir so sicherlich auch die Beam-Kanone aufhalten.

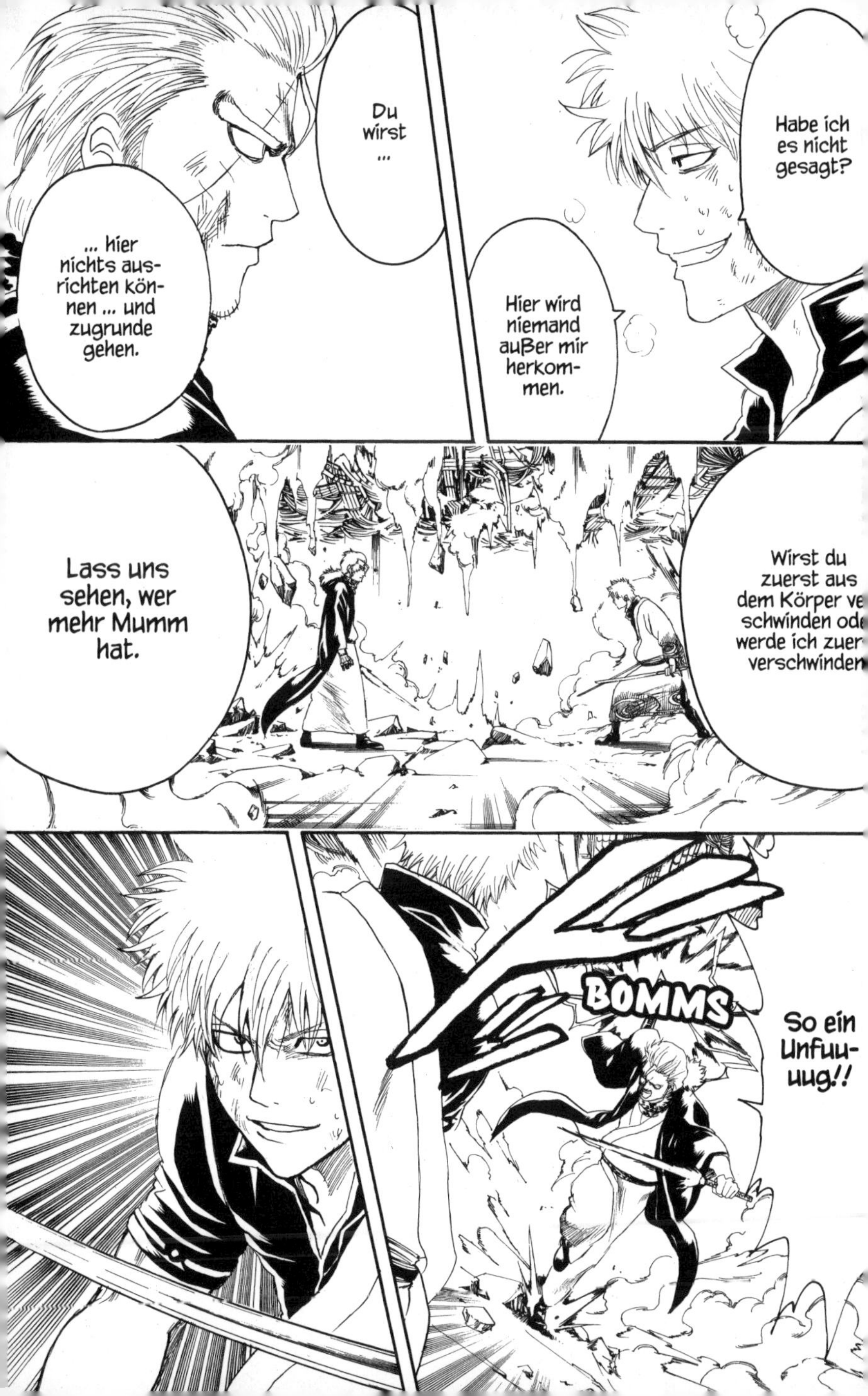
Habe ich es nicht gesagt?
Hier wird niemand außer mir herkommen.
Du wirst ...
... hier nichts ausrichten können ... und zugrunde gehen.
Wirst du zuerst aus dem Körper ve schwinden ode werde ich zuer verschwinden
Lass uns sehen, wer mehr Mumm hat.
BOMMS
So ein Unfuuuug!!

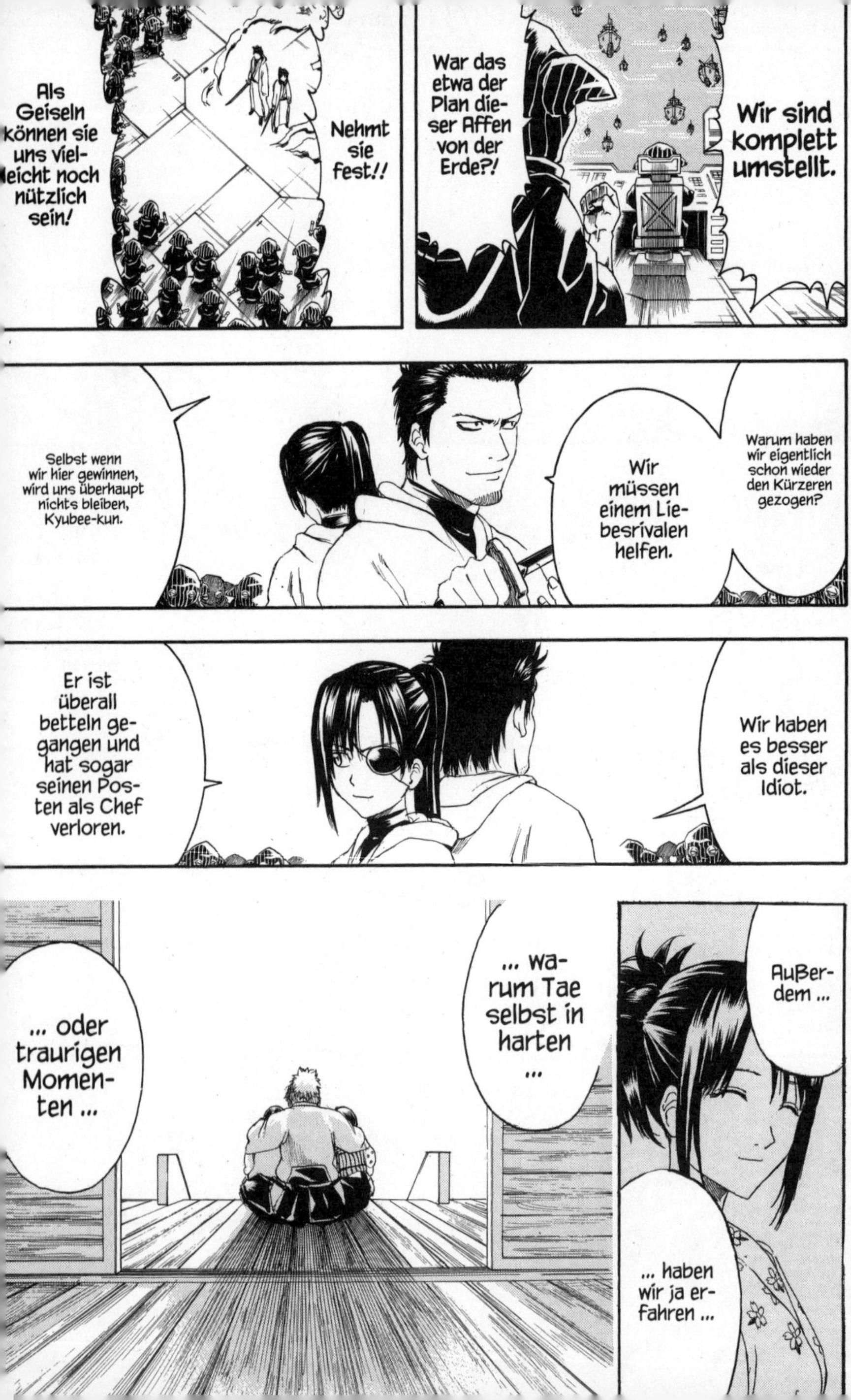

Wir sind komplett umstellt.
War das etwa der Plan dieser Affen von der Erde?!
Nehmt sie fest!!
Als Geiseln können sie uns vielleicht noch nützlich sein!
Warum haben wir eigentlich schon wieder den Kürzeren gezogen?
Wir müssen einem Liebesrivalen helfen.
Selbst wenn wir hier gewinnen, wird uns überhaupt nichts bleiben, Kyubee-kun.
Wir haben es besser als dieser Idiot.
Er ist überall betteln gegangen und hat sogar seinen Posten als Chef verloren.
Außerdem ...
... haben wir ja erfahren ...
... warum Tae selbst in harten ...
... oder traurigen Momenten ...

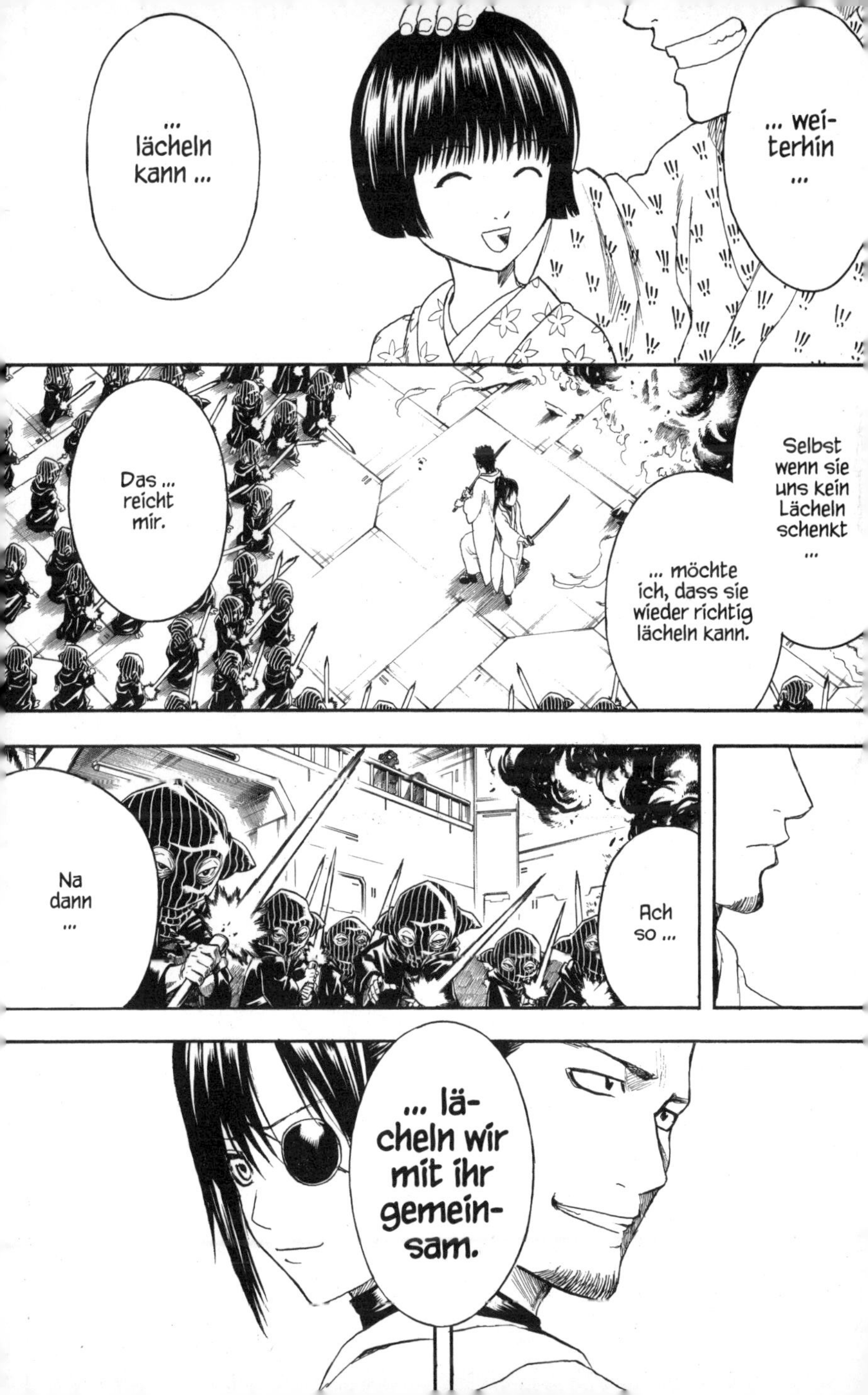
... weiterhin ...
... lächeln kann ...
Selbst wenn sie uns kein Lächeln schenkt ...
... möchte ich, dass sie wieder richtig lächeln kann.
Das ... reicht mir.
Ach so ...
Na dann ...
... lächeln wir mit ihr gemeinsam.

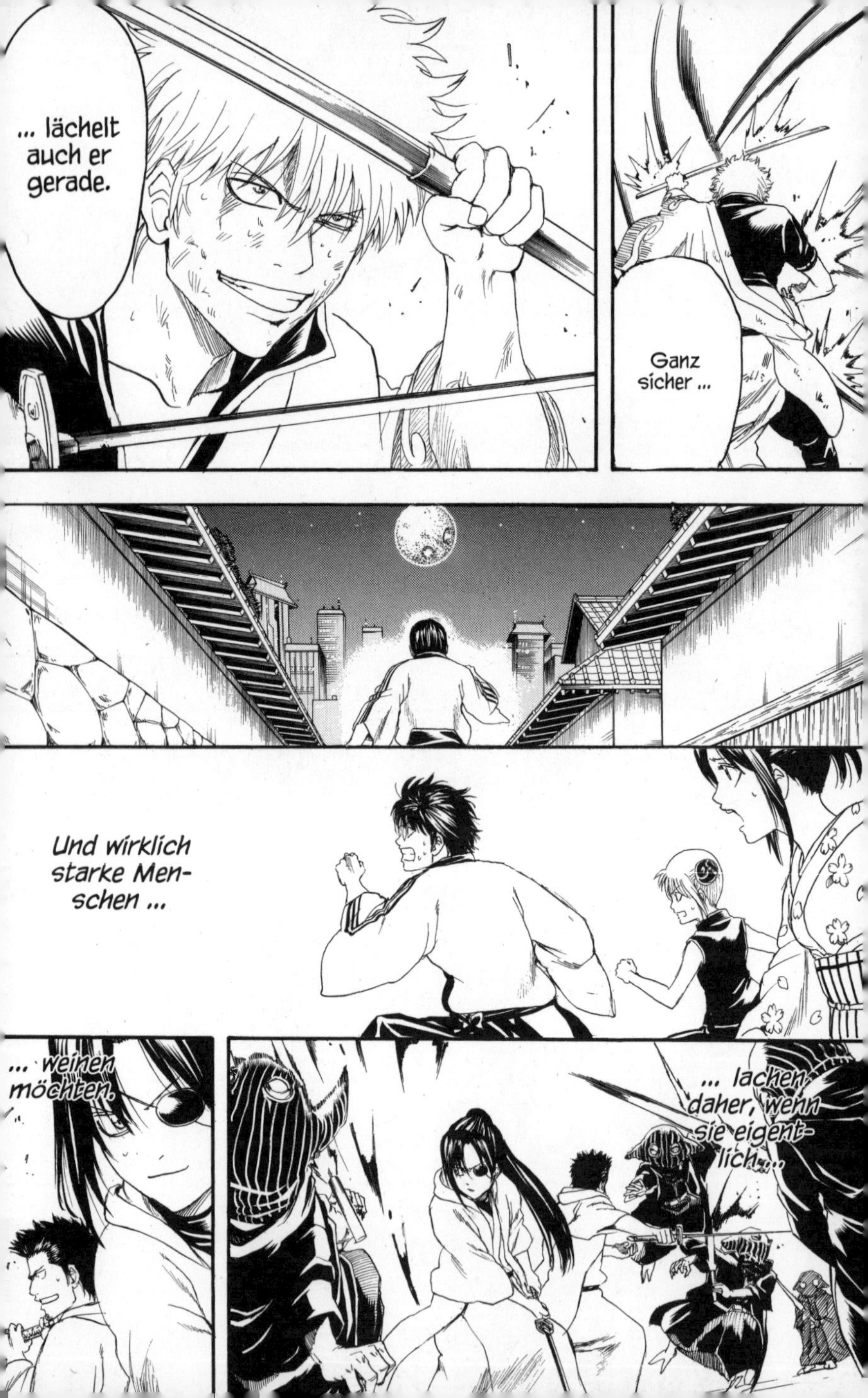
Ganz sicher ...
... lächelt auch er gerade.
Und wirklich starke Menschen ...
... lachen daher, wenn sie eigentlich ...
... weinen möchten.

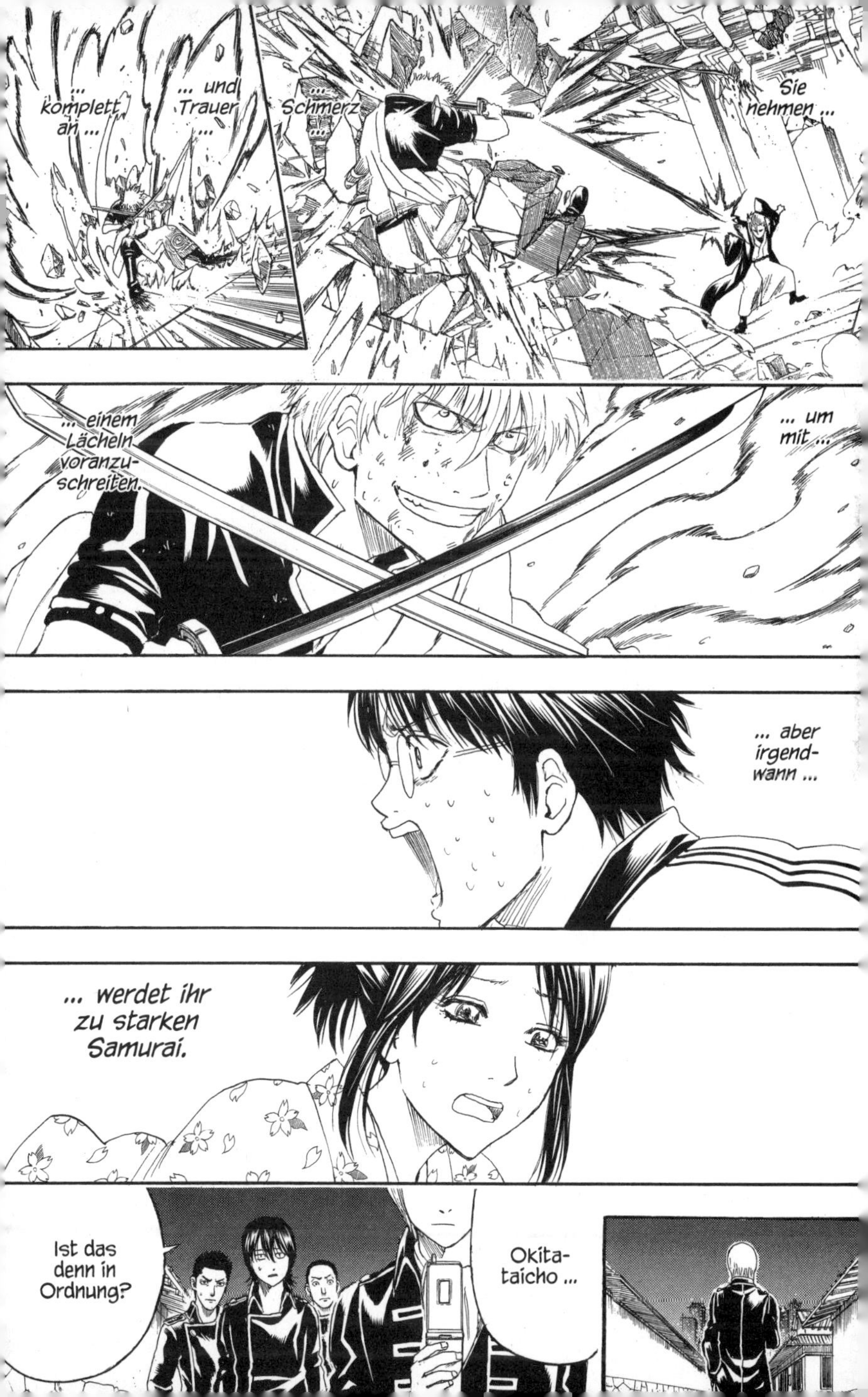
Sie nehmen ...
... Schmerz ...
... und Trauer ...
... komplett an ...
... um mit ...
... einem Lächeln voranzuschreiten.
... aber irgendwann ...
... werdet ihr zu starken Samurai.
Okita-taicho ...
Ist das denn in Ordnung?

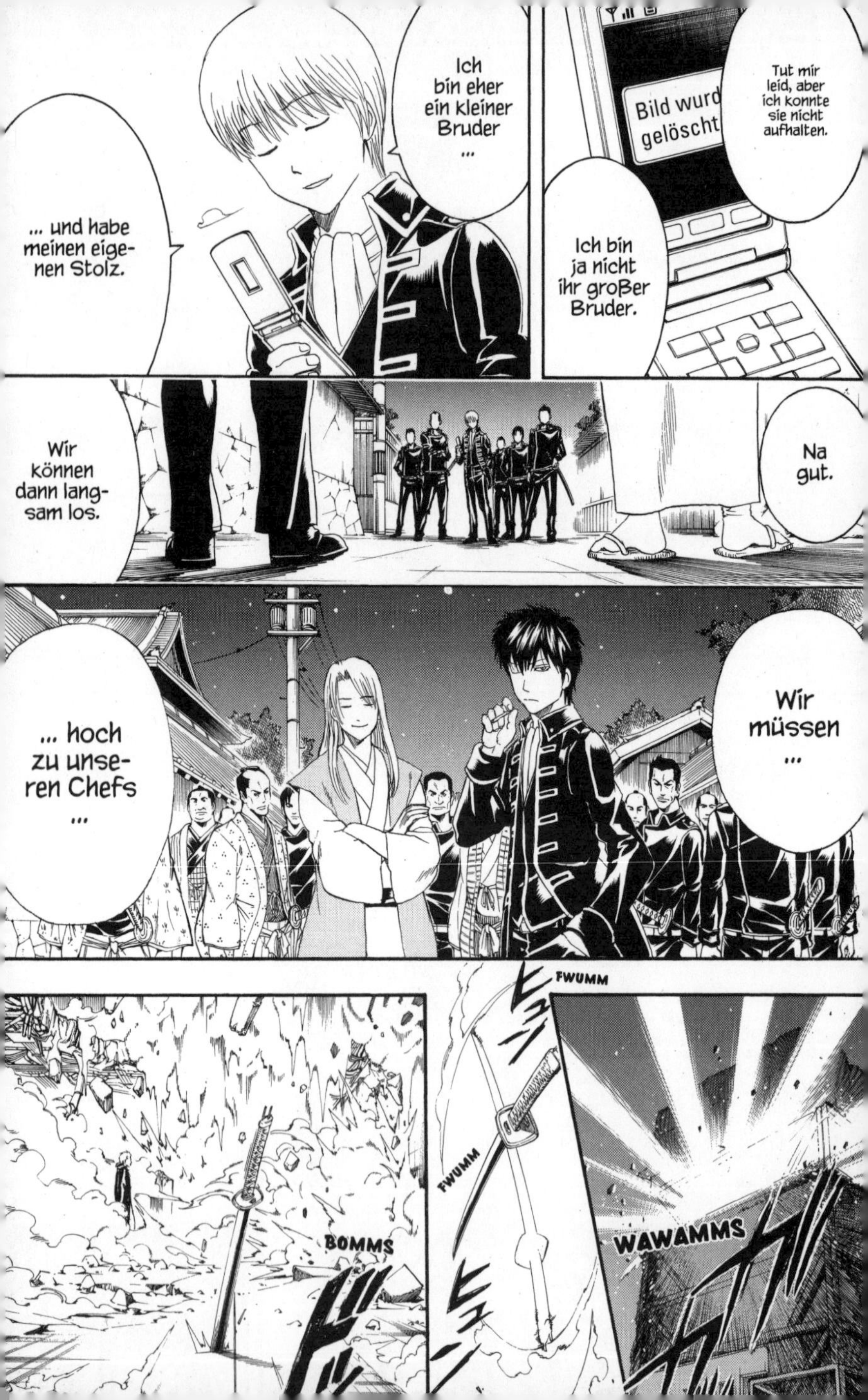
Tut mir leid, aber ich konnte sie nicht aufhalten.
Bild wurd gelöscht
Ich bin ja nicht ihr großer Bruder.
Ich bin eher ein kleiner Bruder ...
... und habe meinen eigenen Stolz.
Na gut.
Wir können dann langsam los.
Wir müssen ...
... hoch zu unseren Chefs ...
FWUMM
WAWAMMS
FWUMM
BOMMS

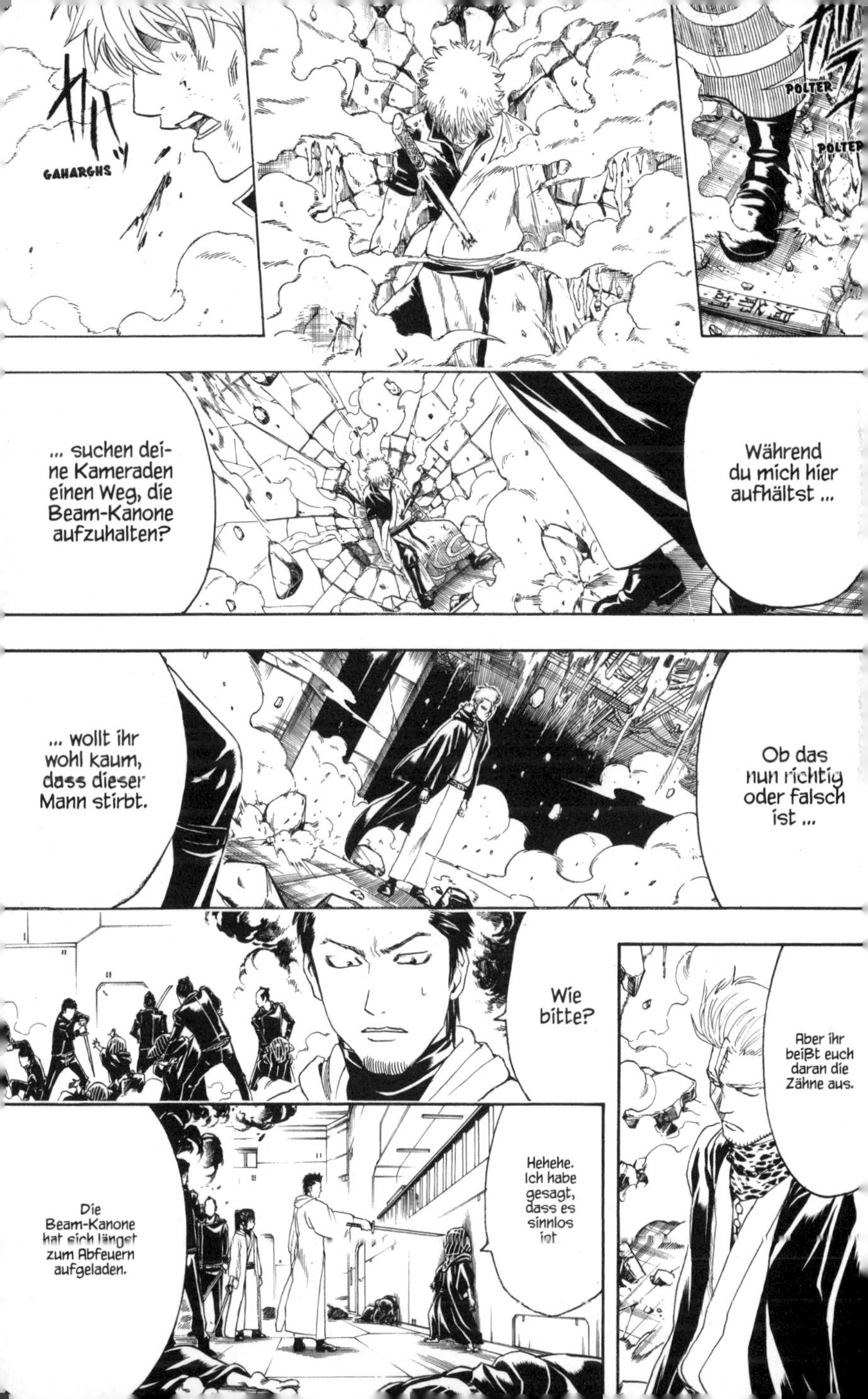
POLTER
POLTER
GAHARGHS
Während du mich hier aufhältst ...
... suchen deine Kameraden einen Weg, die Beam-Kanone aufzuhalten?
Ob das nun richtig oder falsch ist ...
... wollt ihr wohl kaum, dass dieser Mann stirbt.
Aber ihr beißt euch daran die Zähne aus.
Wie bitte?
Hehehe. Ich habe gesagt, dass es sinnlos ist
Die Beam-Kanone hat sich längst zum Abfeuern aufgeladen.

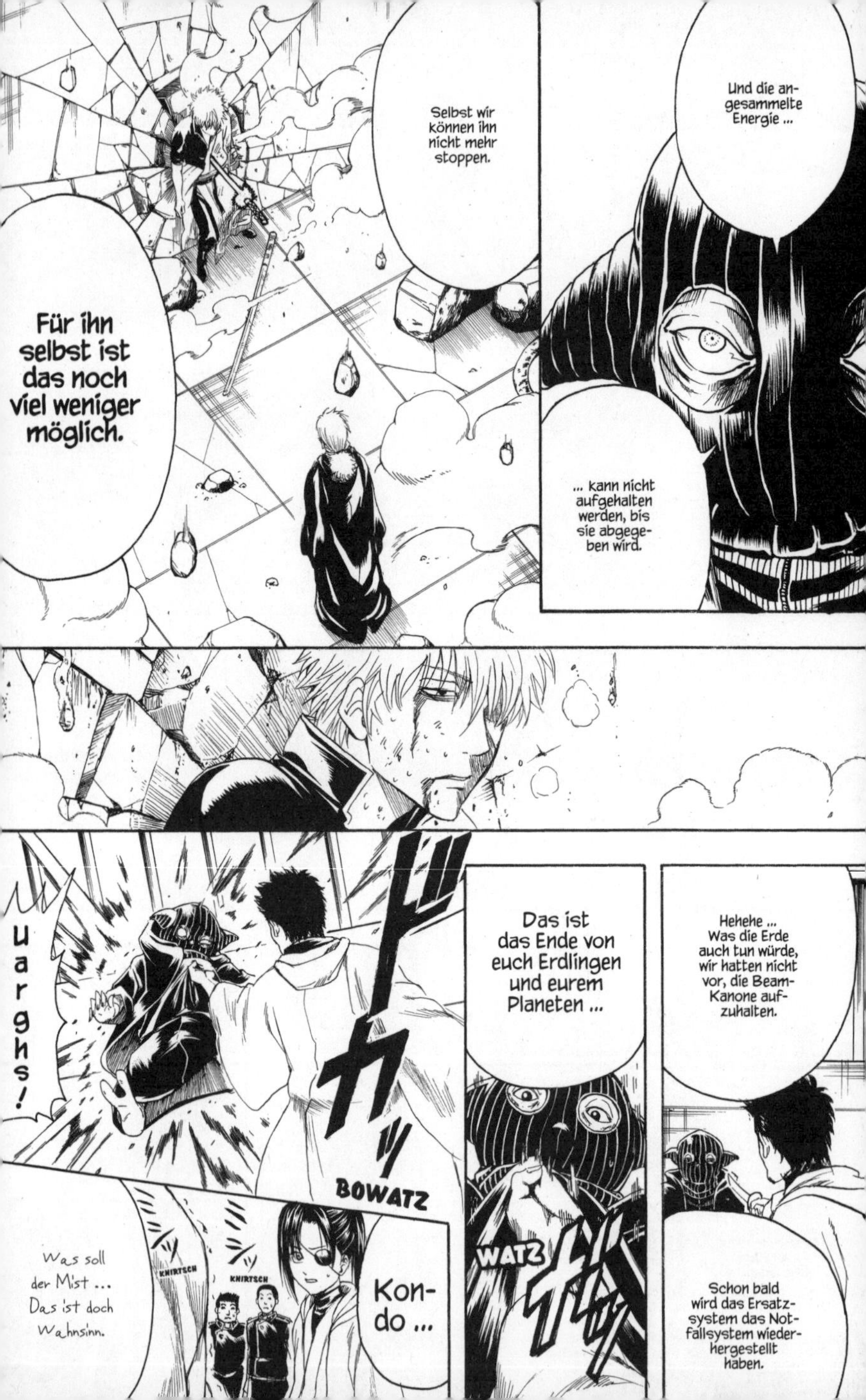
Und die angesammelte Energie ...
... kann nicht aufgehalten werden, bis sie abgegeben wird.
Selbst wir können ihn nicht mehr stoppen.
Für ihn selbst ist das noch viel weniger möglich.
Hehehe ... Was die Erde auch tun würde, wir hatten nicht vor, die Beam-Kanone aufzuhalten.
Schon bald wird das Ersatzsystem das Notfallsystem wiederhergestellt haben.
Das ist das Ende von euch Erdlingen und eurem Planeten ...
WATZ
BOWATZ
Uarghs!
Kondo ...
KNIRTSCH
KNIRTSCH
Was soll der Mist ... Das ist doch Wahnsinn.

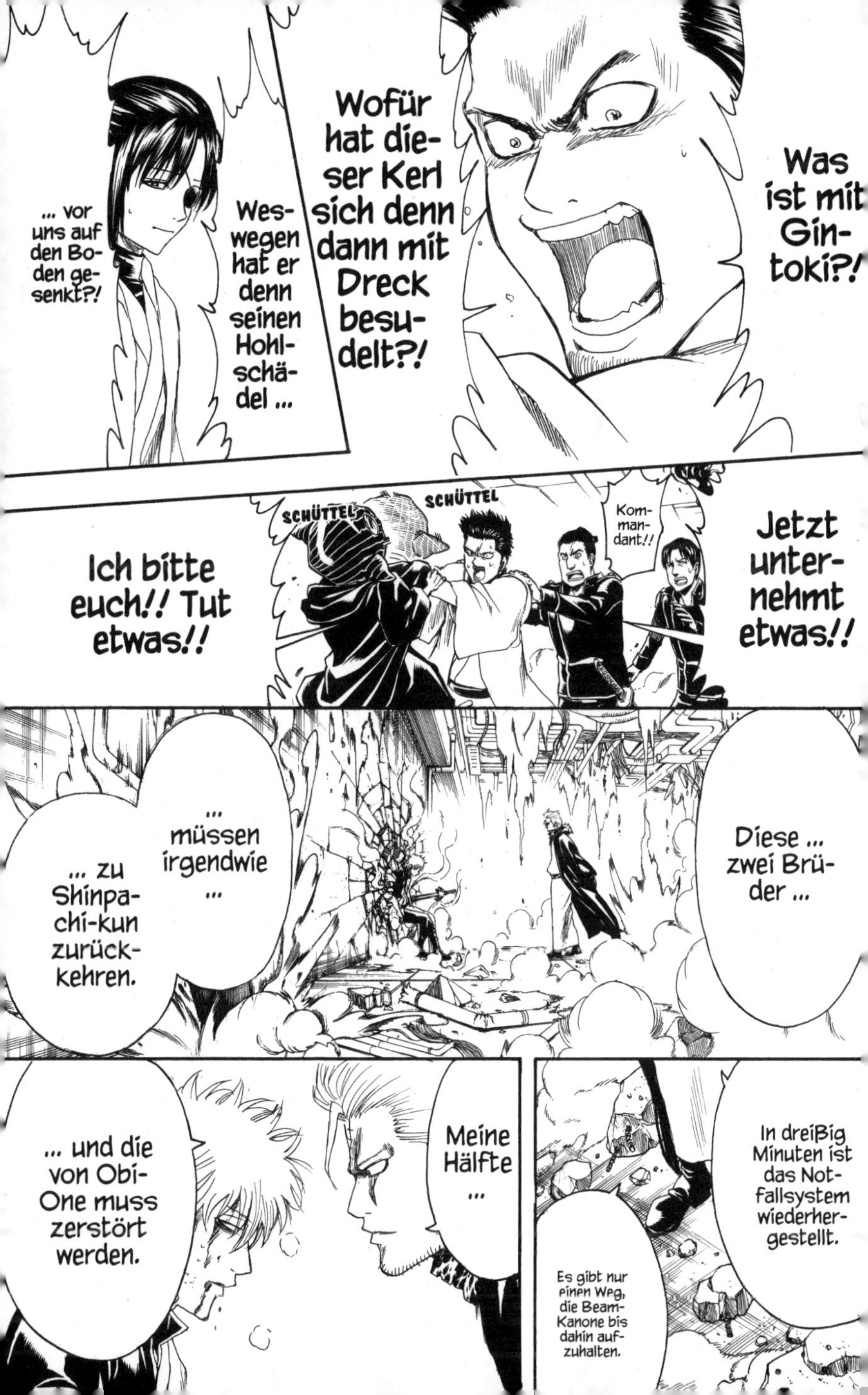

Was ist mit Gintoki?!
Wofür hat dieser Kerl sich denn dann mit Dreck besudelt?!
Weswegen hat er denn seinen Hohlschädel ...
... vor uns auf den Boden gesenkt?!
Jetzt unternehmt etwas!!
Kommandant!!
SCHÜTTEL
SCHÜTTEL
Ich bitte euch!! Tut etwas!!
Diese ... zwei Brüder ...
... müssen irgendwie ...
... zu Shinpachi-kun zurückkehren.
In dreißig Minuten ist das Notfallsystem wiederhergestellt.
Es gibt nur einen Weg, die Beam-Kanone bis dahin aufzuhalten.
Meine Hälfte ...
... und die von Obi-One muss zerstört werden.

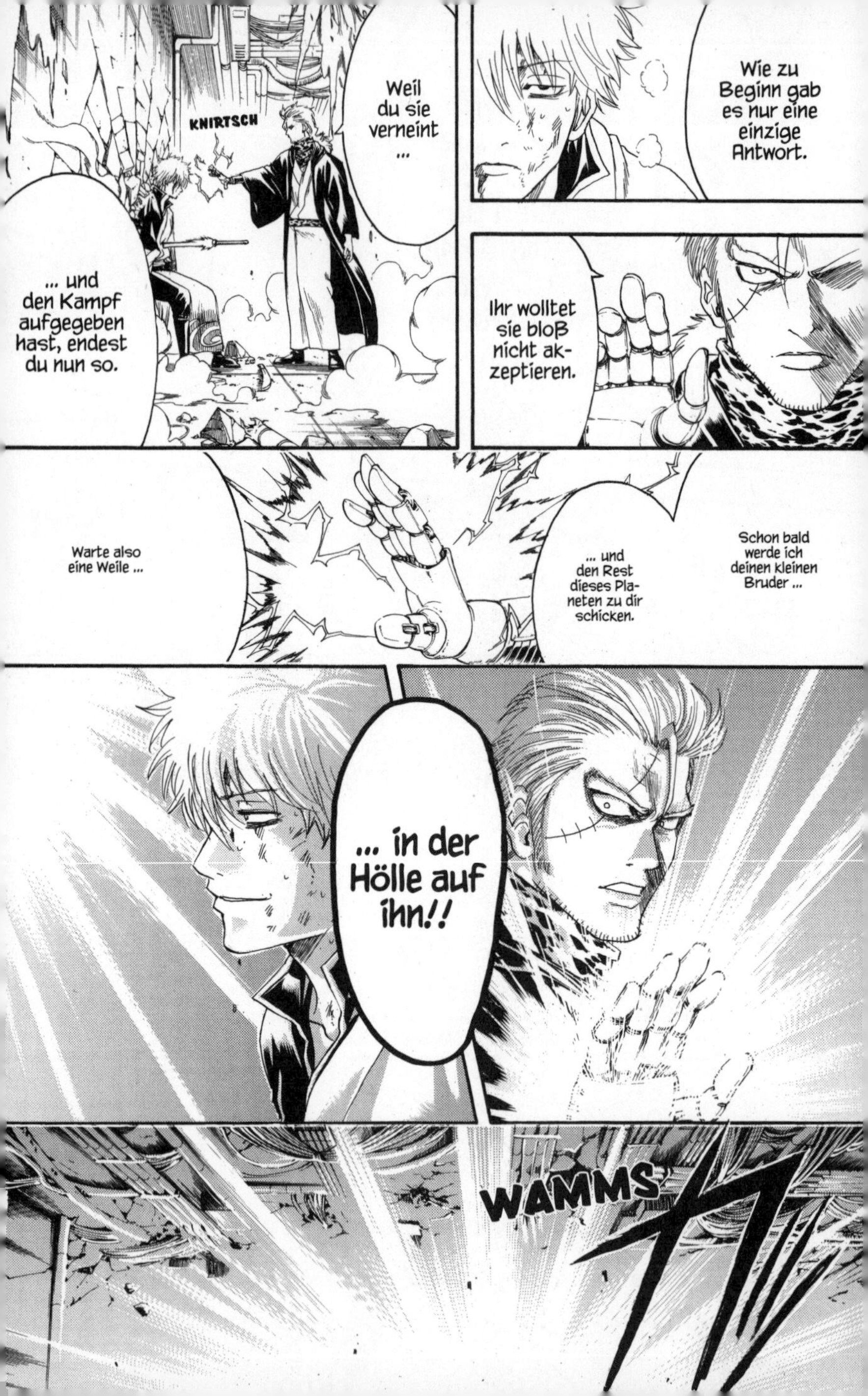

Wie zu Beginn gab es nur eine einzige Antwort.
Ihr wolltet sie bloß nicht akzeptieren.
Weil du sie verneint ...
KNIRTSCH
... und den Kampf aufgegeben hast, endest du nun so.
Schon bald werde ich deinen kleinen Bruder ...
... und den Rest dieses Planeten zu dir schicken.
Warte also eine Weile ...
... in der Hölle auf ihn!!
WAMMS

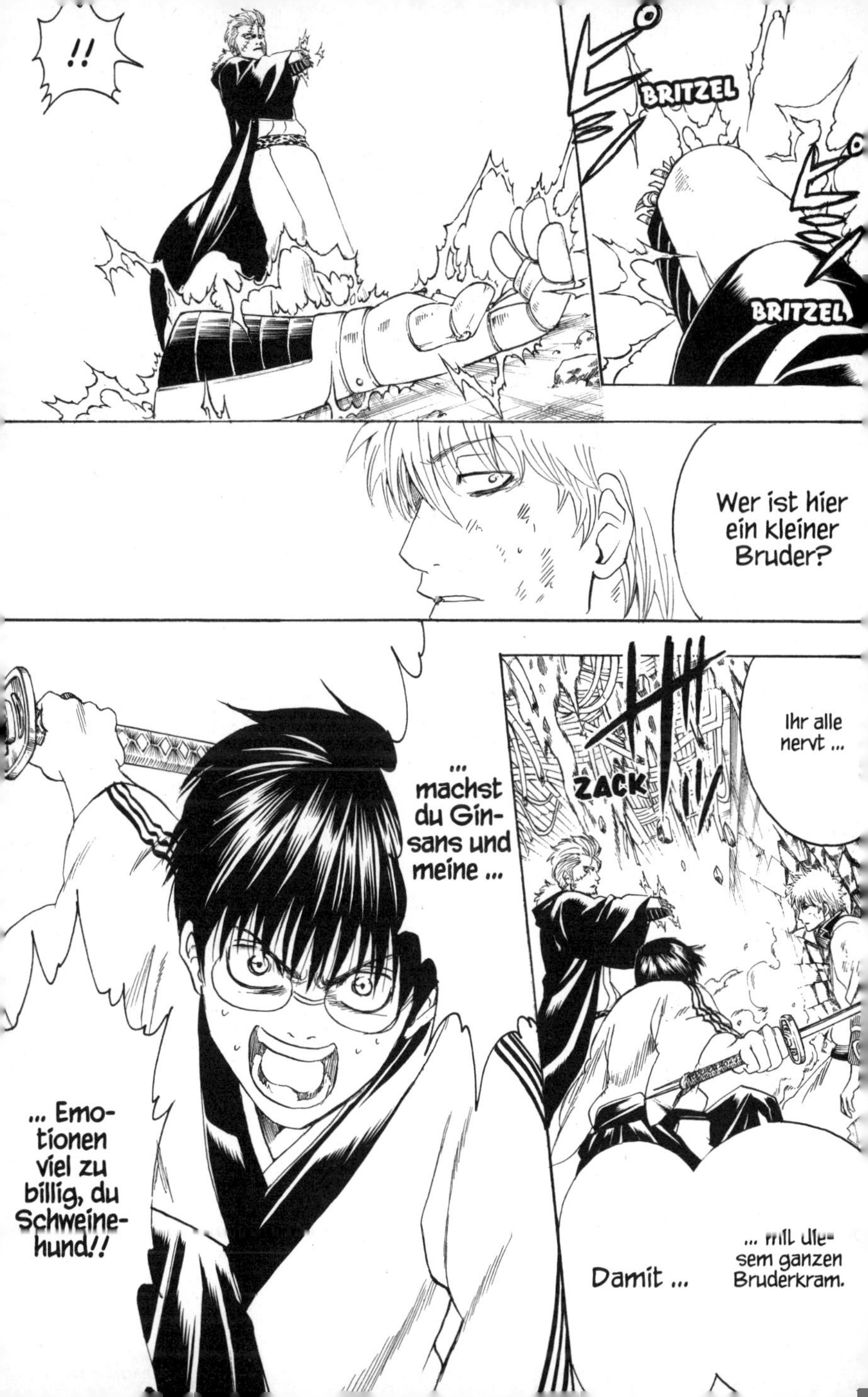

BRITZEL
BRITZEL
!!
Wer ist hier ein kleiner Bruder?
Ihr alle nervt ...
ZACK
sem ganzen Bruderkram.
Damit ...
... machst du Gin-sans und meine ...
... Emotionen viel zu billig, du Schweinehund!!

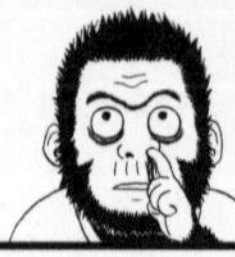

Sorachi auf Leser-Tuchfühlung Fragen-Corner 135

(Frage von Parfait-san aus Ibaraki)

Guten Tag. Ich komme gleich zur Frage. Sorachi-sensei, Sie haben eine Sauklaue, aber warum schreiben Sie die Bonusseiten denn immer per Hand?* (Können Sie das nicht an einem PC tippen?)

Antwort

Das stimmt schon. Es ist echt lästig und ich würde es lieber an einem PC tippen. Es gibt auch einige Leser, die sich einen Spaß daraus machen, wenn ich meinen Pinselstift wechsele und darüber fachsimpeln, ob der vorherige vielleicht besser war. Sie lieben dieses Meckern wirklich über alle Maßen, weswegen ich es auch nicht mehr ändern kann. So ist das jetzt wohl.

Es tut mir leid, wenn es schlecht zu lesen ist, aber zumindest hatte ich zuvor auch mal Schreibübungen gemacht.

*im japanischen Original

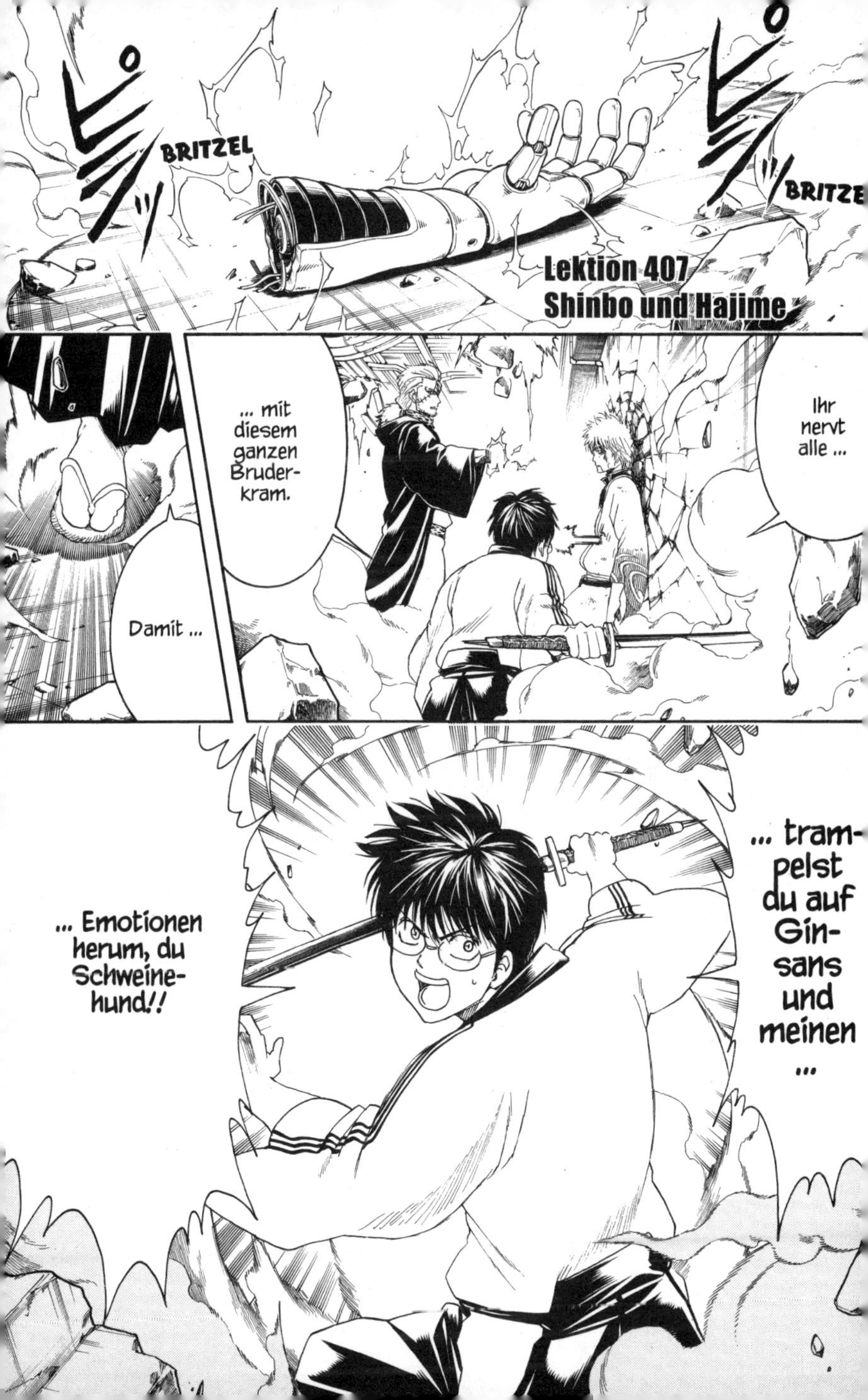

BRITZE
BRITZEL
Lektion 407
Shinbo und Hajime
Ihr nervt alle ...
... mit diesem ganzen Bruder-kram.
Damit ...
... trampelst du auf Gin-sans und meinen ...
... Emotionen herum, du Schweine-hund!!

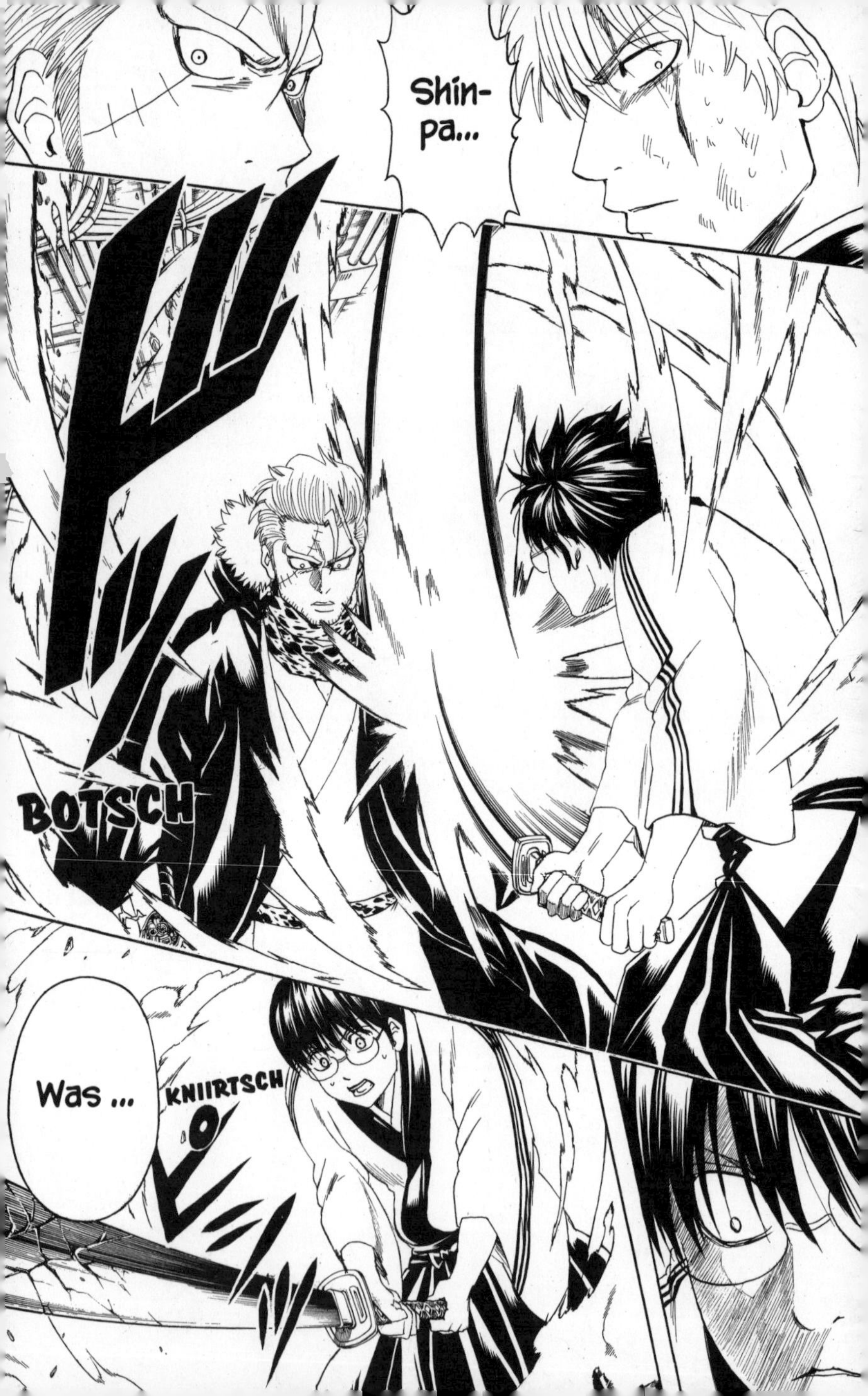
Shin-
pa...
BOTSCH
Was ...
KNIIRTSCH

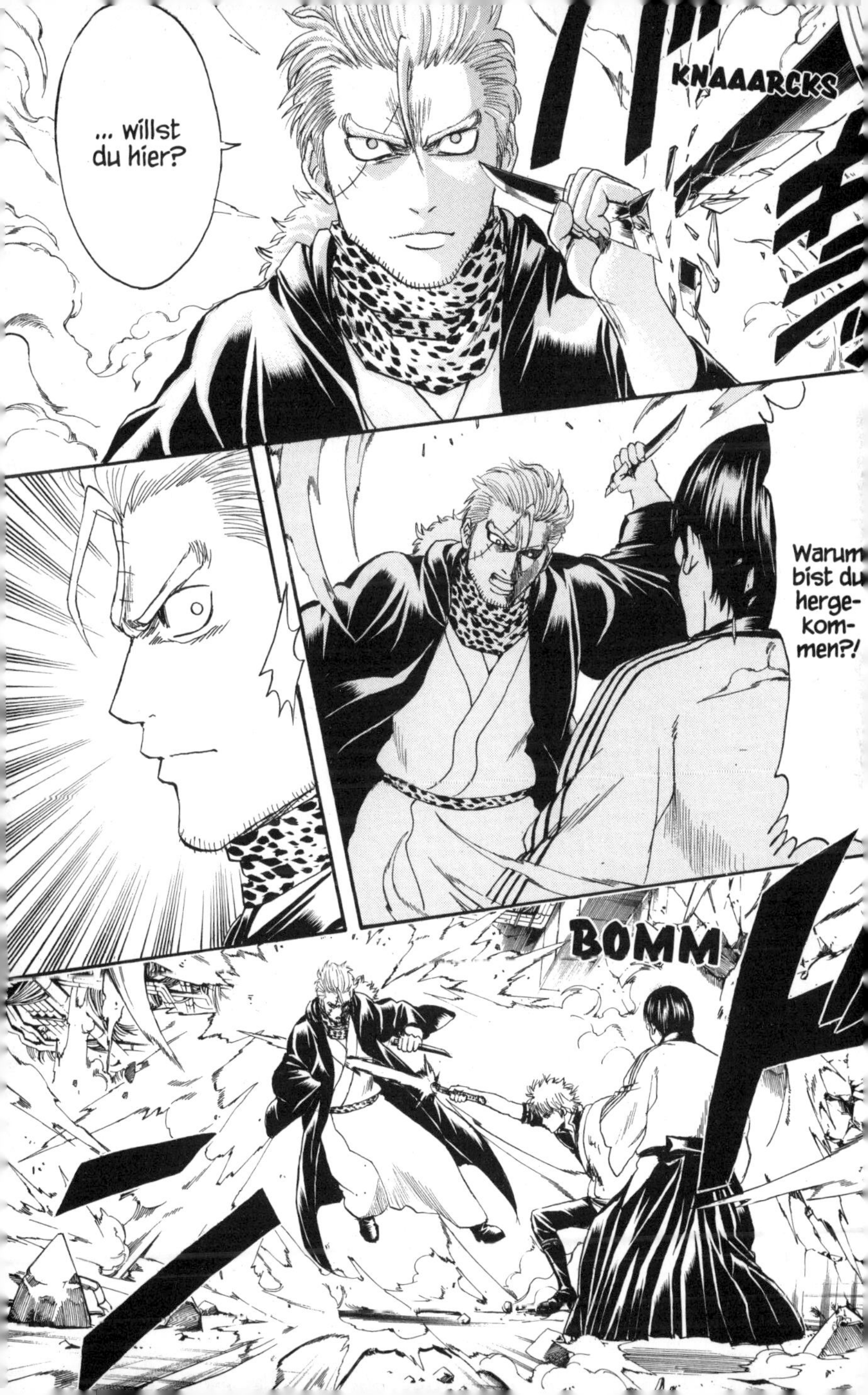
KNAAARCKS
... willst du hier?
Warum bist du hergekommen?!
BOMM

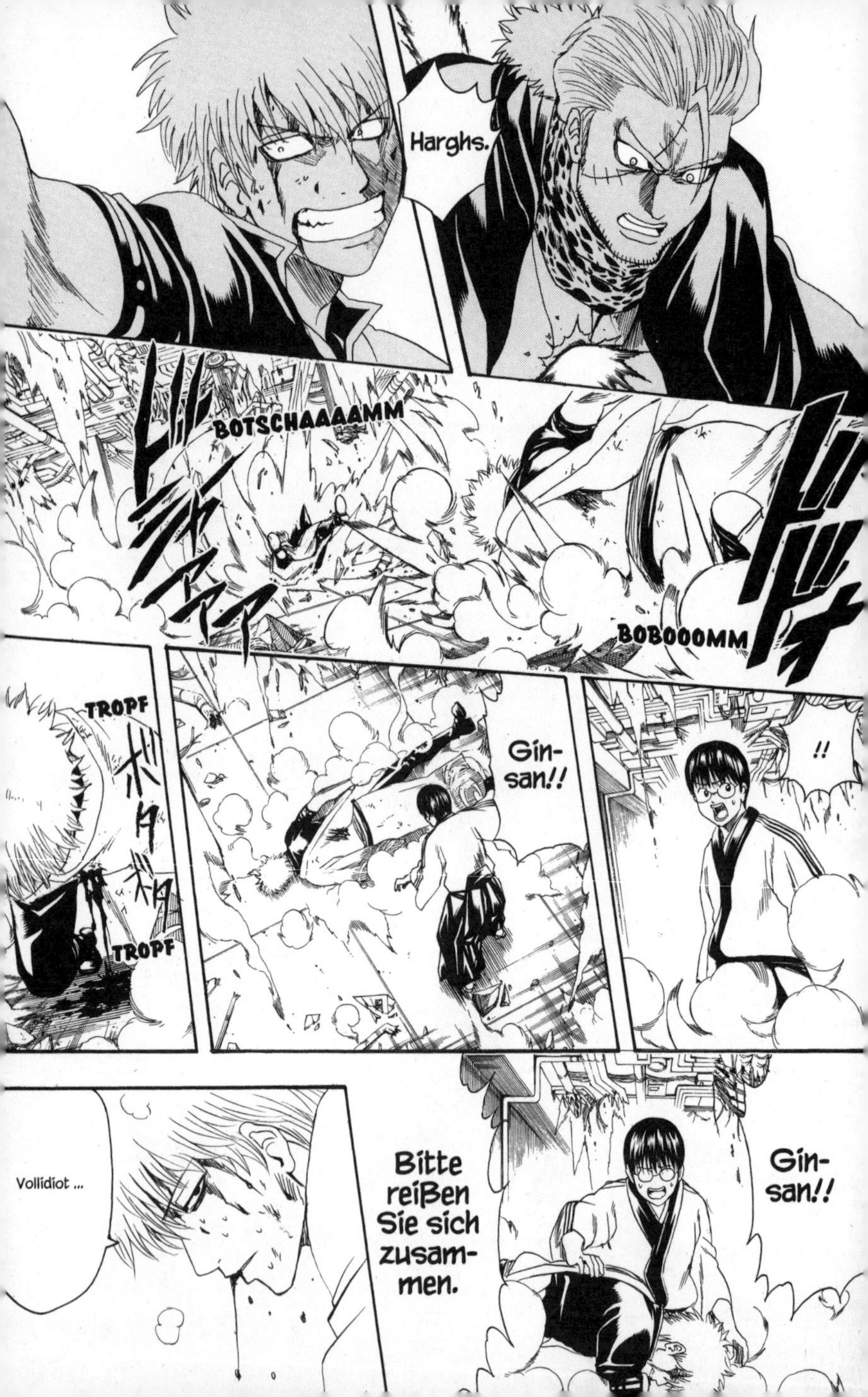

Harghs.
BOBOOOMM
BOTSCHAAAAAMM
!!
Gin-san!!
TROPF
TROPF
Gin-san!!
Bitte reißen Sie sich zusammen.
Vollidiot ...

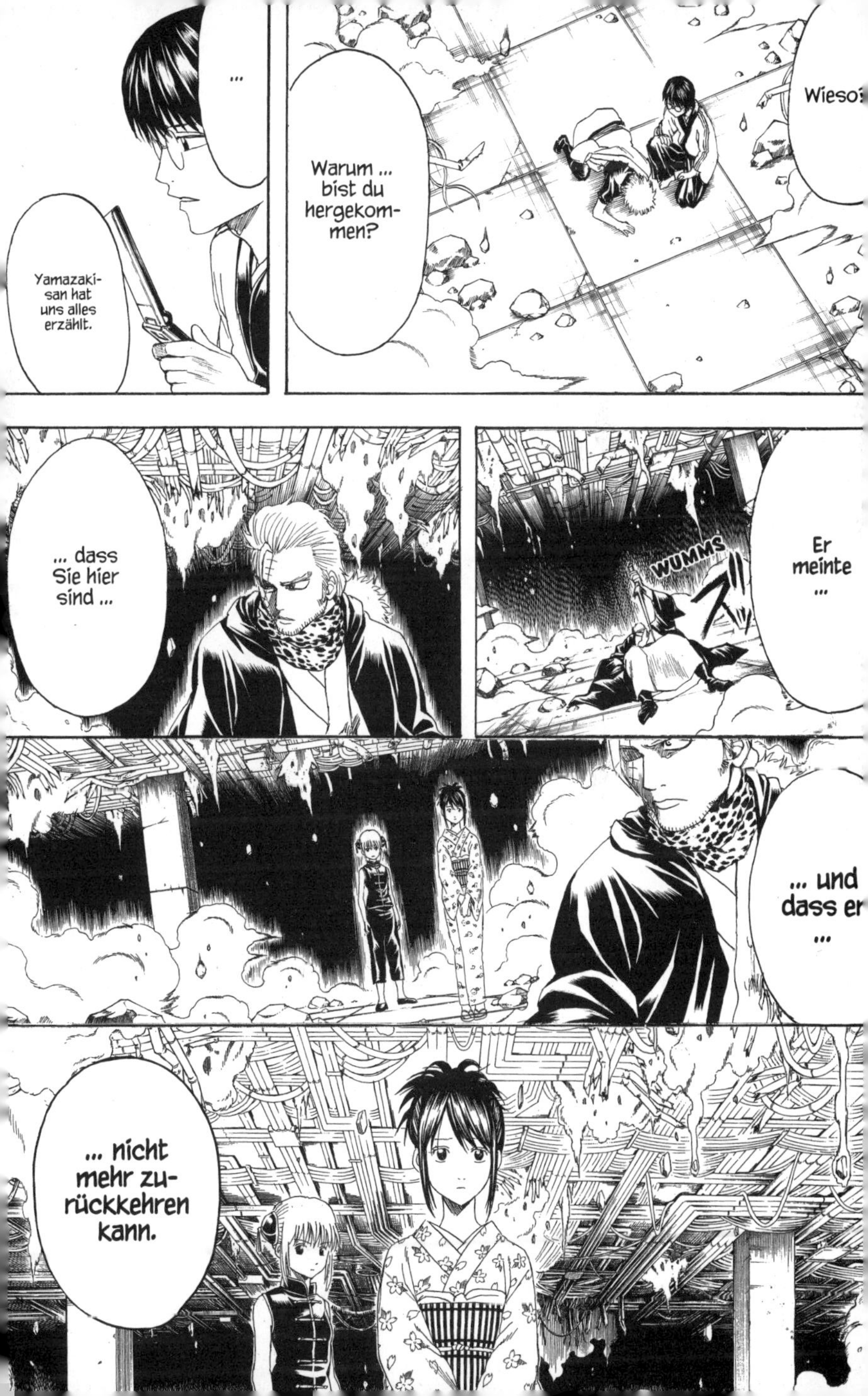
Wieso?
Warum ... bist du hergekommen?
...
Yamazaki-san hat uns alles erzählt.
Er meinte ...
WUMMS
... dass Sie hier sind ...
... und dass er ...
... nicht mehr zurückkehren kann.

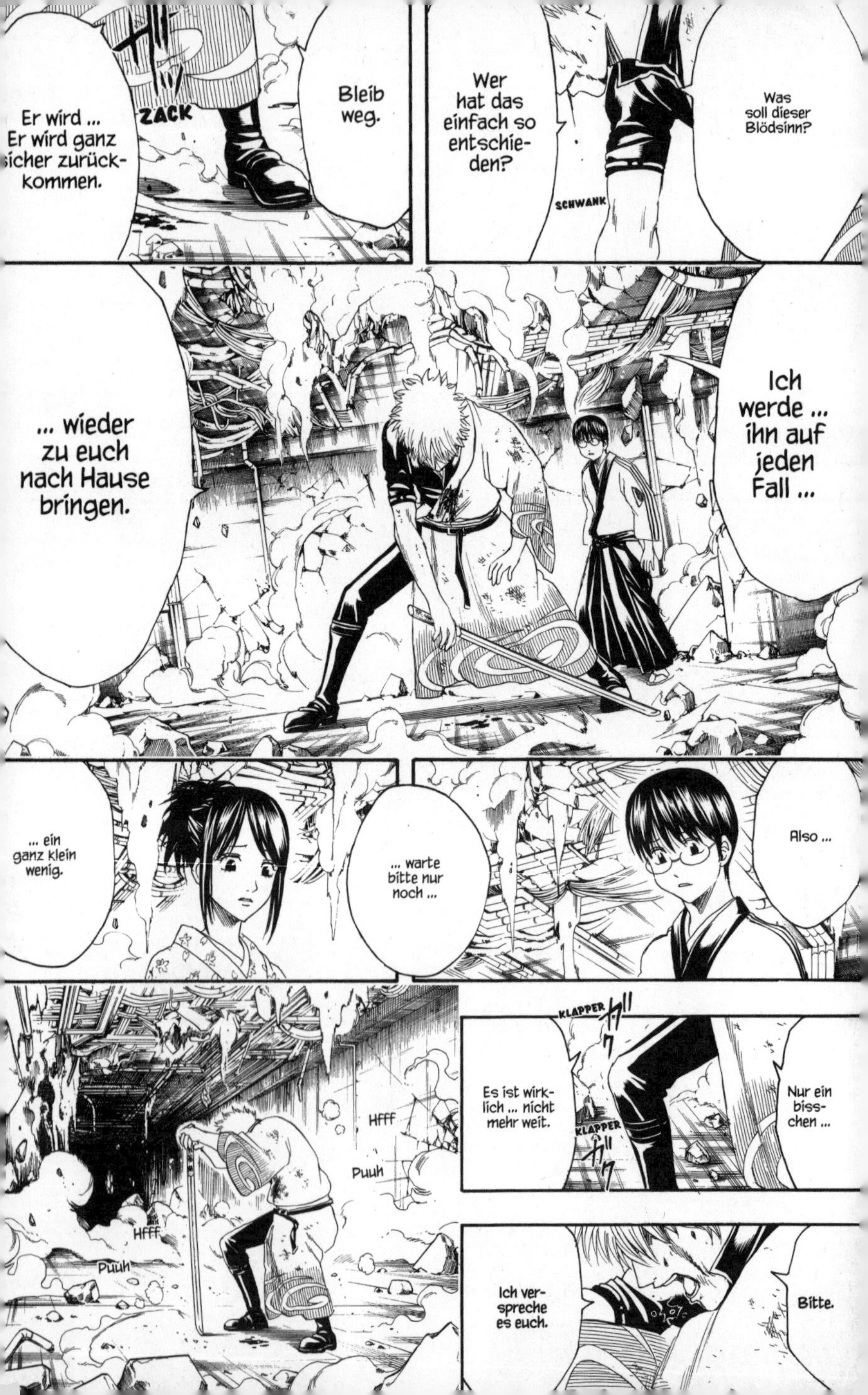

Was soll dieser Blödsinn?
SCHWANK
Wer hat das einfach so entschieden?
Bleib weg.
ZACK
Er wird ... Er wird ganz sicher zurückkommen.
Ich werde ... ihn auf jeden Fall ...
... wieder zu euch nach Hause bringen.
Also ...
... warte bitte nur noch ...
... ein ganz klein wenig.
KLAPPER
Nur ein bisschen ...
KLAPPER
Es ist wirklich ... nicht mehr weit.
Bitte.
Ich verspreche es euch.
Hfff
Puuh
Hfff
Puuh

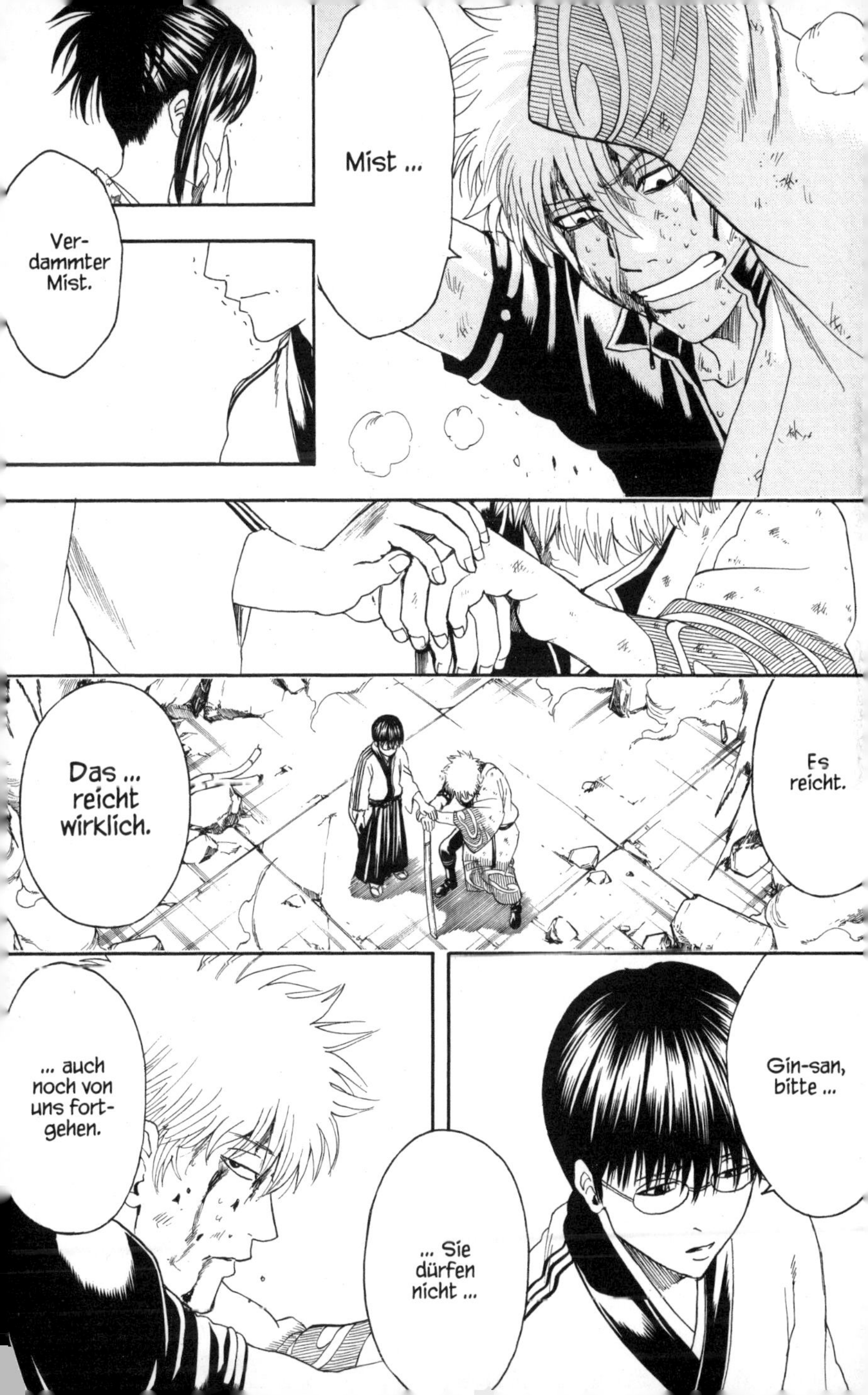
Mist ...
Verdammter Mist.
Es reicht.
Das ... reicht wirklich.
Gin-san, bitte ...
... Sie dürfen nicht ...
... auch noch von uns fortgehen.

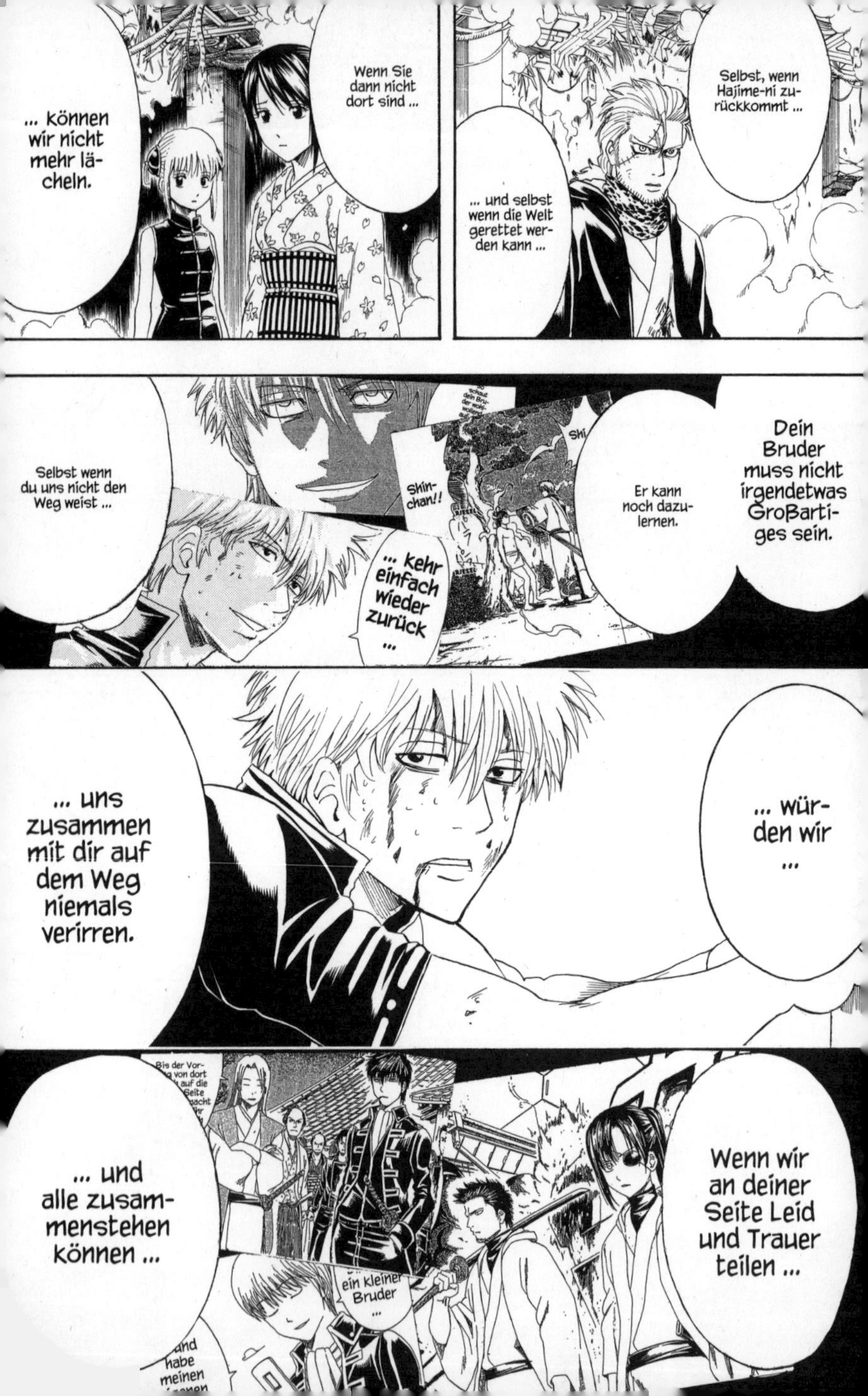
Selbst, wenn Hajime-ni zurückkommt ...
... und selbst wenn die Welt gerettet werden kann ...
Wenn Sie dann nicht dort sind ...
... können wir nicht mehr lächeln.
Dein Bruder muss nicht irgendetwas Großartiges sein.
Er kann noch dazulernen.
Shin-chan!!
... kehr einfach wieder zurück ...
Selbst wenn du uns nicht den Weg weist ...
... würden wir ...
... uns zusammen mit dir auf dem Weg niemals verirren.
Wenn wir an deiner Seite Leid und Trauer teilen ...
ein kleiner Bruder ...
... und alle zusammenstehen können ...

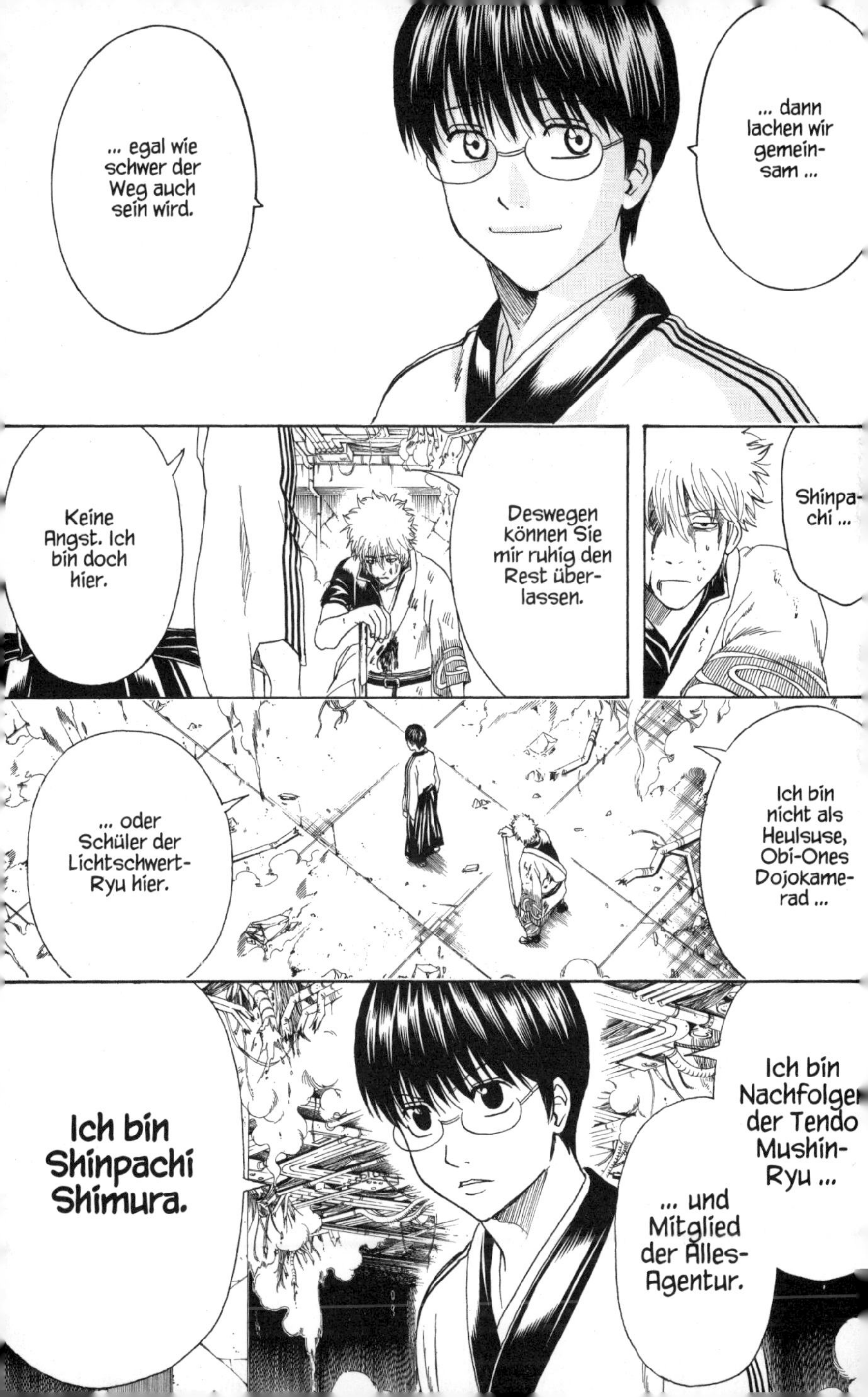

... dann lachen wir gemeinsam ...
... egal wie schwer der Weg auch sein wird.
Shinpachi ...
Deswegen können Sie mir ruhig den Rest überlassen.
Keine Angst. Ich bin doch hier.
Ich bin nicht als Heulsuse, Obi-Ones Dojokamerad ...
... oder Schüler der Lichtschwert-Ryu hier.
Ich bin Nachfolger der Tendo Mushin-Ryu ...
... und Mitglied der Alles-Agentur.
Ich bin Shinpachi Shimura.

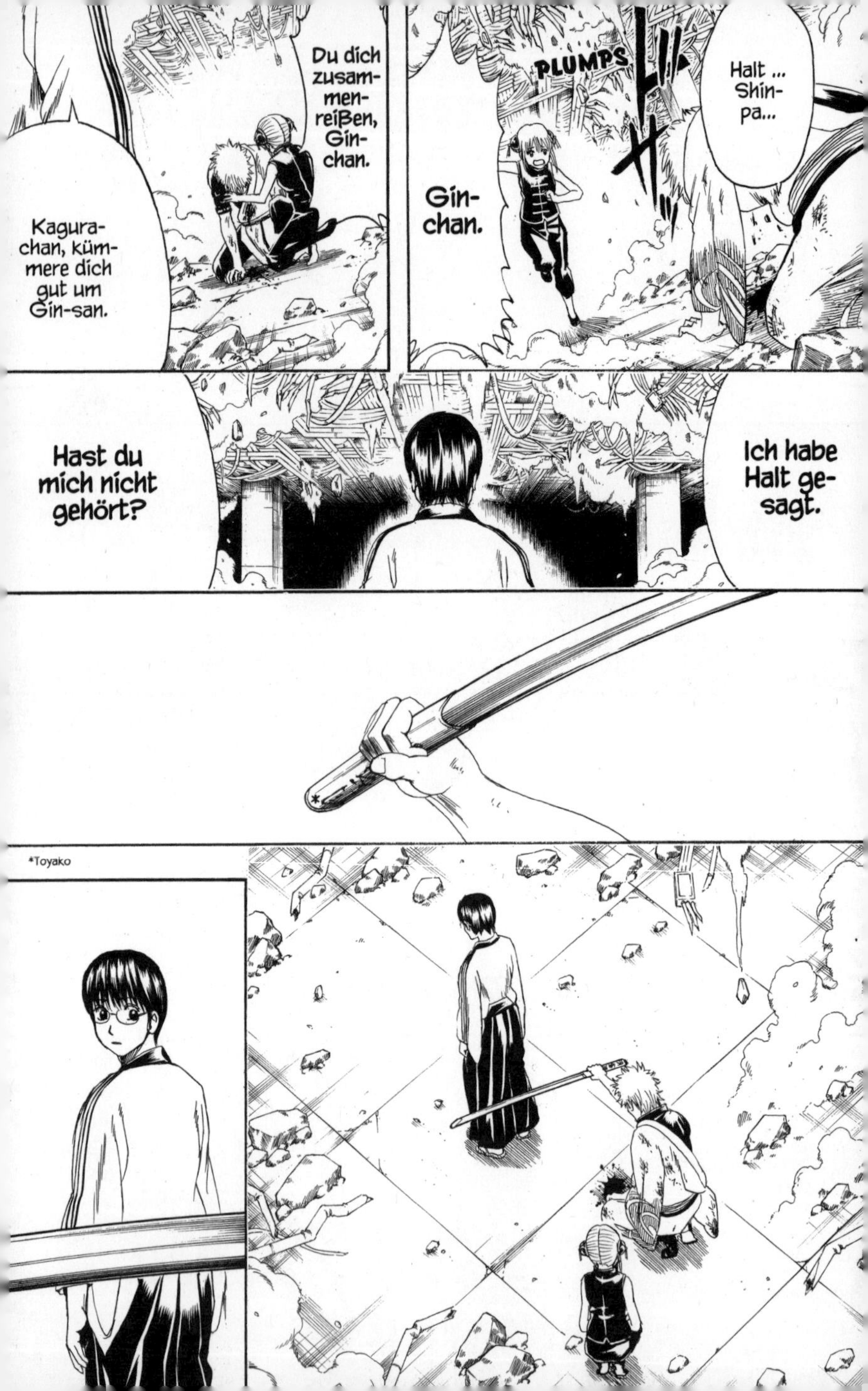
Halt ... Shin-pa...
PLUMPS
Gin-chan.
Du dich zusammen-reißen, Gin-chan.
Kagura-chan, kümmere dich gut um Gin-san.
Ich habe Halt gesagt.
Hast du mich nicht gehört?
*Toyako

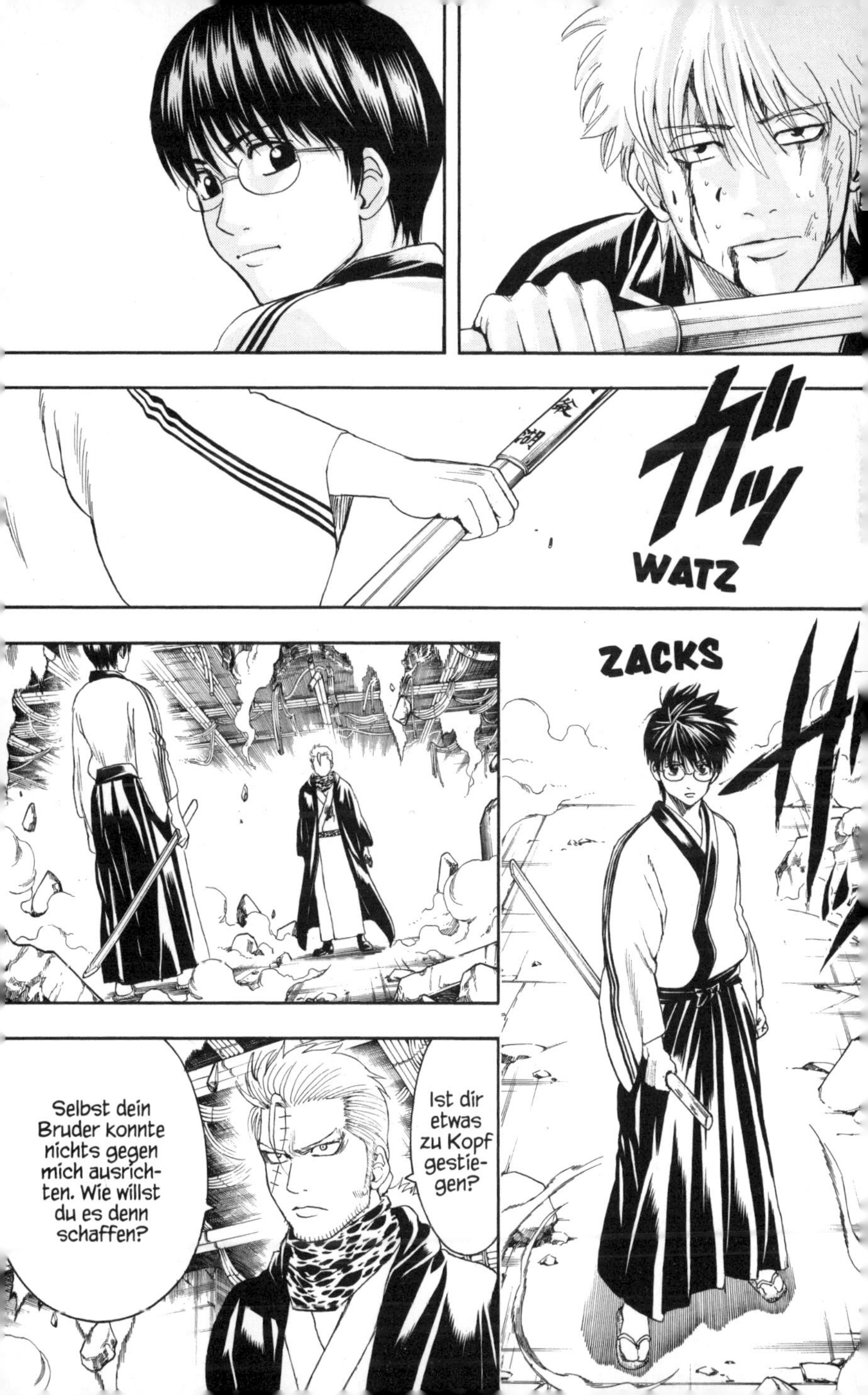
ガッ
WATZ
ZACKS
Ist dir etwas zu Kopf gestiegen?
Selbst dein Bruder konnte nichts gegen mich ausrichten. Wie willst du es denn schaffen?

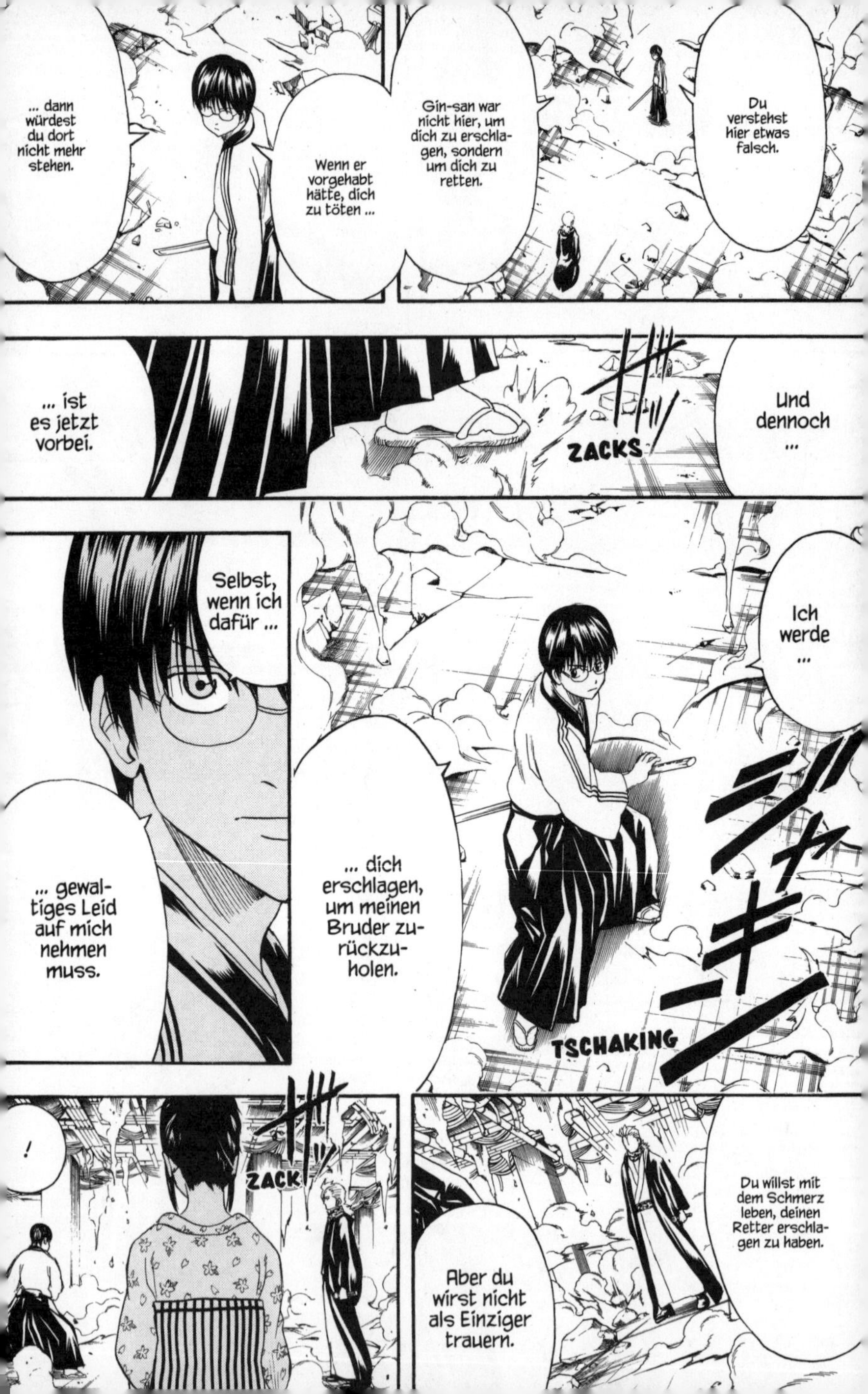
Du versteHst hier etwas falsch.
Gin-san war nicht hier, um dich zu erschla-gen, sondern um dich zu retten.
Wenn er vorgehabt hätte, dich zu töten ...
... dann würdest du dort nicht mehr stehen.
Und dennoch ...
ZACKS
... ist es jetzt vorbei.
Ich werde ...
... dich erschlagen, um meinen Bruder zu-rückzu-holen.
TSCHAKING
Selbst, wenn ich dafür ...
... gewal-tiges Leid auf mich nehmen muss.
Du willst mit dem Schmerz leben, deinen Retter erschla-gen zu haben.
Aber du wirst nicht als Einziger trauern.
ZACK
!

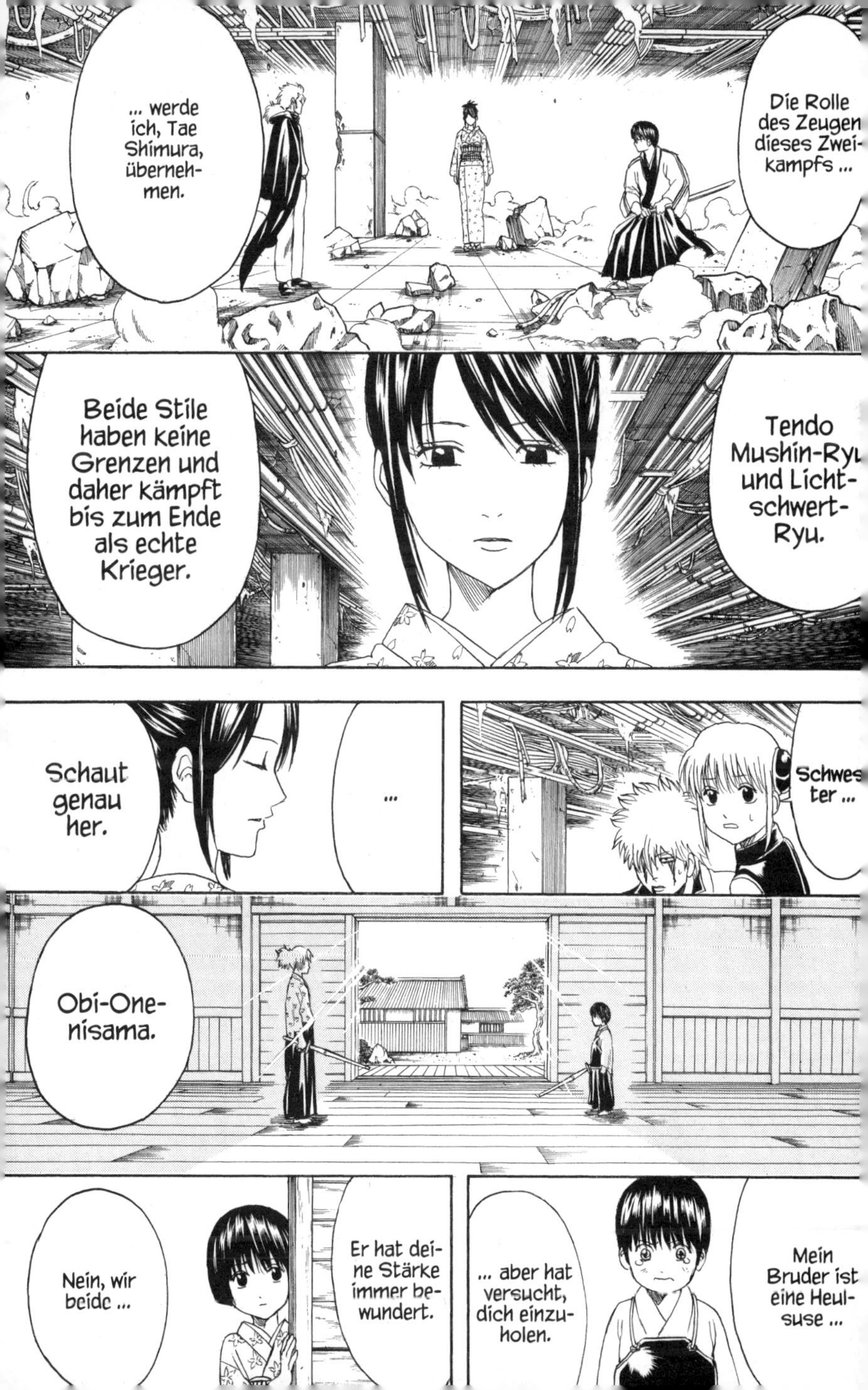
Die Rolle des Zeugen dieses Zweikampfs ...
... werde ich, Tae Shimura, übernehmen.
Tendo Mushin-Ryu und Lichtschwert-Ryu.
Beide Stile haben keine Grenzen und daher kämpft bis zum Ende als echte Krieger.
Schwester ...
...
Schaut genau her.
Obi-One-nisama.
Mein Bruder ist eine Heulsuse ...
... aber hat versucht, dich einzuholen.
Er hat deine Stärke immer bewundert.
Nein, wir beide ...

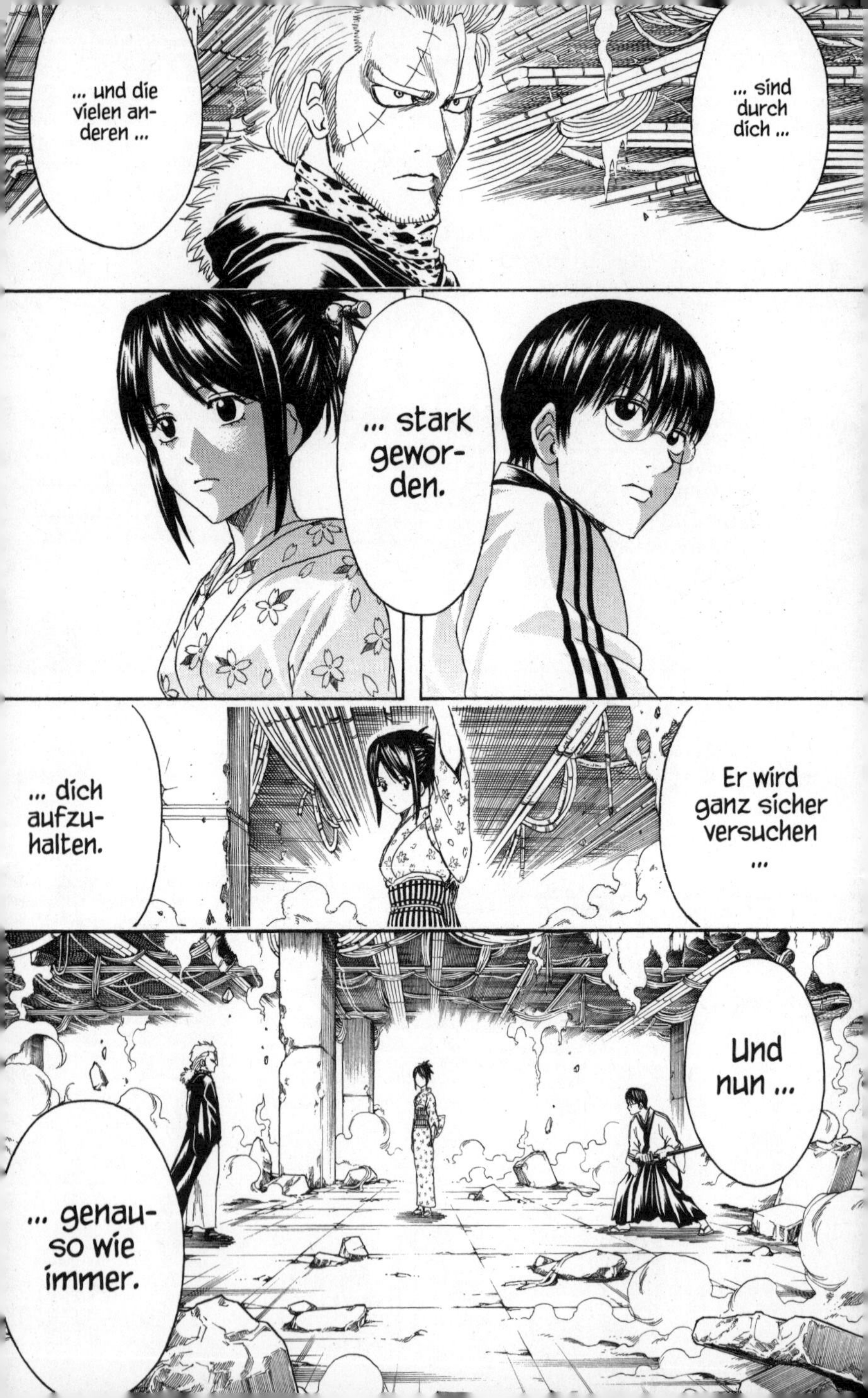
... und die vielen anderen ...
... sind durch dich ...
... stark geworden.
Er wird ganz sicher versuchen ...
... dich aufzuhalten.
Und nun ...
... genauso wie immer.

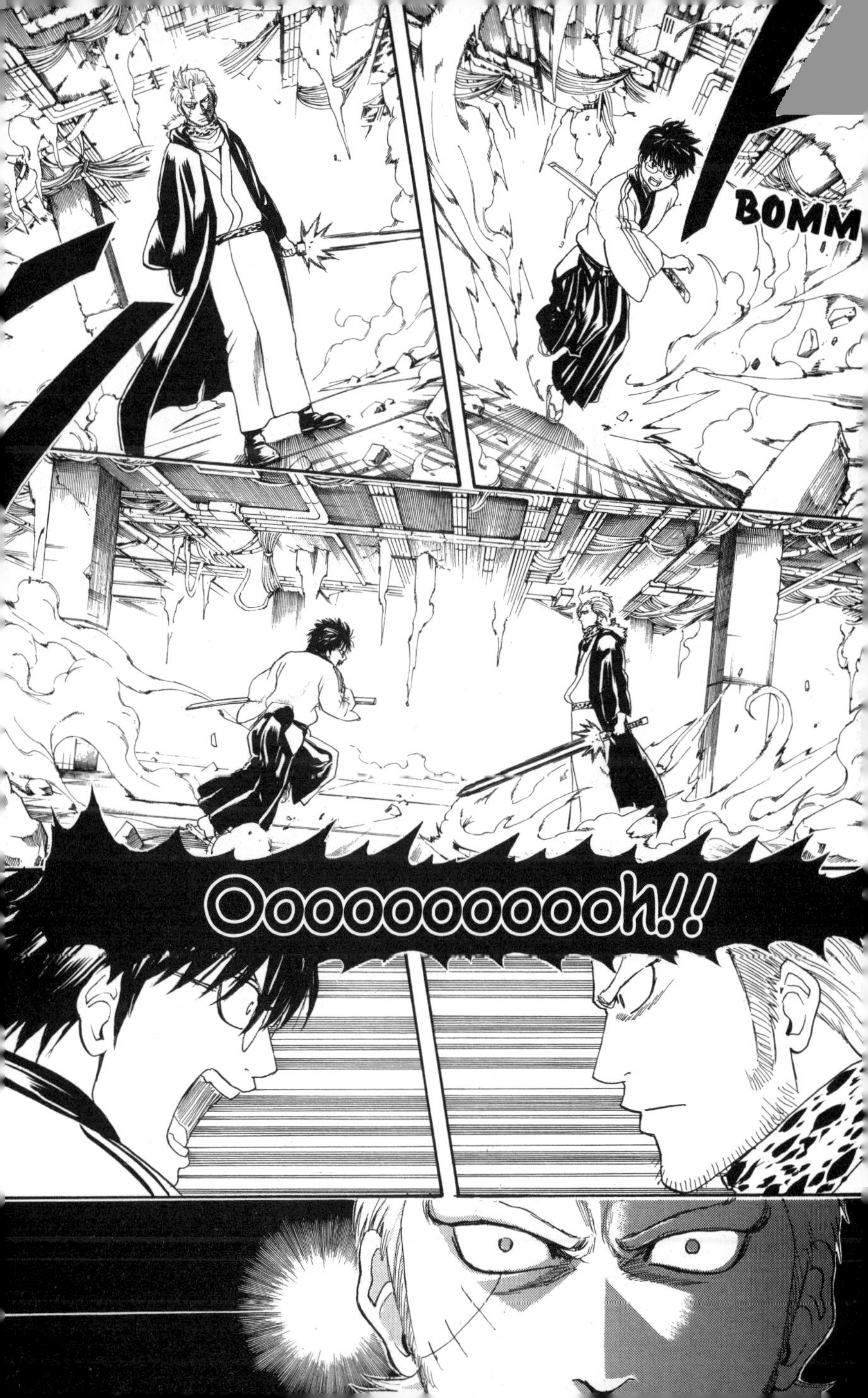
BOMM
Ooooooooooh!!

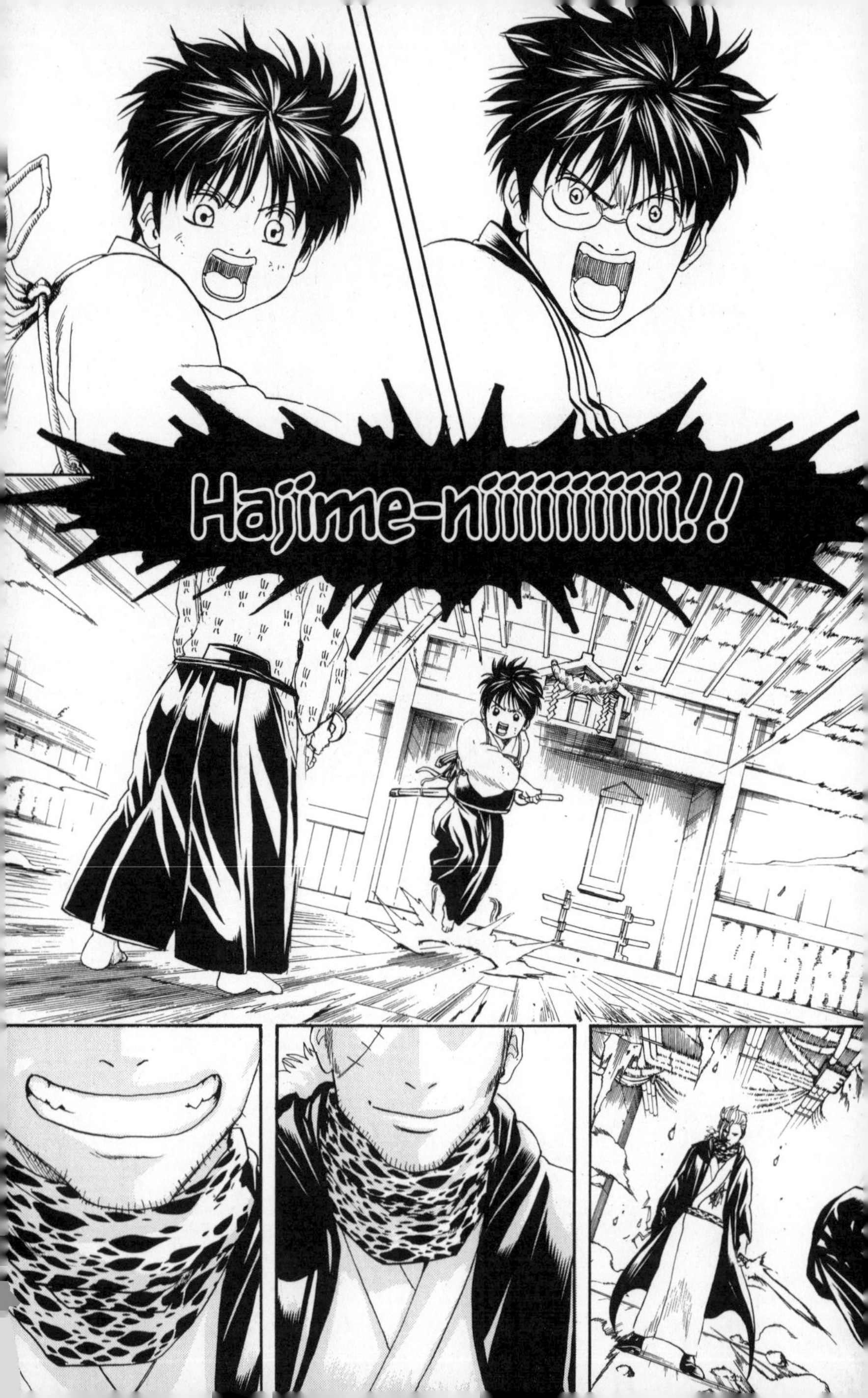
Hajime-niiiiiiiiiii!!

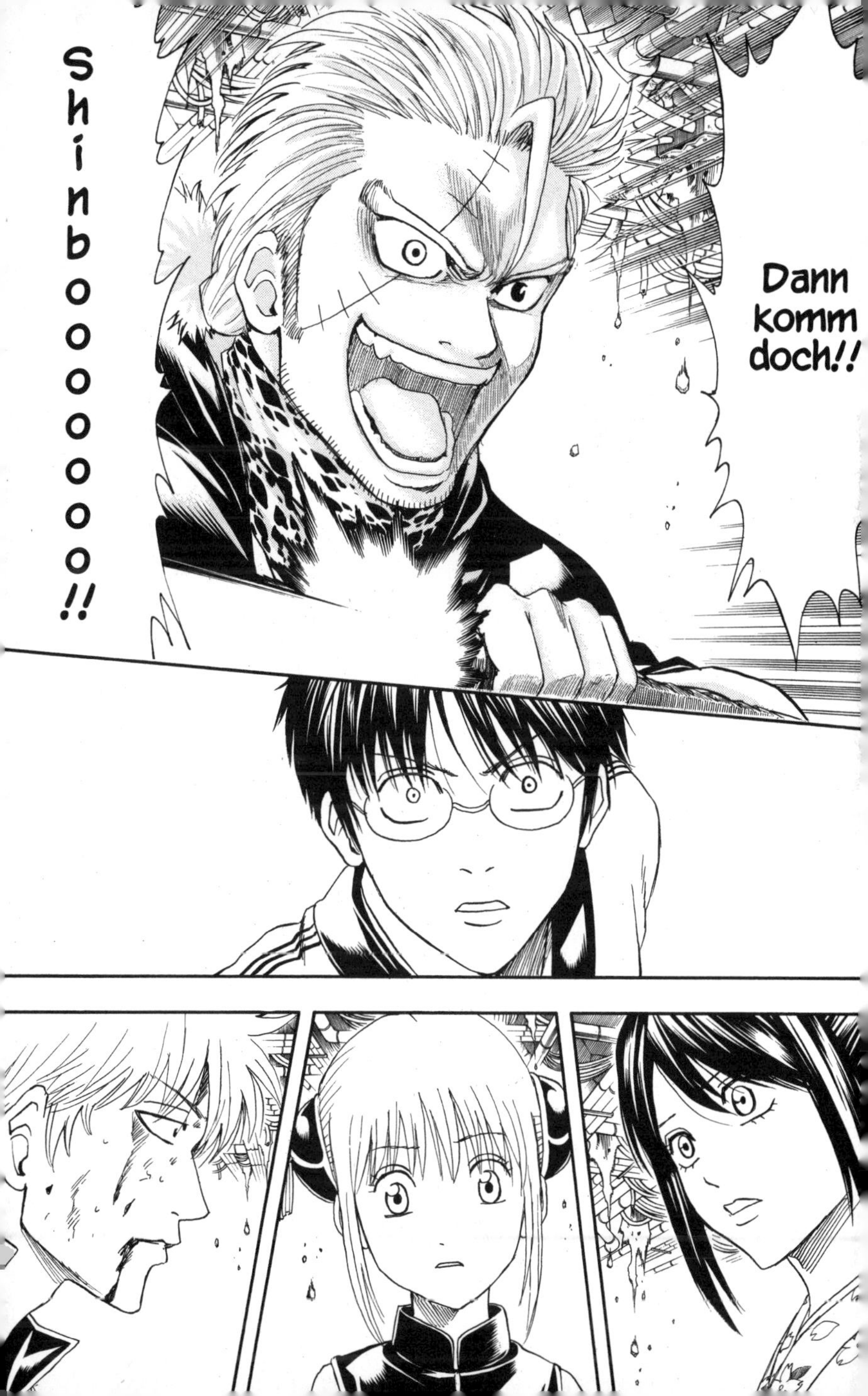
Dann komm doch!!
Shinbooooooooo!!

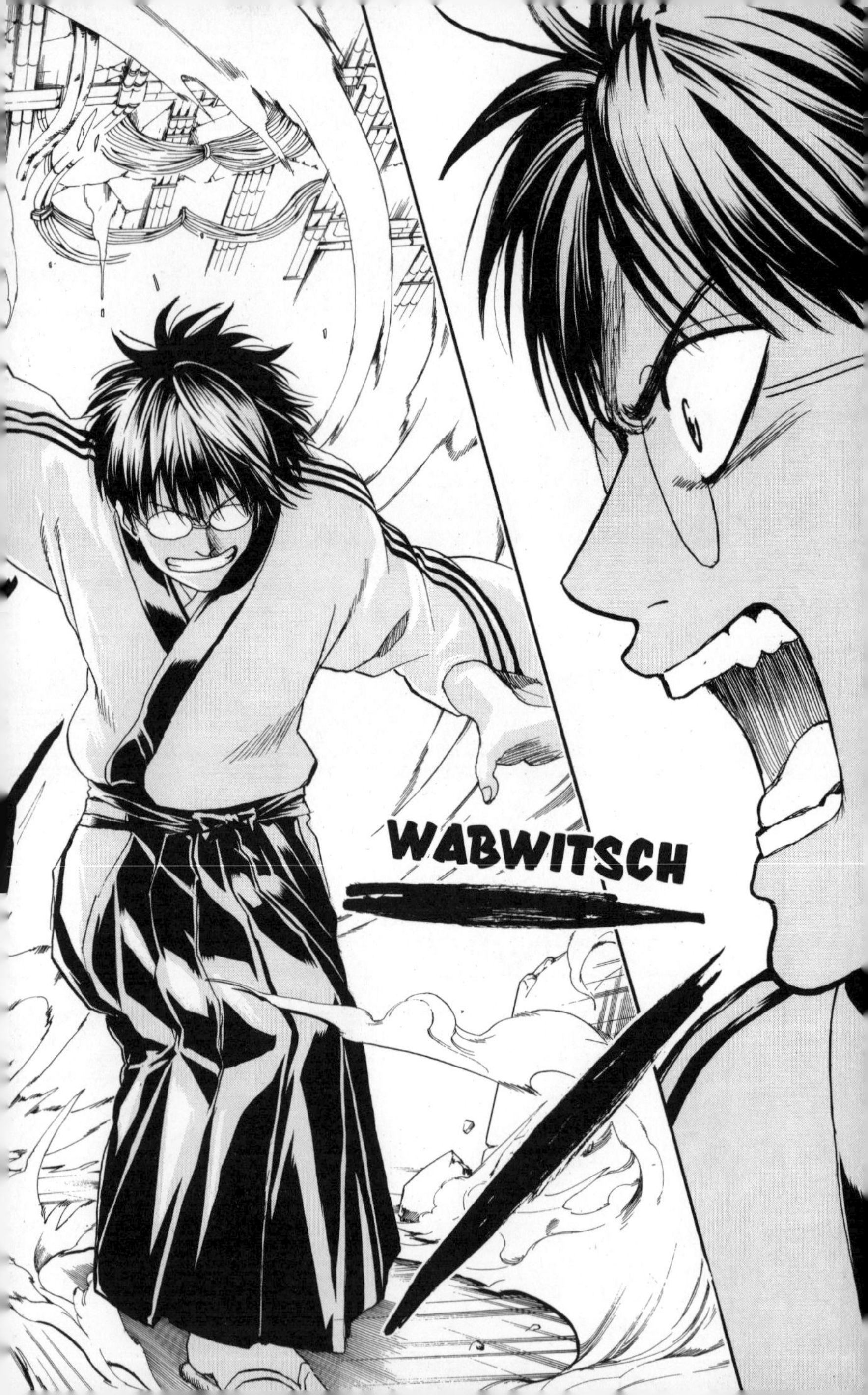
WABWITSCH

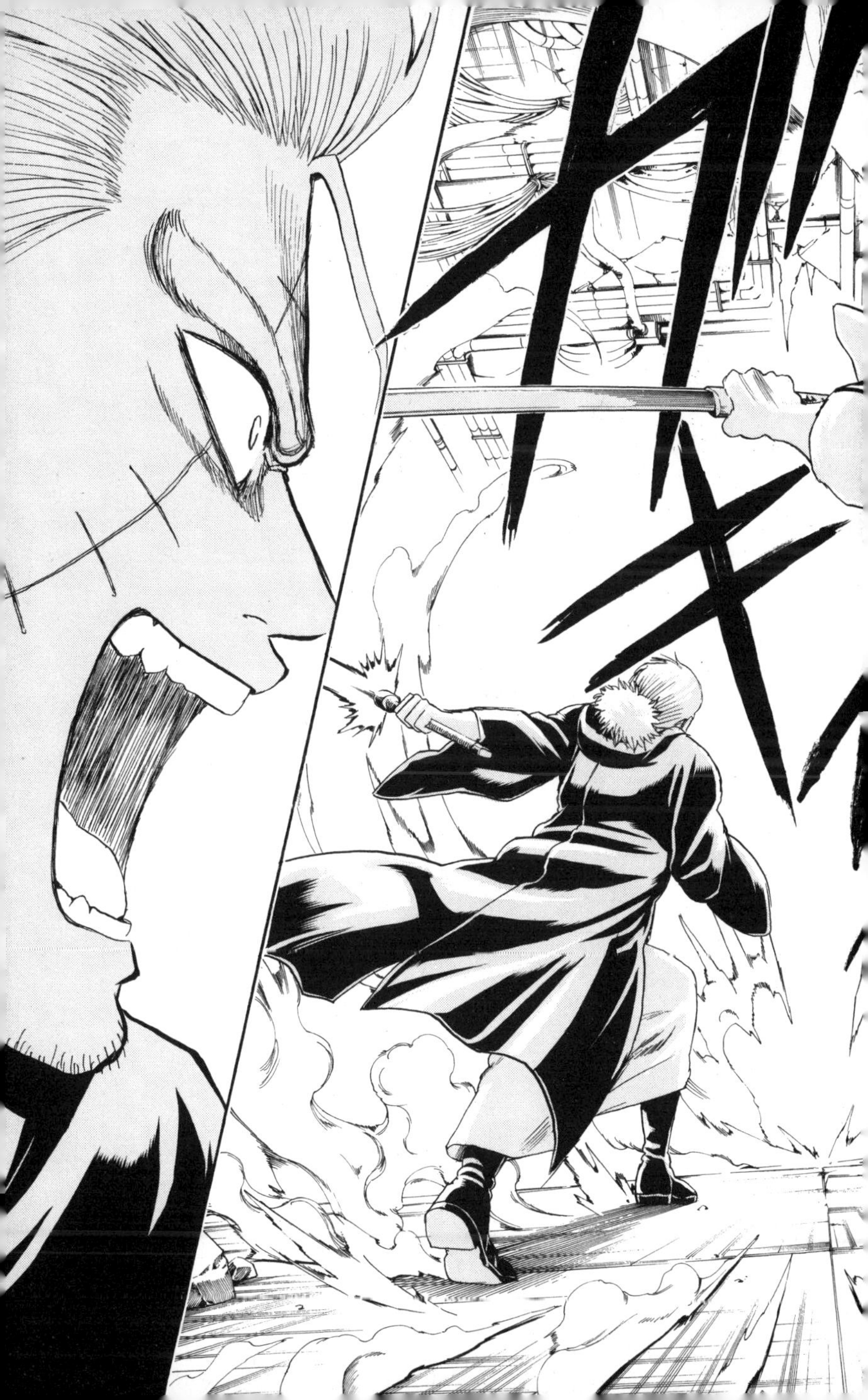

GIN TAMA

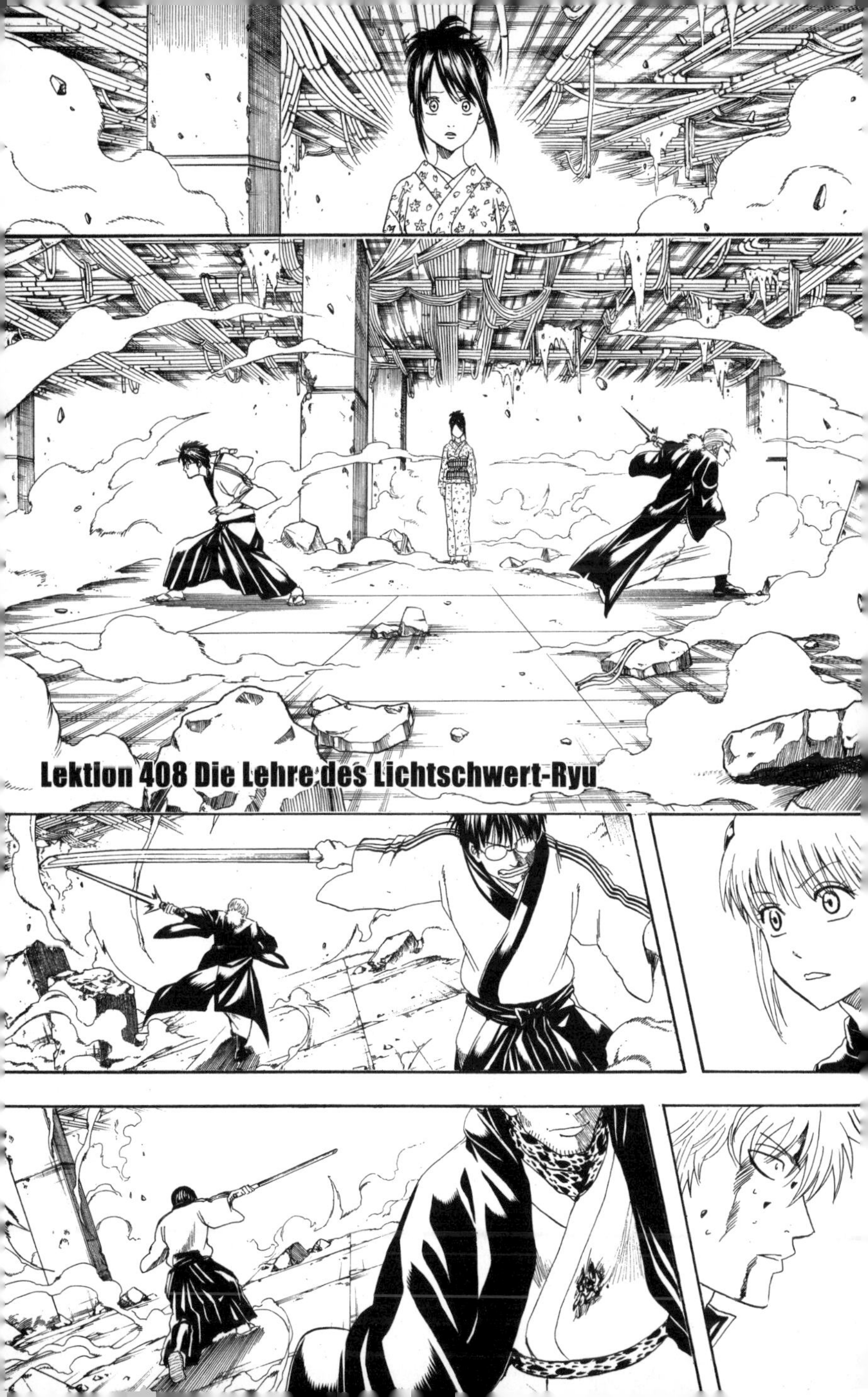
Lektion 408 Die Lehre des Lichtschwert-Ryu

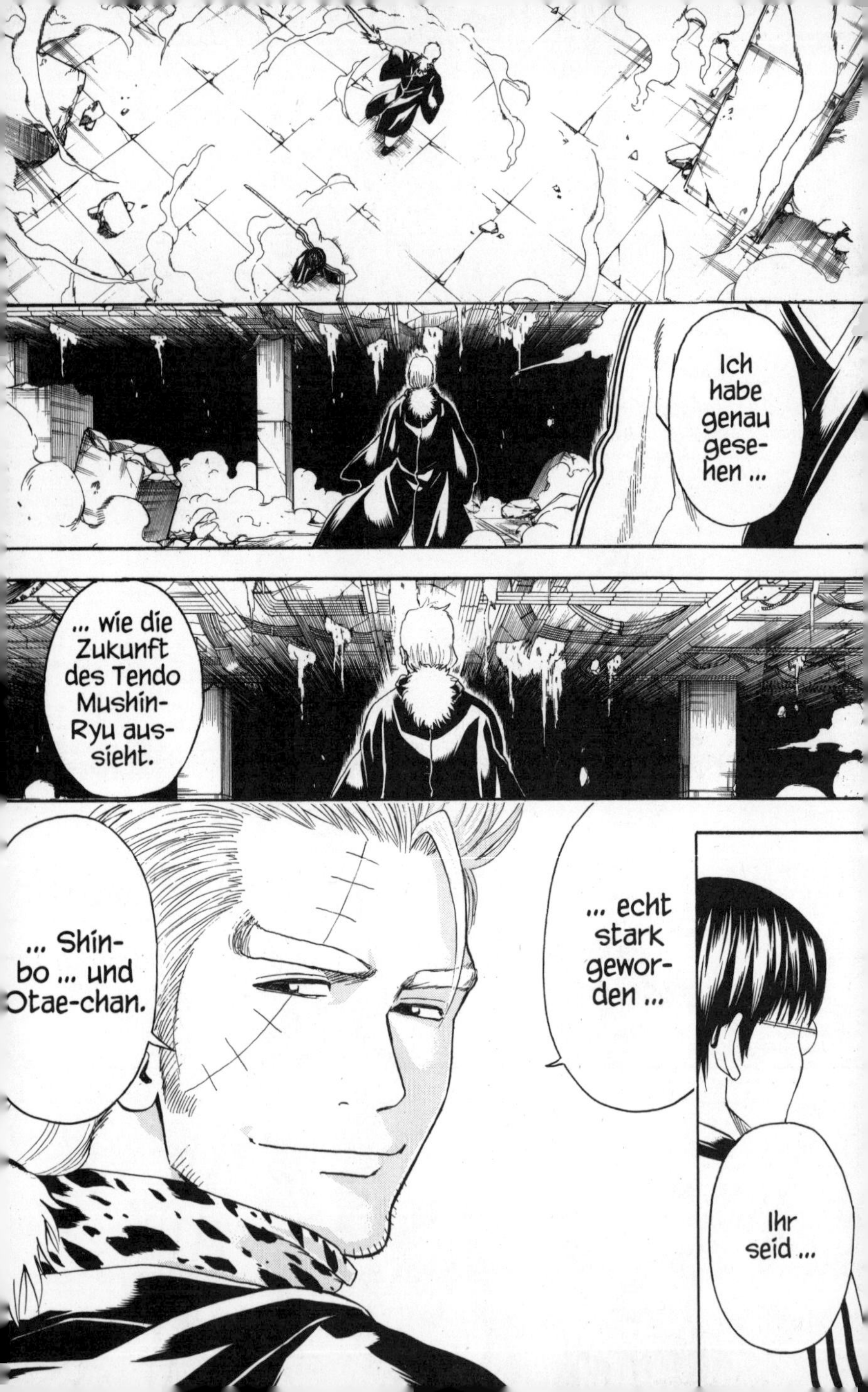
Ich habe genau gese-hen ...
... wie die Zukunft des Tendo Mushin-Ryu aus-sieht.
Ihr seid ...
... echt stark gewor-den ...
... Shin-bo ... und Otae-chan.

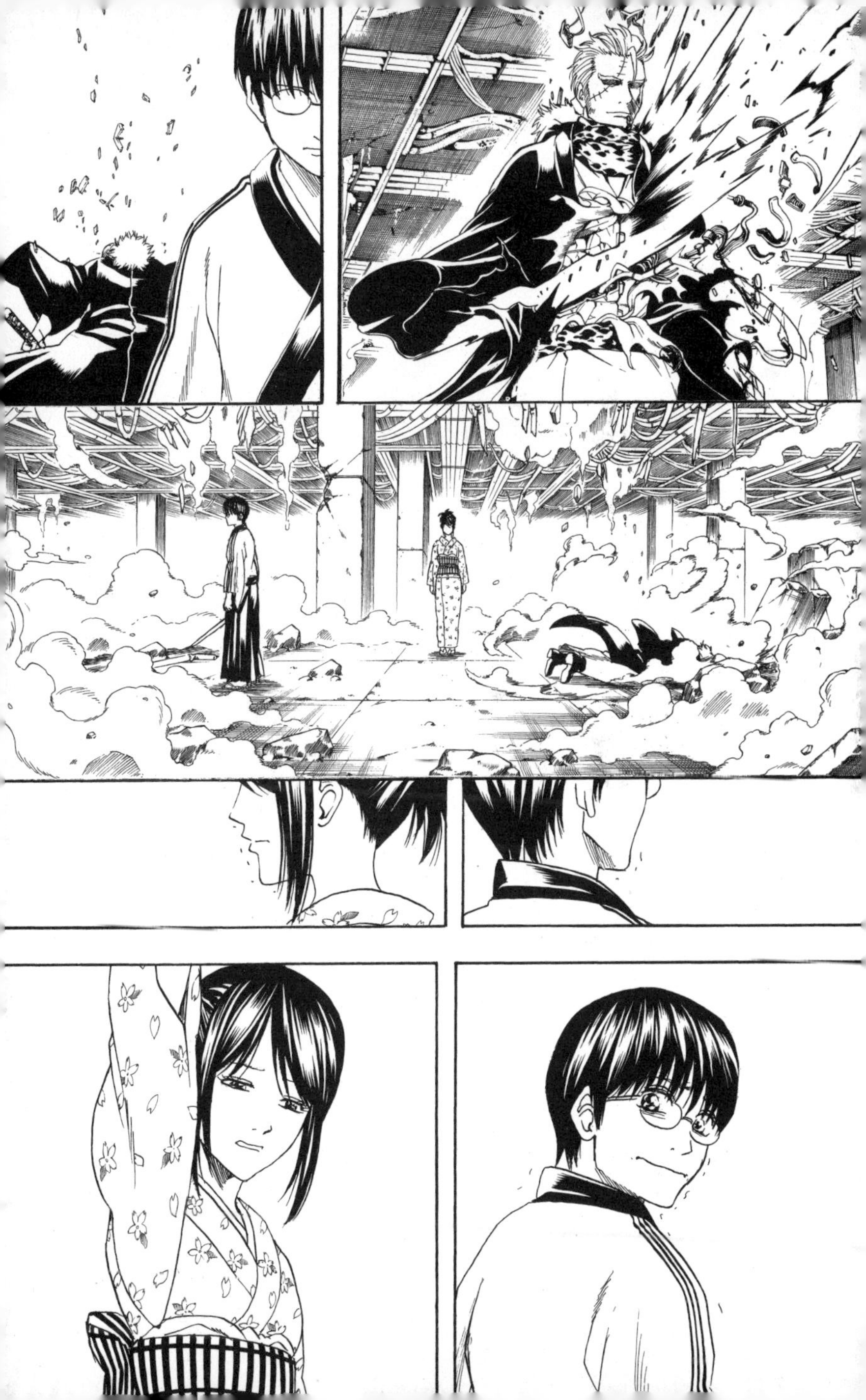

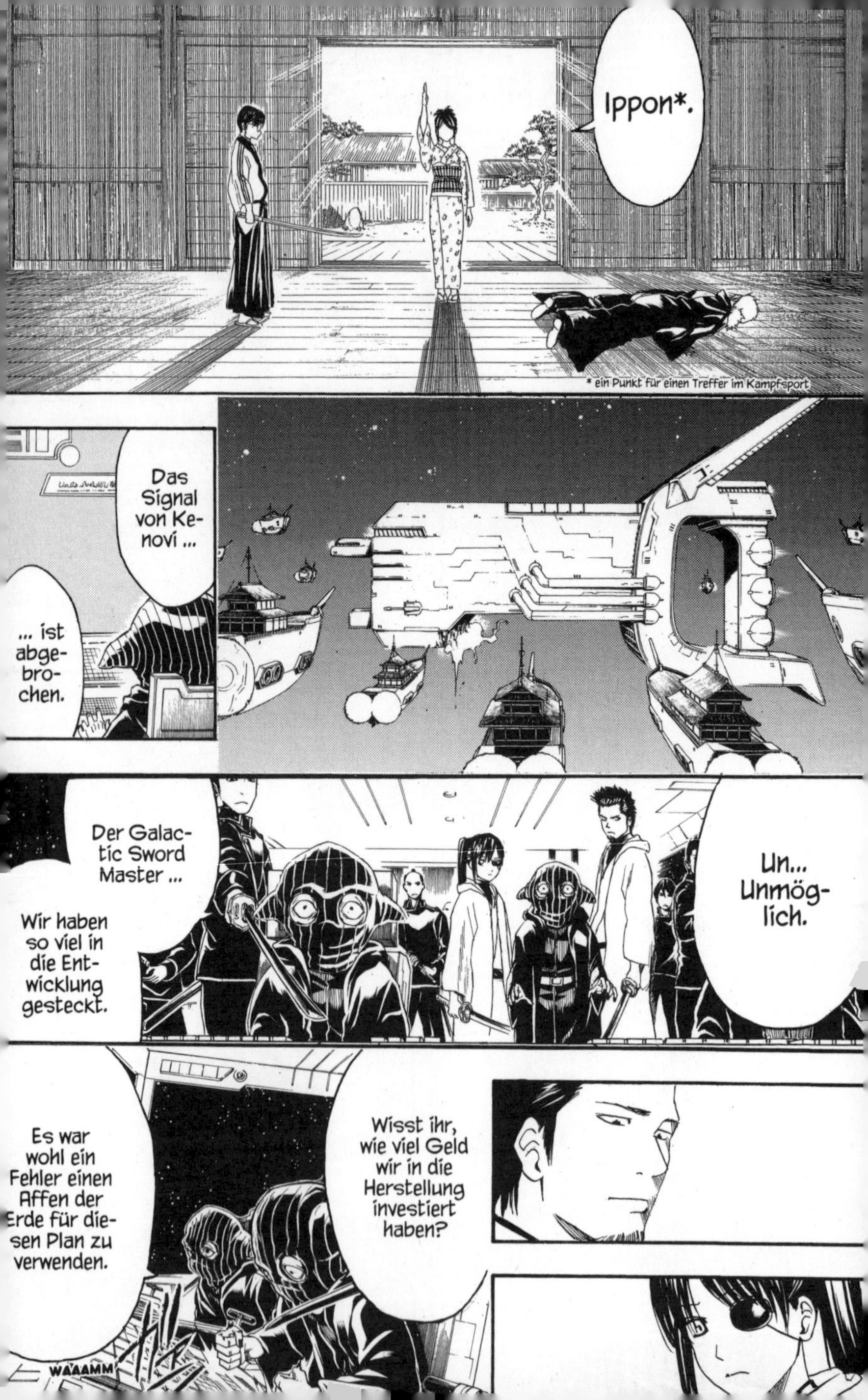

Ippon*.
* ein Punkt für einen Treffer im Kampfsport
Das Signal von Ke-novi ...
... ist abge-bro-chen.
Un... Unmög-lich.
Der Galac-tic Sword Master ...
Wir haben so viel in die Ent-wicklung gesteckt.
Wisst ihr, wie viel Geld wir in die Herstellung investiert haben?
Es war wohl ein Fehler einen Affen der Erde für die-sen Plan zu verwenden.
WAAAMM

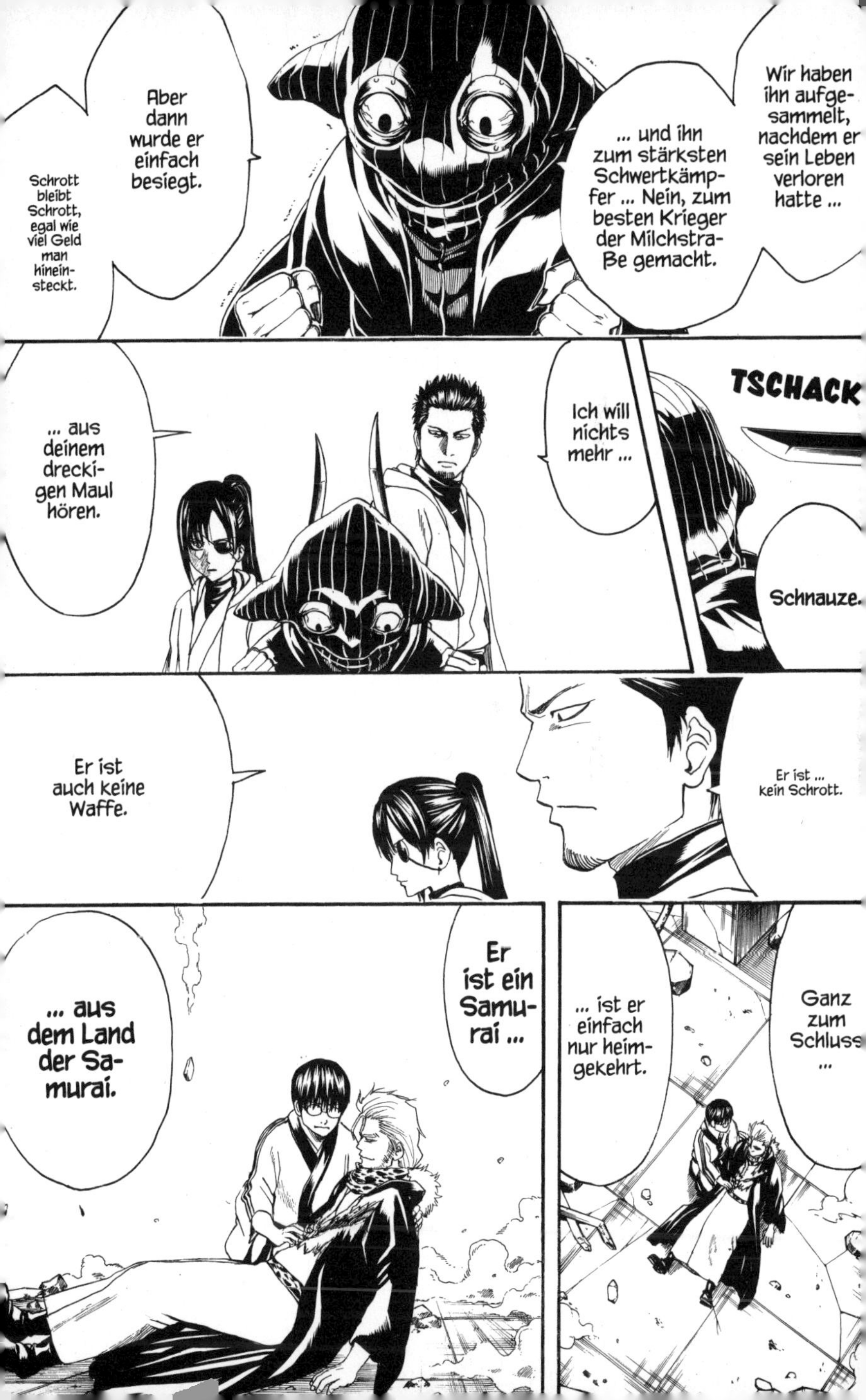

Wir haben ihn aufgesammelt, nachdem er sein Leben verloren hatte ...
... und ihn zum stärksten Schwertkämpfer ... Nein, zum besten Krieger der Milchstraße gemacht.
Aber dann wurde er einfach besiegt.
Schrott bleibt Schrott, egal wie viel Geld man hineinsteckt.
TSCHACK
Schnauze.
Ich will nichts mehr ...
... aus deinem dreckigen Maul hören.
Er ist ... kein Schrott.
Er ist auch keine Waffe.
Ganz zum Schluss ...
... ist er einfach nur heimgekehrt.
Er ist ein Samurai ...
... aus dem Land der Samurai.

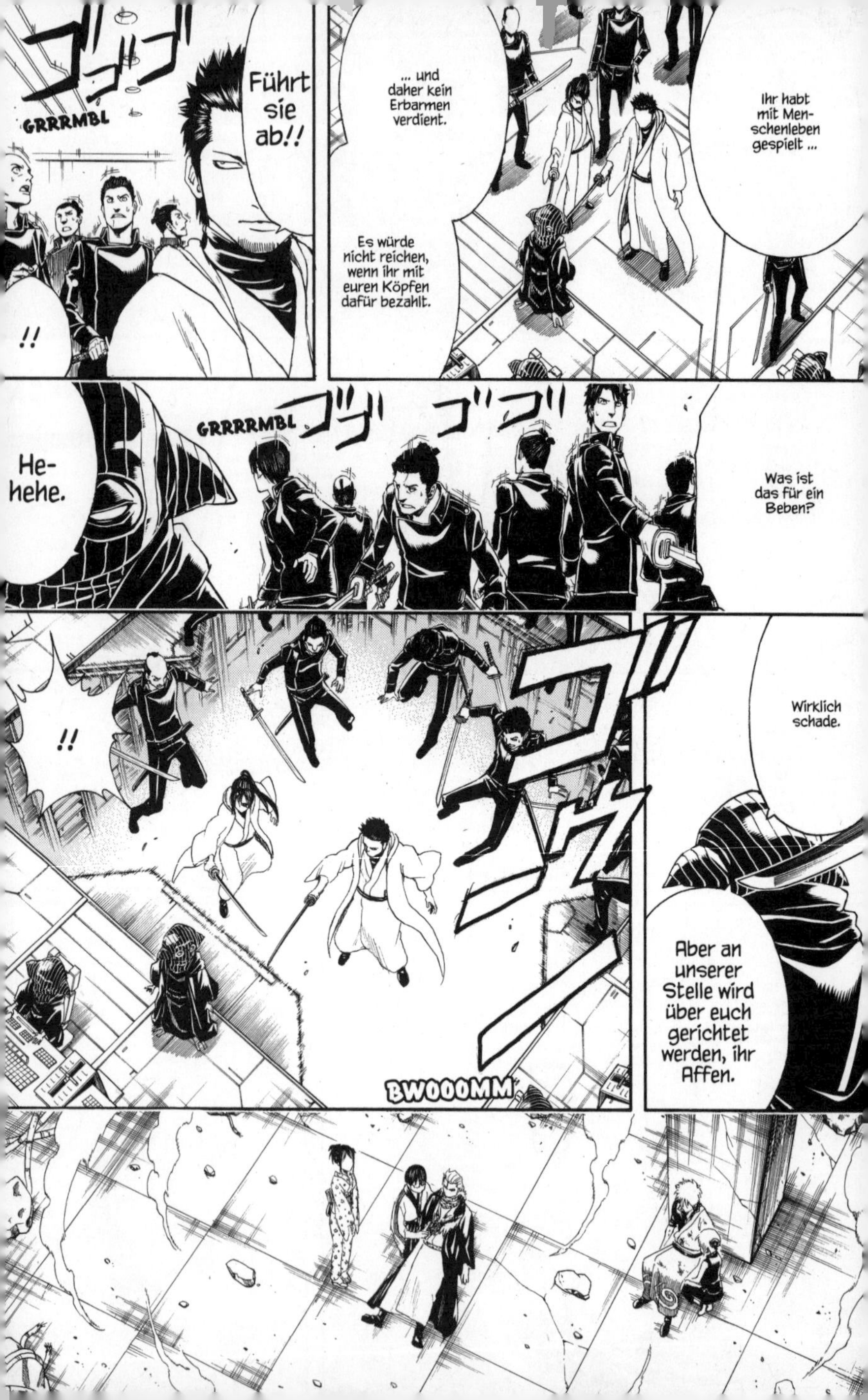
Ihr habt mit Menschenleben gespielt ...
... und daher kein Erbarmen verdient.
Es würde nicht reichen, wenn ihr mit euren Köpfen dafür bezahlt.
Führt sie ab!!
GRRRMBL
!!
Was ist das für ein Beben?
GRRRRMBL
He-hehe.
Wirklich schade.
Aber an unserer Stelle wird über euch gerichtet werden, ihr Affen.
!!
BWOOOMM

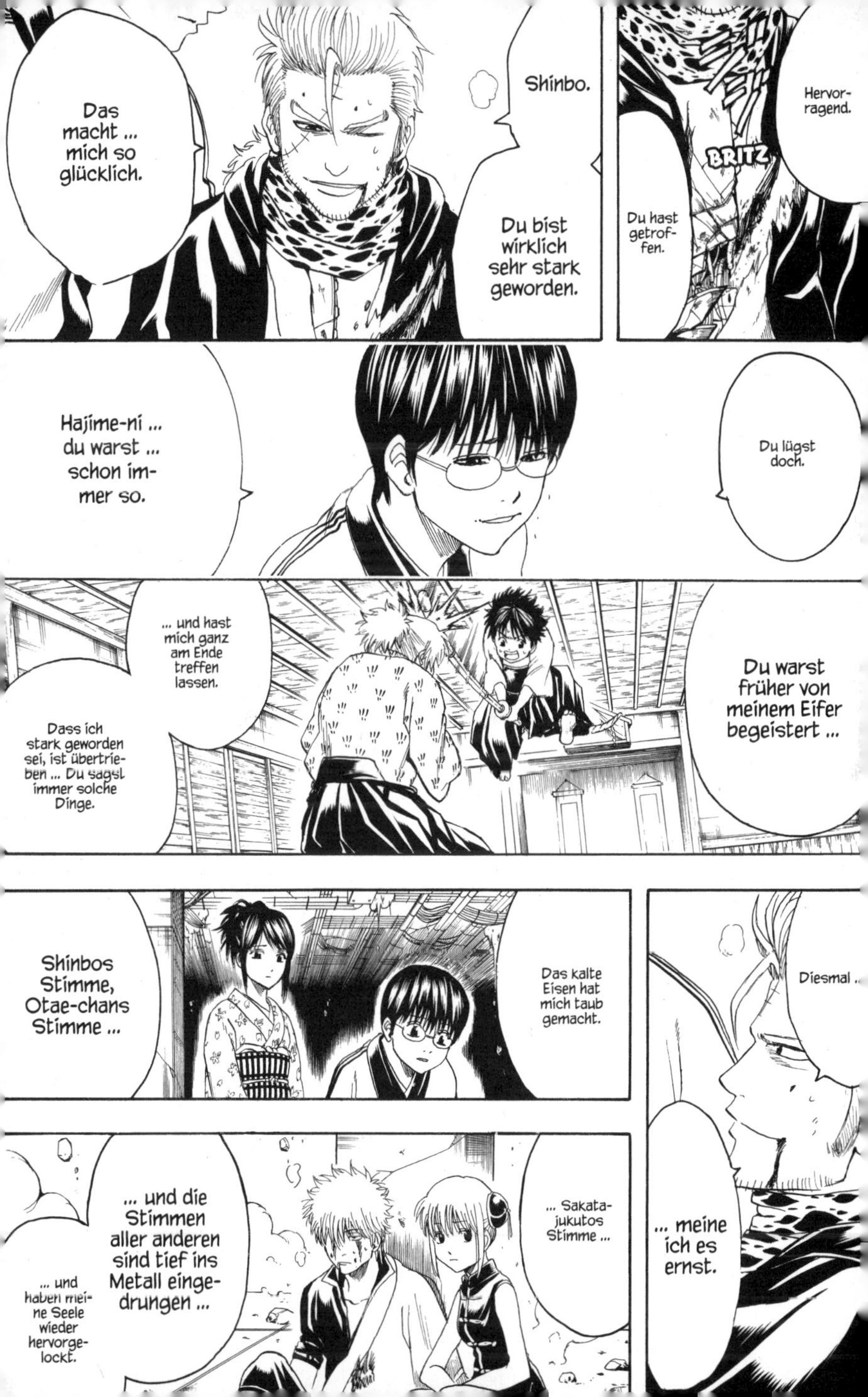
Hervorragend.
BRITZ
Du hast getroffen.
Shinbo.
Du bist wirklich sehr stark geworden.
Das macht ... mich so glücklich.
Du lügst doch.
Hajime-ni ... du warst ... schon immer so.
Du warst früher von meinem Eifer begeistert ...
... und hast mich ganz am Ende treffen lassen.
Dass ich stark geworden sei, ist übertrieben ... Du sagst immer solche Dinge.
Diesmal ...
... meine ich es ernst.
Das kalte Eisen hat mich taub gemacht.
Shinbos Stimme, Otae-chans Stimme ...
... Sakata-jukutos Stimme ...
... und die Stimmen aller anderen sind tief ins Metall eingedrungen ...
... und haben meine Seele wieder hervorgelockt.

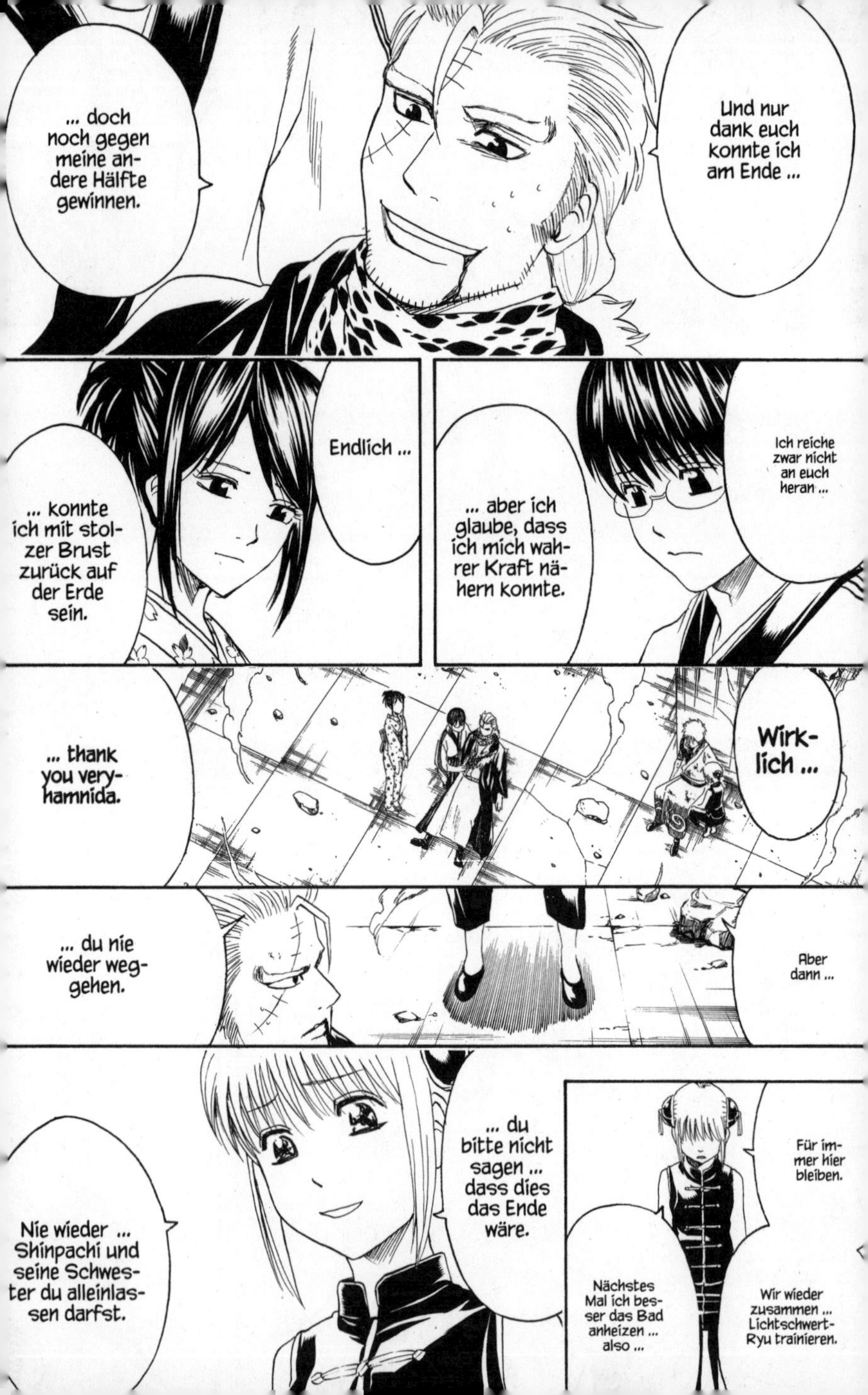
Und nur dank euch konnte ich am Ende ...
... doch noch gegen meine andere Hälfte gewinnen.
Ich reiche zwar nicht an euch heran ...
... aber ich glaube, dass ich mich wahrer Kraft nähern konnte.
Endlich ...
... konnte ich mit stolzer Brust zurück auf der Erde sein.
Wirklich ...
... thank you veryhamnida.
Aber dann ...
... du nie wieder weggehen.
Für immer hier bleiben.
Wir wieder zusammen ... Lichtschwert-Ryu trainieren.
Nächstes Mal ich besser das Bad anheizen ... also ...
... du bitte nicht sagen ... dass dies das Ende wäre.
Nie wieder ... Shinpachi und seine Schwester du alleinlassen darfst.

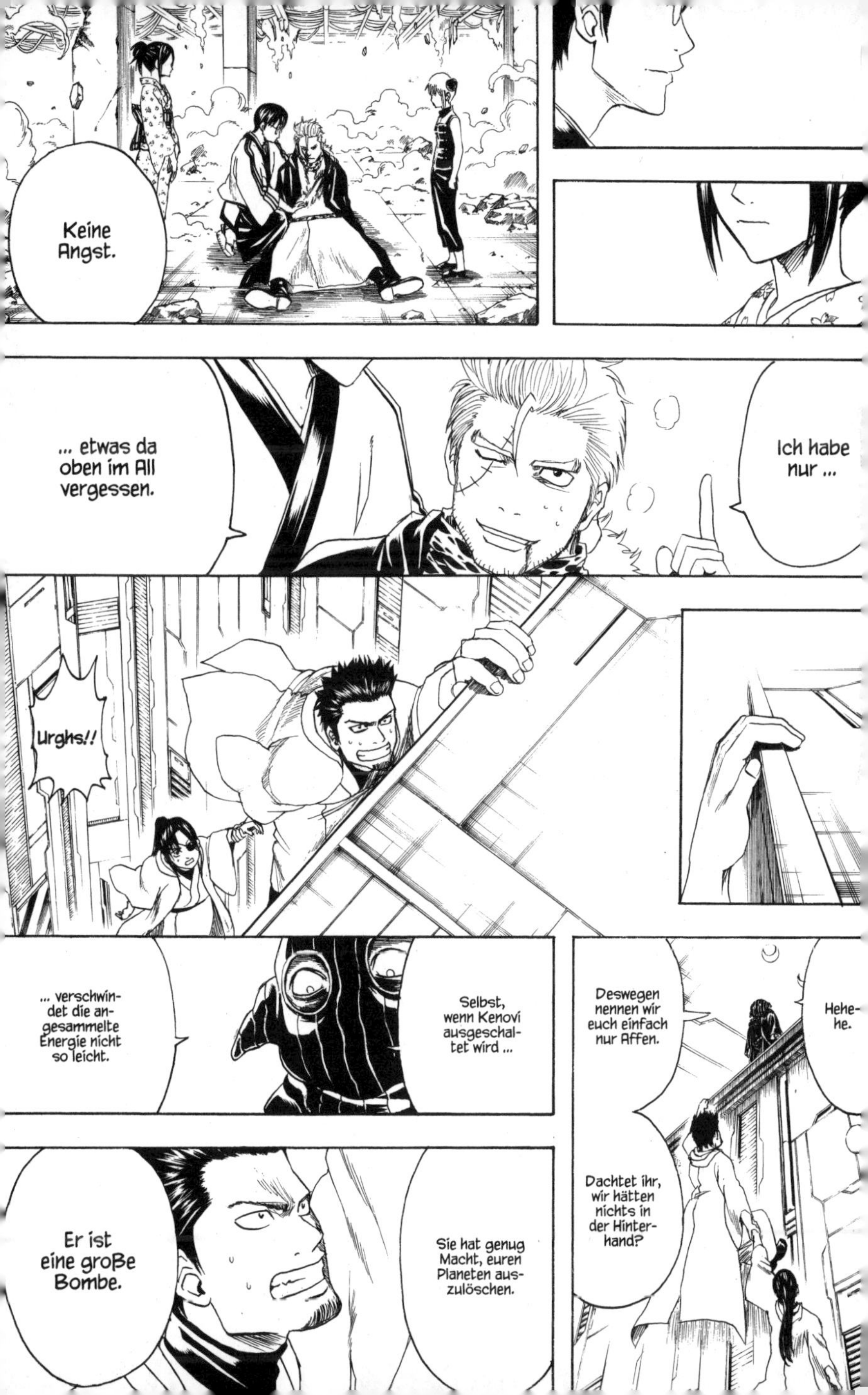

Keine Angst.
Ich habe nur ...
... etwas da oben im All vergessen.
Urghs!!
Hehe-he.
Deswegen nennen wir euch einfach nur Affen.
Dachtet ihr, wir hätten nichts in der Hinter-hand?
Selbst, wenn Kenovi ausgeschal-tet wird ...
... verschwin-det die an-gesammelte Energie nicht so leicht.
Sie hat genug Macht, euren Planeten aus-zulöschen.
Er ist eine große Bombe.

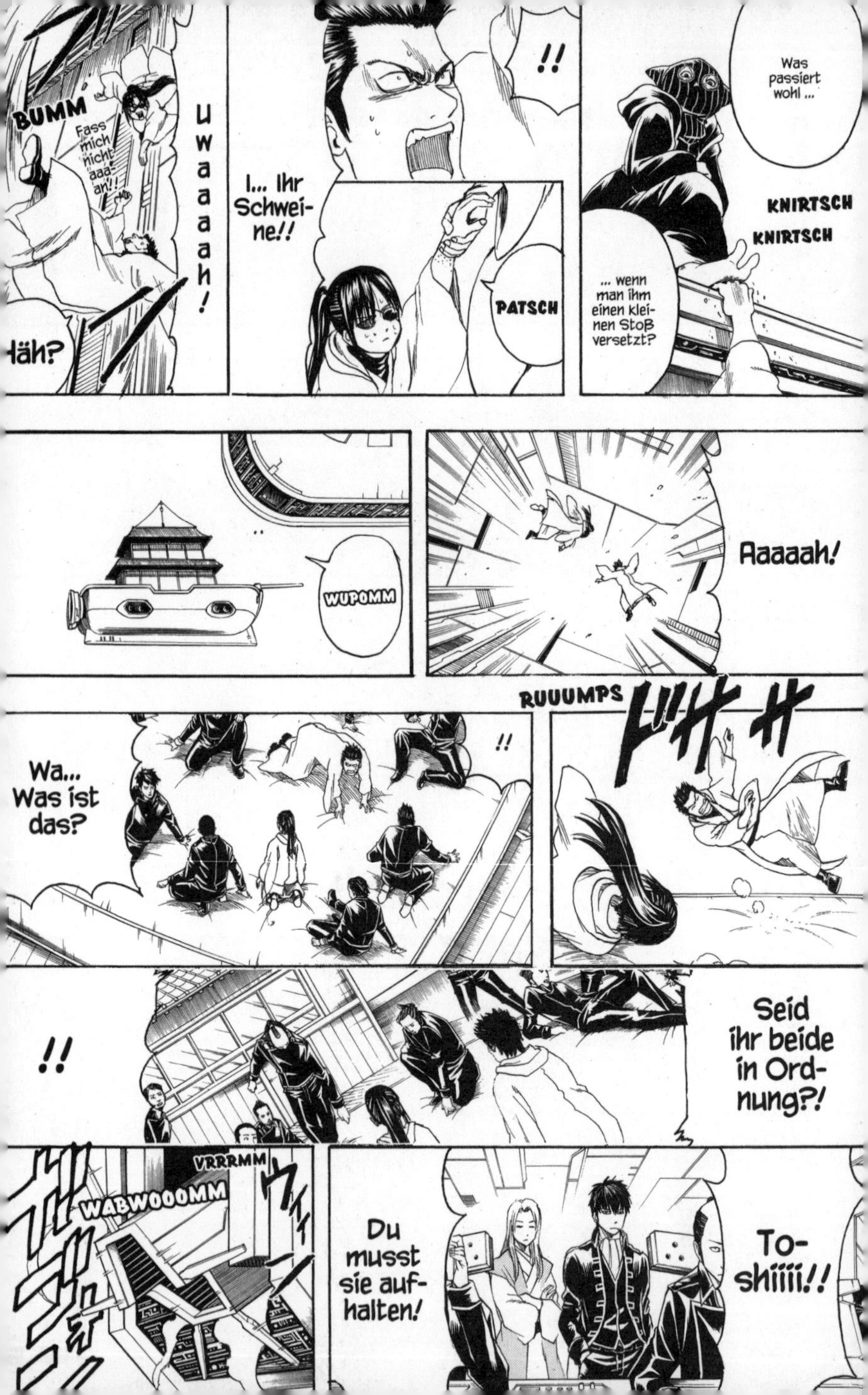
Was passiert wohl ...
KNIRTSCH
KNIRTSCH
... wenn man ihm einen kleinen Stoß versetzt?
!!
I... Ihr Schweine!!
PATSCH
Uwaaaaah!
BUMM
Fass mich nicht aaa-an!!
Häh?
Aaaaah!
..
WUPOMM
RUUUMPS
!!
Wa... Was ist das?
Seid ihr beide in Ordnung?!
!!
To-shiiiii!!
Du musst sie aufhalten!
VRRRMM
WABWOOOMM

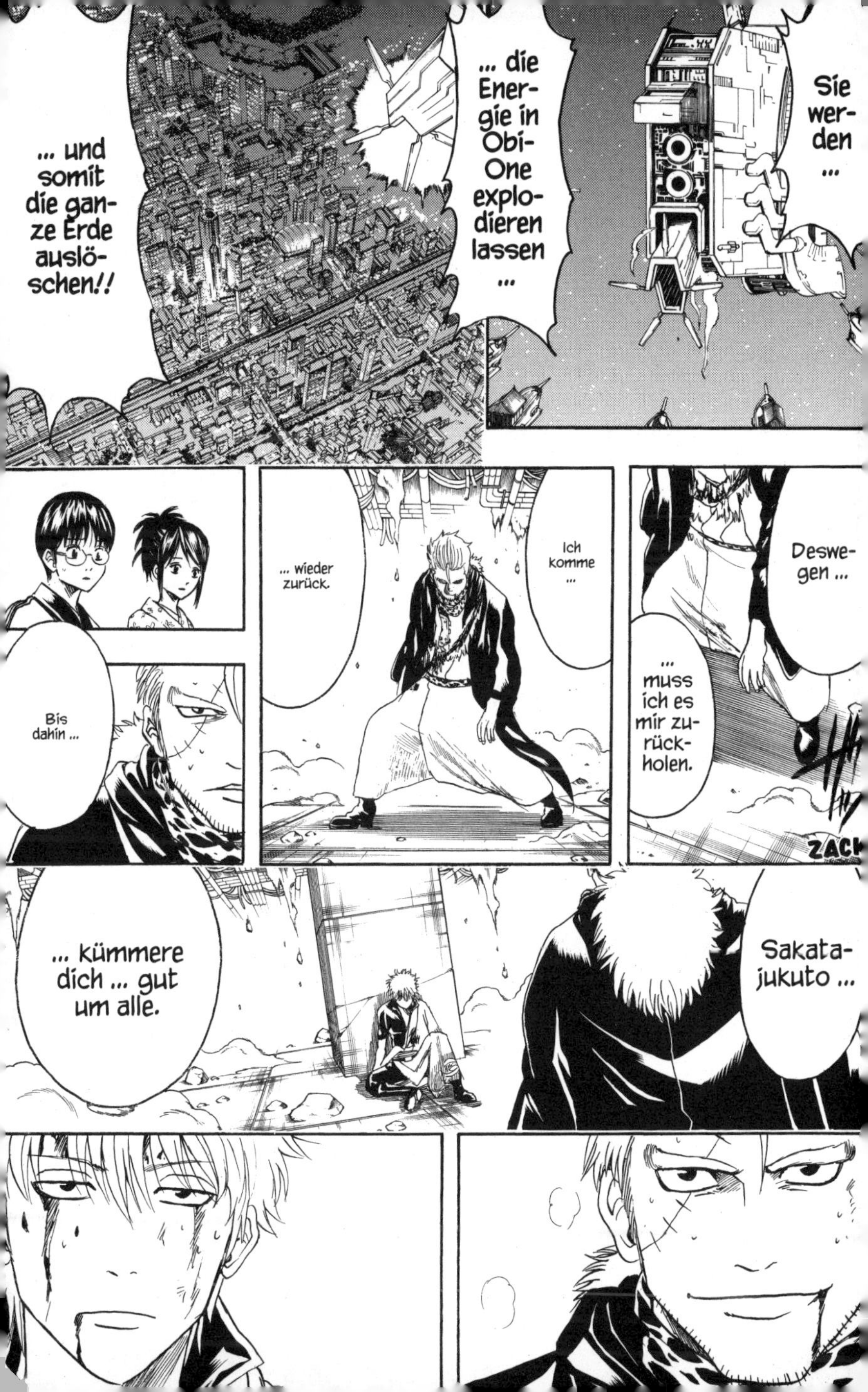
Sie werden ...
... die Energie in Obi-One explodieren lassen ...
... und somit die ganze Erde auslöschen!!
Deswegen ...
... muss ich es mir zurückholen.
ZACK
Ich komme ...
... wieder zurück.
Bis dahin ...
Sakata-jukuto ...
... kümmere dich ... gut um alle.

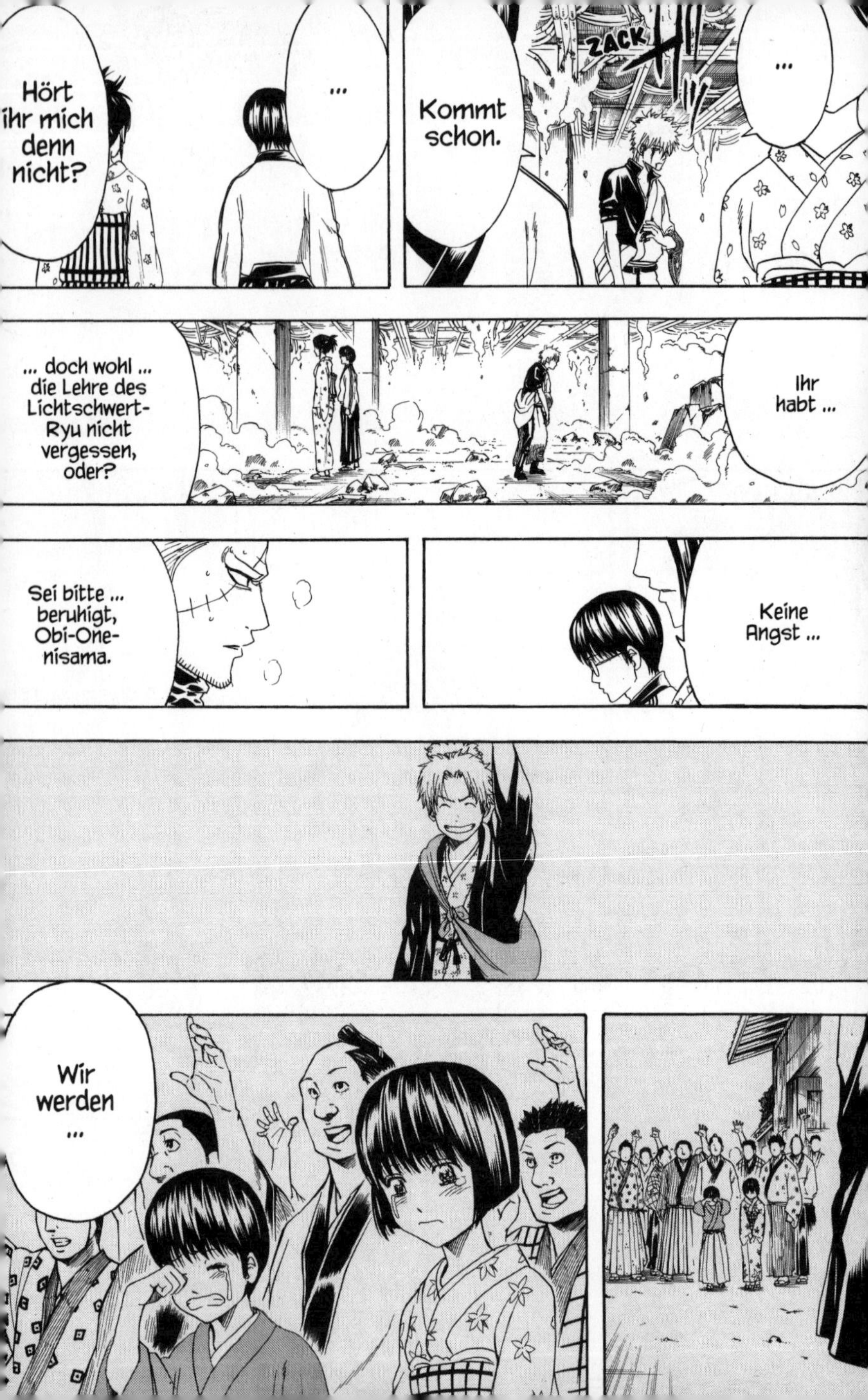
...
ZACK
Kommt schon.
...
Hört ihr mich denn nicht?
Ihr habt ...
... doch wohl ... die Lehre des Lichtschwert-Ryu nicht vergessen, oder?
Keine Angst ...
Sei bitte ... beruhigt, Obi-One-nisama.
Wir werden ...

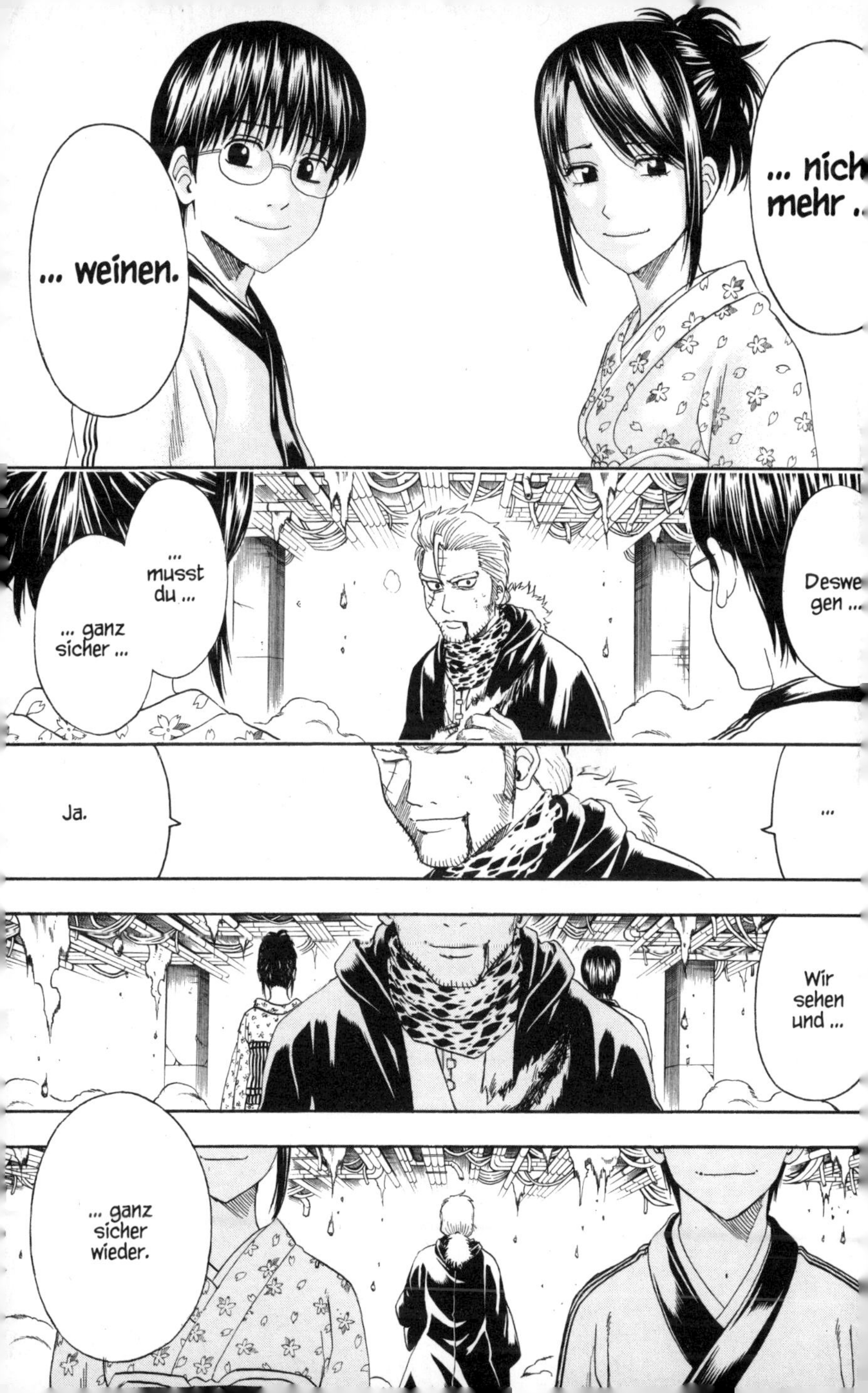
... nich mehr ..
... weinen.
Deswe gen ...
... musst du ...
... ganz sicher ...
...
Ja.
Wir sehen und ...
... ganz sicher wieder.

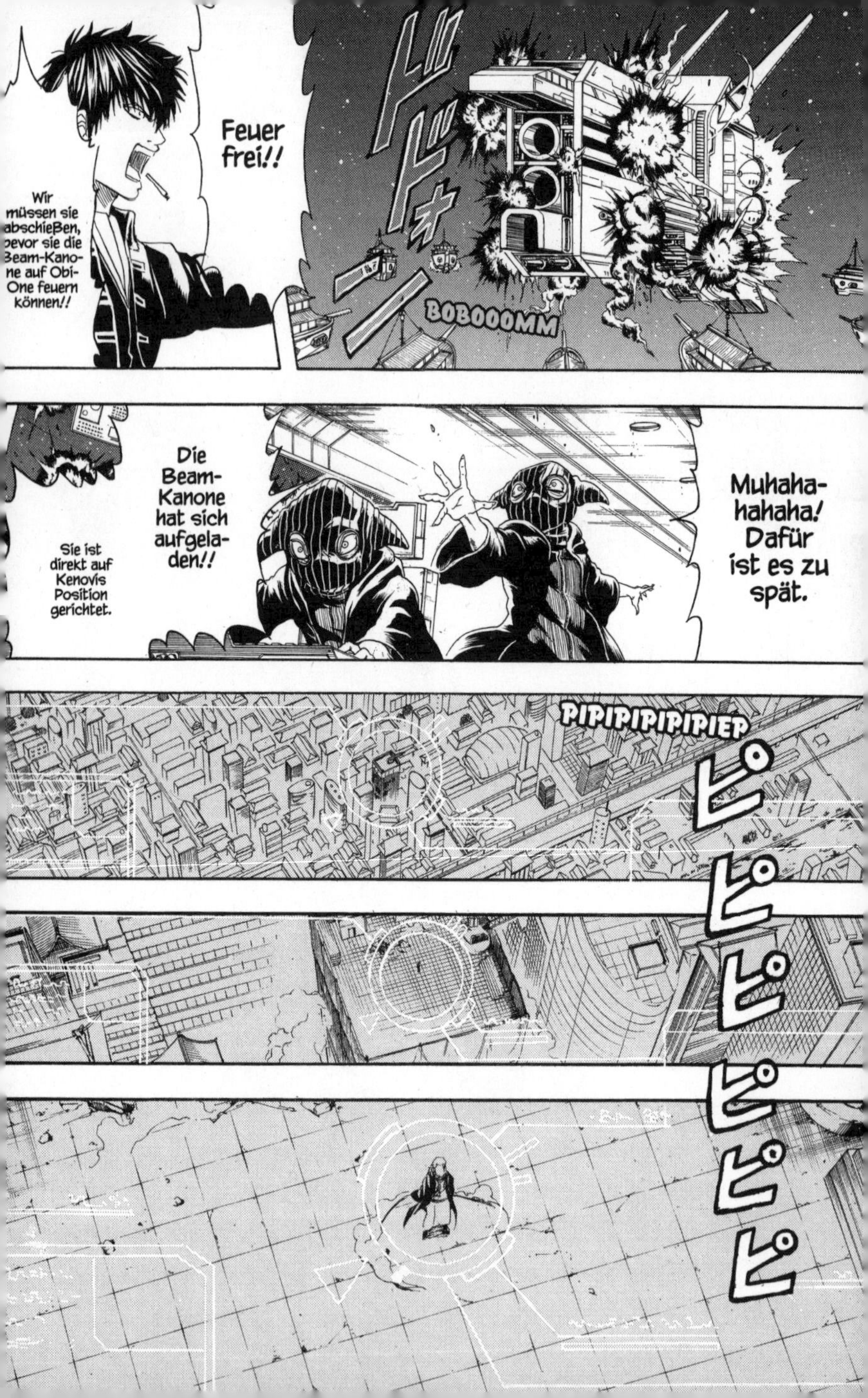
Feuer frei!!
Wir müssen sie abschießen, bevor sie die Beam-Kanone auf Obi-One feuern können!!
BOBOOOMM
Muhaha-hahaha! Dafür ist es zu spät.
Die Beam-Kanone hat sich aufgeladen!!
Sie ist direkt auf Kenovis Position gerichtet.
PIPIPIPIPIPIEP
ピピピピピピ

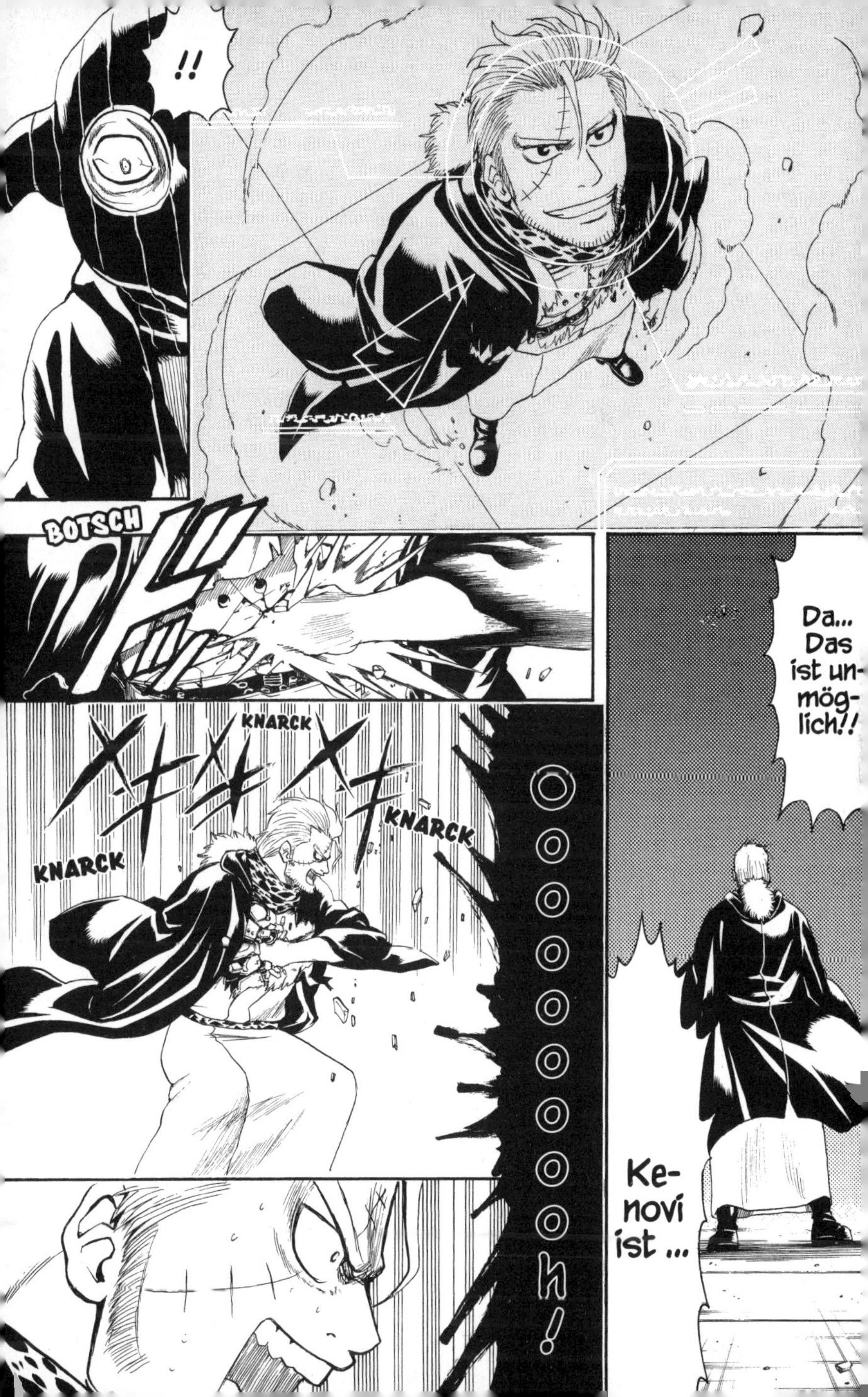

!!
Da... Das ist unmöglich!!
BOTSCH
KNARCK
KNARCK
KNARCK
Ke-novi ist ...
Oooooooooooooh!

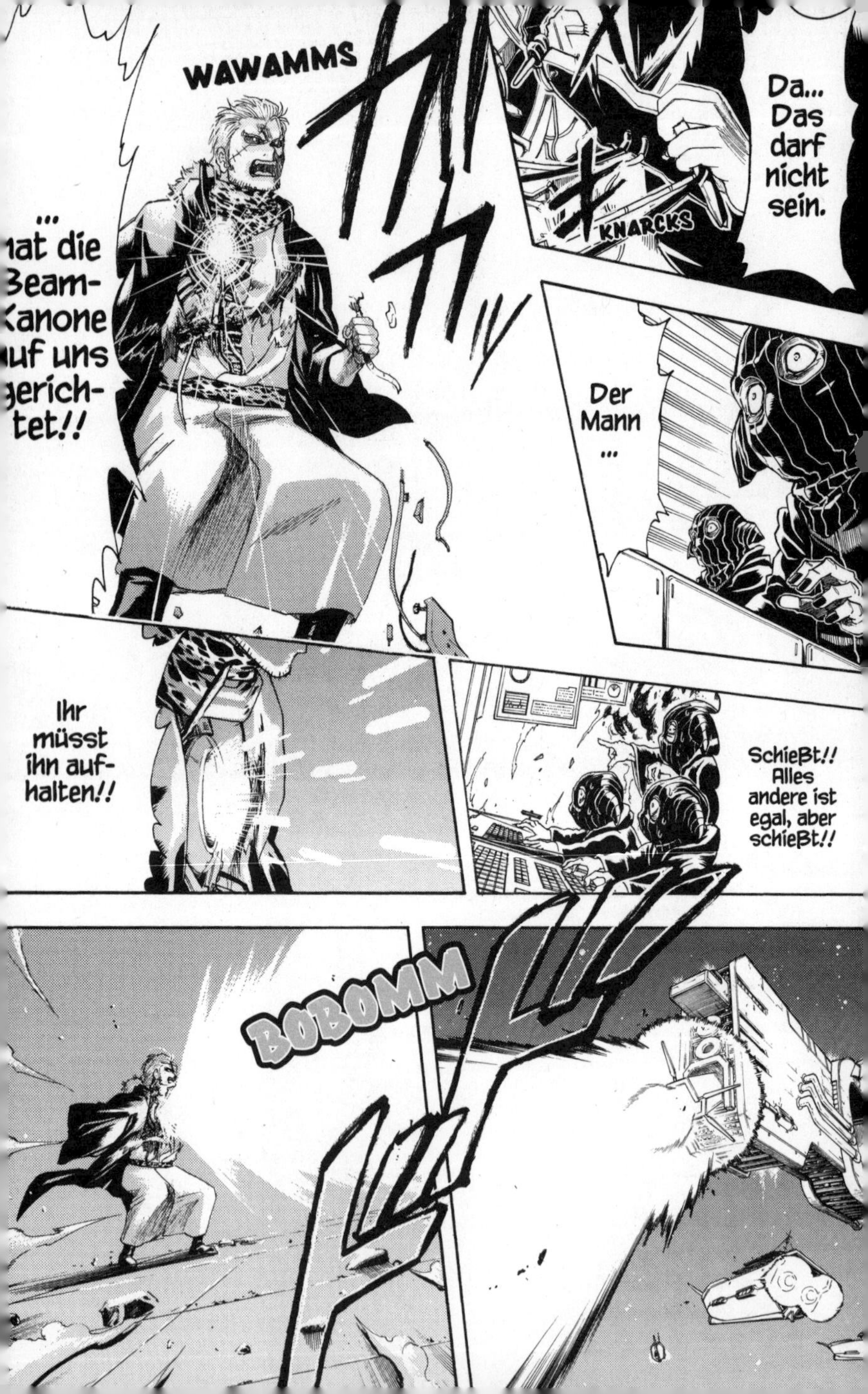
WAWAMMS
KNARCKS
Da... Das darf nicht sein.
... hat die Beam-Kanone auf uns gerichtet!!
Der Mann ...
Schießt!! Alles andere ist egal, aber schießt!!
Ihr müsst ihn aufhalten!!
BOBOMM

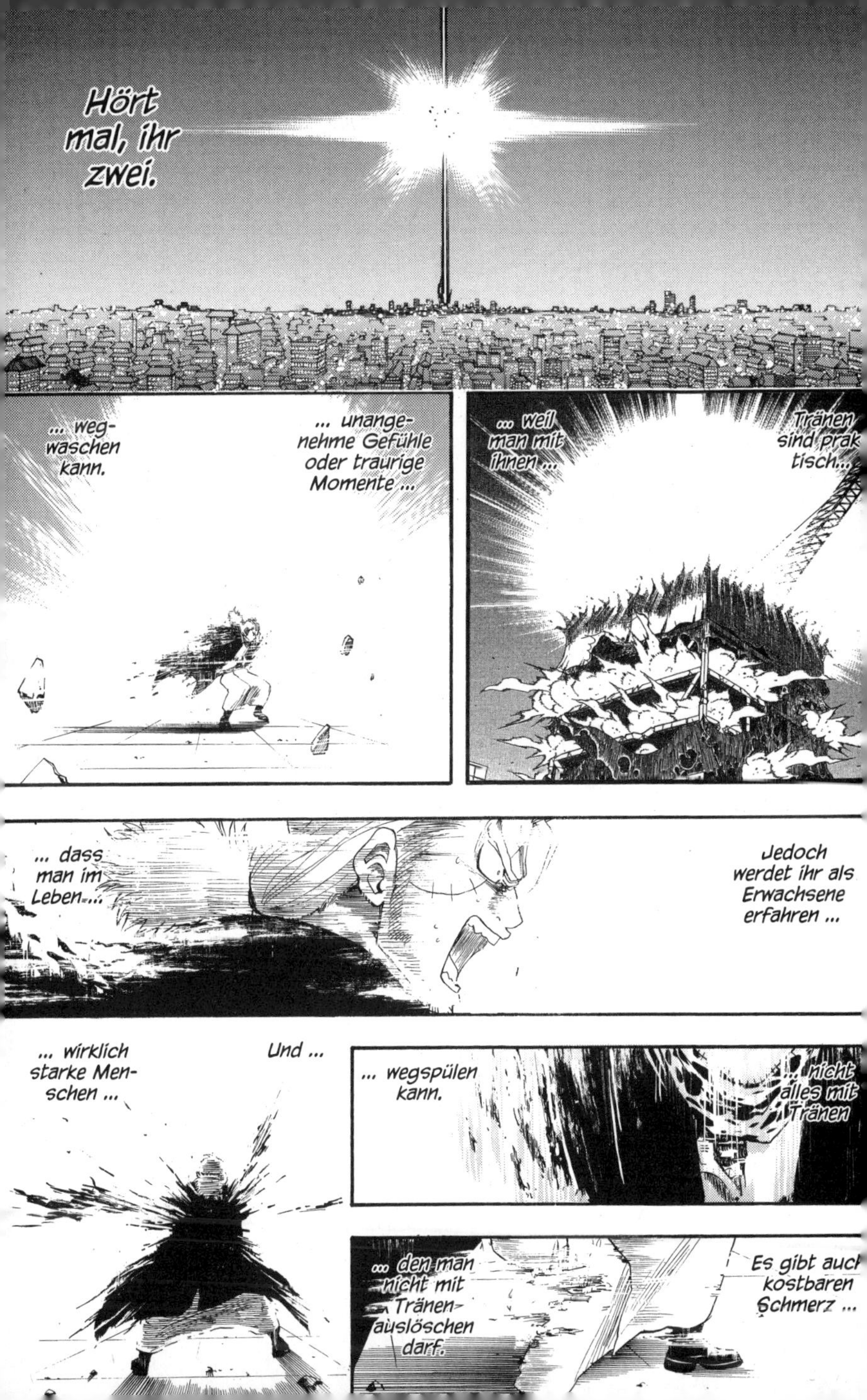

Hört mal, ihr zwei.
Tränen sind praktisch ...
... weil man mit ihnen ...
... unangenehme Gefühle oder traurige Momente ...
... wegwaschen kann.
Jedoch werdet ihr als Erwachsene erfahren ...
... dass man im Leben ...
... nicht alles mit Tränen
... wegspülen kann.
Es gibt auch kostbaren Schmerz ...
... den man nicht mit Tränen auslöschen darf.
Und ...
... wirklich starke Menschen ...

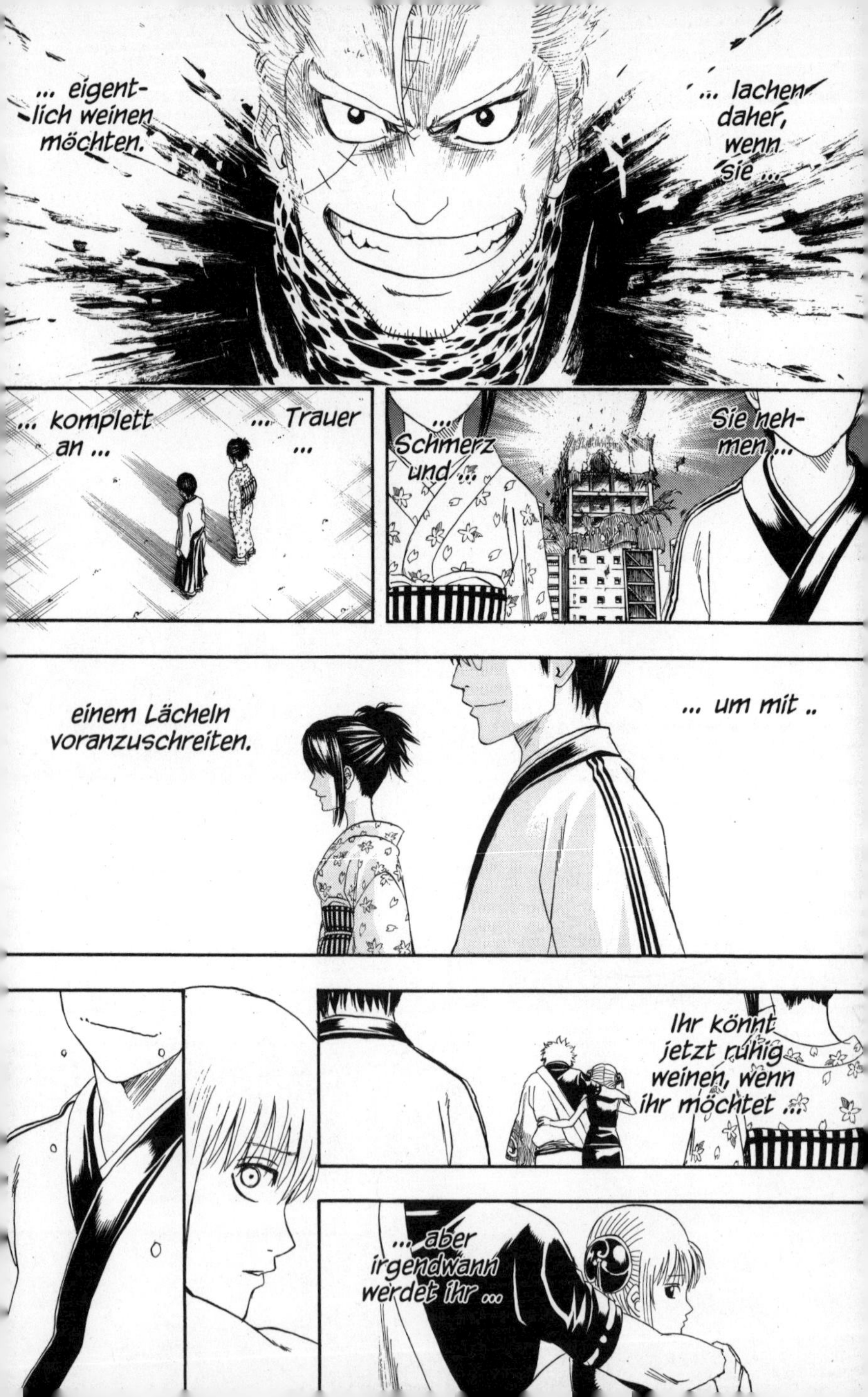
... lachen daher, wenn sie ...
... eigentlich weinen möchten.
Sie nehmen ...
... Schmerz und ...
... Trauer ...
... komplett an ...
... um mit ..
einem Lächeln voranzuschreiten.
Ihr könnt jetzt ruhig weinen, wenn ihr möchtet ...
... aber irgendwann werdet ihr ...

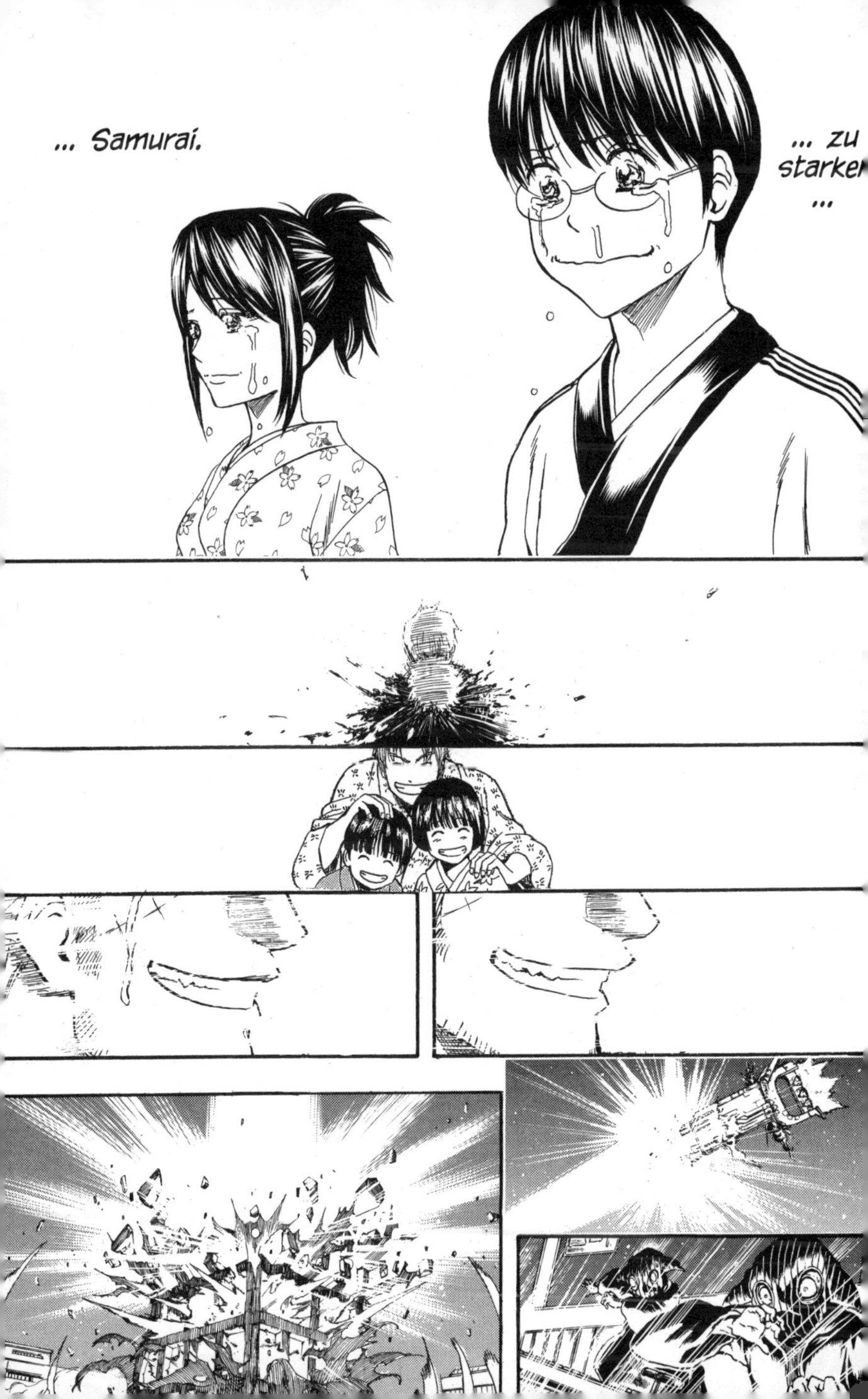
... zu starken ...
... Samurai.

Und damit ist hier in Band 46 das Spezial zur Ankündigung meines blutigen Harns und des neuen Kinofilms zu Ende. Als Ergebnis kam bei der Stuhluntersuchung heraus, dass der Bluthatn anscheinend durch zu viel Stress ausgelöst wurde. Ich dachte, ich könnte eingewiesen werden und dann würde es mit den Storyboards schon irgendwie weitergehen, aber denkt doch auch mal an das arme Herz von Hideaki Sorachi. Es ist immer alles so unfassbar knapp. Es wäre nicht undenkbar, dass es weder mit dem wöchentlichen Manga noch mit dem Kinofilm klappt. Ich meinte, dass der Film nächstes Jahr kommen soll, aber eigentlich haben alle ein wenig darüber gelächelt. Ehrlich gesagt habe ich da keine großen Hoffnungen. Im Moment sind Kinofilme im Trend, die von den Originalautoren geschrieben werden, aber die anderen sind alles Profis und beschweren sich nicht ständig. Doch als Pimpf-Mangaka kann ich ja sagen, dass mir jetzt Blut aus dem Schwanz kommt. Ruffy und Naruto würden es niemals zugeben, aber sicherlich haben die auch ganz feuchte Unterwäsche. Sicherlich lächeln die anderen zwar für Shueisha und die Animestudios, aber insgeheim vergeht ihnen das Lachen, weil blutige Tränen aus den Spitzen ihrer Pillermänner tropfen. Aber als Erwachsener darf man ruhig dreckig sein. Ich werde sie sicher zusammen mit mir runter die Hölle reißen und von Kopf bis Fuß mit Blut beschmieren. Aber würdet ihr Leser bitte auch merken, dass für euren Kinogenuss so viel Blut und Wasser vergossen wurde? Und vergesst nicht, dass Hideaki Sorachi keine Sexualkrankheit hatte. Und falls ihr nächstes Jahr doch keinen *Gin Tama*-Film in den Kinos sehen könnt, dann geht lieber den neuen *Detektiv Conan* schauen. ich glaube fest an euch und deswegen schenkt mir nicht zu viel Vertrauen. Abgemacht?

Shueisha, Redaktion *Shonen Jump*,
Hitotsubashi 2-5-10, Chiyodaku, 101-8050 Tokyo

Mit dem Betreff: »*Nun ja. Ich werde mich dennoch anstrengen.*«

Und sendet mir weiterhin eure Fragen, Illustrationen,
Charas und was ihr mir sonst noch so schicken wollt.

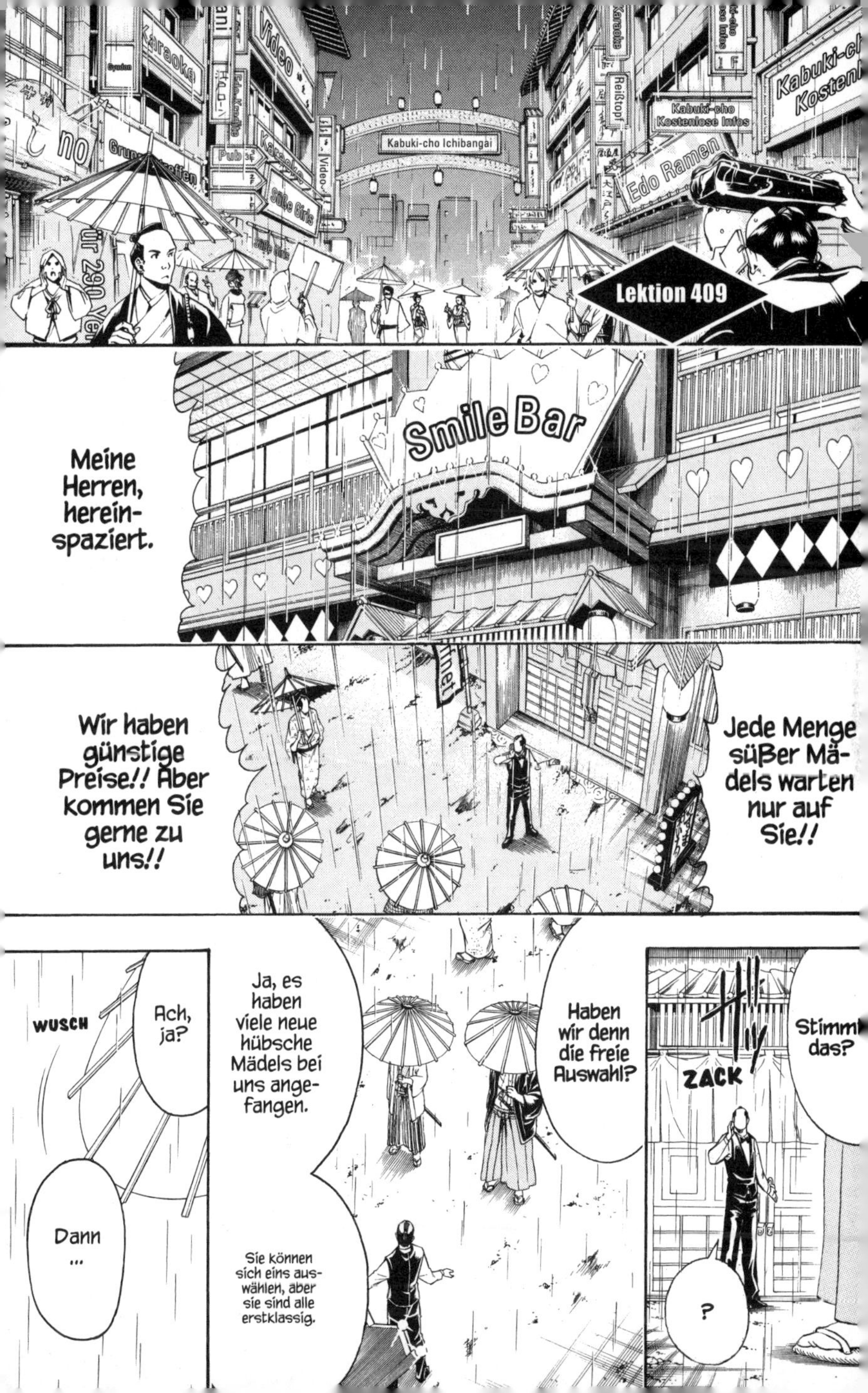
Kabuki-cho Kostenlose Infos
Edo Ramen
Reißtopf
Kabuki-cho Ichibangai
Video
Karaoke
Süße Girls
Lektion 409
Smile Bar
Meine Herren, herein-spaziert.
Jede Menge süßer Mädels warten nur auf Sie!!
Wir haben günstige Preise!! Aber kommen Sie gerne zu uns!!
Stimm das?
ZACK
?
Haben wir denn die freie Auswahl?
Ja, es haben viele neue hübsche Mädels bei uns angefangen.
Sie können sich eins auswählen, aber sie sind alle erstklassig.
Ach, ja?
WUSCH
Dann ...

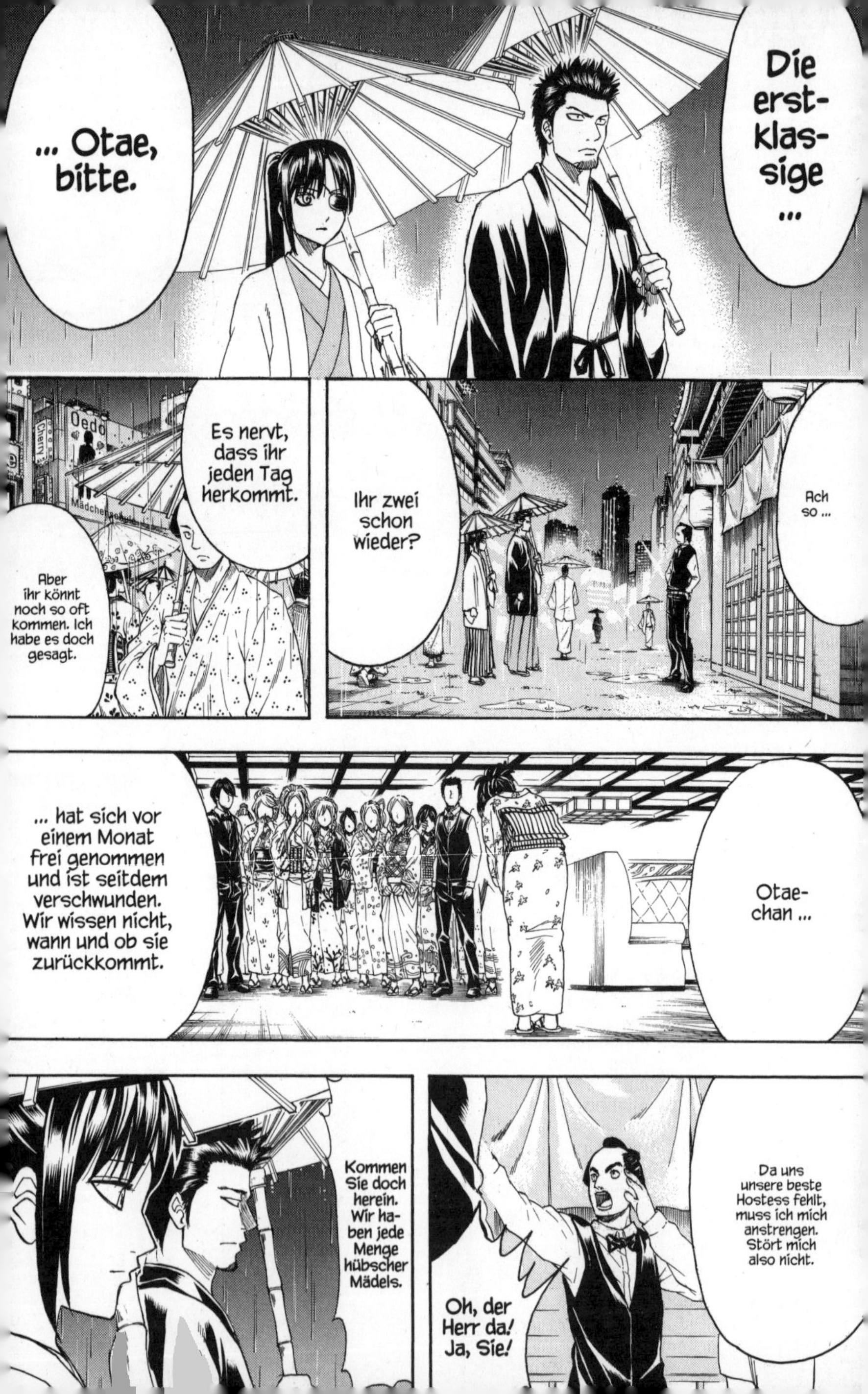
Die erstklassige ...
... Otae, bitte.
Ach so ...
Ihr zwei schon wieder?
Oedo
Cherry
Es nervt, dass ihr jeden Tag herkommt.
Aber ihr könnt noch so oft kommen. Ich habe es doch gesagt.
Otae-chan ...
... hat sich vor einem Monat frei genommen und ist seitdem verschwunden. Wir wissen nicht, wann und ob sie zurückkommt.
Da uns unsere beste Hostess fehlt, muss ich mich anstrengen. Stört mich also nicht.
Oh, der Herr da! Ja, Sie!
Kommen Sie doch herein. Wir haben jede Menge hübscher Mädels.

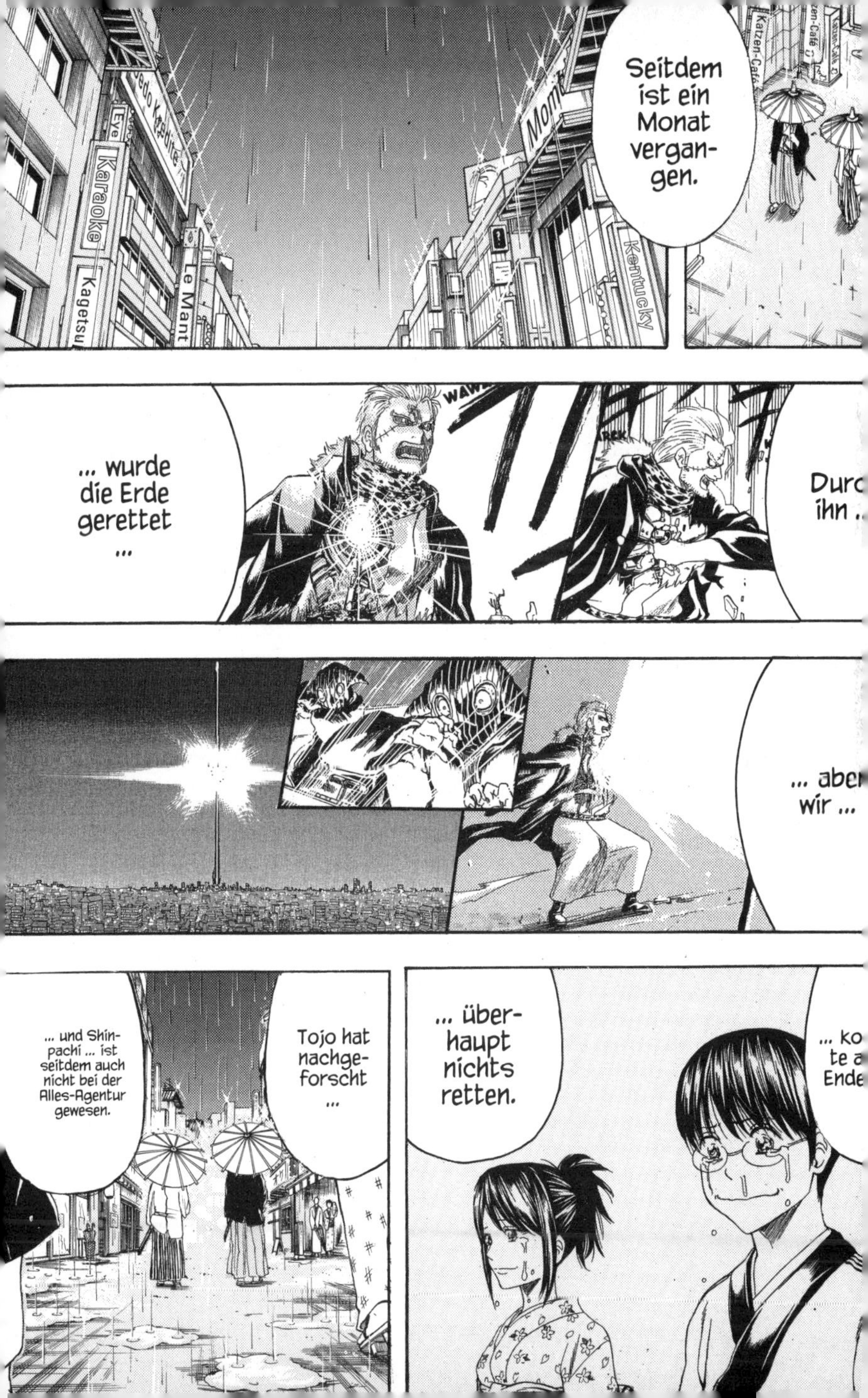

Seitdem ist ein Monat vergangen.
Karaoke
Eye
Le Mant
Kentucky
Durc ihn ..
... wurde die Erde gerettet ...
... abe wir ...
... ko te a Ende
... überhaupt nichts retten.
Tojo hat nachgeforscht ...
... und Shinpachi ... ist seitdem auch nicht bei der Alles-Agentur gewesen.

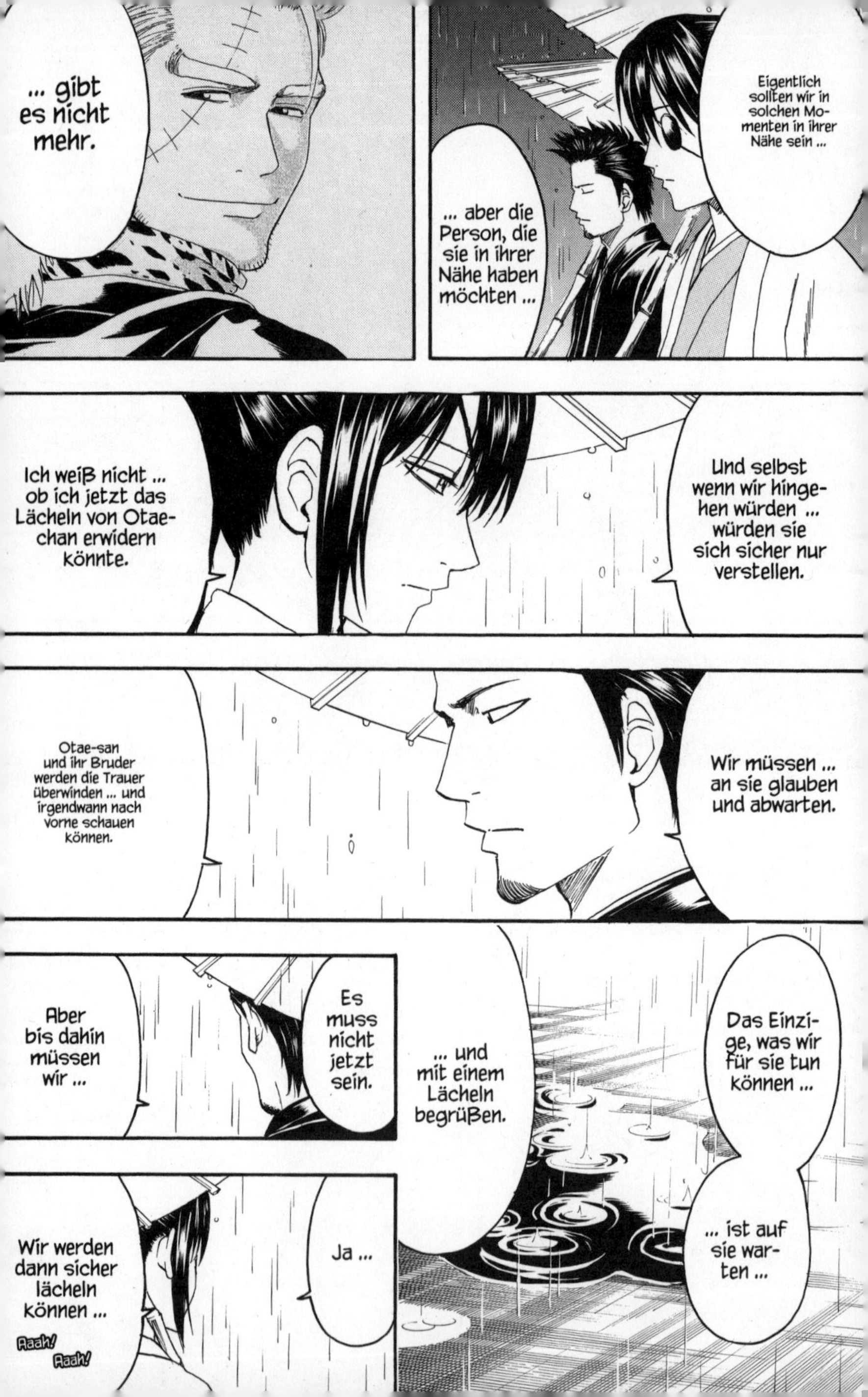
Eigentlich sollten wir in solchen Momenten in ihrer Nähe sein ...
... aber die Person, die sie in ihrer Nähe haben möchten ...
... gibt es nicht mehr.
Und selbst wenn wir hingehen würden ... würden sie sich sicher nur verstellen.
Ich weiß nicht ... ob ich jetzt das Lächeln von Otae-chan erwidern könnte.
Wir müssen ... an sie glauben und abwarten.
Otae-san und ihr Bruder werden die Trauer überwinden ... und irgendwann nach vorne schauen können.
Das Einzige, was wir für sie tun können ...
... ist auf sie warten ...
... und mit einem Lächeln begrüßen.
Es muss nicht jetzt sein.
Aber bis dahin müssen wir ...
Ja ...
Wir werden dann sicher lächeln können ...
Aaah!
Aaah!

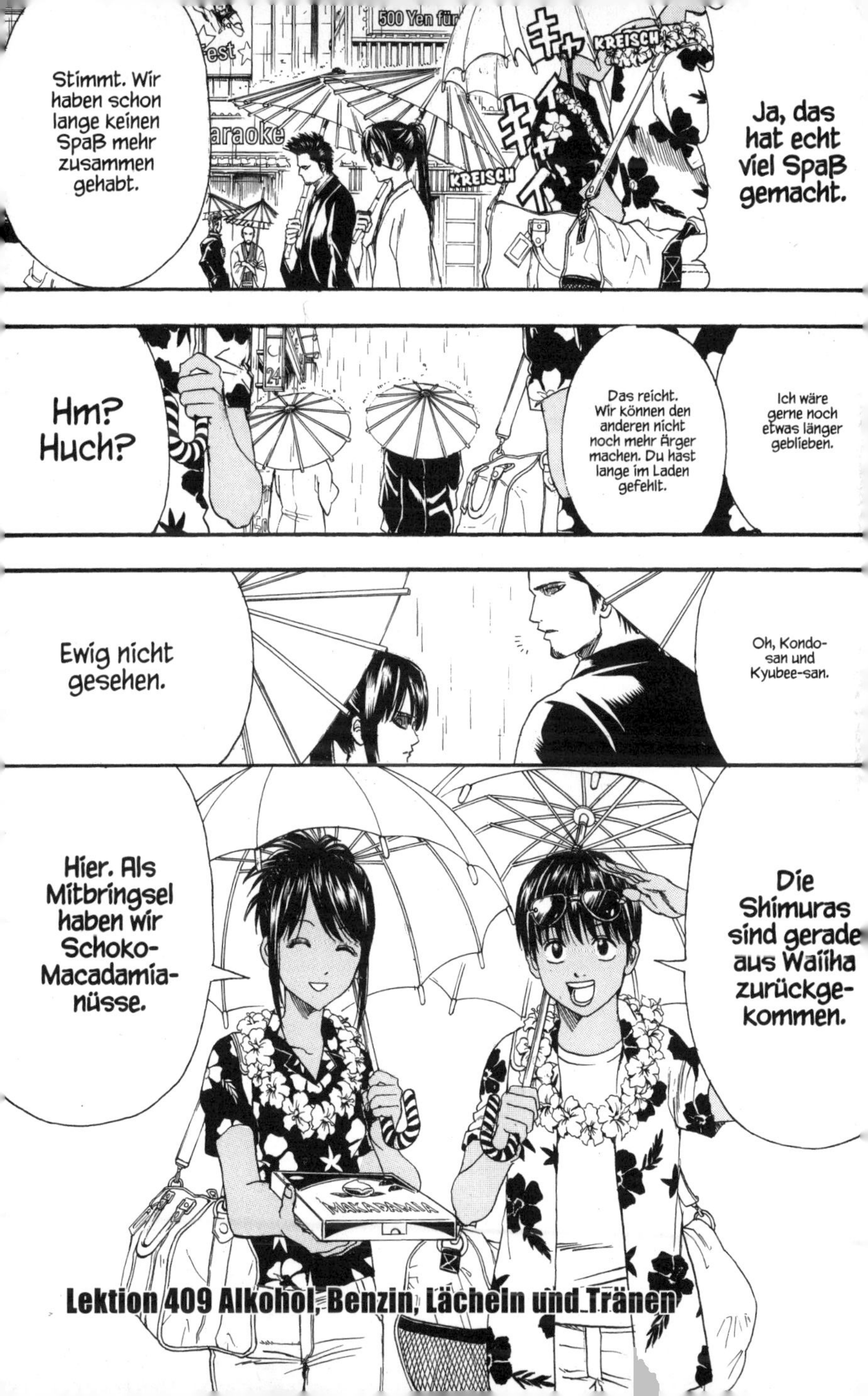

Lektion 409 Alkohol, Benzin, Lächeln und Tränen

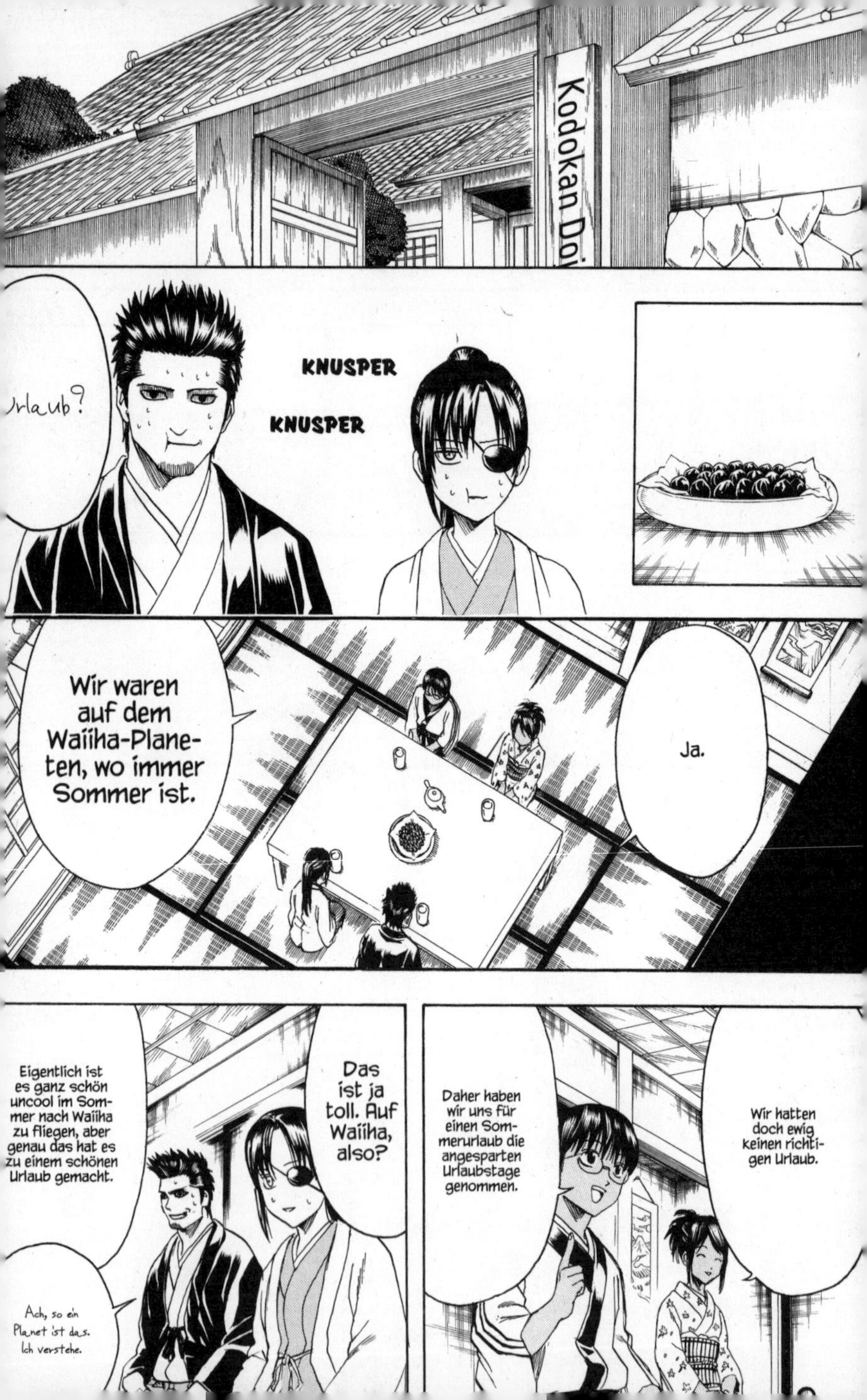
Kodokan Do
KNUSPER
KNUSPER
Urlaub?
Ja.
Wir waren auf dem Waiiha-Planeten, wo immer Sommer ist.
Wir hatten doch ewig keinen richtigen Urlaub.
Daher haben wir uns für einen Sommerurlaub die angesparten Urlaubstage genommen.
Das ist ja toll. Auf Waiiha, also?
Eigentlich ist es ganz schön uncool im Sommer nach Waiiha zu fliegen, aber genau das hat es zu einem schönen Urlaub gemacht.
Ach, so ein Planet ist das. Ich verstehe.

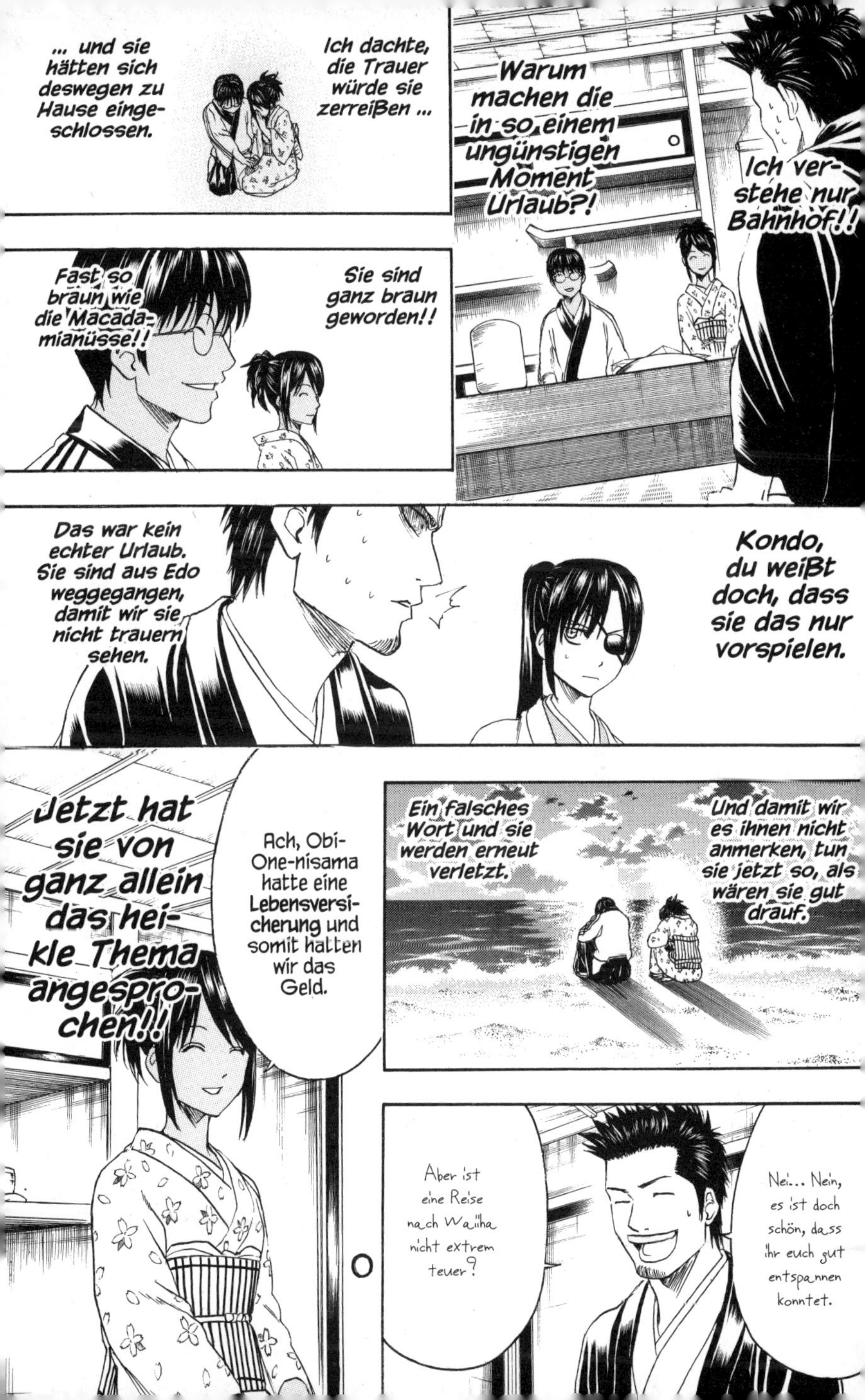
Warum machen die in so einem ungünstigen Moment Urlaub?!
Ich verstehe nur Bahnhof!!
Ich dachte, die Trauer würde sie zerreißen ...
... und sie hätten sich deswegen zu Hause eingeschlossen.
Sie sind ganz braun geworden!!
Fast so braun wie die Macadamianüsse!!
Kondo, du weißt doch, dass sie das nur vorspielen.
Das war kein echter Urlaub. Sie sind aus Edo weggegangen, damit wir sie nicht trauern sehen.
Und damit wir es ihnen nicht anmerken, tun sie jetzt so, als wären sie gut drauf.
Ein falsches Wort und sie werden erneut verletzt.
Nei... Nein, es ist doch schön, dass ihr euch gut entspannen konntet.
Aber ist eine Reise nach Waiha nicht extrem teuer?
Ach, Obi-One-nisama hatte eine Lebensversicherung und somit hatten wir das Geld.
Jetzt hat sie von ganz allein das heikle Thema angesprochen!!

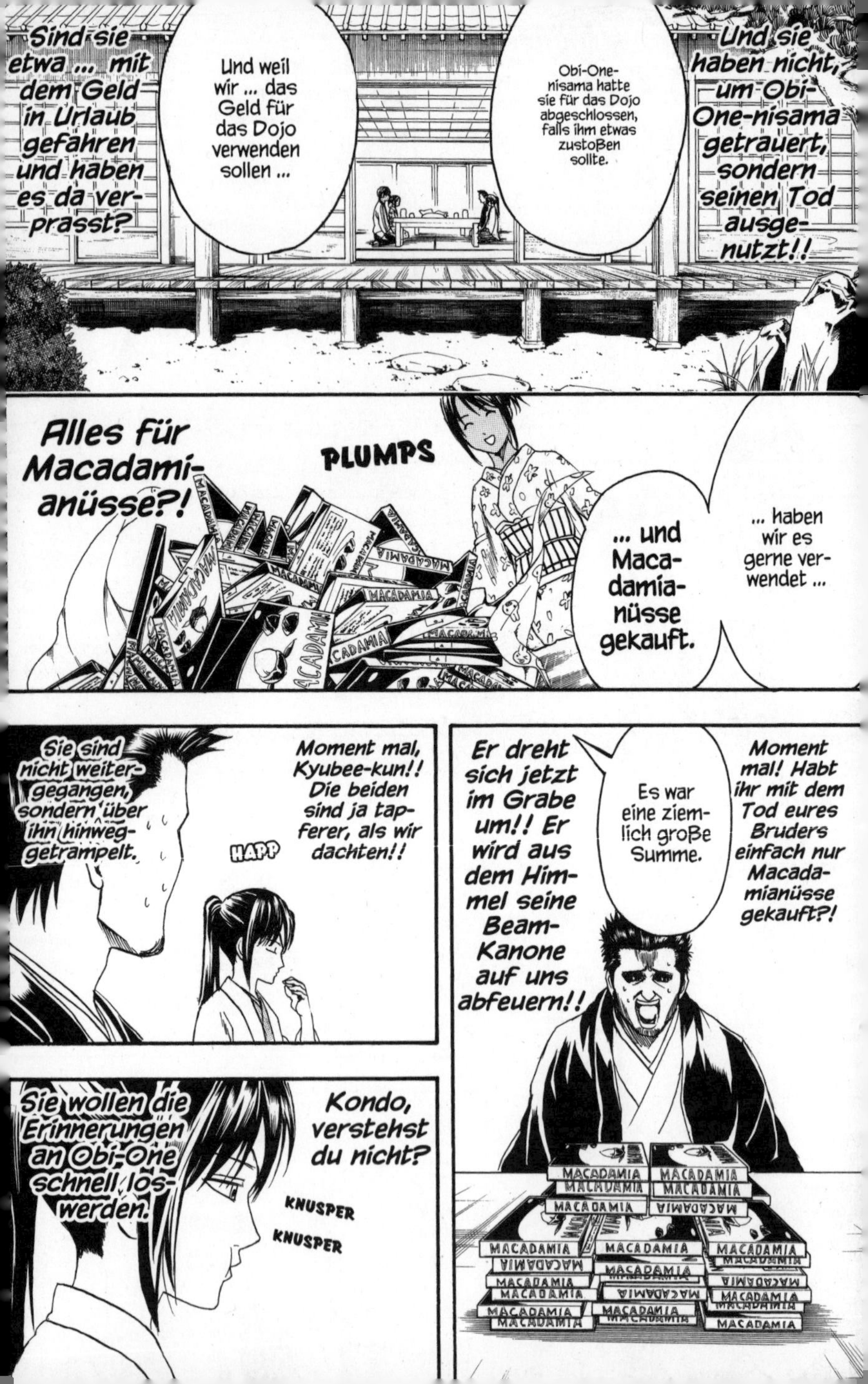
Und sie haben nicht, um Obi-One-nisama getrauert, sondern seinen Tod ausgenutzt!!
Obi-One-nisama hatte sie für das Dojo abgeschlossen, falls ihm etwas zustoßen sollte.
Und weil wir ... das Geld für das Dojo verwenden sollen ...
Sind sie etwa ... mit dem Geld in Urlaub gefahren und haben es da verprasst?
... haben wir es gerne verwendet ...
... und Macadamianüsse gekauft.
PLUMPS
Alles für Macadamianüsse?!
Moment mal! Habt ihr mit dem Tod eures Bruders einfach nur Macadamianüsse gekauft?!
Es war eine ziemlich große Summe.
Er dreht sich jetzt im Grabe um!! Er wird aus dem Himmel seine Beam-Kanone auf uns abfeuern!!
Moment mal, Kyubee-kun!! Die beiden sind ja tapferer, als wir dachten!!
HAPP
Sie sind nicht weitergegangen, sondern über ihn hinweggetrampelt.
Kondo, verstehst du nicht?
KNUSPER
KNUSPER
Sie wollen die Erinnerungen an Obi-One schnell loswerden.

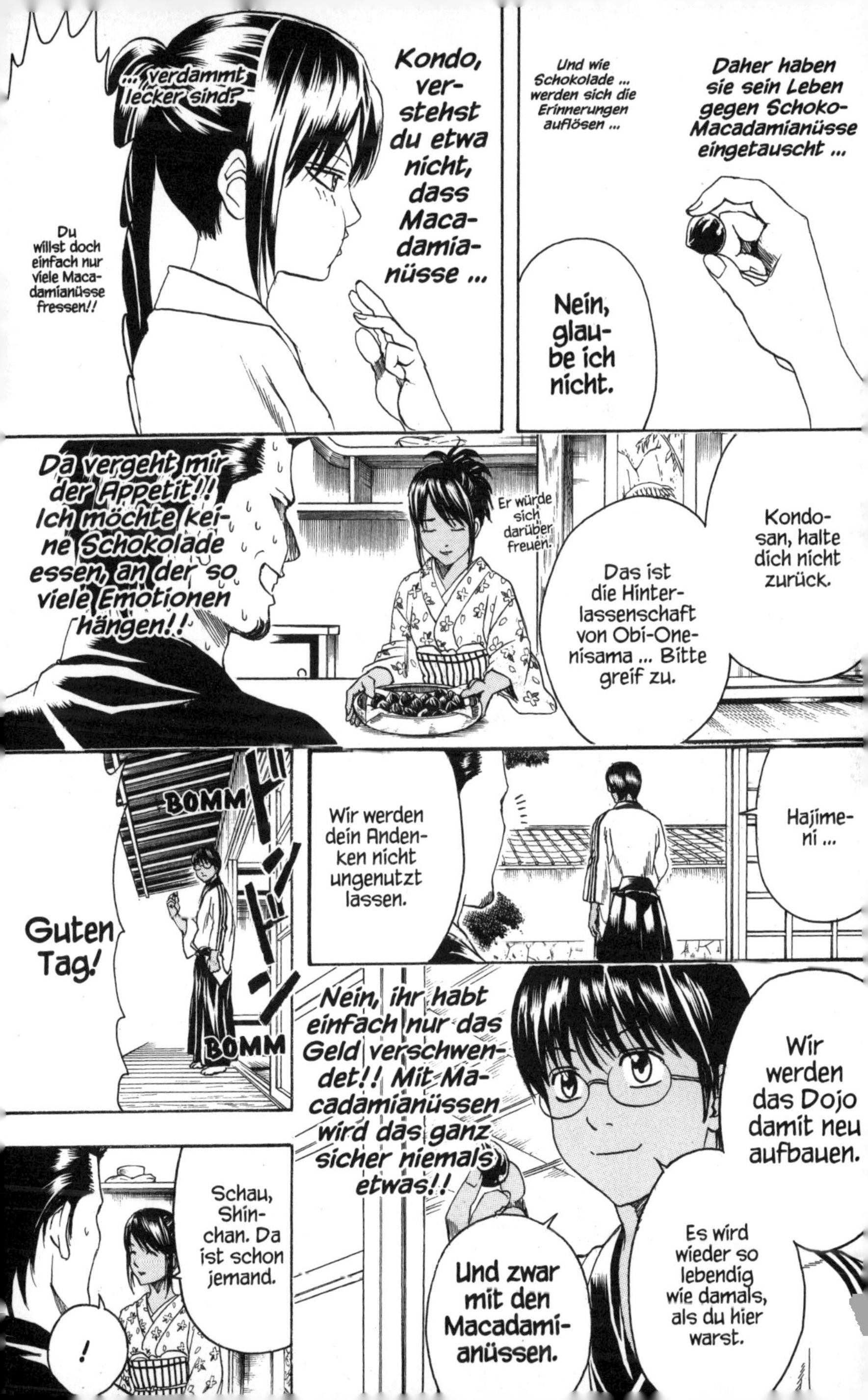
Daher haben sie sein Leben gegen Schoko-Macadamianüsse eingetauscht ...
Und wie Schokolade ... werden sich die Erinnerungen auflösen ...
Nein, glaube ich nicht.
Kondo, verstehst du etwa nicht, dass Macadamianüsse ...
... verdammt lecker sind?
Du willst doch einfach nur viele Macadamianüsse fressen!!
Kondo-san, halte dich nicht zurück.
Das ist die Hinterlassenschaft von Obi-Onenisama ... Bitte greif zu.
Er würde sich darüber freuen.
Da vergeht mir der Appetit!! Ich möchte keine Schokolade essen, an der so viele Emotionen hängen!!
Hajimeni ...
Wir werden dein Andenken nicht ungenutzt lassen.
BOMM
BOMM
Guten Tag!
Wir werden das Dojo damit neu aufbauen.
Nein, ihr habt einfach nur das Geld verschwendet!! Mit Macadamianüssen wird das ganz sicher niemals etwas!!
Es wird wieder so lebendig wie damals, als du hier warst.
Und zwar mit den Macadamianüssen.
Schau, Shin-chan. Da ist schon jemand.
!

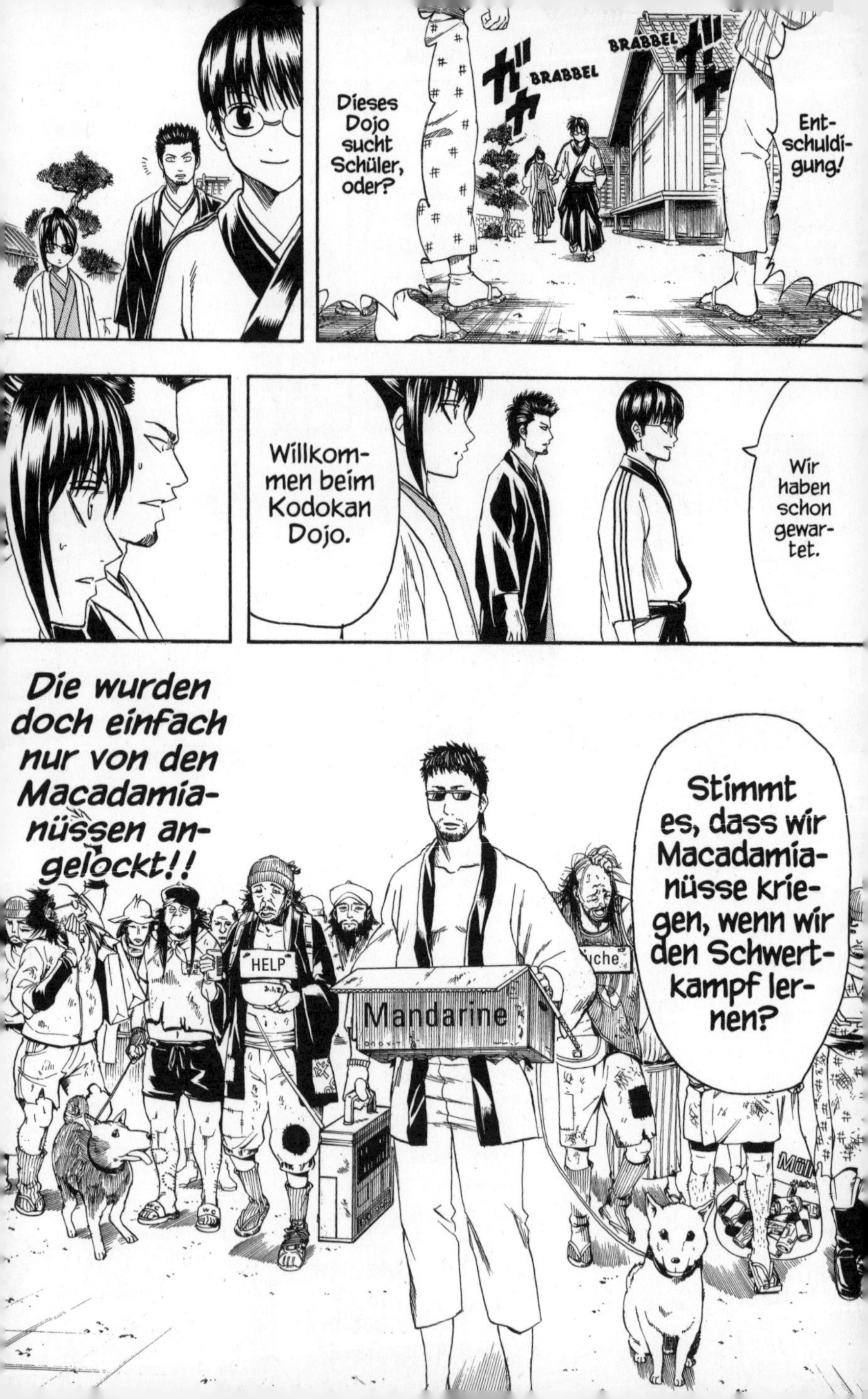
Ent-schuldigung!
BRABBEL
BRABBEL
Dieses Dojo sucht Schüler, oder?
Wir haben schon gewartet.
Willkommen beim Kodokan Dojo.
Stimmt es, dass wir Macadamianüsse kriegen, wenn wir den Schwertkampf lernen?
Die wurden doch einfach nur von den Macadamianüssen angelockt!!
HELP
Mandarine

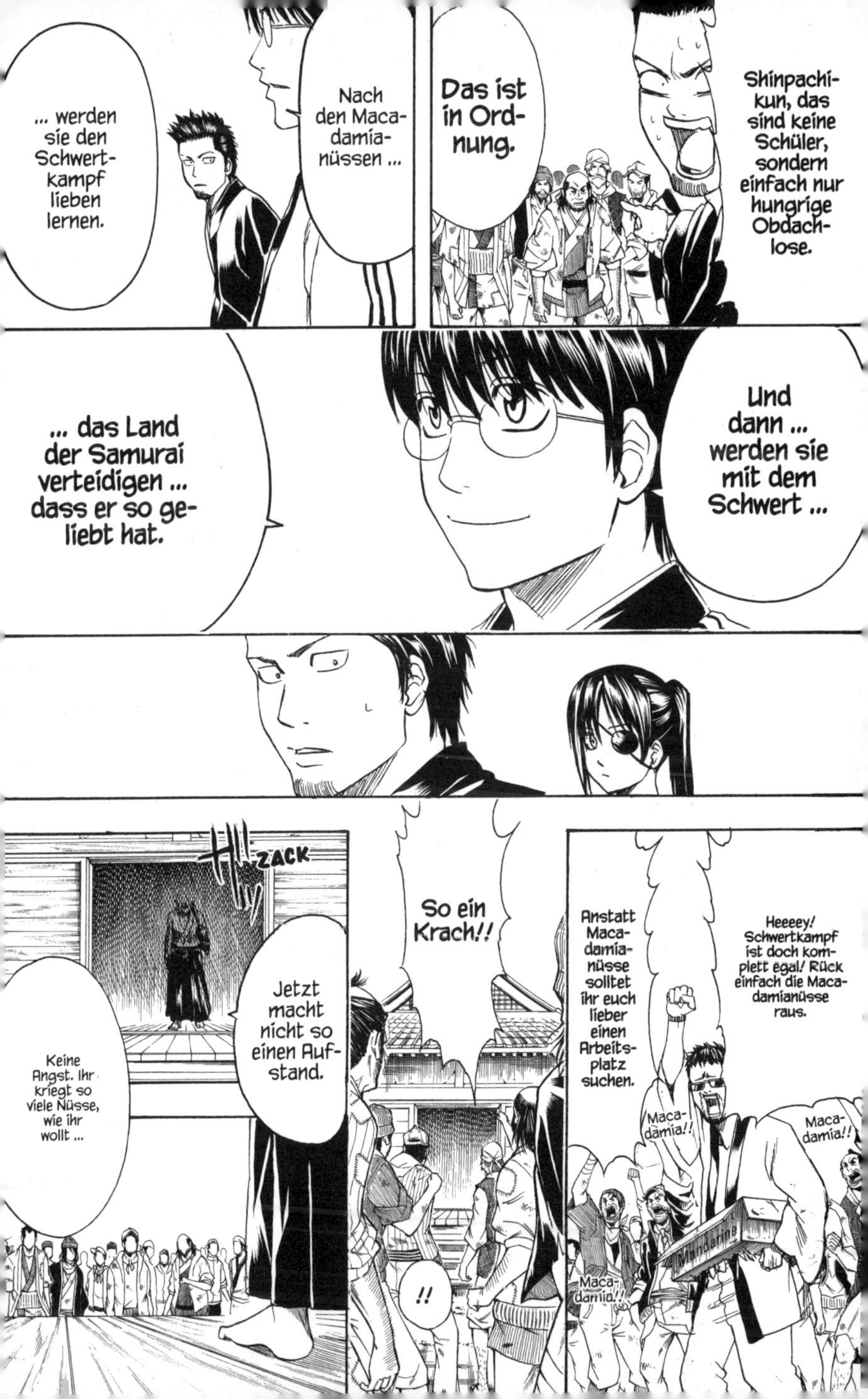
Shinpachi-kun, das sind keine Schüler, sondern einfach nur hungrige Obdachlose.
Das ist in Ordnung.
Nach den Macadamianüssen ...
... werden sie den Schwertkampf lieben lernen.
Und dann ... werden sie mit dem Schwert ...
... das Land der Samurai verteidigen ... dass er so geliebt hat.
Heeeey! Schwertkampf ist doch komplett egal! Rück einfach die Macadamianüsse raus.
Macadamia!!
Anstatt Macadamianüsse solltet ihr euch lieber einen Arbeitsplatz suchen.
Macadamia!!
Mandarine
Macadamia!!
So ein Krach!!
!!
ZACK
Jetzt macht nicht so einen Aufstand.
Keine Angst. Ihr kriegt so viele Nüsse, wie ihr wollt ...

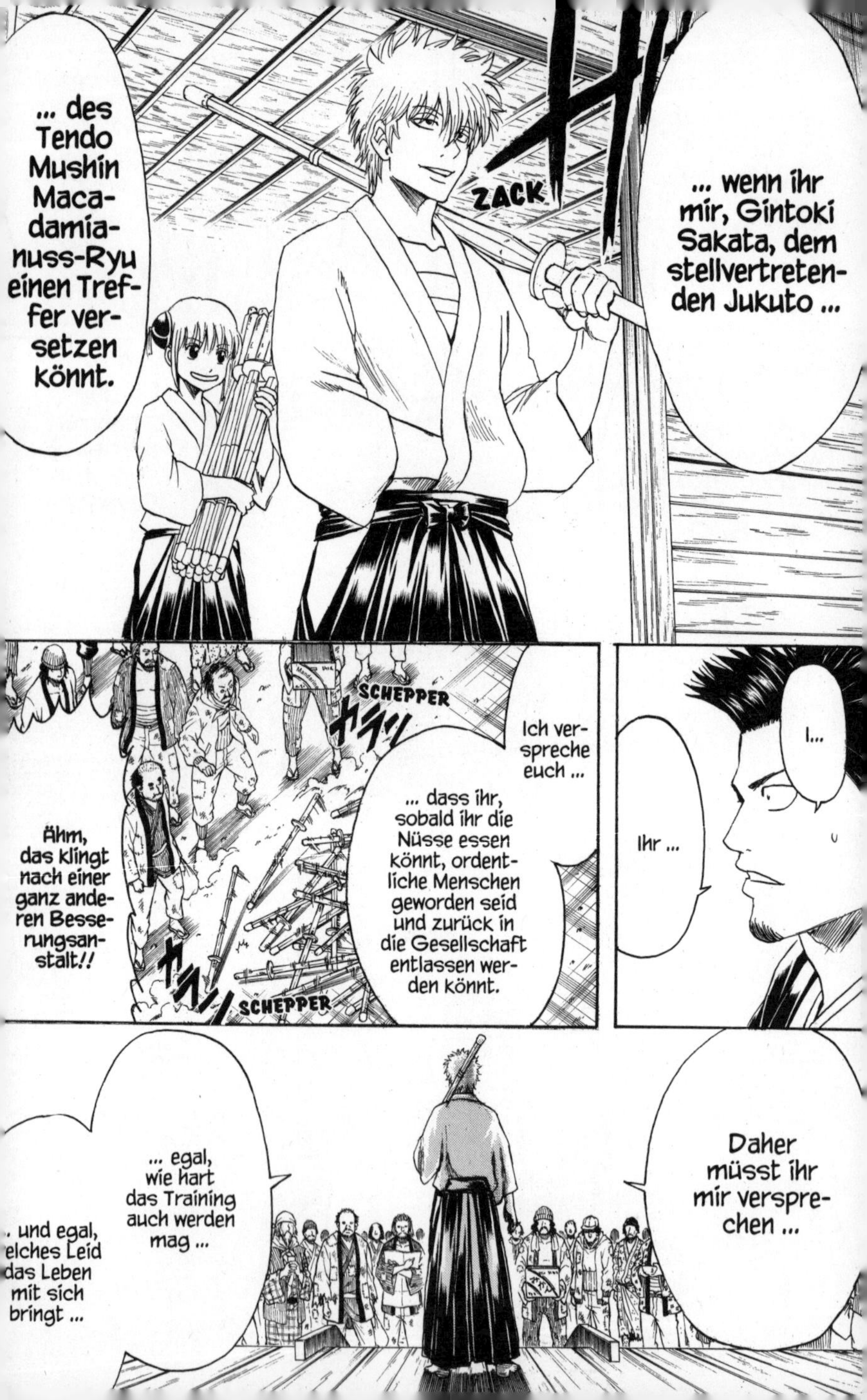

ZACK
... wenn ihr mir, Gintoki Sakata, dem stellvertretenden Jukuto ...
... des Tendo Mushin Macadamianuss-Ryu einen Treffer versetzen könnt.
I...
Ihr ...
SCHEPPER
Ich verspreche euch ...
... dass ihr, sobald ihr die Nüsse essen könnt, ordentliche Menschen geworden seid und zurück in die Gesellschaft entlassen werden könnt.
Ähm, das klingt nach einer ganz anderen Besserungsanstalt!!
SCHEPPER
Daher müsst ihr mir versprechen ...
... egal, wie hart das Training auch werden mag ...
. und egal, elches Leid das Leben mit sich bringt ...

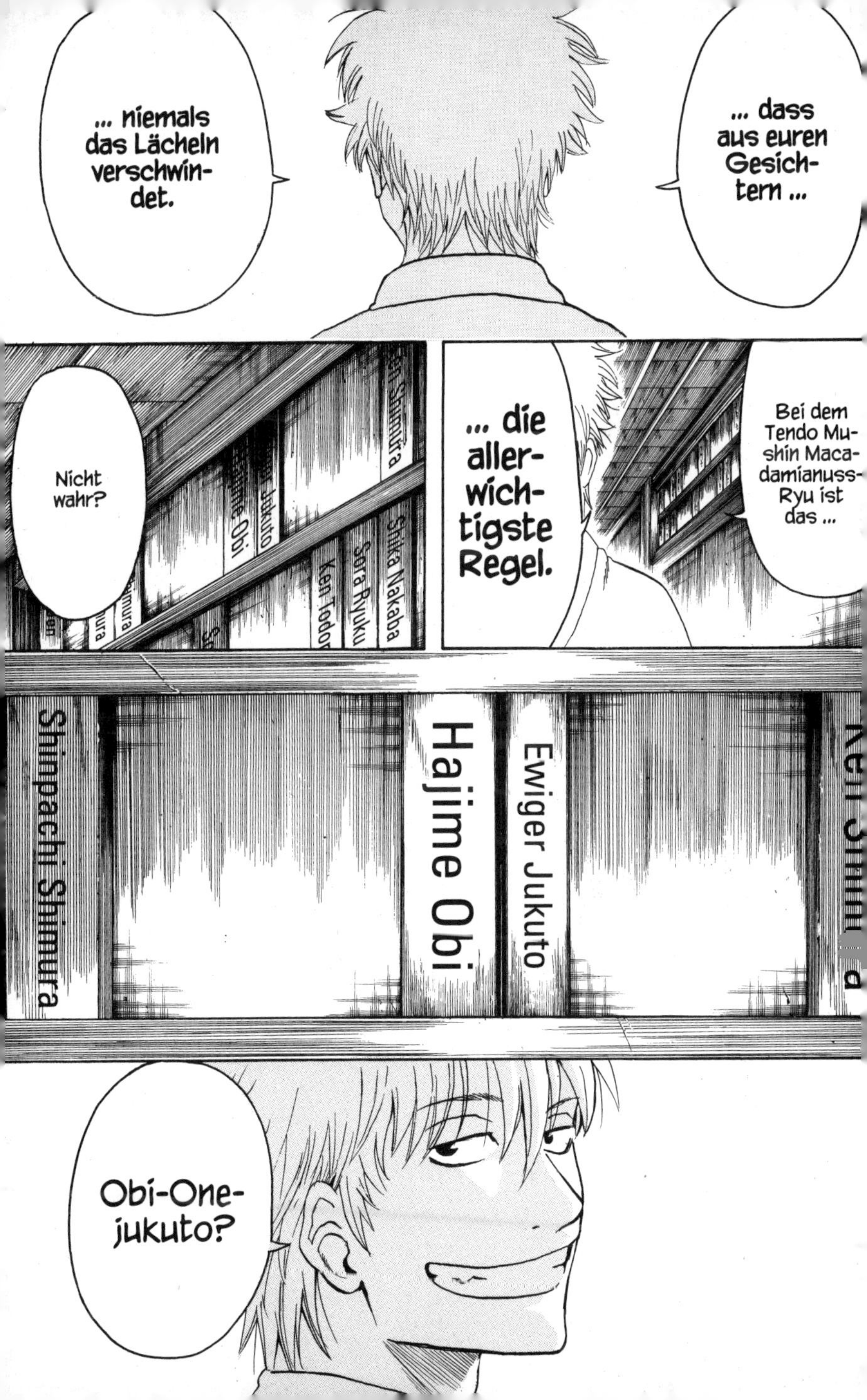
... dass aus euren Gesichtern ...
... niemals das Lächeln verschwindet.
Bei dem Tendo Mushin Macadamianuss-Ryu ist das ...
... die allerwichtigste Regel.
Ken Shimura
Shika Nakaba
Sora Ryuku
Hajime Obi
Nicht wahr?
Ewiger Jukuto
Hajime Obi
Shinpachi Shimura
Obi-One-jukuto?

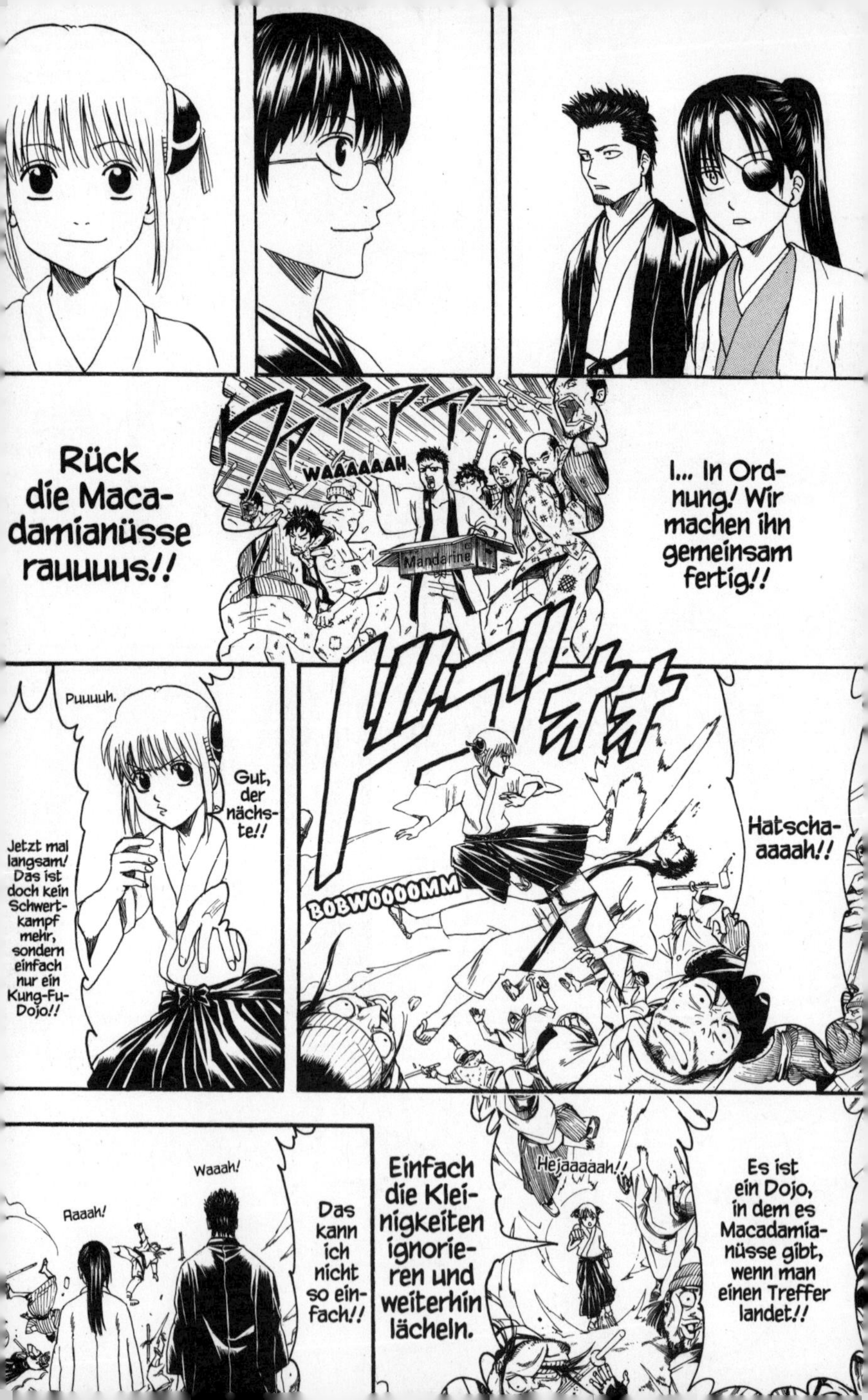

I... In Ordnung! Wir machen ihn gemeinsam fertig!!
WAAAAAAH
Mandarine
Rück die Macadamianüsse rauuuus!!
Hatschaaaaah!!
BOBWOOOOMM
Gut, der nächste!!
Puuuuh.
Jetzt mal langsam! Das ist doch kein Schwertkampf mehr, sondern einfach nur ein Kung-Fu-Dojo!!
Es ist ein Dojo, in dem es Macadamianüsse gibt, wenn man einen Treffer landet!!
Hejaaaaah!!
Einfach die Kleinigkeiten ignorieren und weiterhin lächeln.
Das kann ich nicht so einfach!!
Waaah!
Aaaah!

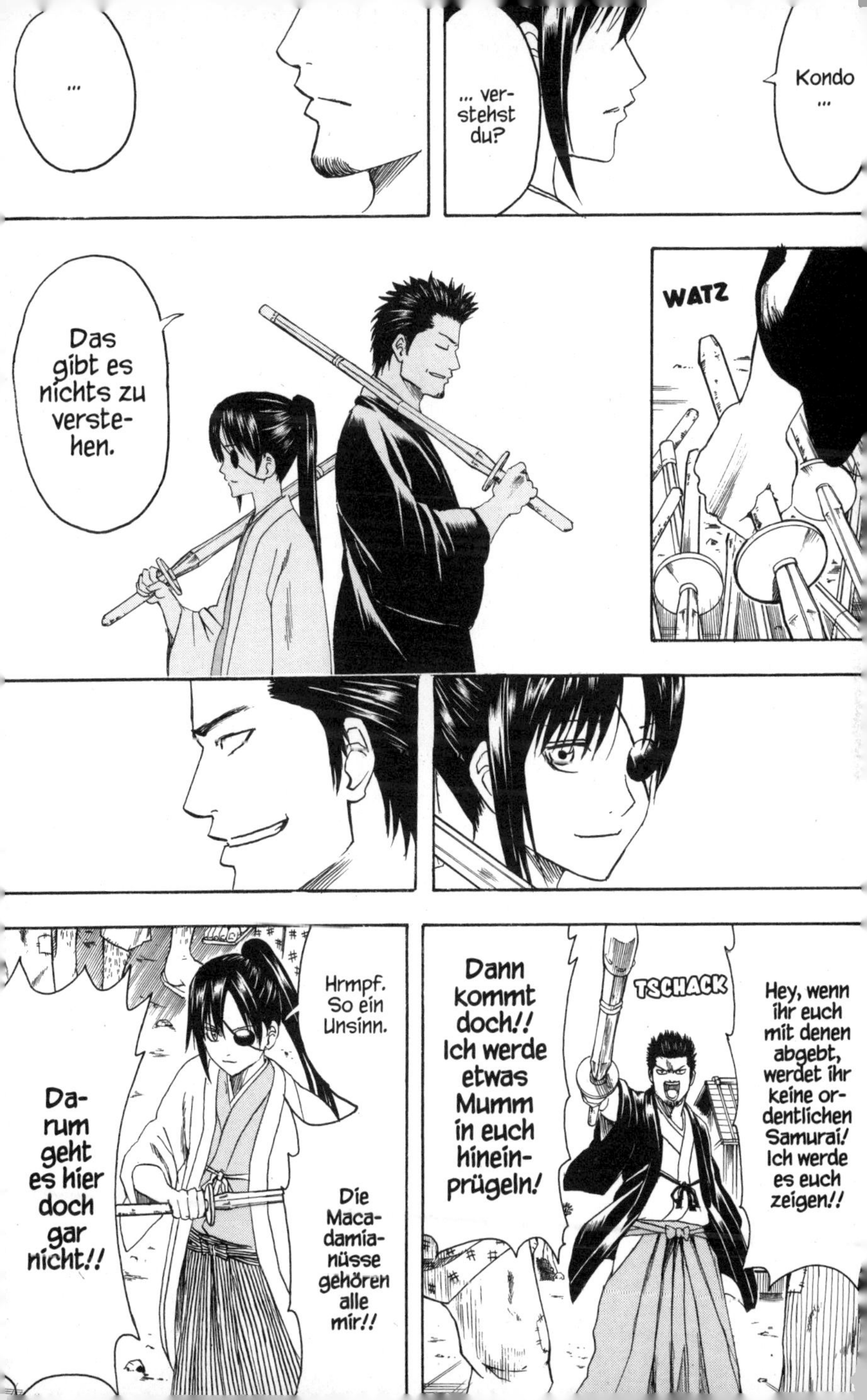

Kondo ...
... verstehst du?
...
WATZ
Das gibt es nichts zu verstehen.
Hey, wenn ihr euch mit denen abgebt, werdet ihr keine ordentlichen Samurai! Ich werde es euch zeigen!!
TSCHACK
Dann kommt doch!! Ich werde etwas Mumm in euch hineinprügeln!
Hrmpf. So ein Unsinn.
Die Macadamianüsse gehören alle mir!!
Darum geht es hier doch gar nicht!!

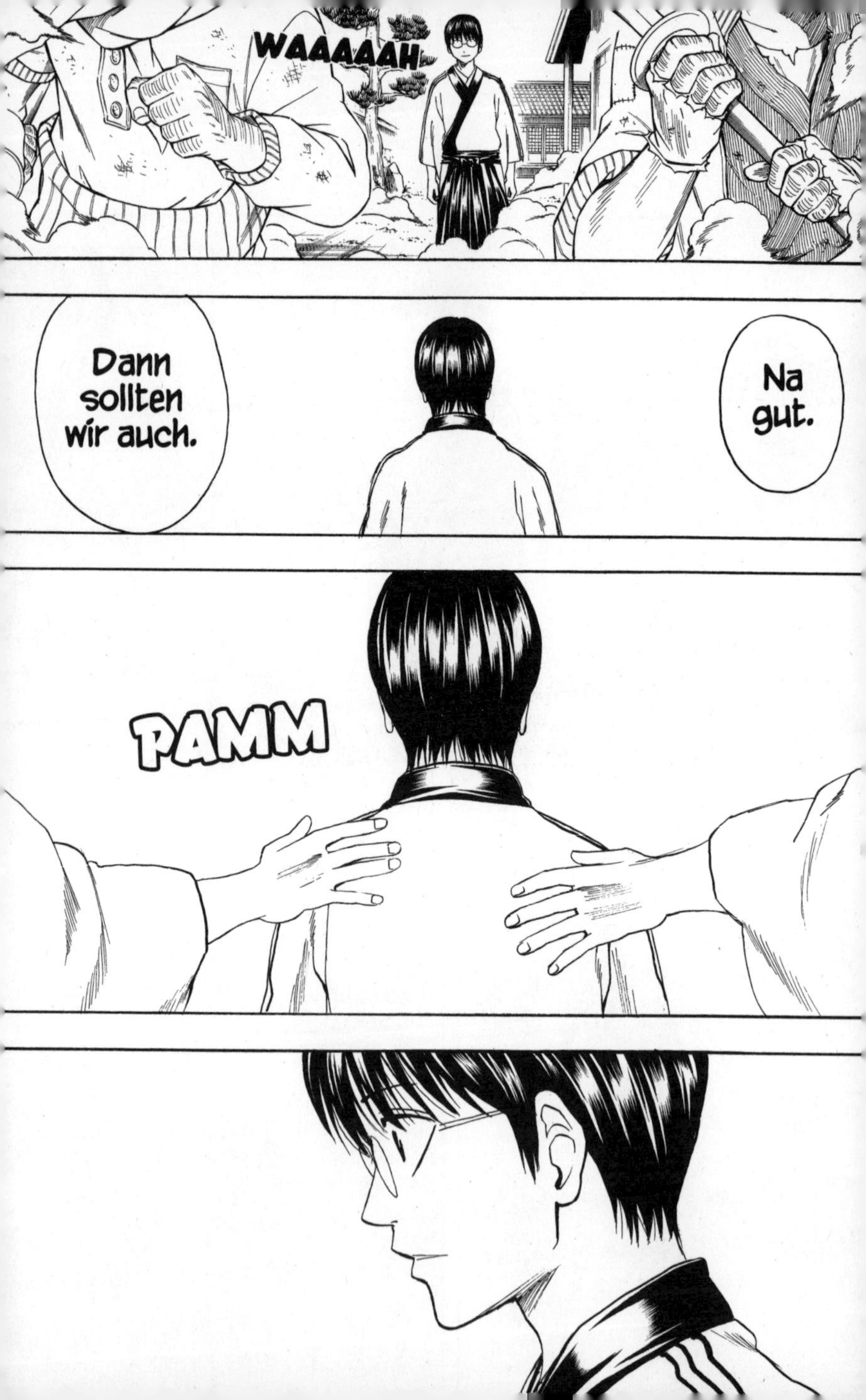
WAAAAAH
Na gut.
Dann sollten wir auch.
PAMM

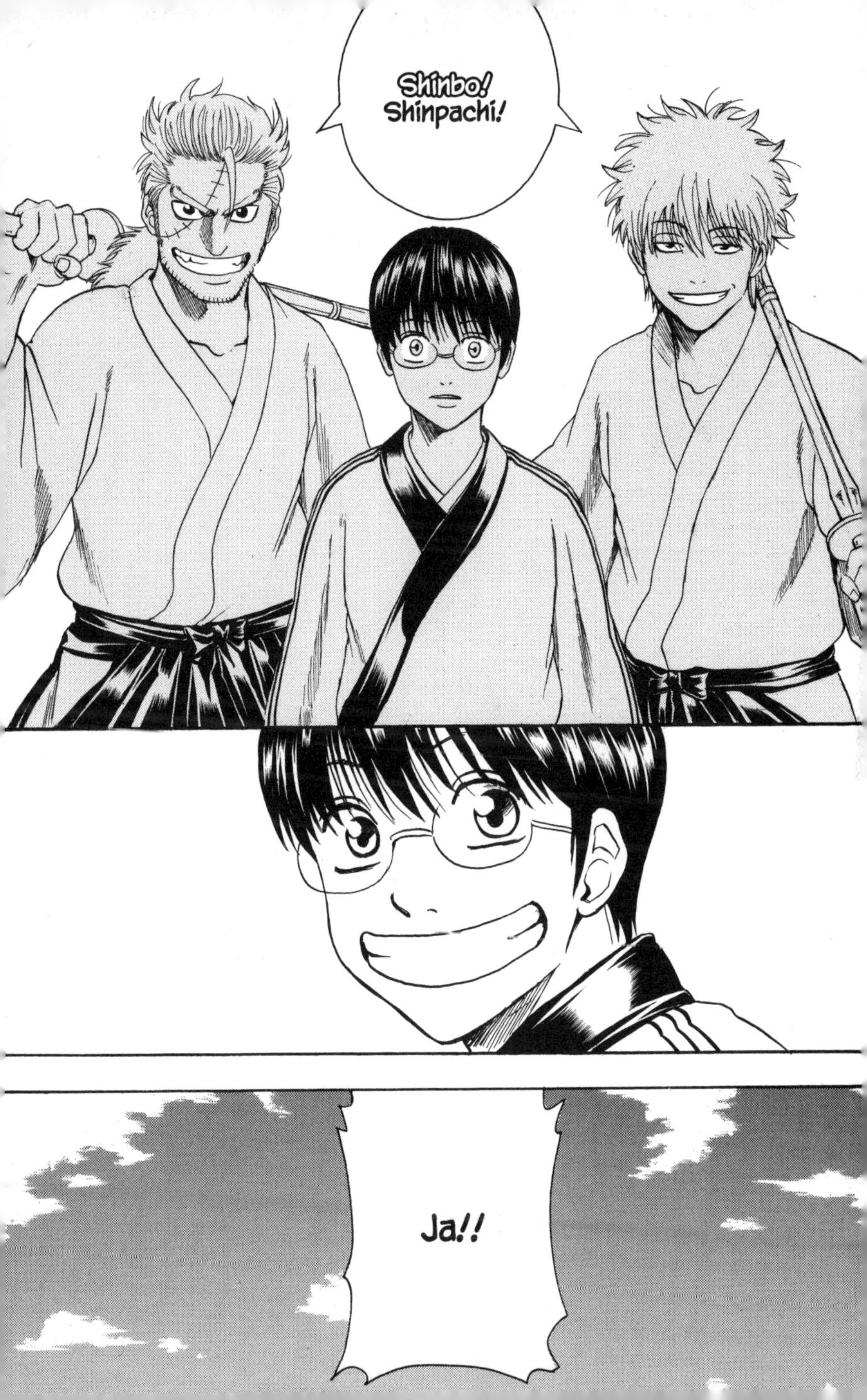
Shinbo!
Shinpachi!
Ja!!

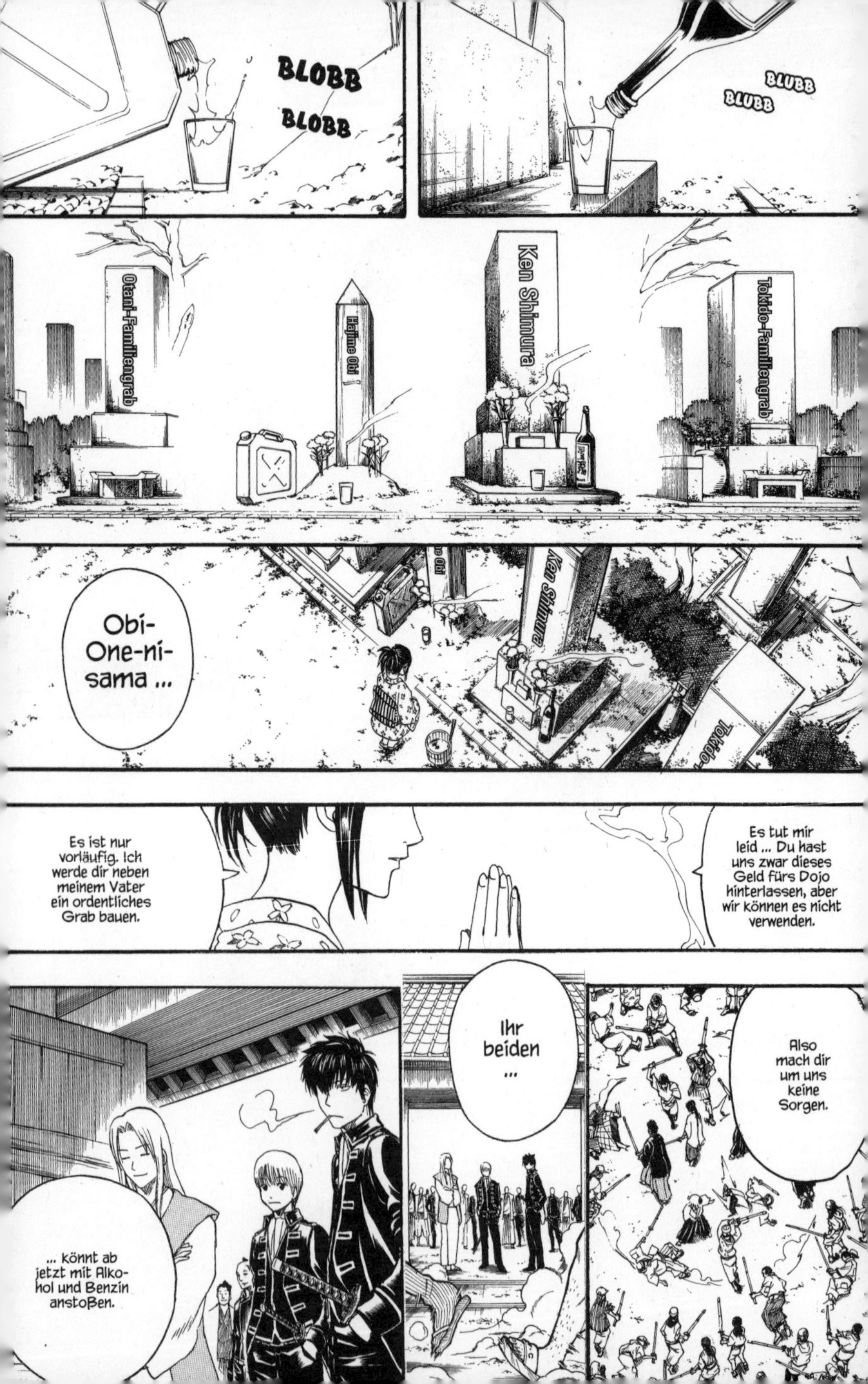
BLUBB
BLUBB
BLOBB
BLOBB
Tokido-Familiengrab
Ken Shimura
Hajime Obi
Otani-Familiengrab
Obi-One-ni-sama ...
Es tut mir leid ... Du hast uns zwar dieses Geld fürs Dojo hinterlassen, aber wir können es nicht verwenden.
Es ist nur vorläufig. Ich werde dir neben meinem Vater ein ordentliches Grab bauen.
Also mach dir um uns keine Sorgen.
Ihr beiden ...
... könnt ab jetzt mit Alkohol und Benzin anstoßen.

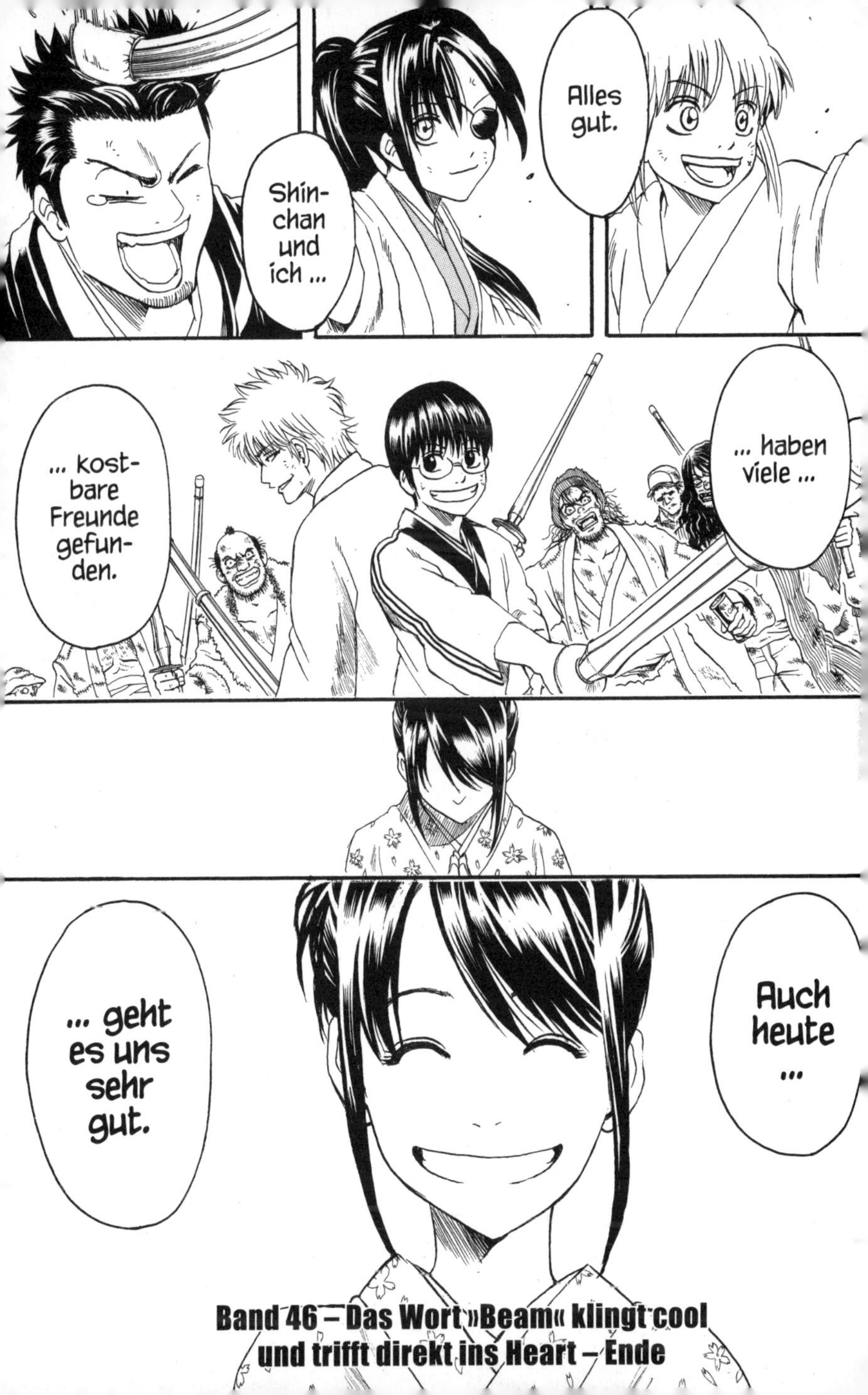

Alles gut.
Shin-chan und ich ...
... haben viele ...
... kostbare Freunde gefunden.
Auch heute ...
... geht es uns sehr gut.
Band 46 – Das Wort »Beam« klingt cool und trifft direkt ins Heart – Ende

STOPP!

**Dies ist die letzte Seite des Buches!
Du willst dir doch nicht den Spaß verderben
und das Ende zuerst lesen, oder?**

Um die Geschichte unverfälscht und originalgetreu mitverfolgen zu können, musst du es wie die Japaner machen und von rechts nach links lesen. Deshalb schnell das Buch umdrehen und loslegen!

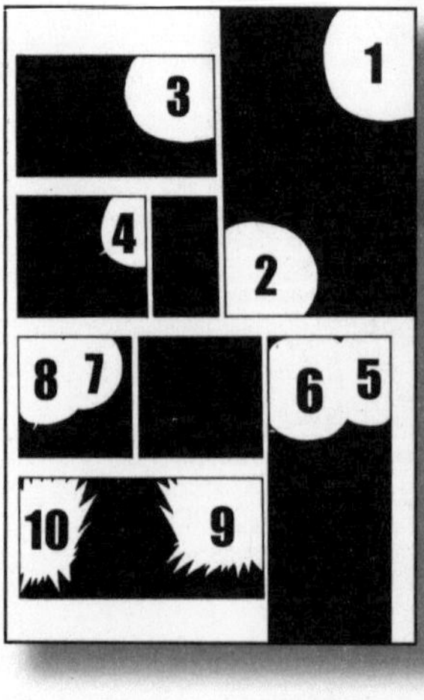

So geht's:

Wenn dies das erste Mal sein sollte, dass du einen Manga in den Händen hältst, kann dir die Grafik helfen, dich zurechtzufinden: Fang einfach oben rechts an zu lesen und arbeite dich nach unten links vor. Viel Spaß dabei wünscht dir TOKYOPOP®!